방법으로서의
중국-홍콩체제

방법으로서의 **중국–홍콩** 체제

초판인쇄 2020년 9월 10일 **초판발행** 2020년 9월 21일
지은이 류영하 **펴낸이** 박성모 **펴낸곳** 소명출판 **출판등록** 제13-522호
주소 서울시 서초구 서초중앙로6길 15, 2층
전화 02-585-7840 **팩스** 02-585-7848
전자우편 somyungbooks@daum.net **홈페이지** www.somyong.co.kr

값 25,000원

ISBN 979-11-5905-552-2 93340

방법으로서의 중국-홍콩 체제

The China - Hong Kong System
As a New Approach to the Relationship between China and Hong Kong

류영하 지음

소명출판

일러두기

- 「중화인민공화국 홍콩특별행정구 기본법中華人民共和國香港特別行政區基本法」은 「기본법」으로 약칭하였다.
- 차례는 미발표 논문 두 편을 먼저, 나머지 글은 발표 역순으로 배치하였다.

서문 1

홍콩의 「보안법」 입법에 즈음하여

홍콩이 긴장감에 휩싸이고 있다. 한 번도 경험해보지 못한 크기다.

이 책의 두 번째 교정을 보기 시작할 즈음에 홍콩의 미래가 달린 문제가 터졌다. 중국 정부의 주도로 홍콩의 「보안법」 입법이 추진되고 있다는 뉴스였다. 서문을 다시 써야 할 만큼 큰 이슈였다. 하지만 2월 말에 작성해 둔 서문을 그대로 보존하는 것도 의미가 크다는 생각에, 그것을 서문 2로 하고, 새로 서문 1을 간단하게 보태기로 했다.

2020년 5월 22일 개막된 중국의 전인대에 홍콩의 「보안법」 초안이 제출되었고, 28일에는 전체회의에서 통과되었다. 세계 언론은 빠르면 8월부터 법이 시행될 것이라고 보도하고 있었다. 하지만 모두의 예상을 뒤엎고, 중국정부는 전광석화처럼 움직여 6월 30일 전인대 상무위에서 만장일치로 통과된 그날 밤 11시부터 「보안법」을 발효시켰다.

홍콩의 「기본법」 부칙에 삽입된 법의 주요 내용은 홍콩에서 아니 홍콩 밖에서도 홍콩인이든 외국인이든 국가 분열, 국가 정권 전복, 테러 활동, 외국 세력과의 결탁 등을 기도할 경우 처벌하는 것이다. 시행 첫날인 7월 1일, 홍콩 경찰은 '홍콩 독립' 깃발을 소지했다는 이유로 한 시민을 보란 듯이 체포했다. 특히 법 시행을 반대하는 시위에 참가한 홍콩 시민 10여 명을 「보안법」 위반 혐의로 체포했다.

7월 두 번째 주에는 홍콩 정부 산하에 행정수반을 위원장으로 하는 국가안전수호위원회維護國家安全委員會를 설치하고 첫 번째 회의를 개최하였으며, 홍콩에서 중국정부 직속 기관인 국가안전수호공서維護國家安全公署의 현판식을 거행하였다. 특히 국가안전수호공서는 홍콩의 치안 및 안보 정책을 관리 감독하고, 「보안법」 관련 피의자를 직접 수사하며, 홍콩 정부를 거치지 않고 중앙 정부에 보고한다. 홍콩의 다른 법률과 충돌될 경우에는 「보안법」을 우선하며, 해석권은 중국의 전인대 상무위원회가 가진다.

「보안법」은 정확하게는 홍콩의 「기본법」 23조에 근거한 법이다. 23조의 내용은 "홍콩특별행정구는 반국가 · 내란선동 · 중앙인민정부 전복 및 국가 기밀 절취 금지 법안을 제정하고, 외국의 정치 조직 또는 단체가 홍콩특별행정구에서 정치 활동을 하거나, 홍콩특별행정구의 정치 조직 또는 단체가 외국의 정치 조직 또는 단체와 연계하는 것을 금지하는 법안을 스스로 제정한다"는 것이다. 다만 입법 시기는 따로 규정하지 않았다. 중국정부는 1997년 주권 반환 이후 홍콩에서 전개되고 있는 상황으로 보아 이제 더 이상 이 23조의 입법을 미룰 수 없다는 결심을 한 것이다.

주목할 점은 23조의 내용에서 보더라도 원래 홍콩의 「기본법」 관련 입법은 홍콩 입법회의의 소관 사항이다. 중앙정부가 간여할 법적 근거가 없다는 비판 등을 무릅쓰고, 홍콩의 입법회의를 우회하여, 중국의 전인대가 직접 나섰다. 일찍이 2003년에 홍콩 정부가 「보안법」 입법 시도를 했으나, 시민 50만 명이 시위에 나서는 등 격렬한 반대로 무산된 적이 있다. 이번에 중국의 전인대가 직접 나섰다는 것은 과거 홍콩 정부가 입법에 실패했던 전철을 밟지 않겠다는 의지를 보여준 것이다.

2019년 장기간 격렬하게 전개된 송환법 반대 시위 이후 중국정부가 장고 끝에 내놓은 초강수이다. 나는 홍콩의 주권 안정과 관련하여 중국정부가 승부수를 던졌다고 생각한다. 크게는 국내외 상황이 절박하다는 위기감도 있지만, 작게는 코로나 사태로 홍콩에서 집회가 원천 금지된 절호의 기회를 놓치지 않겠다는 것이다. 이에 호응하여 홍콩 입법회의는 우선 중국 국가인 〈의용군행진곡〉을 무시 또는 오용할 경우 형사범죄로 규정하는 법안을 통과시켰다.

당연히 홍콩에서는 홍콩의 정체성을 중시하는 본토파의 시위가 다시 시작되었다. 일국양제一國兩制 원칙을 완전히 훼손하는 시도라며 강력하게 투쟁할 것을 선언했다. 홍콩 본토파는 파업罷工, 수업거부罷課, 철시罷市 등 3대 투쟁을 지도하는 '200만 삼파三罷 노조연합전선'을 결성했다. 아울러 그들은 홍콩 본토파가 압승한 2019년 11월의 구의회 선거의 경우처럼, 2020년 9월로 예정된 입법회의 선거에서 본때를 보여주겠다는 다짐을 하는 중이다. 나아가서 홍콩 본토파는 홍콩의 민주화를 위한 투쟁을 계속하기 위해 망명 정부를 수립하는 것까지 검토하고 있다고 한다.

반면에 중국정부의 입장을 지지하는 쪽의 대응도 활발하다. 홍콩대학 등 5개 대학 총장은 「보안법」의 입법을 지지하는 성명을 발표했고, 홍콩총상회香港總商會는 회원 60%가 입법을 찬성하고 있음을 주장하였다. 어느 친중국 단체는 입법을 지지하는 서명자가 290만 명을 넘어섰다고 밝혔다. 특히 주목할 만한 사실은 2019년 송환법 반대 시위 당시에는 애매했던 재벌들의 태도가 바뀌었다는 점이다. 홍콩을 대표하는 재벌 9명이 입법을 지지하고 나선 것이다. 홍콩 내 분위기의 반전을 엿

볼 수 있는 대목이다.

홍콩인들이 싱가포르, 호주, 캐나다 등지로 이주하는 열풍이 다시 불고 있다. 2019년 이후 대만으로 이주하는 홍콩인들도 큰 폭으로 증가하고 있다. 홍콩에 주재했던 외국 기업 60%가 1997년 주권 반환 이후 싱가포르로 이전했다는 통계도 나오고 있다. 「보안법」 입법 계획이 발표된 후 홍콩의 미국 상공회 회원사 30%가 홍콩에서 철수를 고민하고 있다는 조사 결과도 나왔다. 이런 흐름에 대응하기 위해 중국정부는 장기간 연구해온 듯한 조치를 단계적으로 발표하고 있는바, 중국의 최대 섬인 하이난海南성을 자유무역항으로 건설한다는 계획을 밝힌 것도 그중의 하나이다. 국제 금융과 무역의 허브인 홍콩의 위기가 중국의 국익에 미칠 영향을 축소시켜보자는 노력의 일환일 것이다.

역학적으로 중국의 대척점에 있는 서구의 반발 또한 매우 강력하다. 미국의 트럼프 대통령은 중국의 행동이 매우 큰 대가를 치를 것이라고 경고했다. 구두 경고에 그치지 않고 바로 관세 무역 투자 비자발급에 대한 우대 조치를 보장하고 있는 「홍콩정책법」의 취소를 지시했다. 지금 홍콩의 정체성을 만든 영국도 미국과 함께 발을 맞추고 있다. "홍콩에 대한 책임을 회피하지 않을 것"이라며 연일 강한 톤으로 중국정부를 비난하고 있다. 영국의 존슨 총리는 중국이 「보안법」을 강행할 경우 수백만 명의 홍콩인에게 영국의 시민권을 제공할 것이라고 공언했다. 대만의 차이잉원蔡英文 총통은 홍콩인들의 대만 이주를 돕는 특별한 지원을 약속하는 동시에 "홍콩에서 민주, 자유, 인권이 후퇴하는 것을 좌시하지 않을 것"이라고 했다.

양대 진영 즉 중국과 대만을 포함한 서구의 대치 상황에 주목할 필요가 있다. 동아시아의 위기는 물론 세계적인 충돌까지도 야기될 수 있는 '중국-홍콩체제'이기 때문이다.

이 책은 소명출판의 전통과 명예 덕택으로 그리고 윤소연 선생님의 예리한 눈길과 꼼꼼한 손길 덕분에 세상에 나올 수 있었다.

코로나 사태라는 세계적인 충격 속에서
국가와 국가, 국가와 지역, 지역과 지역의 상호 이해와 협조가
더욱 절실하다는 것을 깨닫게 된,
2020년 7월 9일, 봄내 우유당優游堂에서
류영하

서문 2

홍콩의 송환법 반대 시위를 바라보며

홍콩의 시위 사태와 한국

2019년 후반기 그즈음 나는 홍콩시위 사태에 대한 질문을 많이 받았다. 시위를 하는 이유가 무엇인가, 시위를 왜 그렇게 오래하는가, 중국의 태도는 왜 그렇게 강경한가 등등의 질문이었다. 사실 홍콩의 시위 사태를 '강 건너 불 보듯' 멀리서 바라보고 있는 내가 자신에게 던지는 질문이기도 했다. 한편으로는 홍콩 사람들에게 저렇게 격렬한 점이 있었나 하는 놀람도 함께 했다. 내가 알기로는 홍콩 사람들은 자기를 표현하는 데 매우 소극적인데, 어떤 때는 도무지 속을 알 수 없어 답답하기도 하다. 버스 에어컨이 아무리 추워도 기사에게 말 한마디 안하고, 버스 접촉 사고가 나서 일처리가 아무리 더디게 진행되어도 어필 한 번 안하는 정도이다.

2019년의 시위는 홍콩정부의 송환법 제정을 반대하기 위해 시작되었다. 송환법은 정확하게 말하면 '범죄인 인도 조례'를 말한다. 지금까지 양안삼지兩岸三地 즉 중국-홍콩-대만 사이에 범죄인을 상호 인도하는 법이 없었다. 과거 세계 정보의 통로 역할을 담당했던 홍콩이라는 공간의 특수성 때문에 생긴 관례였고, 이후 양안삼지가 모두 그 편의를 향유해 오고 있었다. 하지만 이제 더 이상 방치할 수 없는 수준에까지 도달하여, 대만으로 인도되어야 마땅한 홍콩인 살인범의 문제는 물론이고, 홍콩의 최고

급 호텔은 중국에서 한몫 장만해서 도망나온 중국인 장기 투숙자로 만원 사례라는 소문이다. 중국-홍콩정부는 범죄인 인도 조례를 제정해야 할 시점으로 판단했다. 하지만 홍콩인들은 즉각 반발하기 시작했다. 2015년 발생한 코즈웨이베이서점銅鑼灣書店 관계자 5명 실종 사건의 경우처럼, 홍콩인이 홍콩에서 중국으로 무단 송환될 가능성에 두려워하기 때문이다.

송환법 반대 시위의 양상 중에 흥미로운 것은, 홍콩의 시위 주체가 한국 시민과의 연대를 절실하게 원하고 있다는 것이다. 한국을 포함한 해외의 언론이 이 러브콜에 주목하고 있으며, 연대를 원하는 이유도 따져 보려고 노력했다. 최근 홍콩에서 한국영화 〈변호인〉, 〈택시운전사〉 등이 상영되어 큰 관심을 받은 적이 있다. 권력에 반대한다는 의미인 '역권逆權'이라는 제목으로 번역된 최근의 한국영화들은 한류의 발상지라고 할 수 있는 홍콩에서 한류를 한번 더 견인하는 동력이 되고 있다.

우리가 긍정적으로 보든 아니든 한국의 '경제 발전'과 '민주화'는 해외 여러 국가와 지역의 롤모델이 된지 오래다. 특히 동남아시아에서 한국의 민주화 과정에 대한 관심이 높다고 들었다. 홍콩의 이른바 '민주파' 역시 필요성에 의해 한국의 민주화 과정을 학습하겠다는 의지를 강하게 보여주고 있다. 돌이켜보면 중국 현대문학을 공부하겠다고 홍콩에 발을 내리던 순간부터 지금까지 '홍콩'이라는 화두는 나를 시시각각 긴장시켜 왔다. 국민인 듯 아닌 듯, 민주가 있는 듯 없는 듯, 지향이 있는 듯 없는 듯한 독특한 홍콩의 가치는 1997년 중국으로 주권이 반환된 이후에도 크게 변함이 없이 지속되고 있어 나를 자극하는 공부거리이다.

'민주'라는 개념과 관련하여 우리가 한번 생각해보아야 할 것이 있다. 나는 이 글을 쓰면서 민주라는 용어에 내포된 절대적 권위에 대해 한국 독자들의 주의를 환기시키고 싶다. 2019년의 홍콩시위를 주제로 한 한국외대에서의 특강에서 중국에서 온 유학생(대학원생)은 내게 한국 언론의 보도 태도에 대한 항의성 질문을 던졌다. 한국의 언론들이 홍콩의 시위를 보도하면서 시종일관 '친중파'와 '민주파'라는 용어를 등장시켜 양자의 대립이라는 식으로 스토리텔링한다는 것이다. 그렇게 되면 '민주'가 긍정적인 지위를 획득하게 되고, '친중'은 이미 부정적으로 해석된다는 것이다.

내가 보기에도 홍콩시위 관련하여 각종 보도나 다큐멘터리 프로그램에서 홍콩시위 주체의 논리만 전달되고 있었다. 중국정부가 왜 저렇게 완강하게 반응하고 대처하는지에 대한 분석은 볼 수 없었다. 누가 옳은지에 대한 논쟁은 필요도 없이 한국의 독자들에게 사실이 왜곡 전달될 수 있다는 지적에 나 역시 공감했다. 나는 한국 언론의 확증 편향적인 용어 사용도 문제이거니와, 일방적으로 이른바 '민주파'의 논리만 부각시켜주고, 이른바 '친중파'의 논리는 도무지 찾아볼 수 없는 보도 흐름을 더하여 지적했다. 사실 홍콩에서는 '친중파'를 법률 제도를 중시한다는 의미의 '건제파建制派'라고 부르고, '민주파'는 홍콩의 본토성locality을 강조한다는 의미의 '본토파本土派'라고 부른다.

'본토本土'는 한국에서는 중국 대륙을 의미하는 용어로 사용되고 있다. 하지만 홍콩을 비롯한 국제학계에서는 '본토'를 현지성 또는 지역성locality이라는 의미로 사용하고 있다. 나는 오래전부터 '본토'라는 말 자체가 지니는 전근대성을 경계하고, 그것에 수반되는 패권의식에 동의하지 않는다는 뜻에서 본토를 '로컬리티'라는 의미로 사용하고 있다. 당연히 본토주의localism는 지역적 정체성을 의미한다. 본토주의와 민주주의는 반드시 등식으로 연결되지 않는다. 홍콩 본토주의 속에는 민주도 독립도

혼재한다. 2019년 시위 사태의 배경이 복잡다단한 이유이다. 시위에서는 오히려 홍콩의 독립이라는 담론이 민주화라는 대의명분 속에 감춰진 측면이 있다고 본다. 이 글에서 나는 시위를 방어하는 주체를 '중국정부'(예나 지금이나 홍콩정부의 역할은 보이지 않으니까)라고 하고, 시위를 조직하는 주체를 홍콩본토파라고 부르기로 한다.

홍콩시위 사태의 배경

홍콩의 송환법 반대 시위가 2019년 6월 9일부터 시작되었다고 본다면, 짧게 잡아도 6개월 이상 계속되었다. 시위는 초기부터 대규모로 진행되어 한 때 시위 참가자가 1~2백만 명에 달하였고, 일찌감치 전 세계 언론의 주목을 받았다. 시위는 부상자가 속출하고, 체포자 수가 수천 명에 달할 정도로 점차 과격한 양상으로 치닫기 시작했다. 시위 참가자가 경찰이 쏜 총에 사망하는 일이 발생하면서 양측이 이제 돌아올 수 없는 강을 건너는 것은 시간 문제라는 시각이 팽배했다. 인민해방군 투입이나 계엄령 선포 등이 예상된다는 뉴스가 힘을 얻기도 했다. 마침내 시위는 11월 24일 구의회 선거를 정점으로 위험한 고비를 넘긴 것처럼 보인다. 이후 시위대는 점심이나 저녁 시간에 지하철역 쇼핑센터에 모여서 구호를 외치거나, 이번 시위의 주제가로 등장한 〈글로리 투 홍콩Glory to Hong Kong〉' 같은 노래를 부른다.

하지만 12월 22일 홍콩의 도심에서는, 중국의 입장에서 볼 때, 더 이상 민감할 수 없는 이슈인 중국 신장新疆 자치구의 위구르족을 지지하는 시위가 열렸다. 중국정부를 초긴장시키는 장면임이 분명했다. 시위대는 '위구르 해방'을 외쳤다. 홍콩의 시위대가 '위구르 해방'을 슬로건으로 내 건

시위를 따로 조직했다는 것은, 홍콩의 시위 사태가, 휴지기에 들어간 것도, 진정된 것도 아니고, 오히려 나날이 전선이 확대되고 있음을 뜻했다. 아니 시위대가 중국정부와 백척간두의 승부를 펼치겠다는 일념으로 돌진하고 있다는 말이었다. 바꾸어 말하면 중국정부가 더 이상 인내심을 발휘할 수 없는 정도로까지 들어가고 있었다. 아니나 다를까 크리스마스이브에 시위대와 경찰이 다시 격렬하게 충돌했다는 보도를 접하기도 했다.

모든 시위는 평화적으로 진행되어야 한다는 공식이 있다. 언제부터인가 홍콩에서는 평화적인 시위에 대한 강력한 회의론이 등장하기 시작했다. 실제로는 아니지만 홍콩본토파는 그동안 시위를 통해 홍콩정부로부터 아무것도 얻어내지 못했다는 자격지심에 시달려 왔다. 그만큼 홍콩이나 홍콩본토파 내부에 열패감이 미만했던 것이다. 이번 시위 사태의 배경을 분석하는 데 누락되어서는 안 될 부분이다. 선거 결과를 보면 홍콩의 민주화를 요구하는 홍콩본토파의 '노력'에 따른 압승이다. 그렇게 선거가 홍콩본토파의 승리로 마무리되었지만, 나는 선거를 예정대로 치르기 위해 노력한 중국정부나 홍콩의 시위대 양측 모두의 승리라고 생각한다. 홍콩의 민주주의가 한 걸음 더 전진한 것으로 평가한다. 파국만은 피하고자 한 그들의 인내심에 경의를 표하고 싶다.

선거 승리의 주역인 홍콩본토파의 요구사항은 변함이 없다. 마찬가지로 홍콩특별행정구 정부나 중화인민공화국 정부 또한 강경한 입장을 고수하여 시위대의 요구사항을 일관되게 거부하고 있다. 홍콩본토파의 요구사항은 다음과 같다.

1. 송환법(범죄인 인도협정) 공식 철회

2. 경찰의 강경진압에 대한 독립적인 조사

3. 시위대를 '폭도'로 규정한 것의 철회

4. 체포된 시위 참여자에 대한 조건 없는 석방 및 불기소

5. 행정장관 직선제 실시

홍콩 시민들이 자신들도 무고하게 중국으로 보내질 수 있다고 우려하던 송환법 자체는, 시위대의 압력에 홍콩정부가 일찌감치 굴복하여 공식적으로 철회가 되었다. 하지만 시위대는 여전히 다섯 가지 요구 조건을 내걸고 있다. 한 가지도 뺄 수 없다는 것이다. 송환법 반대가 시위의 직접적인 동기였지만, 홍콩정부의 수장인 행정장관에 대한 직선을 요구하는 조건을 보더라도, 이번 시위의 본질은 홍콩의 최고 지도자를 직접 선택할 수 있는 직선 즉 홍콩의 민주화가 분명하다. 하지만 자세히 살펴보면 문제가 그렇게 간단하지 않다.

홍콩의 장기적인 시위 사태의 배경으로 우선 중국-홍콩의 갈등을 들 수 있겠다. 그 갈등 구조는 정치, 경제, 사회, 문화 등이 서로 얽히고 설키어 있다. 갈등의 주체는 '국가'와 '민족'으로 호령하는 중화인민공화국 정부와 '홍콩식' '자유'를 소중히 생각하는 홍콩본토파이다. 정체성을 공부하는 나는 양자의 갈등을 정체성의 충돌이라고 보기에, 정체성의 본질로 볼 때, 그것의 해법을 찾기가 쉽지 않다고 생각한다. 자아로서의 정체성 충돌 문제는 단기간에 해결될 이벤트성이 아니기에 영구적인 미제로 남을 수밖에 없다. 정체성은 하루이틀 걸려서 만들어지는 것도 아니고, 하루 이틀 만에 없앨 수 있는 것도 아니기 때문이다. 1997년 주권 반환 이후부터 아니 주권 반환을 두고 협상하는 그 시간부터 중국정부와

본토 홍콩 사이에 크고 작은 갈등이 누적되어 왔다. 양자 간의 갈등 정도와 깊이는 어쩌면 오늘의 홍콩시위 사태를 만들어내기 위해 숨 가쁘게 달려와 더욱 심해지고 깊어지는 모습을 보여 주었다. 중국과 홍콩이라는 두 개의 정체성은 마주보고 달리는 기차처럼 위험하게 보였다. 나로서는 반년 이상 계속되고 있는—1997년 주권 반환 이후 최장기로 전개되고 있는—시위 사태가 그렇게 이상하지 않았다.

예전부터 '우리' 동네는 강이나 산 하나를 두고 마주보고 있는 '다른' 동네와 말씨와 풍습이 달랐다. 1840년 아편전쟁 이후 심천하深圳河를 경계로 한 중국과 홍콩은 다른 곳이 되었다. 1백 50년이라는 시간 동안 홍콩의 정체성은 꾸준하게 차곡차곡 만들어진 것이다. 특히 1949년 중화인민공화국 수립 이후, 공산당 때문에 '조국'을 떠난 피난민 정서를 바탕으로 생산된 홍콩인의 정체성은 홍콩의 경제 발전과 근대화로 더욱 강화되었다. 이후 근대와 전근대라는 기호는 홍콩인과 중국인을 나누는 잣대가 되어 상호 타자화하는 속도와 정도를 더하기 시작했던 것이다. 시진핑習近平체제의 등장 이후 강화되고 있는 국가주의와 민족주의는 이제 '공산당이 싫어요' 하면서 남하한 홍콩인들에게—'위대한' '조국'으로의 주권 반환이 아닌—'무서운' 공산당에게 주권이 반환되었다는 시각이 확산되고 있다.

1997년 주권 반환 이후 20년 동안 중국과 홍콩은 현실적으로 상대방을 경험하면서 나름대로 힘의 균형을 이루어낸 것처럼 보였다. '나름대로'의 균형이라는 것은 사실 '아슬아슬한' 타협이었다고 해야 할 것이다. 가라타니 고진柄谷行人의 말투를 빌린다면, 혁명보다 더 혁명적인 평화였던 것이다. 인류역사상 한 국가 안에서 두 가지 제도를 실시한다는 '일국양제

一國兩制'를 처음으로 적용하는 무대가 홍콩이었다. 이번 시위에서 공식 구호로 사용된 '광복홍콩光復香港, 시대혁명時代革命'(Liberate Hong Kong, the revolution of our times/Free Hong Kong, revolution now)은 2016년 입법의원 선거전에서 최초로 등장했다. 내가 이 글을 쓰고 있는 지금 이 순간에도 홍콩 시내의 쇼핑센터에서는 누군가의 '광복홍콩'을 선창으로, 수많은 목소리가 '시대혁명'을 따라 외치고 있다. 무엇을 광복하고, 무엇을 혁명할 것인가? 한 때 공공연히 등장했던 '홍콩 독립'이라는 구호가 시위 과정에서 슬그머니 사라진 것도 연구 대상이다. 시위 주체는 '홍콩 독립'이 시위의 궁극적인 목표가 아니라고 부정하고 있지만, 중국정부는 시위가 궁극적으로 홍콩의 독립을 주장하고 있다는 증거로 이 구호를 들고 있기도 하다.

나는 주권 반환 이후 정체성으로서 '중국'이 정체성으로서 '홍콩'을 지속적으로 소환했다고 본다. 양자 간 적어도 끊임없이 상대방의 정체성을 확인하는 과정 즉 중국의 작용과 홍콩의 반작용이 반복되어 왔다. 반대로 홍콩의 작용과 중국의 반작용 역시 못지않은 역학 구조를 보여주었다. 그런 과정 속에서 홍콩 본토는 의외로 '거듭나기' 시작했다. 홍콩본토파의 입장에서 보면 주권 반환 이후 한 번도 존중받지 못한 자아를 지키기 위한 몸부림이었다. '우리는 누구인가'라는 질문이 홍콩사회를 지배하는 화두로 정착된 것이다. 중국정부가 전가의 보도처럼 휘둘러 온 국가, 민족이라는 이데올로기가 '애매한' 홍콩을 자극하여 도리어 '지역적인' 홍콩으로 거듭나게 도와주었다고 해도 과언이 아니다.

최근 홍콩의 시위 사태 역시 중국-홍콩 간 상호 위치를 재정립하는 과정이다. 중국-홍콩 사이에서 벌어지는 가치의 충돌, 정확하게 말하면 중국과 홍콩의 정체성이 충돌하는 지점은 특이하다. 역사적으로 처음 발생하는 이슈이기 때문이다. 우리가 알고 있는 대부분의 식민지가 다른 주인에게 '반환'되지 않고 '독립'했다. 그런데 명실상부한 식민지였던—중국은 홍콩의 독립 방지를 염두에 두고 일찍이 유엔에서 홍콩을 식민지로 지정하는 것을 반대—홍콩은 독립하지 못하고, 원래의 주인인 것으로 간주되는 중국으로 반환되었다. 문제는 그때부터 시작되었다. 서구 민주주의 발전사의 교본인 것처럼 간주되는 영국의 식민지로서 홍콩은 150년 동안 이미 서구적 근대를 체험하였다. 결과적으로 독특한 정체성을 갖춘 공동체로 전환되어 있었다. 이런 홍콩의 정체성이 1997년 7월 1일 주권 반환과 함께 '국가'와 '민족'으로 상징되는 '전근대적' 중국이라는 정체성과 직접적으로 조우하게 된 것이다. '제도'와 '자유'로 대표되는 '근대적인' 홍콩이란 가치의 강력한 실존을 확인한 중국은 홍콩의 본토를 승인하지 않고, 한시바삐 '조국'으로 소환하기 위해 '다시 국민 만들기'에 총력을 기울였다. 하지만 그 힘은 도리어 원심력으로 작용하여 본토 홍콩은 더 멀리 달아나 버렸다. 내가 보기에 그동안 중국정부가 심혈을 기울였던 '다시 국민 만들기' 작업은 실패했다.

중국-홍콩체제의 이유

나는 중국과 홍콩의 관계를 '중국-홍콩체제system'로 명명하고 싶다. 2016년의 논문에서부터 그 용어를 사용하면서 내 사고체계를 발전시켜 오고 있다. 중화인민공화국과 홍콩특별행정구 사이에서 전개되고 있는 현상을 설명할 수 있는 패러다임을 찾고 싶은 것이다. 교육학 용어사전에 의하면, '체제'의 특징이나 속성은 아래와 같다. 우선 목표 지향적인데, 뚜렷하게 설정된 목표가 있다. 또 부분과 부분은 물론 부분과 전체의 관련성을 지니고 기능한다. 특히 투입에 대한 산출과 효과를 중시하고, 결과를 평가하고 분석하여 재투입되는 기능을 지닌다는 것이다. '중국-홍콩체제'는 뚜렷한 목표를 가지고 있고, 투입과 산출을 중시하고, 결과를 평가 분석하여 재투입하고 있다. 내가 보기에 중국과 홍콩은 그 체제를 유지하면서 어떤 문제는 지양 또는 전화轉化하고, 또 어떤 과제는 해결하고 발전시켜야 하는 운명공동체인 것이다. 나는 중국-홍콩 관계를 국가적 정체성과 지역적 정체성의 '건전한' 관계 설정을 목표로 한 하나의 '체제'로 보고 싶다는 말이다. 나아가서 월러스틴의 세계체제론의 하위 개념으로 주권국가나 민족사회가 지양된 거시적 상황을 상상하고 싶기 때문이다(제5장 참조).

'중국-홍콩체제'는 언제나 그랬듯이 내게는 진행형이다. 한 순간도 멈춤 없이 시시각각 변화하는 가치를 보여준다. 홍콩에서 중요한 이슈가 지나갈 때마다 '홍콩인'을 대상으로 정체성의 변화를 파악하고자 하는 설문조사가 유행한다. '홍콩인'은 마치 신앙을 고백하듯 매번 당신은 중국인인가, 홍콩인인가, 중국홍콩인인가, 홍콩중국인인가 하는 질문을 강요받고 있다. 홍콩대학 민의연구소는 중국으로 주권이 반환된 1997년부터 매년 두 차례씩 '홍콩인'의 신분 정체성에 대한 설문조사를 진행해 오고 있다. 시위가 한창이었던 2019년 12월 초의 조사에서 자신이 '홍콩인'이라고 대답한 '홍콩인'들이 가장 많았다. 그다음으로 '아시아인', '중화민족의 일분자', '세계 시민', '중국인'이라고 대답하는 비율이 높았고, '불행히도' 중국정부가 그토록 원하는 '중화인민공화국 국민'이라는 대답은 제일 마지막의 자리를 차지했다. 나는 이번 설문조사의 결과에서 그것이 설문 문항에 의해서 유도된 것인지 아닌지를 막론하고, 높은 비율을 차지하고 있는 '아시아인'과 '세계 시민'이라는 항목에 주목하고 싶다. 중국적 정체성과 홍콩적 정체성이 마지막에는 '동아시아'와 '세계'라는 연결 고리를 통해서 공통분모를 찾을 수 있다고 생각하기 때문이다.

'중국-홍콩체제'가 중요한 이유는 국가와 지역 관계의 문제를 압축적으로 보여주고 있기 때문이다. 오늘날 세계적으로 국가와 지역의 관계 설정이 주요 이슈로 떠오르고 있다. 수면 위아래로 부상과 잠수를 반복하고 있다는 표현이 정확할 것이다. 내가 보기에 중국 그리고 한국은 물론 이 문제로부터 자유로운 국가는 없다. 얼핏 보기에도 중국은 티베트나 신장 등의 문제가 있고, 스페인의 카탈루냐, 미국의 하와이, 일본의 오키나와, 대만의 원주민과 함께 한국 역시 남북한은 물론 지역적 정체성이 정치 현안의 중요한 배경이 되고 있는 것이 사실이다. 국가-지역은 어떻게 공존하는가? 이른바 공존공영의 조건은 무엇인가? 물론 국가와 마찬가지로 지역도 이데올로기가 될 수 있다. 지역적 정체성에 집착하는 것을 종족주의나 토착주의라고 한다. 홍콩의 민주화가 관건이라면 중국을 향한 외침으로 끝나서는 안 되고, 홍콩의 내부 식민에 대한 민주화로 방향을 돌려야 한다는 주장에도 귀를 기울여야 한다는 말이다. 어떻게 보면 국가는 민족주의를 대동하고, 지역은 토착주의[nativism]를 수반한다. 민족주의와 토착주의 양자 공히 전근대성을 공유한다. 다시 말하면 민족주의와 토착주의라는 터널을 통과하면 '건전한' 중국-홍콩 관계가 보일 것이다.

국가와 지역의 동아시아적 형태가 '중국-홍콩체제'이며, 그것은 동아시아 미래를 여는 주요한 관문이다. 나는 궁극적으로 '유럽연합'과 비슷한 형태의 '동아시아 연합'을 꿈꾸는 바, '중국-홍콩체제'가 그 방법을 제시해 줄 수 있을 것이라 생각한다. 동아시아의 연대에 중국-홍콩 관계의 경험이 매우 중요하다. 물론 홍콩은 그 자체로서 이미 정체성 문제의 매우 중요한 연구테마이다. 동시에 현실적으로 시시각각 정체성의 충돌 즉 중국-홍콩의 정체성이 심각하게 충돌하고 있는 사례를 보여주고 있는 공간이기도 하다. 이제 '방법으로서 홍콩'이 아닌 '방법으로서 중국-홍콩체제'를 연구해야 할 시점이다. 그동안 홍콩학계는 위기에 처한 홍콩의 가치를 지키기 위한 절체절명의 심정에서 '방법으로서 홍콩' 만을 연구하는 데 천착해 왔다. 반면에 중국의 관방학계는 홍콩의 가치를 국가적으로 소환하는 방법의 연구만을 고집해 왔다. 나는 이제 방법으로서 중국과 홍콩을 '같은' 체제의 틀 안에서 연구할 것을 제안한다. 중국와 홍콩문제는 중국이나 홍콩 어느 단방향이 아닌 쌍방향적 관계와 호동互動 그리고 작용을 통해서만 해법을 찾을 수 있기 때문이다.

'일국一國'과 '양제兩制'를 바라보는 중국정부와 본토 홍콩의 시각은 천양지차라 홍콩의 「기본법」을 해석하는 시각만큼이나 큰 간격을 보여준다. 중국은 홍콩에게 '일국'을 강요하고, 홍콩은 중국에게 '양제'를 요구한다. 중국이라는 '하나의 국가'가 우선인가, 아니면 홍콩이라는 '사회주의 속의 자본주의'가 우선인가를 각자 자의적으로 해석해 왔다. 홍콩의 헌법인 「기본법」에서 그것에 대한 자세한 규정을 등한시한 것이 중국과 홍콩 양자에게 모두 뼈아픈 지점이다. 이 시점 '하나의 국가'와 '두 가지 제도' 중에서 어느 것이 중요할까, 국가와 지역은 상호 얼마나 자유로울까, 국가는 지역을 어디까지 용인하고, 지역은 국가를 얼마나 필요로 하는가, 일국과 양제의 변증법적 통일은 요원한가, 이러한 질문들에 중국정부와 홍콩 본토파 양자 모두 대답해야 한다. 그 답을 찾기 위해서라면 주권 반환 20년이라는 시간은 너무 짧았다.

국민국가와 세계공화국

1997년 홍콩의 '식민 시대'가 종언을 고했다. 홍콩 본토주의의 입장에서 보면, 중국이라는 식민자가 등장한 것인데, 단지 영국을 대신하여 중국이라는 새로운 관리자가 나타난 것뿐이다. 이후 홍콩의 본토는 중국의 모든 정치경제적 행보를 스피박이 말하는 '하위 주체'의 입장에서 바라보기 시작했던 것이다. 즉 '우리에게' 또는 '우리의 삶'에 중국은 어떤 존재이며, 또 어떻게 작용하는가 하는 경계의 눈초리를 거두지 않았다. '주인'이 바뀌었음에도 불구하고 '우리의 삶'은 더욱 팍팍해졌기 때문이다. 삶의 정치화는 속도를 더해 도시성, 이산성, 통속성으로 상징되던 홍콩의 문학이 이제는 정치적 강요에 힘겨워하기 시작했다.

후식민적 시각에서 본다면 '중국-홍콩 체제'는 새로운 식민자인 중국의 주도권 아래 놓인 숙제이다. 중국이라는 헤게모니가 그것을 사용하는 대로 '일국양제'의 새로운 모델이 창출되리라는 것은 의심할 여지가 없는 사실일 것이다. 중국이 홍콩에게 부여하는 민주의 정도와 허용하는 정체성의 정도에 따라 '중국-홍콩체제'는 영원한 항형 관계를 수립할 수 있기 때문이다. 하지만 '중국 특색의 사회주의'라는 이념체계에서 '중국 특색의' 이 다섯 글자에 의미를 부여할 수 있었던 것은, 세계적으로 첨단 자본주의를 구가했던 홍콩식 자본주의가 일정 부분 실제적인 토대를 제공했기 때문에 가능했다. 이론적으로나마 북진 자본주의의 포스트로서 홍콩은 '사회주의 중국'에 대한 위협이 되고 있는 것도 사실이다.

2019년 11월 23일 자 『뉴욕타임스』는 '홍콩 : 분열된 도시Hong Kong : A City

Divided'라는 타이틀의 기사에서 홍콩인을 전사戰士, Fighters, 사회운동가社運人士, Activists, 상대對手, Adversaries, 지지자支持者, Supporters, 맹우盟友, Allies, 부상자受創, Casualties 등 여섯 가지로 나누었다. 홍콩이 그만큼 절실한 현장이 되었다는 말이다. 홍콩이 철저하게 분리되었다는 말이다. 2019년의 송환법 반대 시위 사태가 가져올 결과를 거칠게 예상해 본다면 직접적인 당사자인 중국정부와 홍콩본토파는 새로운 패러다임 개발에 몰두할 것이다. 상호를 바닥까지 철저하게 파악했기 때문이다. 실제로 구의회 선거가 끝나고 업무 보고차 베이징을 방문한 홍콩의 행정장관에게 중국의 리커창李克強 총리는 폭력에 대한 단호한 대처와 더불어 홍콩 내부의 갈등에 대한 철저한 연구를 지시했다. 이제 홍콩 내부의 갈등에 주목하고자 하는 중국정부의 태도가 돋보이는데, 다만 내부와 외부의 갈등 구분이나 연결고리에 대한 분석 또한 필요해 보인다. 이후 홍콩에 대한 중국의 전략전술의 변화가 예상되지만, 이론적으로는 중국이 양보할 한계가 분명하다는 점에서 큰 기대를 걸 수는 없다.

중국과 서구는 사상초유의 '일국양제'의 홍콩이라는 또 다른 대척점을 사이에 두고 마주하게 되었다. 미국의 트럼프 대통령은 홍콩의 구의회 선거가 홍콩본토파의 승리로 끝난 시점인 2019년 11월 28일 홍콩본토파를 지지하는 강력한 메시지를 보냈다. 그는 홍콩의 인권과 민주를 억압하는 인사에 대한 비자 발급과 재산권 행사를 제한할 수 있는 「홍콩 인권과 민주 법안」에 재빨리 서명했다. 더 이상 '홍콩의 시위 사태를 예의 주시하고 있다'는 구두 경고에 머물지 않을 것임을 분명히 했다. 이제 홍콩본토파는 홍콩의 시위 사태를 '이용'하여 홍콩의 인권과 민주를 세계적인 '반열'로 승격시키는데 성공한 것처럼 보인다. 홍콩 법안의 발효가 홍콩을 향한 서구 재등장의 신호탄으로 보는 시각도 나오기 시작했다. 홍콩의 마지막 총독이었던 패튼은 중국정부의 반대에도 불구하고 직접선거를 확대하고, 중산층에게 영국 시민권을 부여하는 등 홍콩의 민주화를 추진한 바 있다. 그는 중국으로부터 '천고의 역적'으로 비난받기도 했다. 패튼이 강조하던 '영광스런' 퇴진은 '민주'라는 거대한 불씨를 두고 떠남을 아니 '다시 돌아온다'는 의미였음을 알게 해준다. 주권반환 이후부터 바로 홍콩의 시위 현장 곳곳에 등장하고 있는 영국 국기인 유니언 잭과 함께 말이다.

홍콩본토파로서는 이번 송환법 반대 시위를 이끌어 온 '민간인권진선民間人權陣線, Civil Human Rights Front' 즉 48개의 '시민 단체' 연합에 대한 긍정적인 결과를 얻었다. 2002년 조직된 이 단체는 학생회, 성소수자 모임, 지역 커뮤니티, 노동자 단체, 인권 감시 단체, 정당 등이 참여하고 있는바, 그동안 홍콩의 내부 식민에 대한 감시자 역할을 해오고 있었다. 특히 이번 시위 사태를 지도하면서 홍콩의 또 다른 권력으로 존재감을 확실히 했다. 따라서 향후 홍콩의 개별적인 '시민 단체'의 구성과 발전, 나아가서 그것들의 연합에 대한 주목이 필요해 보인다.

국제적인 시야에서 보면 이제 중국정부는 그들대로, 또 미국과 영국을 중심으로 하는 서구는 또 그들대로 홍콩 연구에 매진할 것이다. 이번 시위 사태를 거치면서 서구는 인권이나 소수민족 그리고 대만 문제에 이어 중국을 견제할 카드로 홍콩을 확실하게 추가했다. 홍콩본토파가 강력하게 연대를 희망했던 한국의 진보진영으로서도 공부거리 하나가 늘어난 셈이다. 국가가 중요한가 아니면 민주가 중요한가 하는 화두는 사실 한국 진보진영 내부가 급속하게 분화되는 상황에서 또 하나의 파문을 그리고 있다. 그들을 향해 중국정부를 지지할 것인가 아니면 홍콩의 민주화를 지지할 것인가 하는 질문까지 던져지고 있다. 앞서 언급했던 한국의 언론을 포함한 대다수의 세계 언론은 일단 홍콩의 민주화를 지지하는 모양새이다.

반면에 중국 학계 주로 신좌파 내부의 치열한 논쟁을 살펴보면 중국의 안정이나 동아시아 안정을 최우선하는 원칙이 기득권을 향유하고 있다. 향후 홍콩 이슈를 둘러싸고 한국의 '진보'와 중국의 '신좌파'가 어떤 입장을 보여줄까 하는 것도 내 관심사 중의 하나이다. 한국의 여러 대학 캠퍼스에서 레논벽을 사이에 두고 벌어지던 갈등은 '중국-홍콩체제'를 중심으로 전개되는 갈등의 축소판이었다. 중국에서 온 유학생들과 홍콩을 지지하는 한국 대학생들의 충돌은 홍콩이라는 이슈가 세계적으로 보편화되고 있음을 보여준다. 이번 홍콩의 시위 사태로부터 - 해외의 이슈에 대해서 그토록 보수적으로 접근해 온, 한국의 캠퍼스나 젊은이들이 홍콩이라는 이슈에 관심을 가지기 시작했다. 그것이 한국이라는 국민국가 속의 '국민' 노릇과 함께 '세계공화국'의 '시민' 노릇의 의미에 대해서 생각해보는 계기가 되면 얼마나 좋을까?

홍콩이 '쇼핑 천국'이나 '음식 천국'이 아닌 '담론 천국'으로 인식되기 시작한 것이다. 정체성의 갈등과 충돌이라는 문제에 관심을 가진다는 것은 사고의 확대뿐만이 아니라, 실제적으로 동아시아 국가 간 갈등의 해법을 찾기 위한 시도로 볼 수 있다. 적어도 개인 간 갈등이나 국가 간 갈등이 정체성으로부터 발생된다는 지점을 확인한 것만 해도 큰 수확이 아닐까, 상대의 존재나 가치에 대한 인정이 없는 갈등의 해법은 아예 불가능하기 때문이다. 동아시아 공동체를 생각하는 담론의 영역에 홍콩이라는 변수가 정착되기를 바라본다.

통합과 분리

통합이 좋은가, 분리가 좋은가, 통합되어야 하는가, 분리되면 안 되는가, 적절하게 통합되고 적당하게 분리되는 것은 또 어떤가, 일찍이 마오쩌둥毛澤東은 하나가 되기 위한 둘을 강조했다. 하나가 되기 위해서 먼저 분열되어야 한다는 것이다. 정체성의 장점은 무엇이고 단점은 무엇인가, 중국과 홍콩의 이상적인 교집합은 무엇이며 접점은 어디일까, 중국이라는 정체성과 홍콩이라는 정체성의 지향은 무엇이 되어야 할까 등등의 문제를 나는 '중국-홍콩체제'라는 화두로 고민해 왔다. 그 고민의 결과—사실은 과정—가 이 책인데, 홍콩시위에 화염병과 총이 등장하고 있다는 뉴스를 접하면서 여러 가지로 부족한 이 책을 세상에 내놓기로 했다. 이것이 내가 '좋아하는' 중국과 '연민하는' 홍콩을 위해 기도하는 심정으로 올리는 희생犧牲이라고 생각하기 때문이다.

알다시피 한 편의 논문이 발표되는 것과 동시에 연구자의 사유는 이미 그 논문을 지나간다. 마찬가지로 그간의 내 사고체계의 변화를 묶은 책이 세상과 만나는 이 순간에도 '중국-홍콩체제'는 저만치 지나가고 있고, 또 내 생각도 그것을 따라 움직이고 있을 것이다. 바야흐로 세계적으로 좌우 갈등, 지역 갈등, 세대 갈등, 빈부 갈등이 첨예하게 노정되고 있는 시점이다. '중국-홍콩체제'는 언제나 그랬던 것처럼 그 모든 갈등을 총체적으로 보여주고 있다. 굳이 한마디 덧붙인다면 이 책 『방법으로서의 중국-홍콩체제』는 '분단체제'를 두고 사회 내부의 갈등이 나날이 확대되고 심화되고 있는 한국사회를 향한 나의 외침이기도 하다. '방법으로서의 중국-홍콩체제'가 한반도의 '분단체제'를 바라보는 시각을 확대 심화시켜 줄 수 있다는 말이다.

2018년 여름, 2천 5백 권 정도의 책을 국회도서관에 기증했다. 버리면 채워진다는 말이 헛되지 않아 나는 어떤 책을 기증했는지를 복기하면서 다음 연구 작업에 대한 청사진을 그리고 있다. 책으로 만들어지는 나의 정체성인데 어떻게 보면 책에 의해서 정체성은 재조립되고 있는 듯하다. 어느 정치학자는 '정치는 갈등을 완전히 해결해 주는 장치가 아니라, 갈등을 재조립하는 과정'이라고 되풀이해서 강조했다. 마찬가지로 '중국-홍콩체제' 문제의 해법도 갈등을 재조립하는 과정에 있는 것인지도 모르겠다. '중국-홍콩 체제'를 바라보는 공부도 이 책의 출판과 더불어 재조립될 것을 기대한다.

「방법으로서 '중국-홍콩체제' 3 — 레비 스트로스와 가라타니 고진과 탕누어의 시각으로」와 「국민교육과 본토locality 홍콩」 등 두 편의 논문을 을 제외한 모든 글은 이미 학술지와 계간지 등에 발표된 것들이다. 주로 중국-홍콩을 연구하는 방법론과 관련하여 고민해 온 결과물들을 이렇게 한자리에 모았다. 발표 역순으로 차례를 구성하였으며, 문법적으로 소통에 문제가 없는 한 원래 발표문을 그대로 옮겼다. 발표 당시 내 사유의 현재성을 살리는 것이 나름대로 의미가 있다고 생각했기 때문이다.

2020년 2월 25일,
오늘부터 한국인은 홍콩에 입경할 수 없다는 뉴스를 접한,
코로나19가 창궐하고 있는 한국에서
류영하

차례

서문 1 | 홍콩의 「보안법」 입법에 즈음하여 3
서문 2 | 홍콩의 송환법 반대 시위를 바라보며 8

제1장 방법으로서 '중국 – 홍콩체제' 3 31
레비-스트로스와 가라타니 고진과 탕누어의 시각으로
1. 문화의 차이 33
2. 국가의 지양 38
3. 사회구성체론 48
4. 분열과 통합 54
5. 자본=네이션=국가의 소멸 61

제2장 국민교육과 본토locality 홍콩 67
1. 홍콩의 식민은 종식되었는가? 69
2. 다시 '국민 만들기' 72
1) 국민교육–프로파간다 74
2) 역사교육 80
3) 일국양제一國兩制 82
3. 본토locality 홍콩의 대응 89
4. 국민과 국민의식 96

제3장 방법으로서 '중국 – 홍콩체제' 2 97
신자유주의 세계화에 비판적인 시각을 중심으로
1. 카탈루냐의 분리 독립과 유럽 통합 99
2. 정치경제학 102
3. 신자유주의 이후 109

4. 주권 반환 이후 114
5. 다시 정체성 118
6. 신자유주의와 주권 반환 126

제4장 방법으로서 '중국 - 홍콩체제' 1 129
1. 제국과 제국주의 132
2. '중국-홍콩체제' 135
1) 정치경제학 연구 변천사 135
2) 민족과 계급 144
3) 중심과 주변 152
3. 유럽연합과 '중국-홍콩체제' 161

제5장 세계체제와 탈식민 본토 홍콩의 정치경제학 165
1. 지역과 국가 167
2. 본론 169
1) 홍콩식 자본주의와 세계체제World System 169
2) 제3의 공간 178
3) '중국-홍콩체제China-HongKong System' 186
3. 세계체제와 '중국-홍콩체제' 192

제6장 '소수'로서의 홍콩인 195
1 '-다움'의 가소성 197
2. 정체성의 정체 201
3. 국민교육 208
4. 다수와 소수 214

5. '신홍콩인' 220
6. '중국다움'과 '홍콩다움' 227

제7장 홍콩 사태를 바라보는 네 가지 시선 231

1. 중국 234
2. 홍콩 236
3. 서구 239
4. 우리 241

제8장 후식민의 주체로서 국가와 본토 중국-홍콩의 경우 243

1. 중원과 변경 245
2. 본론 248
    1) 국가와 민족의 도래 248
    2) 차국민次國民과 본토 홍콩 251
    3) 새로운 소수민족의 출현 260
    4) 본토의 반동성 266
3. 중국 국가주의와 홍콩 본토주의 277

제9장 방법으로서의 홍콩 281

1. 중국다움-홍콩다움 283
2. 북진-남진 288
3. 근대 자아-전근대 타자 292
4. 재再국족화-국제화-본토화 294

제10장 중국과 홍콩 2개 국족 신분의 충돌 297

1. 탈국족 상상 299
2. '중국국족'의 재림 303
    1) '1국가一國' 303
    2) '애국' 306
    3) 푸퉁화普通話 311
3. '홍콩국족'의 출현 314
    1) '2체제兩制' 314
    2) '민주' 317
    3) 광둥어廣東語 323
4. 신국족 상상 327

제11장 루쉰魯迅의 홍콩 333

1. '사람 세우기立人' 335
2. 루쉰 339
    1) '사람人'의 '사이間' 339
    2) '문文'의 '화化' 345
3. 루쉰의 홍콩 349
4. 루쉰의 '희망' 356

참고문헌 361

초출일람 368

부록 369

제1장

방법으로서 '중국-홍콩체제' 3

레비-스트로스와 가라타니 고진과 탕누어의 시각으로

1. 문화의 차이

강상중은 "자기가 누구이며 자기가 속해 있는 공동체가 어떤 것인가라는 자기규정은 모든 문화가 실천하는 활동 가운데 하나"[1]라고 했다. 2019년 후반기 내내 세계 최고의 이슈가 된 홍콩의 송환법 반대시위 즉 '반송중反送中' 시위 사태를 바라보면서, 나는 시위 과정이 홍콩문화가 '실천하는' '자기규정' 활동의 하나가 아닐까 하는 생각을 했다. 물론 홍콩문화에 대한 홍콩인의 '자기규정'은 어제나 오늘에만 '실천'되고 있는 것이 아니다. 주권 반환 이전부터 시작된 '자기규정' 과정은 반드시 타자를 전제로 한다. 타자와의 '차이'를 필요조건으로 한다고 해야 할 것이다. 자기를 규정하는 행위 자체에 우선 타자라는 척도가 필요하기 때문이다. 이 문제를 잘 알고 있는 레비-스트로스는 "차이를 보는 것을 소홀히 하거나 거부"[2]하는 '우리'의 결점을 정확하게 지적하고 있다. 그는 더욱 결연하게 "고유한 속성을 보기 위해서는 우선 차이를 관찰해야"[3] 한다는 장-자크 루소의 말도 동원하고 있다. 그렇다면 홍콩을 이해하기 위해서는 홍콩의 '고유한 속성'은 무엇이며, 그 '차이'는 어디에서 어떻게 찾아내어야 하는지를 궁구해야만 한다.

레비-스트로스는 문화의 '차이'를 설명하기 위해 수많은 예를 제시하고 있다. 이른바 원시사회들은 수유 기간을 3년 내지 4년까지 연장하면서 인구 증가를 매우 늦게 유지했다는 것, 또 성관계를 금지하는 다양한

1 강상중, 이경덕 · 임성모 역, 『오리엔탈리즘을 넘어서』(초판 6쇄), 이산, 2004, 13쪽.

2 클로드 레비-스트로스, 류재화 역, 『레비-스트로스의 인류학 강의』, 문예출판사, 2018, 25쪽.

3 위의 책, 25쪽에서 재인용.

방식들이 있었다는 것 등을 말하면서, 심지어 필요하면 낙태와 영아 살해를 한다는 것과 일부다처 등의 예도 들고 있다. 지금의 '우리'와는 분명히 다르다. 그러니까 '우리'와 다른 그 어떤 '차이'에는 분명한 이유가 있다. 물론 공간의 차이와 더불어 과거와 현재라는 시간에도 그 '차이'는 있다.

레비-스트로스는 비록 이념적 폭발을 걱정하면서 "과거와 현재의 생존 조건 사이에 급격한 단절이 있기 때문에, 늘 반란과 혁명의 기운이 감돌 수밖에 없다"[4]고 했지만, 나는 이 말을 상시적이거나 상태常態적 조건의 세계를 평가하는 데 적용하고 싶다. 언제 어디서나 '급격한' 변화는 '반란과 혁명'을 소환하기 때문이다. 가라타니는 우리가 평상 즉 평화라고 여기는 상태를 역으로 보고 있다. 그는 평화로운 상태를 그저 평화롭게 바라보지 않는다. 혁명에 버금가는 노력에 의해서만 유지될 수 있다는 시각에서 바라보는 것이다. 즉 평화는 혁명보다 더 '혁명적'이라는 논리이다. 하지만 과거와 현재의 단절은 언제나 위험하다. 생존 조건의 급격한 변화는 혁명을 예비하고 있다. 홍콩의 경우 주권 반환 이후 과거와의 급격한 단절을 경험하고 있다. 나는 그 기간을 지켜보면서 모든 사회의 '상태'라는 것 그리고 '상태'를 유지하고자 하는 노력이 대단히 혁명적인 그 무엇이라는 것을 깨닫기 시작했다.

인류학은 '자연스러움'과 '순리'를 강조하는 학문이라는 점을 레비 스트로스는 강조한다. 그것이야말로 사물이나 사회의 질서에 근접하고 있다는 것이다. 즉 문화는 자연스럽게 형성된 것이니 순리대로 내버려

---

4 위의 책, 55~56쪽.

두라는 것이다.[5] 그는 오스트레일리아의 한 원주민사회에 쇠도끼가 유입되면서 노동 강도와 경제활동이 약해지고 용이해졌지만, 전통문화는 사라졌음을 예로 들고 있다.[6] 나는 이 비유를 홍콩사회에 대입해보고 싶다. 홍콩의 주권이 영국에서 중국으로 넘어간 것은 홍콩이라는 사회에 아주 큰 쇠도끼가 유입된 것이나 마찬가지일 수 있다. 주권 반환 이후 홍콩의 '전통문화'는 사라졌고 사라지고 있다.

레비-스트로스는 북아메리카의 5대호 지역의 메노미니 인디언은 인근 원주민인 이로쿼이족의 쌀 농업 기술을 도입하기를 꺼리는데 그 이유가 '어머니인 땅에 상처를 줄' 수 있기 때문이라는 예도 들고 있다. 큰 변화를 꺼리는 것인데, 그것은 '차이'를 유지하고자 하기 때문이다. 하지만 이제 그런 고립은 끝났다. 긍정적이든 부정적이든 더 이상 피할 수 없는 흐름이다. "지리적 거리와 언어적 · 문화적 장벽에 의해 분리되어 있던 집단들이 점차 하나로 섞임으로써 수십만 년 혹은 아마도 1~2백만 년 동안 지속되어 왔던 세계는 이제 끝났"[7]다는 것이다. 거리와 각종 장벽이 사라진 오늘날 '차이'를 유지하고 산다는 일은 불가능하다고 보아야 한다. 변화를 수용해야 하는 것이다. 그렇다면 나는 레비-스트로스 담론을 고유의 문화를 인정하되, 그 문화가 영원히 보존되거나 보존되어야 한다는 생각을 포기하라는 가르침으로 해석한다. '중국-홍콩체제' 즉 중국이나 홍콩 양자에게 요긴한 가르침이 아닐 수 없다. 홍콩문화의 정체성을 인정하되, 그 문화가 영원하리라는 것을 상호 포기해야

5 위의 책, 75~77쪽.
6 위의 책, 83쪽.
7 위의 책, 139쪽.

한다는 말이다.

그는 조금 더 정리해서 교훈을 도출하고자 하는데, "근대의 산업 및 경제의 시각에서 보면 경제활동 양식 가운데 개발에 방해가 되는 일종의 고대적인 흔적도 있는데, 이것을 없앨 것이 아니라 존중하고 신중하게 다뤄야 한다는"[8] 것이다. 고대적인 것의 바탕을 강조하는 동시에 현대적인 것의 조우를 강조하는 것이다. 지금의 시각으로 보면 '전근대적'이라고 할 수 있는 요소들도 존중해서 신중하게 취급해야 한다는 것이다. 그것이 '차이'라는 말이고, 그것이 '자연'이고 '순리'라는 말이다. 레비-스트로스는 다른 문화의 발생 동력으로 "상반되고자 하는 욕망, 자기 자신을 타자로부터 구분하려는 욕망"을 들고 있다. 또 "사고나 활동에 있어 다른 누군가의 기준에 복종하기를 원치 않는"다는 것이다. 나아가서 '인습들'조차 "이웃 집단과 가만히 대면한 채로만 있지 않겠다는 의지로부터" 생성된다고 본다.[9] 그는 인간에게는 아주 옛날부터 본능적이라고 할 수 있는 경향이 있다고 전제하면서, 바로 "현재의 자기 사회와 가장 동떨어져 있는 사회의 관습, 신앙, 관례, 가치 등을 순전히 그리고 단순히 거부한다"[10]는 것을 지적한다. '자기'와 다른 문화를 타자화하는 것을 말한다. 주권 반환 이후 중화인민공화국과 홍콩특별행정구의 관계 특히 정체성으로서 '중국'의 요구에 대한 정체성으로서 '홍콩'의 거부 과정을 보면 명백해진다.

가라타니 고진에 의하면 칸트에게 도덕성은 선악의 문제가 아니라

8 위의 책, 93쪽.
9 위의 책, 57쪽.
10 위의 책, 121쪽.

자유의 문제다. 칸트의 유명한 명제인 "타인을 그저 수단으로서만이 아니라 목적으로서도 다루어라"는 타인을 자유로운(자발적인) 존재로서 다루라는 의미라는 것이다. 가라타니는 타인을 수단으로 다루는 것이 우리 범인들의 입장인데, 그저 수단으로서'만' 다루어서는 안 되고 상대를 목적(자유로운 존재)으로 다루어야 한다고 말한다.[11] 나는 가라타니가 강조하는 칸트의 테제를 '중국-홍콩체제'에 적용하고 싶다. 중국적 정체성과 홍콩적 정체성은 내내 서로 타자로서 작용하여 왔다. '중국-홍콩체제'의 관건이 도덕성이고, 그것의 최종에는 자유의 유무가 있다는 느낌을 지울 수 없었다. 물론 어느 일방에게 강요되는 자유는 아닐 것이고, 서로에게 똑같이 적용되는 자유일 테다. 서로에게 자유로운가 하는 시각으로 바라볼 경우 '중국'과 '홍콩' 양자 갈등의 본질과 대면하게 된다. 그것이 바로 칸트가 말하는 도덕성에 근접하는 경지가 아닐까?

위의 논리에 더하여 가라타니는 칼 슈미트를 언급한다. "도덕적인 것의 영역이 선과 악, 미적인 것의 영역이 미와 추, 경제적인 것의 영역이 이득과 손해라고 한다면, 정치적인 것의 특유한 영역은 '친구와 적'이라는 구별에 있다"고 한 말을 인용하고 있다.[12] 저간의 사정으로 본다면 중화인민공화국과 홍콩특별행정구라는 특별한 정치체제 내에 상존하는 구도는 '차이'를 인정하지 않고 '구별'을 목적으로 하고 있었다. 중국과 홍콩이라는 정체성 즉 양자의 사이에서 전개된 상황을 살펴보면 '친구와 적'을 '구별'해내기 위한 과정이었다. 서로가 이쪽도 아니고 저쪽

---

11 가라타니 고진, 고아라시 구하치로 들음, 조영일 역, 『정치를 말하다』, 도서출판b, 2010, 75~76쪽.

12 가라타니 고진, 조영일 역, 『세계공화국으로』(4쇄), 도서출판b, 2014, 63쪽.

도 아닌 제3지대를 용인하지 않고 그저 이분법적 사고를 강요해 왔다. 장기간 작용과 반작용의 구도를 정착시켰고, 그 행위는 '친구와 적'을 구별하는 노력의 다름 아니었다. '차이'를 인정하지 않기에 '친구와 적'으로 구분될 수밖에 없었다.

2. 국가의 지양

마키아벨리는 군주는 반드시 착한 사람일 필요는 없다고 했다. 하지만 착한 사람처럼 보이지 않으면 안 된다고 했다.[13] 나는 군주를 국가에 대입시키고 싶다. 국가는 반드시 착할 필요는 없을지 모르지만, 적어도 국가를 구성하는 주요한 요소인 국민에게 만큼은 최대한 착한 존재로 보여야 한다. 국민에게 착하지 않다고 보여진 수많은 국가의 경우를 우리는 세계 역사를 통하여 알고 있다. 이 시점 '홍콩인'들에게 중화인민공화국은 '국가'인가 하는 것 그리고 그 국가는 착하게 보이고 있는가라는 질문을 던지면서 이 절을 써 내려간다.

슈미트는 "볼셰비즘과 파시즘은 다른 모든 독재제도와 마찬가지로 반자유주의적이지만, 반드시 반反민주적이진 않다"고 했다.[14] 반론의 여지를 허용하지 않는 교묘한 장치를 강조하고자 하는 의도이지만, 나는 독재나 민주의 정도와 수준에 대한 규정 없이는 힘을 받을 수 없는 논리라고 생각한다. '민주적'으로 보인다고 해서 그것이 '반민주적'이 아

13 가라타니 고진, 조영일 역, 『역사와 반복』(2쇄), 도서출판b, 2013, 34쪽.
14 위의 책, 30쪽에서 재인용.

니라고 말하기는 어렵다. 중화인민공화국이 내부적으로 파시즘적인 통치를 구현하고, 홍콩특별행정구에 대해서도 그 수준을 강요하고 있다고 생각되어지는 작금의 현실로 볼 때, 반민주적이지는 않다고 공인받을 수 있겠는가 말이다. 따라서 국가가 내부적으로만 지양될 수 없다고 한 가라타니가 돋보인다.

가라타니는 "나치즘을 어느 특정 단계만으로 정의하는 것은 어려울 뿐만 아니라 무의미하다"고 했다.[15] 왜냐하면 독일의 나치즘은 초기에는 반자본주의, 반국가 운동이었지만, 나중에는 의회주의로 바뀌어 자본이나 국가기구와 유착했기 때문이다. "제1차 대전 후 '왕'을 추방하고, 좌익혁명이 유산流産된 후에 생긴 바이마르 공화국의 대표제 속에서 히틀러가 수상이 되고, 국민투표를 통해 '총통'이 되었다. 분명한 것은 그것이 루이 보나파르트가 황제가 되었던 '과정'과 상동相同적이라는 것이다."[16] 마르크스는 『브뤼메르 18일』에서 보나파르트가 황제가 될 때까지의 '과정'에 대해 주목하고 있다. 가라타니의 표현대로 마르크스는 그 과정을 매우 '조소'적인 입장에서 바라보고 있다. 우리는 결과만을 두고 '선'과 '악'으로 판단하는 경우가 많은데, 그 결과가 도출되기 위한 과정을 살피는 것이 중요하다는 말이다. 과정을 바라보면 그 결과를 그렇게 쉽게 판단하지 못한다. 결과는 지난하고 복잡한 과정을 통해서 도출되는 경우가 많기 때문이다.

보나파르트는 모든 자를 대표하지 않으면 안 된다. 그는 '말 위의 생시

15 위의 책, 51쪽.
16 위의 책, 51쪽.

몽'이라고 이야기된 것처럼 국가사회주의를 표방하고 있었다. 따라서 노동자 계급을 대표하지 않으면 안 된다. 그리고 당연히 경제공황으로 타격을 받은 자본가 계급을 대표하지 않으면 안 된다. 더욱이 농민을 대표하지 않으면 안 된다. 그러나 모든 자를 대표하는 것이 가능할까? "보나파르트는 모든 계급에 대해 가부장적인 은인으로서 나타나고 싶었다. 그러나 그는 다른 계급에게서 빼앗아오지 않고는 어느 계급에도 베풀 수 없었다."[17] "자신이 처한 상황의 모순된 요구에 의해 궁지로 내몰림과 동시에, 마술사처럼 끊임없이 놀라운 일을 연출하여 공중의 눈을 나폴레옹의 대역인 자신에게 향하도록 하기 위해, 매일처럼 소규모 쿠데타를 일으킬 수밖에 없었기 때문에, 보나파르트는 시민적 경제 전체를 혼란에 빠뜨리고, 1848년 혁명에서도 불가침이라고 생각되던 모든 것을 침해하여……."[18] 요컨대 그에게 가능했던 것은 현실적으로 무엇을 하기보다 뭔가를 하는 이미지를 부여하는 것이었다.[19]

헤게모니는 꾸준하게 무언가를 하고 있다는 이미지를 창출해야 가능한 그 무엇이 아닐까, 국가도 지도자도 자체만의 이미지를 내놓지 않을 경우 그 가치는 유지되기 어렵다. 역으로 말하면 그들이 현실적으로 무언가를 만들어내는 이미지를 생산하고 있다면, 적어도 '소규모 쿠데타'라도 연출하고 있다면, 국가나 지도자의 지양은 비관적이다. 가라타니

17 마르크스, 「루이 보나파르트 브뤼메르의 18일」, 임지현 · 이종훈 역, 『프랑스혁명사 3부작』, 소나무, 1991, 275~276쪽. 가라타니 고진, 조영일 역, 『역사와 반복』, 34쪽에서 재인용.

18 마르크스, 「루이 보나파르트 브뤼메르의 18일」, 위의 책, 277쪽. 가라타니 고진, 조영일 역, 『역사와 반복』(2쇄), 도서출판b, 2013, 34쪽에서 재인용.

19 가라타니 고진, 조영일 역, 『역사와 반복』(2쇄), 도서출판b, 2013, 34쪽.

는 최종적으로 국가의 지양이 완성되는 단계를 희망하고 있지만, 당연하게도 그 단계의 도래에 대해서는 매우 비관적일 수밖에 없다. 그는 그의 모든 저서에서 일관되게 자본=네이션(민족, 국민)=국가를 넘어서는 길, 즉 '세계공화국'에 이르는 길을 추구하고 있다. 특히 국가가 내부에서 지양될 수 없다는 점을 일찌감치 간파했고, 그래서 그는 국가를 '외부에서' 지양하는 방법을 생각하게 되었다.[20]

가라타니는 "나폴레옹의 정복정책이 각국에 내셔널리즘과 독립운동을 낳았다"고 본다.[21] 홍콩특별행정구에 대한 중화인민공화국 시진핑習近平체제의 어필은, 유럽 각국에 미친 나폴레옹의 작용과 비견할 때 완전히 일치하는 것은 아닐지라도 상당히 유사하다고 판단하는 것은 시기상조일 수도 있다. 하지만 적어도 정치적으로 모종의 역할을 했으며, 하고 있다는 것은 아무도 부인할 수 없을 것이다. 시진핑체제 등장 이후 홍콩특별행정구에 대한 중화인민공화국의 작용은 더욱 강력하고 과감해졌기 때문이다. 당연하게도 작용는 반작용을 수반한다. 내가 보기에 본토locality 홍콩의 정체성이 새삼 주목받고 강화되기 시작한 시점과 일치한다.

> 각국의 전쟁을 저지하고 군사적 주권을 제한해 가는 국제연방을 형성하는 것은 점진적인 세계 동시혁명입니다. 물론 국가에 맡긴다면, 이런 것은 불가능합니다. 국가를 꼼짝 못하게 하는 데에는 국가에 대항할 수 있는

20 가라타니 고진, 조영일 역, 『세계공화국으로』, 14쪽.
21 가라타니 고진, 조영일 역, 『역사와 반복』(2쇄), 39쪽.

'사회'가 강해지지 않고서는 불가능합니다.[22]

이 담론을 중국에 적용한다면, 중화인민공화국이라는 '국가를 꼼짝 못하게 하는 데에는 국가에 대항할 수 있는 사회가 강해져야' 한다는 논리가 타당하다.[23] 이 논리를 다시 '중국-홍콩체제'에 적용한다면, 현실적으로 중화인민공화국의 '사회'가 강해질 수 있다면, 홍콩특별행정구 '사회'의 성장도 기대할 만할 것이다. 물론 가라타니는 시종일관 자본=네이션=국가가 현재의 사회구성체라는 사실을 견지하고 있다. 그는 신자유주의가 가져온 계급 격차나 만성 불황 등의 부정적인 이유 때문에 오히려 국가가 존속할 수 있는 힘을 얻는다고 주장하고 있다. 현실 속에서 국민들이 국가를 통한 해결을 기대하기 때문이라는 것이다.[24] 지속적으로 무언가를 하고 있다는 이미지를 창출해야 하는 국가와 현실적인 문제의 해결을 기대하는 국민은 서로를 필요로 한다. 국가가 쉽게 소멸될 수 없는 이유이기도 하다. 나는 신자유주의는 물론 주권 반환이라는 충격이 이중으로 홍콩특별행정구의 경제 상황과 계급 격차의

22 가라타니 고진, 고아라시 구하치로 들음, 조영일 역, 앞의 책, 147쪽.

23 가라타니는 월러스틴의 말을 원용하여, 네덜란드도 영국도 아메리카도 국외 경쟁에서 헤게모니를 잡은 이후에야 비로소 국내 문제로 눈을 돌렸다고 강조했다. 그때서야 국내의 노동자를 보호하거나 사회복지 정책을 추진했다는 것이다(가라타니 고진, 조영일 역, 『세계사의 구조』(6쇄), 도서출판b, 2017, 394쪽 참조). 따라서 중국도 세계 2인자로서 자리매김 할 때까지는 국외에서 헤게모니 장악을 위해서 노력을 다 할 것이며 국내 문제를 바라보지 않을 것인바 즉 국내의 인권이나 민주 문제까지도 허락하지 않을 것이다. 따라서 홍콩에 대한 중국의 태도 또한 긍정적일 수 없다. 즉 강경한 태도로 일관될 것이라는 전망을 하는 것이 타당하다.

24 가라타니 고진, 고아라시 구하치로 들음, 조영일 역, 앞의 책, 148쪽. 가라타니는 '신자유주의'를 말은 다르지만 '제국주의'와 같은 것으로 본다. 가라타니 고진, 조영일 역, 『세계사의 구조』(6쇄), 도서출판b, 2017, 394쪽.

악화를 야기했고, 결국 중화인민공화국이라는 새로운 이미지의 신자유주의와 주권 반환의 주체인 국가를 소환할 수밖에 없다고 생각한다. 가라타니의 지적대로 신자유주의가 계급 격차나 사회 불평등의 확대를 야기했고, 할 수 없이 해법을 국가에 위탁할 수밖에 없다면, 홍콩에게 중국이라는 국가는 당분간 매우 요긴한 존재일 수밖에 없다. 즉 중국이 홍콩에 가하는 힘은 중국이 국가로서 홍콩을 소환하는 것이지만, 중국이라는 국가에 영향력을 행사할 수 있는 힘은 '사회'로부터 나온다.

다시 정리하면 국가를 견제할 수 있는 '사회'의 구성이라는 측면은 중화인민공화국을 겨냥하는 것일 수도 있지만, 중국의 특별행정구인 홍콩이라는 공간 속에서 '사회'의 구성 또한 매우 중요한 아이템일 것이다. 중국의 '사회' 구성 정도와 수준을 어떻게 볼 것인가가 바로 이슈로 대두된다. 중국의 국가와 '사회'가 긴밀하게 연결되어 있다면, 홍콩이라는 특수한 공간의 '사회' 또한 홍콩특구와 긴밀하게 연결되어 있다. 중화인민공화국과 홍콩특별행정구가 긴밀하게 연결되어 있는 것이 당연하지만, 중화인민공화국의 '사회'와 홍콩특별행정구의 '사회' 또한 뜻밖에도 긴밀하게 연결되어 있는 것이다. 가라타니는 "국가가 파탄이 난 상태에서 권력을 잡는 혁명보다 국가가 전쟁을 하는 것을 허용하지 않는 반전운동 쪽이 훨씬 혁명적이고 사회주의적"[25]이라는 말을 할 정도로 '사회'의 역할을 중시하고 있다.

가라타니는 혁명보다 국가의 전쟁을 저지하는 것이 훨씬 더 혁명적이라고 생각한다. 러시아혁명으로 국가의 지양이 가능하지 않고, 전쟁

25 가라타니 고진, 고아라시 구하치로 들음, 조영일 역, 앞의 책, 147쪽.

을 저지하는 것에서 비로소 국가의 지양이 가능하다는 것이다. 그런 의미에서 전쟁을 방기하는 것을 규정한 일본 헌법 9조는 그것을 실현하는 것만으로 매우 큰 의미가 있다는 것이다. "군사적 주권을 증여하는" 차원으로 본다.[26] 전쟁을 방기한다는 차원에서 본다면, 홍콩이나 대만에게 요구되는 '일국양제'는, 중국 특색의 사회주의가 시도하는 국가 지양의 1단계라고 할 것이다.

가라타니는 자신의 논지를 풀어 나가기 위해 일본의 국가사회주의자 기타 잇키北一輝를 등장시키고 있다. 가라타니에 의하면 기타 잇키는 『국가 개조안 원리 대강國家改造案原理大綱』이라는 책에서 당시 식민지인 조선에 대한 처리 방안을, "조선을 일본 내지와 동일한 행정법 밑에 두고 식민지가 아닌 일본제국의 일부로 생각해야 한다고 주장하고 있을 뿐만 아니라, 조선인에게도 일본인과 동일하게 참정권을 주어야 한다"고 말하고 있다. "단, 실제 부여 시기는 약 20년 후로 설정하고, 그 준비로 약 10년 후에는 지방자치제를 실시하여 참정권을 운용하는 습관부터 갖게 해야 한다"고 했다.

그러니까 동등한 상호 수혜가 가능한 존재로 만들어야 한다는 지적이다. 기타 잇키의 목적이 순수한 것인지를 따져보는 노력이 필요하겠지만, 우선 그가 식민지 조선에게 동일한 행정법에 동일한 참정권을 부여하는 방안을 주장하고 나선 것에 주목할 필요가 있다. 기타 잇키의 의견을 보면서 나는 가라타니의 호수성을 새삼 떠올린다. 가라타니의 궁극적 지향인 '세계공화국'의 모습은 그가 늘 강조하는 호수성互酬性의 원

26 가라타니 고진, 최혜수 역, 『'세계사의 구조'를 읽는다』, 도서출판b, 2014, 246~247쪽.

리 즉 상호 보상이나 수혜로 완성된다. 원시적으로 주고받는 '호수성의 고차원적 회복'[27]이 가라타니의 화두이기 때문이다. 가라타니는 세계적으로 "무력과 돈의 힘이 아닌 증여의 힘이 중요해질" 것이라고 예상하면서, "명예와 위엄, 부끄러움 같은 관념이 중요해질"[28] 것이라고 강조한다. 증여의 정도는 선진국이 지적 소유권으로 소유하고 있는 기술이나 지식을 무상으로 주는 것이라고 구체적으로 밝힌다.[29]

나는 가라타니가 말하는 명예와 위엄 등을 정체성이라는 말로 풀고 싶은데, 정체성이 존중받지 못할 때 갈등은 표면화된다. '중국-홍콩체제'에서 가장 중요한 지점은 정체성의 충돌인데, 그것은 소수로서 홍콩의 정체성이 동등하게 존중받지 못하고 있다는 홍콩인의 생각에서 발발하기 때문이다. 증여를 위한 전제조건으로 민족주의를 내세우고 있는 중국은 홍콩의 '명예'도 '위엄'도 '부끄러움'도 제대로 살피지 못하고 있다. 그렇다면 홍콩의 '위엄'은 중국의 민족주의와 어떻게 조우할 수 있을까? 다케우치의 논리를 빌려보자. 다케우치가 사용하고 있는 '내셔널리즘'을 요즘 우리가 사용하고 있는 민족주의와 등가치환하는 것은 다소 문제가 있을지라도 '진실한' 그 무엇을 찾아야 한다는 절박감은 이해될 수 있을 것이다.

만약 어쩔 수 없이 내셔널리즘이 필요하다면 어떻게 해야 좋을까? 울트

27 무상 '증여'에 대해 가라타니가 얼마나 크게 의미를 부여하는 지는, 탈레반 정권에까지 '증여'하자고 주장한 경우를 보아도 알 수 있다. 그는 이슬람의 기본 의무 중의 하나인 '희사(喜捨)'를 응용하여, 이슬람 원리주의자를 보호하고 있는 아프가니스탄에 증여를 하자고 해서 곤란을 겪기도 했다. 가라타니 고진, 최혜수 역, 앞의 책, 68쪽 참조.

28 위의 책, 33쪽.

29 위의 책, 193쪽.

라 내셔널리즘에 빠질 위험을 피하고 내셔널리즘을 손에 넣을 수 없다면, 유일한 길은 반대로 울트라 내셔널리즘 안에서 진실한 내셔널리즘을 끌어내는 것이다. 반혁명 속에서 혁명을 이끌어내는 것이다.[30]

본토 홍콩에 대한 중화인민공화국의 작용은 크게 민족주의 하나로 망라될 수 있는데, 다케우치가 말하는 '울트라 내셔널리즘'일 수도 있겠다. 그렇게 해서 '진실한' '내셔널리즘'을 여과해 낼 수 있을지도 모른다. '울트라 내셔널리즘'이 횡행한다면 '진실한 내셔널리즘'도 찾아낼 수 있을 것이다. 나는 최근 중화인민공화국의 민족주의 선풍에서 넘쳐나는 급박하고 일방적인 단어들을 읽어내고 있다. 최근 중국이 시전하고 있는 '내셔널리즘'에서 진실한 내셔널리즘을 찾아내는 과정은 본토 홍콩의 '명예'를 찾아내는 과정이 아닐까? 정체성으로서 '홍콩'의 명예를 찾아주는 것이 호수성 즉 상호 수혜의 첫걸음이자 최종 목표가 되어야 할 것이다.

시진핑체제의 '대국굴기大國崛起'와 '일대일로一帶一路'를 다시 바라보아야 한다. 가라타니는 박정희 정권을 '발전도상독재'라고 정의했는데, 경제적 발전으로 독재적인 체제를 스스로 해체했다고 본다. 그리고 부르주아혁명(시민혁명)으로 귀결되었다는 것이다.[31] 나는 중국 특색의 사회주의체제를 '발전도상독재'로 간주하는 것과 향후 경제 발전과 더불어 그것이 스스로 해체될 것인가를 생각해본다. 가라타니는 중국의 발전이나 탈농민화 자체가 세계 자본주의의 종언을 초래하기 때문에 중국

30 다케우치 요시미, 서광덕 · 백지운 역, 「근대의 초극」, 『일본과 아시아』(소명출판, 2004), 136쪽. 『역사와 반복』, 72쪽에서 재인용.

31 가라타니 고진, 최혜수 역, 앞의 책, 122쪽.

이 다음의 헤게모니 국가가 될 것이라는 견해에는 동의하지 않는다.[32] 하지만 내가 보기에 중국은 헤게모니 국가가 되기 위한 노력을 다하고 있다. 중국이라는 국가가 혁명을 수출하는 것이 아니고, 아프리카에 물량 공세 방식으로 돈을 수출하는 과정은 어떻게 보아야 할까? 이때 증여는 국가의 소멸을 위한 국가와 국가 간의 '증여'로 보아야 하는가? 아니면 중국이라는 국가가 우선 보호되어야 국가의 소멸에 유리한가? 이 경우 중국은 과거 서구열강의 작용을 되풀이하고 있는 즉 제국주의의 현현이라는 주장이 힘을 얻고 있기도 하다.

> 사이고가 주장한 것은 서양열강에 의한 식민지화를 피하기 위해서 조선이 개국하고 근대화하도록 강하게 압박하는 것이었다. 이것은 트로츠키나 게바라가 각각 유럽이나 중남미 나라들의 혁명 없이 그들의 혁명이 존속할 수 없다고 생각했던 것과 닮아있다. 혁명 수출이야말로 혁명의 방위였다. 메이지 시대에 아시아의 나라들을 서양열강의 제국주의적 지배에서 해방하는 것, 즉 메이지유신을 수출하는 것은 그대로 일본 자신의 방위를 의미하는 것이었다.[33]

중화인민공화국은 현재 국가의 소멸이나 지양 단계가 아닌 국가가 더욱 간절히 필요한 단계로 공산당이 집권하고 있는 사회주의 과도기 상태이다. 유럽연합이 미국이라는 국가에 대항하기 위해 탄생된 것이라면, 중국 역시 하루빨리 미국을 견제하는 2인자G2가 되고 싶어 한

32 위의 책, 88쪽.

33 가라타니 고진, 조영일 역, 『역사와 반복』(2쇄), 도서출판b, 2013, 75쪽.

다. 따라서 '대국大國'으로서 '굴기'되어야만 하고, 세계제국으로 성장하기 위해서—'하나의 띠一帶'로 묶어야 하고 '하나의 길一路'로 통해야 하는—'일대일로一帶一路'를 만들어야만 된다는 논리가 지존무상의 위치를 확보하는 것이다. 무엇보다도 우선 부강한 국가를 건설해야 할 당위가 마련되었다. 중국이 줄곧 동아시아 역내의 안정을 무엇보다도 중시하는 이유인 것이다. 2019년 12월 23일 중국을 방문한 문재인 대통령이 '동아시아 철도 공동체 구상'을 제의하자 중국도 즉시 함께 구상할 용의가 있음을 밝힌 이유이기도 하다.

그런 점에서 유럽연합을 바라보는 가라타니의 시선은 의외라는 생각이 들 정도로 현실적이다. 그가 보기에 유럽연합은 세계자본주의 즉 근대 세계시스템의 현실에 의해 강요된 것이다. 유럽이 한 나라만으로는 미국이나 일본 등에 대항할 수 없으니까 연합한 것이라는 지적이다.[34] 가라타니의 생각을 '중국-홍콩체제'에 대입해 본다면 양자가 또는 중국의 모든 소수민족은 물론 중화권 나아가서 동아시아가 연합해야 한다는 논리도 가능하다.

3. 사회구성체론

사회구성체 이론은 역사적 유물론의 핵심이다. 사회구성체는 '경제적 사회구성체'라고도 하는데, 한 사회를 분석하는 개념으로서 이보다

34 가라타니 고진, 최혜수 역, 앞의 책, 52쪽.

더 큰 영향력을 행사한 경우도 없다. 마르크스는 사회구성체 이론에서 생산 양식이 하부구조이며, 국가, 민족, 종교, 문학 등등의 의식 형태가 상부구조라고 간주하고 상부구조는 하부구조에 의해 규정된다고 했다. 즉 물질적 생산활동이 사회생활 전반을 규정한다는 것인데, 하나의 사회구성체에서 긴밀하게 통합되어 있다고 본다. 마르크스는 사회구성체 이론과 역사 발전 단계 이론으로 전화되어 지금까지 살아 있다. 경제라는 하부구조가 의식 형태인 상부구조를 지배한다는 마르크스의 '가르침'은, 개혁개방은 물론 이후 중화인민공화국의 국가주의를 강화하는 포석이 되었다. 이렇게 해서 덩샤오핑鄧小平의 기호인 '경제 발전이 절대 진리硬道理'라는 철칙과 표어가 만들어진 것이다.

이후 중국 전체적으로 경제특구라는 우선 거점을 기반으로 속도전이 전개되었다. 경제 수치상의 발전에 고무되어 하부구조가 상부구조를 지배한다는 이론은 절대권위로 받들어졌고 이에 대한 문제 제기는 국가를 배신하는 행위로까지 연결되었다. 중화인민공화국이 시진핑 시대의 새로운 경제 질서를 안정적이고 지속적인 성장이라는 의미에서 '신상태新常態'로 명명했다. 고도 성장이 아니더라도 '성장'을 포기할 수 없다는 강력한 메시지인 것이다. 오죽하면 새롭게 '정상적인 상태常態'라고 부를 만큼 절박한 것이다. 이런 흐름은 당연히 특별행정구인 홍콩도 예외로 두지 못한다.

중국정부는 홍콩과 광둥성의 경제를 통합하는 '대만구大灣區'라는 새로운 패러다임을 설정했다. 베이징에서 홍콩까지 고속철도를 연결하고, 홍콩-주하이珠海-마카오를 잇는 해상 대교의 개통 등 대규모의 인프라 건설은 중국정부가 홍콩을 경제적으로 접수하기 위한 노력의 일환이었다. 반면에 무리하게 진행한 경제 통합은 홍콩 부동산 가격의 폭등(최근 설문조사에서 홍콩인들은 가장 시급하게 해결해야 할 과제로 주택 문제를 꼽았다)과 홍콩인의 취업난을 야기했고, 결과적으로 홍콩의 고질병인 빈부격차는 나날이 확대의 폭을 더해 갔다. 내가 보기에 중국정부는 경제 통합만이 중국-홍콩 양자 간 모든 갈등을 해소시켜 줄 것이라고 믿었다. 중국-홍콩 간 일찌감치 체결된 경제 동반자 협정CEPA 등 강력한 경제 연대의 의미 구조로 볼 때, 중국정부가 상부구조에 대한 하부구조의 영향력에 도식적으로 집착한 것으로 보인다. 상대적 가치로서의 홍콩 본토의 정체성을 등한시한 채 말이다.

가라타니에 의하면, 마르크스주의자들은 근본적인 문제는 계급에 있으며 국가나 민족 따위는 부차적인 문제에 지나지 않는다고 주장했으며, 계급이 해소된다면 민족문제나 국가는 저절로 소멸된다고 주장했다. 그들은 상부구조 이론에 따라 네이션이나 국가 모두 상부구조에 속하므로 경제적인 계급 문제만 해결하면 된다고 했다.[35] 가라타니는 그것은 분명히 잘못된 생각이라고 말한다. 역사적 현실로 볼 때 마르크스주의자들이 러시아나 중국 같은 세계=제국을 존속시키고 강대국으로 부활시켰다고 보는 것이다.[36] 어쩌면 국가가 지양되기 위해 강화되어야만 하는 국가 권력, 계급이 지양되기 위해 강화되어야만 하는 계급 격차라는 아이러니한 구조가 현실적으로 필요한 것처럼 말이다.

가라타니에 의하면 알튀세르는 종래의 경제적 결정론에 반대하여 상부구조의 상대적 자립성을 라캉파의 개념을 응용하여 '중층적 결정over-

35 가라타니 고진, 최혜수 역, 앞의 책, 71쪽.

36 위의 책, 71쪽.

determination'으로 설명하고자 했다.[37] 중국-홍콩체제에서 「기본법」과 '일국양제'는 일관되게 상부구조로 규정되었다. 홍콩에 대한 경제적 혜택이 홍콩에 대한 중국의 지배력을 보장해 줄 것이라고 믿었다. 거대한 개혁개방의 바람은 과정으로서 '사회주의'의 편안함을 보장해 주지 못해 부득불 '사회주의 초급 단계'라는 공전의 이론을 창조해낼 수밖에 없었다. 중국 특색의 사회주의는 덤으로 '일국양제'를 선물했다. 역사 발전 단계 이론은 '자본주의 홍콩'과 '사회주의 초급 단계의 중국'이 불편하게 공존하고 공생해야 하는 관계를 설정한 것이다. '하나의 국가一國, 두 개의 제도兩制'라는 이름으로 말이다. 대만과의 통일을 위해 일찌감치 마련된 '일국양제'는 우선 홍콩을 접수하는 데 적용되었는바, 그것은 이제 홍콩이라는 본토locality는 물론 대만이라는 본토도 희망하지 않는 제도가 되었다. 그래서 이번 '송환법' 반대 시위 사태의 최대 수혜자는 양안이 각기 따로 발전하기를 희망하는 대만의 차이잉원蔡英文 총통이라는 것이다. 홍콩시위의 영향으로 2위 국민당 후보와의 간격은 나날이 커져 2020년 1월 대선에서 압도적인 표차로 재선되었다.

개혁개방 이후 중국정부는 이론 연구를 통해, 1949년 중화인민공화국 수립부터 1백년을 사회주의 초급 단계로 설정하고, 그 때쯤이면 중국 전체가 '먹고 살만한' '소강小康' 상태에 도달하게 되어 첨단자본주의 홍콩을 접수하는 데 문제가 없다고 파악했다. '일국양제'만으로는 안심을 못하는 '홍콩인'에게 '50년 불변'과 '홍콩인이 홍콩을 통치한다'는 약속이 「기본법」에 명문화되었다. 하지만 중국정부의 입장에서 보면 홍

37 가라타니 고진, 조영일 역, 『역사와 반복』(2쇄), 도서출판b, 2013, 29쪽.

콩인들을 '다시 국민으로 만들기'에 50년이라는 시간은 너무 짧아 보인다. 주권 반환 20년이 지나는 동안 중국정부는 조급한 마음을 숨기지 못하고 있는 것이다. 하부구조인 경제에 더욱더 집착하게 되고 상부구조의 상대적 독립성에 둔감해지는 것이다. 이점을 가라타니는 놓치지 않고 있는데, 마르크스주의 운동이 파시즘에 굴복한 이유로 네이션을 단순하게 상부구조로 간주한 데 있다고 보았다.[38] 가라타니의 네이션은 국민이나 민족으로 번역할 수 있는바, 홍콩을 예로 들면 홍콩인의 변화에 하부구조만이 직접적인 영향을 주는 것은 아니라는 말이다.

일본사상사에서 마루야마 마사오丸山真男가 중요한 이유는 그가 상부구조의 상대적인 자율성을 고려했기 때문이다. 가라타니는 마루야마 마사오를 비롯한 '그들이' 천황제의 자율적인 측면을 강조하기 위해 그동안 마르크스주의자들에 의해 부정되어온 사회학, 사회심리학, 인류학, 신화학 등을 도입하여 상부구조의 상대적인 독립성을 강조하기 위해 노력했다고 말한다.[39] 이런 시도는 프랑크푸르트학파가 "나치즘을 해명하기 위해 정신 분석을 도입"한 것과 같다는 것이다. 나는 상부구조의 상대적인 독립성을 강조하기 위한 일본의 시도라고 명명하고 싶다. 나치즘에 대한 분석은 모든 학파가 매달리는 주제이지만, 가라타니는 대중과 나치의 관계라는 틀을 놓치지 않고 있다. 히틀러 현상을 단순하게 폭력이나 정책만으로 설명할 수 없다는 것이다.[40] 즉 마르크스주의자들이 히틀러를 부르주아 경제와 결부시켜서 그것을 폭로할 기회를 찾는

38 가라타니 고진, 조영일 역, 『세계사의 구조』(6쇄), 도서출판b, 2017, 369쪽.
39 가라타니 고진, 조영일 역, 『역사와 반복』(2쇄), 도서출판b, 2013, 49쪽.
40 위의 책, 28쪽.

동안 히틀러는 이미 그들의 시야에서 사라진 것이다. 가라타니는 독일에서는 히틀러 사태 그리고 일본에서는 천황제라는 파시즘 문제를 해명하기 위해 마르크스주의 사적 유물론에 대해 이론적으로 보충하고자 하는 흐름이 생겼다고 본다. 히틀러에 대한 정신 분석과 '천황제 파시즘'에 대한 사회심리학이나 문화인류학적 방법론의 도입이다.[41]

가라타니는 포스트 모던적 현대사상의 흐름이 "상부구조의 상대적 자립성을 중시하는 것"이라고 보고, 마지막에는 경제적 하부구조를 버리고 마르크스주의도 버리는 것으로 나타났다고 설명했다. 상부구조가 경제적인 분야나 영향으로부터 완벽하게 독립해서 따로 움직이는 실례는 너무나 많다. 그럼에도 불구하고 가라타니는 자신은 특별히 교환 양식에 중점을 두어서 경제적 하부구조 이론을 회복하는 시도를 하고 있다고 설명하고 있다.[42] 가라타니가 생각하기에 "국가와 상품교환은 공동체와 공동체 사이에서 평행적으로 성립"한다. 그런 차원에서 가라타니는 정치와 경제를 '상보적인 관계'로 바라본다.[43] 가라타니의 견해는 경제적 하부구조를 생산 양식뿐만 아니라 교환 양식으로서 바라본다는 것이다. 특히 "자본, 네이션, 국가를 복합적인 구조로 파악"[44]하고자 한다. 굳이 그가 강조하지 않더라도 현대사회는 자본과 국민과 국가의 중층적이고 복합적인 시스템이라고 정의될 수 있다. 중국과 홍콩 관계에

41 위의 책, 28쪽.

42 가라타니 고진, 최혜수 역, 앞의 책, 143쪽.

43 가라타니 고진, 조영일 역, 『세계공화국으로』, 82쪽.

44 가라타니 고진, 최혜수 역, 앞의 책, 238쪽. 그렇다고 가라타니가 경제를 경멸하거나 무시하는 것은 아니다. 그는 자본, 국가, 네이션, 종교를 모두 교환이라는 경제적 관점에서 바라보아야 한다는 점을 빠트리지 않고 있다. 가라타니 고진, 이신철 역, 『트랜스크리틱-칸트와 맑스』, 도서출판b, 2017, 345쪽 참조.

서도 중국이나 홍콩의 자본이 중국이나 홍콩의 상호 경계선을 넘나든 지 오래되었지만, 자본을 운용하는 주체는 국민이나 시민으로서 자신의 정체성이나 상대의 정체성을 시종 간섭하고 의식하고 있음은 주지의 사실이다. 내가 볼 때 가라타니가 시종일관 주장하고 싶은 것은 상부구조의 '복합적'이고 '능동적'[45]인 역할인데, 세상 어느 것 하나 마냥 수동적이지만은 않다. 그의 논지는 상부구조로서 민족(종족)의 자립성을 중시함으로써 '중국-홍콩체제'를 다시 보게 만든다.

4. 분열과 통합

탕누어唐諾는 2천 년 전의 역사서 『좌전左傳』으로 오늘을 분석한 그의 명저 『역사, 눈앞의 현실』에서 이렇게 말했다. 그가 서문에서 밝힌 대로 "읽으면 읽을수록 그 불의와 폭력 때문에 불쾌한" 인류의 역사를 분석하면서 말이다.

> 간단하게 말해서 중국 역사는 다른 길로 나아갔다. 그것은 바로 통일, 즉 단일 대국으로의 길이었다. 천하는 분열된 지 오래되면 반드시 통합되고, 통합된 지 오래되면 반드시 분열된다고 한다. 이 '반드시'라는 어휘에는 실제로 어쩔 수 없는 부분이 포함되어 있지만 인간의 사상이 응당 지향

45 위의 책, 214쪽 참조. 그는 자본주의 경제를 파악하기 위해 하부구조와 상부구조라는 역사적 유물론을 폐기해야 한다고 하면서, 그 이유를 자본주의 운동에는 '능동적 측면'이 존재한다고 했다.

> 하는 적극적인 부분도 포함되어 있다. 기본적으로 어떤 중국인이라도 줄곧 믿어온 이 역사 법칙은 사실 통합을 상수로 보고 있다. 따라서 분열은 변칙, 동란, 계속 견뎌야 하는 불행한 역사이며 '잠시 출현한 상황'에 불과한 것으로 간주되므로 현실의 '도치'일 가능성이 지극히 크다. 현실에서는 분열이 자연스러운 상태이고 통합은 인간의 주장과 성과일 뿐이다. 이 때문에 이 광활한 땅과 유구한 역사에서는 이후 작은 나라가 정말로 존재하지 않게 되었고, 단지 사슴을 좇는 자(천하의 패권을 잡으려는 자)만 남게 되었다.[46]

중국인은 역사적으로 통합을 '상수常數' 즉 자연스럽게 정해진 운명으로 보고, 분열은 극복되어야 할 일시적인 상황으로 보았다. 주지하다시피 '일치일난一治一亂'이 중국의 역사적 현실이었고, 또한 '일치일난'이 역사를 바라보는 공식으로 자리 잡은 지 오래이다. '치세'와 '난세'는 이미 의미적으로 승부가 결정된 것으로 보이기에 공정한 경쟁이 될 수 없다. '치세'는 유지되어야 할 그 무엇이고, '난세'는 종식되어야 할 그 무엇으로 우리의 머리를 장악하고 있기 때문이다. 특히 '난세'는 언제나 분열을 동반했기에 더더욱 부정적일 수밖에 없다. 분열은 불행하며 극복되어야 하는 기간이라는 인식 그것이 중국의 역사를 지배해 왔다. 광활한 땅에 작은 나라가 존재하지 못하게 된 이유이다. 그래서 탕누어는 역사에서 "다른 사람을 소멸시키는 것은 정당한 행위이고, 다른 사람에게 소멸당하는 것은 비참하긴 하지만 군말 없이 승복해야 하는 도박으로

46 탕누어, 김영문 역, 『역사, 눈앞의 현실』, 흐름출판, 2018, 46쪽.

간주한다"[47]는 것이다. 하지만 현실에서는 분열이 자연스러운 상태라는 것이다. 나아가서 분열의 상태는 인간의 사유가 찬란하게 꽃을 피우는 시간이기도 하다.

> 중국의 경우, 마지막으로 사유가 찬란하게 꽃핀 시절이 200여 년의 춘추시대에서 이어진 전국시대였다. 그것은 소국이 무수하게 병립했던 세계를 마지막으로 이은 시대였다. 온갖 꽃들이 만발한 것 같은 전국시대의 사유는 그런 소국이 병립한 세계의 결과였고, 그런 소국들이 사라진 후 생겨난 결정체이자 석양이자 메아리였다. 그것은 또 그렇게 살다간 사람들의 유언이었다. 나는 그런 시간의 긴밀한 결합이 우연의 일치일 뿐이라고 생각하지 않는다.[48]

작은 나라가 무수하게 병립했던 전국시대야말로 꽃들이 만발한 것 같은 사유의 시대로서 백화제방이 현실화된 것이다. 대국들이 결코 만들어 낼 수 없는, 소국들이 무수하게 병립한 결과라고 보는 것이다. 바로 이어서 탕누어는, "우리는 역방향의 검사를 시도해 볼 수도 있다. 이러한 사유 성과가 이후 단일 대국 유지에 얼마나 부적합하고, 대국이 필요로 하는 수직체계 건립에 얼마나 위험하며, 그렇기에 대국이 그와 같은 사유를 일일이 제거해야 했음을 실증적으로 증명해 보이는 일이 그것이다"[49]라고 말한다. 가라타니가 볼 때도 "다수의 부족과 지역, 모든

---

47 위의 책, 46쪽.
48 위의 책, 58쪽.
49 위의 책, 58쪽.

민족을 통합하는 절대주의적 왕권의 역할을 한 것은, 오히려 공화제 하의 군사적 독재자, 사회주의적 독재자"[50]라는 것이다. 즉 역사적으로 절대주의적 왕권보다 공화제의 독재자가 더 위험했다는 것을 지적하고 있다. 부족, 지역, 민족을 통합하고자 했기 때문이다. 또 이오니아의 폴리스가 끊임없는 식민에 의해 성립되었는데, 식민 그 자체가 사회 구성원이 불평등해지는 것을 막고 있었기 때문에 가능했다고 본다.[51] '중국-홍콩체제'가 후식민이라면, 홍콩의 불평등을 막아야 하는 것이 중국의 숙명이자 의무일진대, 2019년 홍콩시위 사태는 평등의 실패를 의미한다고 할 것이다. 시위 사태 당시 전개된 홍콩 재벌의 토지 독점에 대한 중국정부의 비판이나 홍콩 재벌의 반발 또한 이를 증명하고 있다.

> 천자이면서 신하였던 주공이 분봉받은 노나라는 이 때문에 아주 독특한 제후국이었다. 나는 이것을 "대국가의 영혼과 소국가의 육체"가 결합된 나라라고 말한다. 큰 영혼이 그렇게 작은 육체에 억지로 끼어 있었으니 어떻게 그런 기괴한 일들이 일어나지 않을 수 있겠는가?[52]

'소국' 대만의 학자로서 탕누어가 시종일관 중국의 일통一統 이데올로기를 의식하면서, 자신의 논리를 펼치고 있다는 점을 눈치 채기란 어렵지 않다. 『좌전』을 분석하고 있는 그의 책에서 중화인민공화국의 국가주의와 민족주의는 대국가의 영혼이고, 대만과 홍콩은 소국가의 육체

50 가라타니 고진, 최혜수 역, 앞의 책, 74쪽.
51 위의 책, 172쪽.
52 탕누어, 김영문 역, 앞의 책, 134쪽.

라는 것은 의심할 여지가 없다. 다시 말하면 대만이나 홍콩 같은 작은 지역에 국가주의와 민족주의 같은 국가의 영혼이 억지로 끼어져 들어올 때 기괴한 일들이 일어난다는 것이다. 그는 특히 역사의 기록권을 지니고 있는 '대국의 상투성'의 위험에 대해 경각심을 북돋운다.

> 우리가 만약 대국 내지 주 왕실의 역사 기록에만 의지한다면 대국의 상투성이라는 또 다른 함정에 빠질지도 모른다. 즉 그것은 역사를 기록할 때 대국 자신의 디테일만 남기고 소국은 큰일을 할 수 없다는 기본적인 심리 상태에 입각하는 일이다. 그렇게 되면 먼 변방에 존재한 의미 깊은 인물과 사건들이 소홀하게 취급되거나 아예 머릿속에 존재하지 않게 된다.[53]

그는 자신의 논지에 힘을 얻기 위해 소국가에 대한 비판도 잊지 않는다. 나는 정체성이라는 신기루를 잡기 위해 고집하는 작은 나라를 우려하는 것이라고 본다. 종족주의나 토착주의를 지적하는 것인데, 이제 그 단어는 불합리나 전근대적이라는 의미와 상통하고 있다. 큰 흐름을 보지 못하고 또는 보지 않고 소국의 의미에 집착하고자 하는 반작용도 분명히 실재한다.

> 쿤데라의 해석에 의하면 소위 '소국가 시골티'란 바로 모든 사안을 대세계가 필요로 하는 배경 위에서 관찰할 수도 없고 관찰하려 하지도 않는 것을 말한다. 소국가가 대세계의 게임 안에서 어떤 역할도 맡도록 허락되지

53 위의 책, 142쪽.

> 않는다. 시간이 오래되면 소국가도 큰 문제를 생각하고 대세계의 변화에 관심을 가지려 하지만 아무 소용이 없다.[54]

그러면서도 탕누어는 단일한 어떤 통합체 건립에 대한 꿈을 포기하지 않는다. "살육을 멈추게 하려면, 즉 어떤 살육도 다시 발생하지 않도록 그 뿌리를 뽑으려면 이들 국가보다 더 고차원의 어떤 조직을 찾아내고 발명해내서 국가를 잘 단속해야 한다. 가장 간단한 최종 답안이 바로 단일 대국가 건설이다."[55] 탕누어는 현실적인 대안으로 유럽연합에 주목할 수밖에 없다. "근래 몇 백 년 동안 확실히 가장 훌륭한 언행"[56]을 보여준 그들이기 때문이다. 따라서 유럽연합이 "실패하거나 와해되어도 조롱이나 회의의 대상이 되어서는 안 된다"[57]고 주장하는 것이다. 유럽연합이 브렉시트 등 여러 가지 문제를 안고 있지만, 오늘 여기까지 도달한 것만 해도 존경할 만하다는 것이다. (소)국가를 '포용'하고 '보호'하는 연합체이기 때문이다.

> 유럽연합은 정확하게 말해서 단일한 대유럽국이 아니라 유럽의 (소)국가를 잘 포용하고 보호할 수 있는 모종의 대 연합체다. 이 연합의 기본 사유 가장 깊은 곳에서 과거 인류 역사에 출현한 통일 주장과 역행하는 생각이 들어 있고, 전통적 의미의 '통치' 개념은 전혀 담겨 있지 않으며, 어떤

54 위의 책, 140쪽.
55 위의 책, 68쪽.
56 위의 책, 70쪽.
57 위의 책, 73쪽.

영광스러운 상상도 거의 포함되어 있지 않다.[58]

가라타니를 원용해서 보면 칸트 도덕론의 결과물이 유럽연합일지도 모른다. 가라타니가 생각하기에 칸트가 제시한 '목적의 나라'와 '영원한 평화'는 구체적으로 '세계공화국'을 실현하는 것이고, 그것과 이념을 다소 달리 하더라도 국제 연합은 기본적인 형태를 보여준 것이다.[59] 그것의 성공은 요지부동의 경계선이 아닌 언제나 조정되고 조정이 가능하다고 생각하는 믿음 덕분이다. 즉 타협의 결과물인 것이다.

우리도 경계선이 깊은 의미를 갖고 있으며 그것이 인간에 대한 제한과 압박에만 그치지 않는다는 사실을 알아야 한다. 경계선에 대한 확인과 사색은 사실 자기생명의 상황에 대한 인간의 확인과 사색 내지 인간 세계의 기본구성과 인간 존재에 대한 확인과 사색이다. 또한 오직 이렇게 해야만 구체적이고 치밀하고 충실한 인식을 할 수 있다. 경계선은 아마도 모두 조정될 수 있고 끊임없이 조정되어야 한다.[60]

경계선의 의미에 대해 이보다 더 구체적인 설명을 할 수 있을까, 경계는 조정될 수 있고, 조정되어야만 한다는 말보다 현실적인 표현이 있을까, 중국과 홍콩의 경계선이 조정될 수 있고 끊임없이 조정되어야 한다고 생각하면, 이미 갈등의 해결은 시작된 것이나 마찬가지일 것이다. 중

58 위의 책, 69쪽.
59 가라타니 고진, 이신철 역, 앞의 책, 196~197쪽 참조.
60 탕누어, 김영문 역, 앞의 책, 218쪽.

국과 홍콩의 정체성이라는 경계선 또는 중국이나 홍콩의 정체성이 조정될 수 있고 조정되어야만 한다는 생각을 양자가 공히 할 경우 내가 보기에 정체성 충돌로 보이는 작금의 갈등이나 모순 해법의 실마리는 이미 찾은 것이라고 생각한다.

5. 자본=네이션=국가의 소멸

세 사람의 의견을 종합해보면, '우리'가 지향해야 할 목표가 보인다. 우리는 우선 서로가 다르다는 '차이'를 인정해야 하고, 상부구조에 대한 하부구조의 일방적인 작용보다는 상호 작용을 염두에 두어야 하며, 통합 보다는 분열을 '상태常態'로 보아야 하며, 상대의 존재가 아무리 작아도 '포용'하고 '보호'해야 한다. 그것이 자본=네이션=국가 등식의 소멸로 가는 지름길이며, 이 등식이 소멸되어야 이상향인 '세계공화국'으로 갈 수 있다. 가라타니는 자본, 네이션, 국가가 보로메오 매듭Borromean Knot처럼 이어져 있고, 그것이 우리를 옭아매고 있다고 보는 것이다.[61] 따라서 "일어나야 할 혁명은 자본=네이션=국가를 지양하는 운동이어야만"[62] 한다. 최종적으로 바람직한 방향은 "공동체적이지도 않고 자본주의적이지도 않은 체제"[63]라는 것이다. 주권 반환 이후 홍콩에서 일어나고 있는 시위의 요구사항을 살펴보면, 자본주의와 민족주의와 국가주

---

61 가라타니 고진, 최혜수 역, 앞의 책, 45쪽.

62 위의 책, 108쪽.

63 위의 책, 134쪽.

의를 지양하고자 하는 특징을 읽어낼 수 있다. 홍콩의 정체성을 지양 또는 소멸시키기 위해 지속적으로 소환되고 있는 '민족'과 '국가'는 언제나 거대 자본과 함께하고 있다. 역으로 자본, 네이션, 국가로부터의 탈출이 얼마나 지난한 문제인지 '중국-홍콩체제'가 잘 보여 주고 있다.

가라타니는 자연스럽게 자본주의와 국가 또는 '내셔널리즘'을 넘어서고 그것을 대신할 수 있는 시스템을 찾는 것이 가능할까를 고민하고 있다.[64] '중국-홍콩체제' 역시 중국이나 홍콩 각자 또는 양자 간 심화되고 있는 자본주의적 연결고리와 그 폐해를 해명하면서, 강화되고 있는 국가주의를 극복하는 것이 관건이라고 볼 수 있다. 가라타니는 독일의 '자본=국가'가 공동체를 필요로 했기 때문에 유럽 공동체의 성립이 가능했다고 본다. 동아시아의 자본=국가도 동아시아 공동체를 필요로 한다는 것이다.[65] 또한 현실적으로 자본=네이션=국가라는 시스템이 붕괴하고 있다고 본다.[66] 그렇다면 변화는 이제 시작되었다. 중화인민공화국에서는 공산당이 노동운동을 탄압하고, 홍콩특별행정구에서는 노동자 단체가 중국공산당을 희화화하는 현상은 자못 흥미롭다. 먼 훗날 중국의 '시민 단체'가 성장하여 홍콩의 그것과 상호 소통체계를 수립할 수 있다면, '중국-홍콩체제'를 안정화하는 데 큰 도움이 될 것이다. 어쩌면 칸트나 헤겔 또 가라타니의 기대와 마찬가지로 국가 보다는 '어소시에이션Association'에 우리의 미래가 달려있는지도 모르겠다. 유기적 공동사회로서 생산소비 협동조합인 '어소시에이션'이 국가, 네이션, 자본

64 위의 책, 46쪽.
65 위의 책, 89쪽.
66 위의 책, 300쪽.

의 대척점에 설 수 있는지 지켜보기로 하자.

돌이켜보면 그동안 나는 홍콩 쪽의 입장에서 사고를 진전시켜 온 것 같다. 왜냐하면 급격한 환경 변화 즉 중국이라는 새로운 식민자의 등장, 그에 따른 국가주의와 민족주의의 공습, 홍콩식 자유와 가치의 소멸에 제3자인 나도 당황했기 때문이다. 그럼에도 불구하고 나는 요즘 중화인민공화국이라는 국가의 입장에서 중국-홍콩 관계를 다시 생각해보는 버릇이 생겼다. 대개 서양사상사 속에서 각종 고민의 종착점에 국가, 네이션, 자본의 소멸이 있다. 칸트나 헤겔 그리고 피히테나 마르크스와 비트포겔이나 월러스틴 등은 모두 정도의 차이는 있지만 그것들의 소멸을 고민하였다. 다시 말하면 국가, 네이션, 자본의 소멸 없는 지역이나 세계의 항구적인 평화는 어불성설이라는 말이다. 나는 '중국-홍콩체제'가 국가, 네이션, 자본을 극복할 수 있는 방법을 우리에게 제시해 줄 것이라고 생각한다. 중국-홍콩 관계의 과거와 현재를 바라보면, 모든 이슈의 가장 깊숙한 지점에 국가, 네이션, 자본이 도사리고 있다. 따라서 이 3자는 세계의 미래를 읽어낼 수 있는 가장 중요한 기호이기도 하다.

현시점 중국공산당으로 대표되는 중화인민공화국의 궁극적인 목표가 국가의 소멸인지는 모르겠지만, 우선 이데올로기 차원에서 지속적으로 국가를 강화하는 움직임을 보여주고 있다. 적어도 이른바 '국가'의 강화가 지상과제인 것처럼 보인다. '경제 발전'을 절대 진리로 삼고 있는 중국이나, 과거 그것을 금과옥조로 받들어 '경제 발전'을 성취한 국가들은, 일시적으로 국가를 강화하고 민주를 제한하는 정책에 동의해 왔다. 국가가 부강해지는 동안 민주는 잠정적이거나 유보적이어야 한다는 명제가 설자리를 마련한 것이다. 마르크스의 주장처럼 국가는 국가의 소멸 과정에서 나타나는 필요악인지도 모르겠다. 정치 혁명이 우선인가, 경제 혁명이 우선인가는 좌파 내부의 오랜 논쟁거리였다. 마르크스와 프루동으로 대변되는 논쟁 당사자는 지금까지 정치 혁명과 경제 혁명이라는 두 흐름의 주체로 남아있다. 최근의 학계 주류는 경제 우선 혁명에 그토록 집착했던 프루동의 손을 들어 준 것인가, 적어도 중국과 홍콩의 관계로부터 하부구조로서의 경제나 상부구조로서의 정치 그 어느 것 하나 소홀히 다루어서는 안 된다는 교훈을 얻게 되었다. 정치 혁명과 경제 혁명은 어느 것 하나 유보됨이 없어야 할 것이다.

중국-홍콩 관계에서 그동안 중화인민공화국은 하부구조의 영향력을 매우 높게 평가하여 중국-홍콩의 경제 일체화에 모든 노력을 경주해 왔다. 하지만 상부구조 특히 정체성 문제를 단순화하거나 가볍게 여겨 정체성을 지우려는 시도를 꾸준하게 추진해 왔으나, 오히려 정체성의 반발을 불러오고 홍콩인 스스로 정체성에 집착하게 만들었다. 칸트가 제시한 큰 명제의 하나는 '타인을 그저 수단으로서만이 아니라 목적으로서 다루어라'는 것이다. '중국-홍콩체제'는 상대를 수단으로서'만' 다루어선 안 되고, 목적으로서 다루어야 한다는 것을 보여준다. 이번 홍콩 초유의 시위 사태를 계기로 정체성이라는 상부구조의 상대적 독립성을 인정하고, 홍콩을 '수단'이 아닌 '목적'으로 대하는 계기가 될 것인가가 궁금하다.

내가 보기에 신자유주의와 주권 반환이라는 거대한 역사의 수레바퀴는 교대로 또는 공동으로 홍콩을 향해 질주했다. 신자유주의와 주권 반환은 홍콩에게 이중적인 충격으로 작용하였는바, 결과적으로 홍콩 특유의 동력은 잠식당했고, 더불어 동東도 서西도 아니고 좌도 우도 아닌

제3의 공간으로서 홍콩의 입지는 줄어들었다. 신자유주의와 주권 반환 중 이제 누가 더 큰 죄인인가를 반추해야 하는 시간이 도래했다. 가라타니는 신자유주의가 일본에서 전쟁을 배태하였다고 했다. 나는 그것을 흉내 내어 중국으로의 주권 반환이 홍콩에게는 일본에서의 신자유주의와 같은 정도의 충격을 주었다고 생각한다. 가라타니는 또 21세기 전반 국가-자본에 대항하는 운동은 세계전쟁을 염두에 두어야 한다고 했다. 과거 중국과 한국에서 회자되던 동아시아 담론이 가치로서의 연대를 강조했다면, 이제 중국은 동아시아 여러 국가(지역)와의 연대와 통합을 전략으로 내세우고 있다. 나는 향후 동아시아에서 다시 전쟁이 발발한다면 한반도와 더불어 홍콩이 화약고가 될 수도 있겠다는 걱정을 한다. 중국과의 이해관계도 긴밀하고, 동서의 이해관계도 첨예하게 맞물려 있기 때문이다.

제2장

국민교육과 본토locality 홍콩

1. 홍콩의 식민은 종식되었는가?

2017년 3월 전인대 보고에서 리커창李克強 총리는 "홍콩 독립에는 출로가 없다"고 하여 처음으로 홍콩의 독립 움직임을 공식적으로 언급했다. 홍콩에 '홍콩 독립'에 관한 정치적 흐름이 존재한다는 것이 사실로 입증된 것이겠고, 중국정부로서는 홍콩사회 일부의 움직임에 대해 더 이상 도외시하거나 수수방관할 수 없다는 점을 분명히 한 것이다. 어떻게 보면 1997년 중국으로 주권 반환이 된 이후 홍콩인에 대해 중국정부가 지속적으로 추진해 온 '국민교육National Education'이라는 프로그램의 과정이 쉽지 않거나 성과가 좋지 못하다는 반증일 것이다.

한편 2007년 12월 29일, 중국의 전인대 상무위는 2017년 홍콩의 행정장관은 보통선거로 선출할 수 있다고 해서 홍콩인들의 가슴을 한껏 부풀게 만들었다. 하지만 7년이 지난 2014년 8월 31일, 중국의 전인대는 원래 계획을 뒤집어서 이른바 '가짜假' 보통선거普選로 불리는 제한된 간접선거 방식을 발표했다. 이후는 알다시피 정체성으로서 본토locality 홍콩의 스트레스는 임계점을 넘어 공전의 시위문화인 '우산운동'으로 표출되었다. 홍콩 본토주의가 최대이자 최장기로 표면화되었다는 점에서 본다면, 1997년 주권 반환 이후 중국의 중앙정부 또는 홍콩정부를 통해서 '착실하게' 추진되어온 '국민교육'에 대한 반발의 한 흐름이라고 볼 수 있다. 반反국민문화의 징표인 것이다.

어느 측면에서 주권 반환 이후 전개되어온 중국과 본토 홍콩의 관계에 대해 톨스토이의 비유를 들어 설명할 수 있다. 그는 특권층과 민중의 관계에 대해 이렇게 말한 적이 있다. 특권층인 "나는 어떤 사람의 등에 앉아 그의 목을 조르면서 업고 가라고 요구하면서도, 그에게 대단히 미안해서 등에서 내리는 것을 뺀 가능한 모든 방법으로 그를 편안하게 해주고 싶다고 나 자신과 다른 사람들을 납득시키려 한다"[1]는 것이다. 이 말을 현재의 중국-홍콩 관계에 대입해 본다면, 홍콩을 대표하는 행정수반을 '진짜眞' 보통선거 방식으로 선출하게 내버려 둘 수는 없지만, '가능한 모든 방법으로' 민주는 보장하겠다는 말이다. 제한된 민주로 본토 홍콩의 영역 확대를 막아보겠다는 것이다.

이른바 '홍콩의 식민은 종식되었는가?'라는 담론에 홍콩 본토주의 입장에서 대답한다면, 단연코 부정적일 것이다. 딩웨이丁偉는 최근 홍콩에 대한 중국의 역할에 대해 "주권 반환 17년, 홍콩인은 마침내 베이징의 '가르침'을 받았다. 법치가 없는 국가가 우리에게 무엇이 법치인지를 가르친다. 한 번도 민주 세례를 받아본 적이 없이 매우 편안하게 일당독재를 향유하고 있는 중앙의 관리가, 우리에게 민주 이행에 대해 가르치고 또 중앙이야말로 최대의 민주파라고 말한다"[2]고 정리하고 있다.

일찍이 1984년 홍콩정부는 '『대의제 백서-홍콩의 대의제 발전』 시민교육'[3]이라는 과목의 설치를 제의했다. 이어서 1985년과 1996년에

---

1 E. F. 슈마허, 이상호 역, 『작은 것이 아름답다-인간 중심의 경제를 위하여』, 문예출판사, 2014, 261쪽. 중국 중앙정부와 홍콩특구정부 간의 관계를 여기에 비유할 수 있을 텐데, 양자는 국무원 홍콩 마카오 사무실과 중앙인민정부 주 홍콩특별행정구 연락 사무실, 외교부 주 홍콩 특파원 공서, 중국인민해방군 주 홍콩 부대, 홍콩특구 인대 대표, 홍콩 특별 행정구 주 베이징 사무처로 긴밀하게 연결되어 있다.

2 丁偉, 「香港人的卑微要求」, 『明報月刊』, 2015.6, 57쪽.

3 중국어로는 특히 홍콩에서는 '공민(公民)'으로 표기되는데, 영어에 'Civic' 또는 'Citizenship'에 해당될 것이다. 어떻게 보면 '시민'은 상당히 모호한 개념이다. 관신지(關信基)에 따르면 량언룽(梁恩榮)·위안웨이화(阮衛華)는 『公民教育-香港再造』(香港基督徒學會·印象文字 聯合出版, 2011)에서 홍콩정부의 '비정치화 시민교육' 정책이 "심각한 결함"을 지니고 있음을 여러 차례 지적하고 있는데, 왜냐하면 '시민' 개념의 핵심은 '정치 교

는 『학교 시민교육 지남指南』을 발표하였지만 '비정치화'와 '비민족주의'가 핵심이었다. 주권 반환 이후에도 여전히 '비정치화'가 기본 구조였으나 점차 민족주의와 애국 정서가 강조되기 시작했다.[4] 특히 1996년판 지남의 중점은 민주교육, 법치교육, 인권교육, 국민교육, 전 지구화교육, 비판적 사고교육 등이었다.[5] 하지만 결정적으로 2003년 홍콩정부의 「기본법」 23조 입법 시도가 여론에 밀려 좌절된 이후 '국민교육'이 강화되기 시작했다.[6]

세계적으로 '시민교육Civic Education/Citizenship Education'이 중시되고 있다. 반면에 홍콩에서는 '국민교육'이 '시민교육'을 대체하고 있다. 어느 시점부터 '시민교육'의 중요성이 슬그머니 사라지고 '국민교육'이 강조되고 있었다. 이 글에서는 2003년부터 홍콩에서 전개된 중국식 '국민교육'의 구체적인 과정을 살펴볼 것이다. 홍콩을 향한 중국이라는 국가의 '국민교육'의 전개를 작용이라는 측면에서 그리고 본토 홍콩의 대응을 반작용이라는 측면에서 탐구하고자 한다. 그 관계망이 향후 본토 홍콩에게 어떤 의미망을 형성할지를 짐작해 볼 것이다.

육'일 수밖에 없고, '시민'의 정의는 "정치 단체의 성원"이라는 것이다. 량언룽 · 위안웨이화, 『公民教育－香港再造』, 香港基督徒學會 · 印象文字 聯合出版, 2011, 12쪽 참조.

4 戚本盛, 『國民教育是甚麽－演變與爭議』, 進一步多媒體有限公司, 2012, 9쪽 참조.

5 Y. W. Leung · T. W. L. Chai · S. W. Ng, "The evolution of civic education : From guidelines 1985 to guidelines 1996", Y. C. Cheng · K. W. Chow · K. T. Tsui eds, *School curriculum change and development in Hong Kong*, Hong Kong : Hong Kong Institute of Education, pp.351~368, 2000; 梁恩榮 · 阮衛華, 『公民教育－香港再造』, 香港基督徒學會 · 印象文字 聯合出版, 2011, 41쪽에서 재인용.

6 戚本盛, 『國民教育是甚麽－演變與爭議』, 進一步多媒體有限公司, 2012, 12쪽.

2. 다시 '국민 만들기'

일찍이 마오쩌둥毛澤東은 "가장 아름다운 시는 백지 위에 기록된다"[7]고 말 한 적이 있다. 줄곧 세계관 변화에 모든 관심을 두고 있던 그 나름대로의 고민을 드러낸 언급이다. 부르주아적 세계관을 프롤레타리아의 그것으로 변화시키려는 것이 마오쩌둥 이론의 핵심이라고 보는데, 그는 '백지'라는 상태 보다 더 좋은 것은 없다는 말로 그 변화의 어려움을 토로한 것이라고 생각한다. 그렇다면 실로 오랜만에 홍콩에 대한 주권을 회복한 정치 실체 중국으로서는 본토 홍콩이라는 세계관(정체성)에 대한 관심은 포기할 수 없는 지점이라 할 것이다. 홍콩의 정체성이 실재한다면, 중국정부로서는 그것의 변화 또한 고민의 출발점이 된다.

아마 홍콩에서 진행되는 설문조사 중에서 가장 인기 있는 질문은 '홍콩인'의 정체성에 대한 것이다. 그러니까 당신은 '중국인', '홍콩인', '중국홍콩인', '홍콩중국인', '영국홍콩인' 중에서 어디에 속한다고 생각하느냐는 질문이다. 사회학적 측면에서 그만큼 중요한 질문이라는 말이고, 홍콩인의 심사가 복잡하다는 의미이며, 나아가서 모든 정책 수립의 자료로 활용된다는 말이다. 어느 나라 사람이냐고 느낀다는 기준에는 매우 다양한 조건이 있지만, 홍콩은 전 세계적으로 볼 때 지역적 정체성이나 지역민의 정체성이라는 측면에서 매우 불안정하거나 변동적인 곳 중의 하나임이 분명하다.

쉬전방徐振邦(중고등학교 중국역사 교사)과 천즈화陳志華(홍콩교양교육학회 부

7 Red Flag(Beijing), 1958.6.1. Courtois 외, 1999에서 인용; 스티븐 핑커, 김한영 역, 『빈 서판 – 인간은 본성을 타고 나는가』, 사이언스북스, 2006, 40쪽에서 재인용.

회장, 중국역사교육학회 이사)가 편집하고, 홍콩 중화서국에서 출판한 『도해 홍콩수책圖解香港手冊』의 '국민교육' 항목에는 이렇게 서술되어 있다.

> 홍콩이 조국으로 반환된 이후, 특구정부는 국민교육에 노력하여, 홍콩인의 국가관념과 민족의식을 증강시켰고, 국민신분이라는 정체성을 배양했다.

홍콩의 국민교육은 주로 학교와 커뮤니티 등 두 개 방면에서 착수하여, 전자는 교육부가 책임지는 바 유관 커리큘럼을 제정하여, 학교가 더욱 많이 국민교육 활동에 참가하기를 유도한다. 후자는 국민교육전책소조國民教育專責小組가 책임지는데, 커뮤니티의 국가정세 교육활동 및 다양한 형식의 선전활동을 통하여, 홍콩인의 국가 인식을 증가시키고 있다.

국민교육전책소조는 국민교육위원회 및 청년사무위원회가 구성하는데, 각 항목의 국가정세 교육활동으로 예를 들면, 텔레비전 방송국과 합작하여 〈마음은 조국과 하나心繫家國〉라는 제목의 국가國歌 선전 단편을 제작한다. 이 소조는 또 민정사무서와 홍콩교육자연합회와 연합하여, 국민교육센터를 만들어서 다원화된 국민교육 활동을 제공하고 있다.

국민교육 보급 상황

공중(민정사무국 책임)

ㅇ 국기(國旗) · 국가(國歌) · 국가 발전과 관계 있는 텔레비전 선전 단편을 방영한다.

ㅇ 중화문화와 관련 있는 전람회를 개최한다.

○ 각 커뮤니티 단체와 합작하여 다양한 유형의 국민교육 보급활동을 전개한다.

학교(교육부 책임)

○ 중고등학교 · 초등학교에서 국민교육 커리큘럼을 추진하고, 다양한 과목에 국민교육 요소를 삽입한다.

○ 학교에 국기 게양을 장려한다.

○ 국민교육과 유관한 강좌, 세미나, 군사 여름 캠프, 학생 교류단 등 활동을 전개한다.

정부 내부(공무원 사무국 책임)

○ 국가 정세 전제 강좌를 개최한다.

○ 국가 사무 연습 커리큘럼을 개설한다.

○ 중국 답사단을 조직한다.

○ 홍콩과 중국 공무원의 교류 프로그램을 운영한다.[8]

1) 국민교육—프로파간다

영국정부는 식민지 경영에 한창 열을 올리던 1902년에 그 이름도 노골적인 '식민성 시각교육위원회'를 설립하였다. 제국 전역에 걸쳐 슬라이드 강연을 실시했고, 1906년에는 1만 8천 명 이상이 시청했다. 내용은 식민지 여러 곳에 우뚝 선 빅토리아 여왕의 동상을 보여주고, 식민지

---

8 徐振邦 · 陳志華 編, 『圖解香港手册』, 中華書局, 2009, 352~353쪽.

를 포함하여 영국 본토의 명소와 경치를 보여주는 것이었다.[9] 세계적으로 식민지 사업에 주력하던 영국은 1세기도 더 전에 프로파간다의 '우수한' 효과에 대해서 잘 알고 또 그것을 실천에 옮겼다는 점이 주목할 만하다.

아파두라이는 대중매체의 영향에 대해 "영화와 비디오 같은 종류의 대중매체를 집단적으로 경험한다는 것은 강렬한 숭배심과 카리스마를 동시에 지닌 광범위한 공동체를 만들어낼 가능성이 있다"[10]고 지적한 바 있다. 프로파간다는 모든 권력 주체가 쉽게 포기하지 못하는 수단 중 하나임이 분명하다.

따라서 이 시각 홍콩의 지식인들은 '애국', '국민' 등의 단어를 '통전사統戰詞(통일전선어휘)'라고 부른다. 어떤 지식인은 그간의 사정과 효과에 대해 이렇게 회상하고 있다.

> 나는 중국에서 기초교육을 완성했기에 중국의 교육에 대해서 잘 알고 있다. 중국 민중이 어릴 때부터 받는 것은 국민교육으로서, 범사에 국가적 시각으로부터 바라 볼 것이 강조되는데, 국기 게양이나 국가 제창이나 장강이나 황하를 인식하는 것 등등 시시각각 이른바 중국인 신분을 잊지 않도록 일깨운다. 국가적 각도에서 문제를 보는 것이 문제가 아니라, 국가적 각도에서만 문제를 바라보는 것이 큰 문제라는 것이다. 게다가 중국에서 '중국'과 자신의 고향은 가끔 모순적인데, '조국'의 이익이 침해받을 때, 조금의 주

9 「'있는 그대로'를 기록한 사진이란 없다」, 『한겨레』, 2015.10.23, 18면 참조.

10 아르준 아파두라이, 차원현 · 채호석 · 배개화 역, 『고삐 풀린 현대성』, 현실문화연구, 2004, 19쪽.

저항 없이 반드시 '작은 가정을 버리고, 대갓집을 지켜야' 하는 것이다.[11]

그렇다면 '국민교육'이나 국가 통합을 위한 프로파간다에 있어 중국 정부는 나름대로의 경험을 보유하고 있으며, 또 그것의 효과에 대해 크게 신뢰하고 있다고 보아야 한다. 왜냐하면 주권 반환 이후 홍콩에서 전개되어온 '국민교육'의 방법이 중화인민공화국 수립 이후의 방법과 크게 다르지 않기 때문이다. 앞서 서문에서도 밝힌 바와 같이 2003년 홍콩정부의 「기본법」 23조 입법 시도가 여론에 밀려 좌절된 이후 '국민교육'이 강화되기 시작했다. 1990년에 전인대에서 통과되고, 1997년 7월 1일부터 발효된 홍콩의 「기본법」 23조의 내용은 "홍콩특별행정구는 반국가·내란 선동·중앙인민정부 전복 및 국가 기밀 절취 금지 법안을 제정하고, 외국의 정치 조직 또는 단체가 홍콩특별행정구에서 정치 활동을 하거나, 홍콩특별행정구의 정치 조직 또는 단체가 외국의 정치 조직 또는 단체와 연계하는 것을 금지하는 하는 법안을 스스로 제정한다"는 것인바, 중앙정부는 이에 근거하여 입법을 서둔 것이었다.

하지만 2003년 중앙정부가 이 법안의 제정을 종용하자, 홍콩에서는

11 許驥, 「融入, 排斥, 抗拒－立體的身分認同」, 『明報月刊』, 2014.4, 41쪽. 사실 한국에서도 여전히 비슷한 정도의 국가주의가 횡행하고 있다. 이라영은 이렇게 지적하고 있다. "국민 배우, 국민 여동생, 국민 가수, 국민 드라마, 국민 작가, 국민 보약, 국민 꽃할배, 심지어 국민 팬티까지, '국민'의 행렬은 끝날 줄 모른다. 도대체 이 땅에 '개인'은 어디로 실종된 것일까", ""나를 위하는 마음이 나라를 위한 마음으로 이어질 때 나와 대한민국은 하나 됩니다"(광복 70년 나라사랑 공익광고), "나라가 없으면 나도 없으니 무슨 일이 있어도 나라를 꼭 지켜야만 합니다"(한우 광고), "가장 쉬운 나라 사랑은 국내여행입니다"(한국관광공사 캠페인), 고기를 먹어도, 여행을 가도, 나라를 짊어지고 있어야 한다. 국가를 위한 국민만 덩그러니 있다. 나라를 위한 나는 있는데 나를 위한 나라는 없다. 나와 대한민국은 하나가 될 수도 없거니와 그래서는 안 된다" 이라영, 「나 없는 나라」, 『한겨레』, 2015.10.15, 30면.

유사 이래 처음으로 시민 50만 명이 참가하는 시위가 발생하는 등 입법을 반대하는 열기가 비등했고, 결국 동 법안의 제정 계획은 철회되었다. 이후 중국 중앙정부가 홍콩특구정부를 통하여 전개한 일련의 프로그램은 아래와 같다.

2004년 10월부터 TV 저녁 뉴스 전에 〈마음은 조국과 하나〉라는 제목의 단편이 중국 국가國歌인 〈의용군행진곡〉과 함께 방영되기 시작했다. 〈마음은 조국과 하나〉는 홍콩특구정부 민정사무국 산하 시민교육위원회公民教育委員會, CPCE : Committee on the Promotion of Civic Education와 청년사무위원회青年事務委員會가 공동으로 설립한 국민교육소조國民教育小組가 제작한 것으로, 홍콩의 주권이 중국으로 반환된 이후 홍콩의 국민의식을 강화시키기 위한 TV 선전물이다. 국민교육위원회의 홈페이지[12]에 공개된 국민교육소조의 직권 범위는 "학교 이 외에 국민교육을 널리 보급하며, 사회 각계 인사(지원 기구, 청년조직, 지역 및 사회단체)를 격려하여 국민의식을 적극 보급하며, 국가 각 방면(예를 들면 예술, 문화와 역사)에 대한 시민의 인식을 제고시키며, TV 국가國歌 선전물 제작에 의견을 제공한다"로 되어 있다.

지금까지 홍콩의 각종 TV 방송국의 매일 저녁 뉴스 황금시간대의 각기 다른 시간에 한 번씩 방영된 선전물은 모두 여섯 종류가 있다. 2004년 10월 1일, 방영된 제1집에는 홍콩의 젊은이가 소리 높여 국가를 부르는 장면과 함께, 중국 각 지방의 민속문화와 산하 풍광, 중국 올림픽 대표팀 선전 장면, 우주선 발사 등의 뉴스를 편집하여 만든 것이었다.

12 http://www.cpce.gov.hk/main/tc/scwg.htm.

2005년 5월 23일부터는 방영 전에 사회 유명인사가 국가의 역사적 배경, 가사의 정신, 노래의 정수, 법적인 지위 등을 설명하는 부분을 추가했다. 제2집은 2005년 10월 1일부터 방송하기 시작했고, 홍콩관현악단이 국가를 연주했으며, 제3집은 2006년 10월 1일 시작했는데 한자를 통해서 중화문화와 전통을 소개하는 식이었다.

제4집에서는 2007년 10월 1일 홍콩경찰악대가 국가를 연주하고 음악사무처 청년합창단이 노래하면서 홍콩인의 시민 자질, 창의 정신, 기업 정신, 법치 제도, 금융체제 및 체육 분야의 성취를 보여주었다. 제5집은 2008년 12월 1일부터 방송된 것으로 중국의 고금 건축물과 도시 면모, 전통 예술 및 문화 그리고 최근 경제, 과학기술, 체육 분야 등의 발전과 성취를 보여주었다. 제6집은 2009년 10월 1일부터 방송되었는데, 중국 건국 60년의 발전과 성공을 강조하는 것이었다.[13]

2006년에 두 번째 '국민교육센터'가 설립되었고, 2007년에는 주권반환 10주년 기념식 참석차 방문한 후진타오胡錦濤 국가주석이 '국민교육'이 중요하다고 하면서, 홍콩과 중국 간 청소년 교류를 강화하자고 했다. 2007년 10월, 홍콩 행정장관은 시정보고에서 국민교육의 중요성을 강조했고, 2008년 10월 다시 시정보고에서는 국민교육 프로그램 특히 중국에서의 학습과 교류에 더욱 많은 자금을 운용할 것임을 밝혔다. 이에 홍콩정부는 바로 '신화상전薪火相傳'[14] 국민교육 플랫폼 및 「청소년 국

13 위키피디아(https://zh.wikipedia.org/wiki/%E5%BF%83%E7%B9%AB%E5%AE%B6%E5%9C%8B) 참조.

14 '장작이 불을 전달한다. 신화상전'의 근거는 『장자(莊子)』 「양생주(養生主)」의 "指窮於爲薪 火傳也, 不知其盡也"이다. 불씨를 꺼트리지 않고 계속 이어가는 정신 즉 전승(legacy)을 의미한다.

민교육 지원 계획」을 설립했다.

2010년 시정보고에서는「덕육 및 국민교육 수업德育及國民教育科」이라는 구체적인 제목이 등장했고, 2010년 시정보고에서 2013~2014학년도부터 홍콩의 초중등학교에서 국민교육인 '덕육 및 국민교육'을 추진하기로 했다. 그해 12월에 위원회가 구성되었으며, 2011년 5월에「덕육 및 국민교육수업 과정 지남(초1에서 고3까지)」이 그리고 1년 뒤인 2012년 4월에 최종 계획이 발표되었다. 그 내용은 2015년 9월부터 초중고생을 대상으로 매년 50시간씩 '국민교육'을 실시한다는 것이며, 3년 안에 필수과목으로 지정한다는 것이다. 교재로 쓰일 '중국모델'이라는 책자는 공산당을 미화하고, 다당제를 비난하는 쪽으로 초점이 맞추어져 있었다. 이에 반대하여 유사 이래 처음으로 고등학교 학생이 주축이 된 시위대 수만 명이 모여 정부청사 앞에 노숙투쟁을 전개했다.

2017년 7월 TV의 공익광고는 초등학교 어린이가 중국과 홍콩 사이에 맺은 포괄적 경제동반자 협정인 'CEPA'를 강조했다. 그리고 현재 국가주석 시진핑習近平의 통치 이념인 '중국몽中國夢'과 일국양제一國兩制를 홍보했다. 더불어 주권 반환 20주년 경축 행사로 민족무용극 〈공자孔子〉 등의 프로그램이 기획되었는데, 국가와 민족의식을 강화하고 중국전통문화를 찬양하는 이벤트 일색이었다.

홍콩에서 열린 20주년 기념식에서 발표된 시진핑의 기념사를 보면, 홍콩에 대한 중국정부의 기본적인 시각을 볼 수 있다. 그는 우선 홍콩이 조국의 우세에 기대어 있음에도 불구하고, 최근의 발전 속도가 싱가포르에 뒤지고 있는 최대 원인은 정치와 사회 분위기에 연루되어 있기 때문이라고 분석했다. 세계 각지 모든 곳에 당연히 존재하는 '국민교육'이 홍콩에서는 항의를 받고 있는바, 마카오는 「기본법」 '23조'(국가 안전법) 입법을 했는데, 홍콩에서는 못하고 있다는 것이다. '국민교육'이 없기에 오늘 홍콩의 젊은이들이 갈수록 국가의식이 결핍되어 간다고 보며, '23조' 입법이 안 되어 '홍콩 독립港獨' 분자들이 방자하게 날뛰고 있다고 본다. 끝으로 홍콩사회가 진정으로 '탈식민지화'라는 역사적인 임무를 완성하려면, 홍콩사회 상하가 모두 '일국양제'라는 기본 국책과 「기본법」에 대해 정확하게 인식하고 이해해야 한다는 결론을 내리고 있다.[15]

2) 역사교육

2018년 8월, 유엔 인종차별철폐위원회는 중국 신장新疆에서 위구르인 1백만 명과 다른 소수민족을 합쳐서 2백만 명이 세뇌성 정치사상 교육을 받고 있다고 주장했다. 이 주장에 대해 중국정부는 1백만 명 구금은 사실이 아니라고 하면서도, '재교육 프로그램' 존재 자체를 부정하지는 않고, 극단주의에 속아 넘어간 사람들은 재교육을 통해 도움을 받아야 한다고 했다.[16]

2016년 11월 16일, 홍콩 입법의회는 중요한 법안 하나를 통과시켰다. 홍콩의 중고등학교에서 '중국역사'를 단일 필수과목으로 지정해야 한다는 안건이다. 친중국계 의원들은 최근 홍콩을 둘러싸고 최대 현안

---

15 曾瑞明, 「香港教育的懸崖」, 『明報月刊』, 2017.8, 29~31쪽.

16 2018년 8월 12일 자 『환구시보』는 '공산당 영도 아래 신장이 중국의 시리아나 중국의 리비아가 되는 운명을 피할 수' 있었고, '부분 통제는 불가피하다'고 주장했다. 신장은 18세기에 청나라에 정복당한 뒤, 1930~1940년대 '동투르키스탄'이라는 이름으로 독립을 시도했으나 실패했다. 그동안 중국정부는 한족의 집단 이주를 꾸준하게 추진하여 현재 인구 중 45%가 한족이다. 「중국-유엔, '100만 위구르 재교육' 날선 공방」, 『한겨레』, 2018.8.15, 13면 참조.

으로 떠오른 홍콩의 '분리 독립 문제'를 해결할 수 있는 제안이라고 적극적으로 찬성했고, 야당 쪽 의원들은 애국교육이라는 미명하에 세뇌 교육이 진행될 것이라고 반발했다.

최근 홍콩 교육당국은 중학교 중국역사 과목 개혁을 추진하고 있다. 전문책임위원회(중학교 중국역사 및 역사 과정 수정 전책위원회修訂初中中國歷史及歷史課程專責委員會)의 중기 목표는 홍콩의 역사 부분을 중국역사 과목으로 옮기는 것이다. 하지만 고대사를 비롯한 근대사 두 과목의 교사들 모두가 원하지 않고 있기에 홍콩의 교육당국이 긴장하고 있다.[17] 사회적으로 토론을 하기 전에 입법회에 제출된 문건의 내용으로 볼 때, 중국역사 과목에 홍콩역사 과목을 삽입함으로써 홍콩 독립의식의 대두를 방지하자는 것이다. 문건에는 '중국역사의 편견과 진상'이라는 표가 첨부되어 있는데, "국가 근대 발전 역정을 이해해야만 오늘날 동포와 공동 기억을 함께 누릴 수 있으며 함께 슬퍼하고 기뻐할 수 있어야만 국가와 민족에 대한 감정을 배양할 수 있다." 그리고 "주권 반환 이후 국가를 인식하는 것은 당연한 것이며, 민심이 원하는 바이다"[18]라고 명시하고 있다.

중국역사 과목 개혁의 첫 번째 원칙은 '근대사를 상세히, 고대사를 간략하게詳近略遠'인데, 고대사의 비율을 3분의 2에서 절반으로 줄이고 근대사 부분을 늘이는 것이다. 2015년 9월에 추진되기를 기대하고 있다.[19]

중국역사 과목 과정의 강령에서 "본토 역사에 대한 이해를 돕는 것은

---

17 余課之, 「教育線眼」, 『明報』, 2015.2.4, A25면.

18 위의 글에서 재인용.

19 현재 양 쪽의 교사 모두가 반대하고 있는듯하다. 홍콩역사를 가르치는 교사는 매우 기쁘게 가르치고 있고, 중국역사를 가르치는 교사는 홍콩역사를 접수할 마음이 없다는 것이다. 위의 글 참조.

본 과목에 대한 학습 흥미 유발에 도움을 줄 것이며, 향토 감정과 민족 정체성을 건립할 것이다"[20]라고 했다. 중학교의 역사 과목은 1년에 40시간인데, 그중에 8시간이 홍콩의 역사 부분이다. 중학교 1학년에서는 석기시대, 농촌생활, 족군民系과 성씨, 전통 습속을 가르치고, 2학년 때는 식민시대, 전환 무역항으로서의 홍콩, 역사 건축을, 3학년 때는 일본 통치 시기, 금융 중심으로서의 홍콩, 중국과의 관계, 홍콩 발전에 대한 중국의 공헌을 가르치고 있다.

따라서 린후이林輝는 중국사교육 또는 국정교육은 사실 기존의 중학교 종합인문 과목이나 고등학교 교양교육 과목, 중국사 과목 및 기타 학습에서 이미 충분한 공부를 하고 있기 때문에 따로 한 과목을 개설할 필요는 없다고 본다.[21]

3) 일국양제一國兩制

2015년 10월부터 12월까지 홍콩의 서점 관계자들 5명이 잇따라 실종되었다. 출판사와 연계된 이 서점은 중국 지도자들의 사생활을 폭로하는 이른바 금서를 위주로 출판해 오고 있었다. 이들의 석방을 요구하는 시위가 2016년 1월 10일 홍콩 도심에서 벌어졌다. 이와 관련하여 로이터 통신은 "1997년 중국이 영국에서 홍콩을 반환받을 때 '50년 동안 홍콩의 체제를 인정하고 고도 자치를 보장하겠다'고 약속했지만 출판

20 중국역사과목 과정 강령에는 또 중국 역사 사적과 홍콩과의 관계를 강조하는 것에 대한 방법론 역시 빠트리지 않는데, 예를 들면 신해혁명 수업을 할 때 홍콩 소재의 손중산의 사적을 참관하는 것 등이다. 위의 글 참조.

21 林輝, 「硬推愛國教育 勉強無幸福」(原載, 『香港經濟日報』, 2011.5.12), 鄧啓麟 編, 『你所不知道的國民教育』, 圓桌精英, 2011, 13쪽.

인 실종 사건은 홍콩 시민들에게 짙은 회의감을 불러 일으켰다"[22]고 보도했다. 실종사건과 관련하여 홍콩 야당 격인 범민주파의 앨런 렁 입법의원은 "표현의 자유를 행사한 사람이 시내 한복판에서 몰래 끌려간 것이라면 일국양제의 원칙은 존재하지 않는 것"[23]이라고 비판했다.

일찍이 2003년 7·1시위 당시부터 중국정부 고위 관리들은 '일국一國'이 '양제兩制'보다 높은 위치에 있다는 말을 하기 시작했다. 또 '고도 자치는 절대 자치와 대등하지 않다'는 사항 등을 강조하기 시작했다. 홍콩에서 일어나고 있는 일련의 운동 즉 '국민교육 반대'와 '중국 임산부 유입 반대' 등 나날이 강해지고 있는 반중 정서를 고려한 조치였다. 주권 반환 십 년도 되지 않아서 그동안 금과옥조처럼 외치던 원칙의 무게중심을 중앙정부가 흔들어버리기 시작한 것이다. 본래 '일국'보다는 '양제'가 강조되었던 것이고, 그것에 홍콩인들이 안심했던 것인데, 실로 엄청난 변화라고 할 수 있다.

2014년 3월의 전인대와 전국정치협상회의에서는 그동안 관례로 제기되어온 '홍콩인이 홍콩을 통치한다港人治港'거나, '고도의 자치를 시행한다高度自治'는 슬로건이 아예 사라졌다.[24] 이것은 홍콩을 향한 중국의 국민교육이 제2기로 진입했음을 선포하는 것이다. 왜냐하면 두 가지 슬로건은 주권 반환 협상이 시작된 1980년대 초부터 30년 이상 지속되어온 이른바 '홍콩 달래기'의 최고 화두였다. 따라서 이 슬로건이 사라졌

22 「"오늘은 리보였지만, 내일은 당신이 납치될 수 있다" 홍콩, 반중 서적 관련자들 실종 항의시위」, 『한겨레』, 2016.1.12.

23 「중국 권부 비판 책 출판·판매 혐의로 출판인 5명 연행…홍콩, 反中 시위 조짐」, 『조선일보』, 2016.1.12.

24 劉銳紹, 「'高度自治'失蹤的背後」, 『明報月刊』, 2014.4, 55쪽.

다는 것은 중대한 방향 전환을 의미하는 것이기 때문이다.

곧 이어서 2014년 6월 초, 중국정부 정확히는 국무원 언론 판공실國務院新聞辦公室[25]이 「홍콩특별행정구에서 '일국양제'의 실천」이라는 제목의 백서를 발표했다. 중국정부가 홍콩에 대해 주장하는 바가 무엇인지를 다시 한번 정리하여 공개했다는 점에서 매우 중요한 문건이다. 아울러 주권 반환 이후 전개해 온 대홍콩 전략의 경험을 정리하고 그 내용을 만천하에 천명했다는 점에서 주목할 필요가 있다. 중점 내용은 아래와 같다. (이하 강조는 인용자)

① 중앙정부가 홍콩에 대한 전면적인 통치권을 보유한다.

전인대가 「기본법」 개정권을 보유한다—전인대 상무위원회가 「기본법」에 대한 해석권·특별행정구 수장과 입법회가 통과시킨 개정 방법에 대한 결정권·홍콩의 긴급 상태에 대한 결정권을 보유하며, 또 특별행정구 수장에게 새로운 권력을 부여할 수 있는 권력을 행사할 수 있다.

② 일국양제 방침 정책 관철

홍콩에서의 **일국양제 실천이 새로운 상황과 새로운 문제에 직면했다.**

홍콩사회에 일국양제라는 **이 중대한 역사 전환에 적응하지 못하는 사람들이 여전히 있다.**

③ 고도자치권은 중앙정부가 수여한 것이다.

---

25 관례로 보면 홍콩문제에 관한 사항이기에 국무원 홍콩 마카오 판공실(國務院港澳辦公室) 이름으로 발표되어야 하지만 이번에는 달랐다. 그리고 7개국 언어로 발표되어 그것의 중요성을 보여주었다. 1여 년 동안의 준비 과정을 거쳐 왔다고 알려진 본 백서는 2014년 6월 당시 민주화 열기로 가득했던 홍콩 정국을 염두에 두고 발표되었다. 劉銳紹, 「'香港白皮書'與近期政局」, 『明報月刊』, 2014.7, 46쪽 참조.

고도자치권은 중앙정부가 주는 만큼 홍콩이 누릴 수 있는 것이며, 지방 사무 관리권으로서 '**잉여권력**'은 **존재하지 않는다**.

양제(兩制)는 일국(一國) 내에 있으며, **일국과 양제는 결코 동등한(等量齊觀) 것이 아니다**.

④ **애국자가 주체로서 '홍콩인이 홍콩을 통치한다(港人治港).'**

특구 수장 · 주요 관리 · 행정회의 구성원 · 입법회 의원 · 각급 법원 법관과 기타 사법 인원 등은 국가주권 안전 등의 직책 수호를 담당해야 하며, **애국은 기본적인 정치 조건이다**.

애국자가 홍콩을 통치한다는 것에도 법률적 근거가 있다.

⑤ 보통선거로 탄생되는 **특구 수장은 반드시 애국적인 인사라야 한다**.

반드시 국가주권 안전과 이익 발전에 부합해야 하며, 홍콩의 실제와 부합해야 하며, 사회와 계층 이익을 동시에 고려해야 하며, 균형적 참여라는 원칙을 체현해야 하며, 자본주의 발전에 도움이 되어야 한다.

⑥ **외부세력이 홍콩을 중국 내정 간섭에 이용하는 음모를 경계해야 한다**.

홍콩에서 **장기적으로 누적되어온 심층적 갈등이 날로 돌출되고 있다**.

소수인이 외부세력과 결탁하여 교란 파괴하는 것을 방비하고 저지해야 한다.[26]

종합하면, 일국양제 실천 과정에 새로운 상황이 도래했고, 또 새로운 문제가 나타났다는 것이고, 더욱이 이 중대한 역사적 전환에 적응하지 못하

26 章立凡, 「普選－歷史承諾與政黨信用」, 『明報月刊』, 2014.8, 23쪽 참조.

는 사람들이 많이 있다고 주장한다. 권력은 중앙정부가 부여하는 것인 바, 홍콩정부의 권력은 제한적이며, '잉여권력'은 존재하지 않는다는 것을 분명히 하고 있다. 또 '일국'과 '양제'는 결코 등가 위치가 아니라는 점을 강조하면서, '애국'은 가장 기본적이고도 필수적인 정치 조건인 바, 홍콩특구 수장은 반드시 '애국적인 인사'라야 한다는 것이다. 아울러 홍콩에는 장기적으로 누적되어온 심층적 갈등이 날로 부각되고 있는 바, 이를 빌미로 외부세력이 중국의 내정에 간섭하려는 음모를 경계해야 한다는 것이다.

이 내용은 중국정부의 입장에서 지금까지의 일국양제 실천 과정에서 얻은 경험을 총괄하는 것이자, 향후의 방향성을 보여주고 있는 것이다. 중앙정부는 절대권력 행사의 끈을 놓지 않을 것이며, 홍콩에게 사소한 여지도 주지 않을 것이며, 외부세력의 개입도 좌시하지 않겠다는 점을 나타낸 것이다.

2008년 시진핑은 홍콩에서 '외국세력'이 홍콩 내부업무에 간여하는 것에 반대한다는 뜻을 표명한 적이 있고, 2009년 후진타오가 마카오에서 그것을 '외래세력'으로 표현했으며, 그 후 중국정부는 '외부세력'으로 표현하고 있다. 류루이사오劉銳紹의 설명에 의하면 이유는 다음과 같다. 우선 '외국세력'의 의미는 그야말로 분명하게 미국과 영국을 위시하는 서방세력이다. 하지만 중국정부는 그것으로는 부족하다는 것을 금방 알아채고, 대만의 민진당과 같은 해외의 민주세력을 의식하여 '외래세력'으로 표현을 바꾸었다. 그 후 중국정부는 반대세력의 범위가 (특히 홍콩에서) 이에 그치지 않는다는 것을 깨닫고 내부 역량과 주변의 역량

을 모두 '외부세력'이라고 표현했던 것이다.[27]

특히 주목해야 할 것은 홍콩에 사회적 갈등이 매우 심각한 정도까지 진행되고 있다는 점을 밝힌 것인데, 이것은 중앙정부가 향후 대 홍콩 정책에 있어서 계급 간 각기 달리 접근하겠다는 점을 암시하고 있는 것이다.

'1국가 2제도(일국양제)'는 중국이 본토 홍콩에 제시한 최고의 당근이었다. 제시 초기에는 당연히 두 가지 제도인 '양제'에 방점을 두었다. 사실 주권 반환이라는 엄청난 위기를 마주한 홍콩인들에게 가장 큰 영향력을 발휘한 것도 사실이다. 하지만 시간이 갈수록 '1개 국가'에 대한 '계몽'의 강도는 수위를 더해 갔고, '일국'은 중화인민공화국 건국 이후 중국공산당이 선택한 최대의 '통일전선전략'으로 자리 잡게 된다. 중국정부는 최근 그 실천의 일환으로 대량의 친중국 '민간' 조직의 출범을 지원하고 있다. 막 성장하고 있는 홍콩의 시민사회를 희석하기 위해 각종 보수적 동향회를 동원하고 있는 것이다. 딩웨이에 따르면 최근 동향회는 중국공산당의 외위外圍 기구로서 홍콩 기존의 시민사회에 '스며들어滲入' 시민사회 동력을 '희석沖淡'시키기 위한 노력을 경주하고 있다.[28] 이에 대한 반작용으로 주목할 점은 본토 홍콩 강화 움직임이 활성화되고 있다는 것이다. '우산운동' 이후 법률계·의사·보험·계리사·교사·사회복지사·간호사 등 홍콩의 전문직 종사자 조직이 우후죽순처럼 생겨났다. 중국의 바람에 조직적으로 대항해야 한다는 의식의 발로이다.[29]

---

27 劉銳紹, 「'高度自治'失蹤的背後」, 『明報月刊』, 2014.4, 55쪽 참조.

28 丁偉, 「香港人的卑微要求」, 『明報月刊』, 2015.6, 60쪽 참조.

29 陳婉容, 「六四, 本土, 學生組織」, 『明報月刊』, 2015.6, 63쪽 참조.

2017년 7월 1일, 행정장관 취임 및 홍콩특구 5기 정부 주요 관리 취임을 축하하는 광고가 '각계연합회各界聯合會'라는 이름으로 모든 신문에 게재되었다. 연합회 구성을 살펴보니 여행사, 향우회, 청년협회, 가두상가 회의, 부녀회, 동창회, 부동산협회, 거주민협회, 노인복지회, 자선단체, 종친회, 기업, 은행 등이었다.

이 시점 대단히 중요한 점은 이러한 '국민 만들기'에 대한 반작용으로 홍콩에서 벌어지고 있는 일련의 민주화운동을, 중앙정부는 일괄적으로 '홍콩 독립'을 기도하는 불순한 흐름으로 규정하고 매도한다는 것이다. 이러한 흐름에 대해 중국의 학자조차 "최근 갈수록 더욱 강렬하게 우리나라 사람이 애국의 구호 아래 자라난 교만의 기운과 협소한 국족주의를 느끼고 있는데, 민족 진흥의 장애이다"[30]라고 우려를 표명하고 있는 실정이다.

린후이林輝는 "일국양제의 정치 환경은 독특한 것으로, 문화 역시 중국과 큰 차이가 있는바, 만일 중국의 그 '국가를 사랑하는 것은, 정부를 사랑하는 것'이라는 애국교육을 억지로 홍콩에 적용하려고 한다면, 재주를 피우려다 일을 망치게 될 뿐만 아니라 완전히 헛수고하게 될 것이고, 학생의 시간을 낭비하게 만들 것이고, 학생에게 스트레스를 주게 될 것이다"[31]라고 말했다.

30 資中筠 · 丁偉, 「香港人的卑微要求」, 『明報月刊』, 2015.6, 58쪽에서 재인용.

31 林輝, 앞의 글, 14쪽.

3. 본토locality 홍콩의 대응

2011년 홍콩의 고교생이 자발적으로 '학민사조學民思潮'를 결성하였다. 그리고 2012년 7월 7일, 국민교육 수업을 걱정하는 학부모들이 페이스북에 '국민교육 학부모 감시팀國民教育學父母關注組'을 개설하여 반대 투쟁을 선도하였다. 그들은 '세뇌교육 반대', '사상의 자유를 지키자'는 구호를 외쳤다. 이후 '세뇌洗腦 반대'라는 어휘가 본토 홍콩사회의 상징으로 자리 잡게 되었고, 이에 친중국 측에서는 '건뇌健腦'라는 말로 대응하게 된다. 본토 홍콩의 대응 과정은 아래와 같다. 참고로 정리해본다.

7월 23일 1,137명 연명으로 과목 개설에 반대하는 성명과 함께, 7월 29일의 시위 계획을 발표함.

7월 28일 교육국장을 면담하였으나 합의가 결렬됨.

7월 29일 민간의 국민교육 반대연맹에 가입, 9만 명(경찰 추산 3만 2천)이 참가한 시위를 전개함.

8월 30일 8월에 1인 1편지 보내기 운동을 전개하였고, 연인원 6천 명이 자신의 모교와 자녀의 학교에 국민교육을 반대하는 내용의 편지를 보냄.

9월 1일 대연맹이 첨마공원(添馬公園)에서 집회, 4만 명이 참가하였고, 일부 학부모들은 당일 저녁 학생들이 주도하고 있던 정부 정사 '점령' 행동에 동참, 학부모 중 일부가 단식을 시작함.

9월 7일 연일 정부청사를 '점령'하는 행동을 지속하였고, 당일 저녁

12만 명이 집회에 참가하여 국민교육 수업의 철회를 요구함.

9월 8일 홍콩특구 행정장관이 양보를 선언함. 3년간 시행을 보류하고, 시행을 학교당국의 결정에 위임함.

10월 8일 홍콩 교육국은 동 계획을 보류한다는 문건을 발표함.[32]

마침내 2014년 여름부터 가을까지 홍콩역사상 가장 길고 지루한 대정부투쟁 즉 '우산운동'이 전개되었던 것이다. 나는 정부청사를 비롯한 도심을 점령하여 79일간이나 전개된 '우산운동'이 중국-홍콩 간 식민과 탈식민에 대한 공방의 현실적인 폭발로 본다. 중국정부가 홍콩에 장기간 요구한 '국민교육' 때문에 축적된 불만이 분출된 일대 사건이다. '우산운동'은 결국 본토 홍콩의 입장에서는 특별한 소득 없이 종식되었지만, 중국-홍콩 양자 간에 남긴 의의는 매우 심대한 것이다.

중국정부의 심중은 2015년 『인민일보』(해외판)에서 살펴볼 수 있다. 2015년 6월 30일, 「23조 입법과 국민교육이 안 되어, 홍콩 독립 분자들이 날뛰고 있다」는 제목의 논평을 실었다. 최근 본토 홍콩의 움직임에 대한 중국정부의 생각을 일목요연하게 보여준다는 점에서 매우 중요한 문건이 아닐 수 없다.(이하 큰따옴표는 원문에 따름) 홍콩사회는 먼저 "내가 누구인지"를 분명히 하고, 내지와의 관계를 사리에 맞게 바로 잡아야 한다는 것이다. 반대파는 「기본법」을 수정하자는 등의 황당한 요구를 하고 있으며, 심지어 "운명을 스스로 결정하자", "중국과 홍콩을 분리하자" 등 국가주권을 무시하는 급진적 구호를 외치고 있다고 전제했다.

32 『明報』, 2013.2.3, A3면 참조.

이어서 "센터럴 점령占中", "메뚜기 잡기驅蝗", '쇼핑객 몰아내기' 등의 행동이 홍콩의 명성에 재를 뿌리고 있다고 주장했다. 그리고 국제 경제 중심이며 상업도시인 홍콩이 나날이 정치화, 이데올로기화泛意識形態化되고 있음을 지적하고 있다. 심지어 "포퓰리즘화泛民粹主義化"되고 있으며, 사회 내부적으로 정치적 갈등이 격화되고 있다는 것이다.

2015년에 홍콩에서 〈십년十年〉이라는 영화가 크게 성공한 적이 있다. 2025년 홍콩의 상황을 예측하는 영화인데, 중국공산당의 관리하에 홍콩이 암흑의 시대를 맞는다는 내용이다. 30대 영화감독 5명이 만든 5편의 단편영화로 구성된 옴니버스 형식이다. 흥행 수입은 〈스타워즈〉를 능가했다. 반면에 중국의 관방 언론들은 '생각의 바이러스'라고 맹비난을 했다. 영화는 ① 홍콩정부 청사 앞에서 분신하는 여성, ② 정치인을 암살하는 정부, ③ 금서를 판매하는 서점을 공격하는 소년친위대, ④ 홍콩 광둥어廣東語를 배척하는 규제가 도입되고 일자리를 잃는 택시 기사, ⑤ 본토 생산이라는 설명서를 붙인 계란을 판매했다는 이유로 습격을 당하는 식료품의 가게 주인 등을 스토리텔링하고 있다. 픽션이지만 매우 현실적으로 묘사했다.

분신하는 여성의 이야기를 찍은 영화 〈자분자自焚者〉의 감독 저우관웨이周冠威는 "관객에게 충격을 주고 상황을 바꾸기 위한 행동을 촉구하는 것이 목적"임을 분명히 했으며, "조속한 변화가 없는 한 홍콩 시민들도 티베트와 같이 비참한 상황에 직면할 것"이라고 우려했다. 심지어 "홍콩 시민들은 민주화에 더욱 적극적으로 기여하고 더 많은 희생을 치러

야 한다"고 주장했다.[33]

본토 홍콩이라는 지역성을 우리는 어떻게 보아야 하며, 그것에 대한 국가의 작용 즉 '국민교육'은 또 어떻게 정리해야 할까? 본토 홍콩의 '스토리' 속에는 특징이나 자부심이 뚜렷하게 존재한다. 반면에 주권 반환 이후 홍콩에 대한 중국의 '국민교육' 이면에는 유형무형의 강력한 중원 중심주의가 작동하고 있다. 그것에 의해 150년 동안 영국의 식민지 홍콩이 나름대로 창출한 다양한 가치는 축소되고 엄폐되고 은폐되고 있다.

「임시 시정국 박물관위원회 5년 계획(안)」에 따르면, 홍콩박물관에는 네 가지 기능이 있다.(이하 강조는 인용자) "수장 · 전람 · 교육 · 전시 활동을 통해, **홍콩의 발전** 및 그 **독특한 문화유산**에 대한 시민의 인식과 흥미를 제고시키는 것"이 그 첫째이다. 그리고 "**홍콩 문화유산**에 대한 시민의 시야를 확대시키며", "**홍콩역사와 문화유산**에 관한 자료를 수집 · 기록 · 녹음하고, 자료 저장고를 건립하여, **홍콩역사 연구와 문화 전통** 연구용으로 제공한다." 또 "구매와 수리 복원을 통하여 **홍콩의 문화유산**을 보존하는" 것 등이다.[34] 이런 문구는 비단 이 문건만이 아니라 홍콩정부의 차원에서 하는 행사에 단골로 등장하는 수사이다. 그렇다면 홍콩정부에서도 홍콩의 정체성에 대한 광범위하고도 초보적인 인식의 공유를 하고 있다는 말이다. 홍콩의 "독특한" "문화유산"에 대한 동의와 수용 없이 그것에 대한 "수장 · 전람 · 교육 · 전시"라는 활동이 가능할까 하는 질문이 자연스럽게 나온다. 또 홍콩의 "역사"에 대한 동의 없이 무엇을

---

33 http://www.weeklyhk.com/news.php?code=&mode=view&num=17811&page=1 참조.

34 「臨時市政局博物館委員會 五年計劃 諮詢文件」, 1997.9, 21쪽.

"수집 · 기록 · 녹음"할 것인가?[35]

일찍이 주권 반환이 언급되면서 홍콩의 정체성 문제가 제기되기 시작했다. 아울러 포스트 모더니즘적 해석 방법이 유포되면서 홍콩은 '잡종'과 '변경'의 대명사가 되었다. 하지만 나는 주권 반환 이후 홍콩은 더 이상 '잡종'과 '변경'이라는 양대 구호의 상징이 될 수 없다고 생각한다. 왜냐하면 홍콩문화 속의 '잡종'이나 '변경'적 요소는 서서히 소멸되고 있기 때문이다. 특히 본토 홍콩의 탄생 역사는 민족주의와의 결별이나 그것에 대한 반동이라는 의미에서 궁구해야만 한다. 텐마이슈田邁修는 1960년대 홍콩이 중국 및 영국으로부터 거칠게 이탈했고, 1967년 이후 신 사회가 갑자기 탄생했다고 본다.[36] 따라서 민족이나 국가 이념이 강제되는 곳에 '제3의 공간'의 정착은 실현되기 어렵다. 탈식민주의를 과거와 현재의 식민주의에 대한 지속적인 이탈운동이라고 정의한다면, 도모하고 강요하는 모든 이데올로기로부터 해방되어야 한다는 입장에서, 결국 본토 홍콩은 중국이나 영국을 중심으로 하는 거대 담론으로부터 벗어나야 유지가 가능해진다.

우리가 통상적으로 비판하듯이 애국은 국가에 대한 사랑이지, 정부에 대한 사랑은 아닌 것이다. 린후이는 이렇게 "애국이 무엇이냐 하는 것은 홍콩에서 오래된 의제이다. 사회에서 일반적으로 동의하는 애국은 정부에 대한 사랑이나 정당에 대한 사랑과는 다르다. 특히 애국의

35 이런 원칙들이 홍콩의 박물관에 적용되어 있다고 보기는 어렵다. 이 부분에 대해서는 류영하, 『중국 민족주의와 홍콩 본토주의 – 홍콩역사박물관을 중심으로』, 산지니, 2014 참조.

36 葉蔭聰, 「'本地人'從哪裏來?」, 羅永生 編, 『誰的城市?』, 香港 : 香港牛津大 出版社, 1997, 14쪽.

'국'은 문화중국이나 민족중국을 가리키는 것으로 중공정부가 아니다. 중앙정부는 인민이 사랑해 주기를 희망하고 있지만, 어떤 사실은 억지로 강요하고 있는 바, 강요는 오히려 반작용을 야기한다. 우리가 문화중국과 민족중국을 더욱 사랑해 달라고 시민을 교육시킬 필요가 있는가?"[37]라고 비판하고 있다.

어느 저명한 정치 평론가가 말했듯이, 독일의 일부인 덴마크와 프랑스의 일부인 벨기에가 갑자기 독립을 요구했다고 하자. 이 '비국가'들은 경제적으로 자립할 수 없으며, 그들의 독립 요구에 대해 "애송이의 감정, 정치적 미숙, 엉터리 경제학, 얄팍한 기회주의"라는 신랄한 비난이 끊임없이 제기되었을 것이다.[38] 이런 비난은 주권 반환 이후 중국(정부 또는 관방 학자 및 대다수의 국민들)이 본토 홍콩을 향해 던진 맹렬한 비난과 어쩌면 그렇게 동일한가! 짯떼르지Partha Chatterjee는 식민 지배를 극복하기 위해 형성되기 시작한 민족주의가 모순되게도 식민주의 쌍생아로서 그 세계관으로부터 벗어나지 못하는 한계에 빠져 있다고 보았다.[39] 중국정부는 영국 식민지가 뿌려 놓은 '죄악의 씨'로서 본토 홍콩을 간주할지언정 자신이 동격의 새로운 식민자로 등장했다는 사실은 간과하고 있다.

중국정부의 입장에서 보면 국민교육은 결국 영국의 정치경제적 이익을 정조준하고 있다. 중국의 '국민교육' 입장에서 영국은 극복해야 할 그 무엇이기 때문이다. 그럼에도 불구하고 본토 홍콩 구성에 대한 국민

37 林輝, 앞의 글, 13쪽.
38 E. F. 슈마허, 이상호 역, 앞의 글, 93쪽.
39 빠르타 짯떼르지 저, 이광수 역, 『민족주의 사상과 식민지 세계』, 그린비, 2013, 6쪽.

교육의 부정적 결과를 간과할 수는 없다. 본토 홍콩을 구성하는 직접적인 동인은 무엇일까? 예인충葉蔭聰은 중국 민족주의가 도리어 홍콩 신분을 생산하는 온상이라고 본다.[40]

린후이 역시 "홍콩의 장점은 정보의 자유에 있는바, 중국인 또는 서방 사회가 중국을 볼 때 가지고 있는 그런 단점이 없다. 아울러 상대적으로 높은 시민의 자질, 청렴, 법치, 공중도덕 등에 있는바, 이런 것들이 모두 홍콩이 자랑하는 소프트 파워이다"라고 했다.[41] 민족도 본토도 결국은 서사이고 스토리텔링이다. 중국 민족주의가 가장 크게 적용되고 있는 현장이 다름 아닌 국민교육이다. 주권 반환 이후 중국정부에 의해 추진되고 있는 국민교육을 들여다보면, 홍콩의 다른 모든 가치는 소멸되어야 마땅한 대상으로 보인다. 또 린후이는 "비록 홍콩 사람들이 국가를 사랑하지 않는다는 말을 입에 달고 있다고 하더라도, 국가에 일이 생기면 홍콩인들은 언제나 자발적으로 물심양면으로 관심을 기울였다. 과거 6·4사태 때나, 인재와 천재가 발생했을 때도 마찬가지였다"라고 했다.[42] 나는 중국의 국민교육은 이런 인식에서 출발해야 한다고 본다.

40 葉蔭聰, 앞의 글, 20쪽.

41 林輝, 앞의 글, 14쪽.

42 위의 글, 13쪽.

4. 국민과 국민의식

중화인민공화국은 현재 91.5%의 한족을 포함 56개 민족으로 구성되어 있다. 당연히 한족 중심의 중화인민공화국이다. 한족은 한족의 문화를 그리고 소수민족은 또 그들의 문화를 각각 보유하고 있다. 문제는 다수 한족문화가 소수민족 문화를 전방위적으로 압박하고 있다는 점이다. 가장 광범위한 '제3의 공간'을 보유하고 있는 홍콩 역시 문화적으로 분명한 정체성을 가지고 있다. 중국 중앙정부의 홍콩 정책의 핵심은 '다시 국민 만들기'인데, '국민'과 '애국' 이데올로기를 전면에 내세우고 있다. 그래서 '양제'보다는 '일국'이 중요하다는 사실을 홍보하는 데 주력하고 있다.

주권 반환 이후 중국정부는 본토 홍콩의 해체가 절체절명의 과제이며, 민족과 국가만이 홍콩의 정체성을 희석시킬 수 있는 가장 좋은 방법이라고 인식하고 있다. 본토 홍콩을 중심으로 민족과 국가는 '스며들고', 본토 홍콩은 민족과 국가에 의해 '희석'되는 과정에 있다. 앞으로 홍콩영화관에서 영화를 보기 전에 중국의 국가인 〈의용군행진곡〉이 울리고, 관객들은 모두 기립해야 할지도 모른다. 나는 '국민'일 수밖에 없지만, 주입되고 강요되는 국민의식은 싫다. 과연 '국민'은 어떻게 규정되어야 하는가? 어디까지가 '국민'이고, 어디부터가 '비국민'일까? 등등의 물음은 어제 오늘 제기된 문제가 아니다.

제3장

방법으로서 '중국-홍콩체제' 2

신자유주의 세계화에 비판적인 시각을 중심으로

1. 카탈루냐의 분리 독립과 유럽 통합

2017년 10월 1일, 스페인의 카탈루냐 자치정부는 '분리 독립'을 묻는 투표를 강행하였고, 스페인 중앙정부는 이를 저지하여 상호 간 충돌이 야기되었다. 스페인 중앙정부는 고유(?)의 언어와 문화를 가지고 있는 카탈루냐에 상당한 수준의 자치를 허용해 왔지만, 독립은 안 된다는 입장을 유지하고 있다. 충돌의 원인으로는 중앙정부가 걷어가는 세금과 지방정부에 내려주는 교부금의 불균형이 지목되고 있다.[1] 그런데 우선 재미있는 것은 카탈루냐 독립에 대한 유럽 각 정치세력의 다양한 반응들인데, 슬라보예 지젝은 「카탈루냐: 분리 독립과 유럽의 종말」이라는 기고문에서 자신들의 이해관계에 따라 다른 의견을 제시하는 유럽을 이렇게 비판하고 있다.

> 나의 나라 슬로베니아에서 이런 혼란은 절정에 달한다(슬로베니아는 유고슬라비아의 일부였다—편집자). 대부분의 구좌파는 개방된 새로운 유고슬라비아를 만들어야 한다고 주장하며 유고슬라비아 해체에 반대했지만, 카탈루냐의 분리독립에는 지지를 표한다. 반면, 슬로베니아의 국가주의 우파는 슬로베니아의 완전한 독립을 위해 싸웠지만, 지금은 조심스럽게 스페인의 통합을 지지하고 나섰다. 스페인 총리 마리아노 라호이가 그들의 보수주의 동맹이기 때문이다. 유럽의 지배체제는 부끄러운 줄 알아야

1 2018년 9월 11일 카탈루냐 최대 도시인 바르셀로나 중앙광장에 1백만 명이 모여 독립을 요구하는 시위를 했다. 7월의 여론조사 결과 독립에 46.7%가 찬성하고, 44.9%가 반대하는 것으로 나타났다. 「"카탈루냐를 유럽의 새 국가로" 바르셀로나 광장 100만 시위」, 『한겨레』, 2018.9.13, 14면 참조.

한다. 그들이 누군가의 주권을 지지하는지 또는 반대하는지의 문제는 순전히 그들의 지정학적 이해관계에 달려있다.[2]

지젝의 비판은 유럽의 지배체제가 카탈루냐 분리 독립에 관해 자신들의 지정학적 이해관계에 따라 판단한다는 것인데, 유럽의 각종 정치세력 역시 자신의 이해관계에 따라 합종연횡하고 있다는 말이다.[3] 지젝의 의견을 조금 더 확대해 본다면, 어느 국가나 정치세력을 막론하고 자신들의 이해관계 — 지젝이 지정학적이라는 말의 의미를 정치경제적이라는 말로 치환하는 것에 동의해 준다면 — 에 따라 입장을 전개한다고 할 수 있다. 즉 정치경제적 발언 모두가 정치 실체(또는 그들 사이)의 정치경제적 이해관계에 따른 표명일 뿐, '정답'이 아닐 수 있고, 그들의 '정답'이라는 것도 시시각각 변화할 수 있다는 말이다. 정치경제적인 이해득실에 따라 매우 민감하게 반응하게 된 그 시점을 신자유주의의 도래부터 보는 것이 좌파학자들의 공통된 관점일 것이다. 따라서 그들에게 학문적으로 신자유주의의 도래는 모든 문제의 원인과 결과가 된다. 하인리히 가이젤베르거는 "경계를 강화하고 안보를 구축하여 과거 영광을 회복하겠다는 정치 노선이 대두하면서 정치·경제활동의 중심축이

2 「카탈루냐 분리독립과 유럽의 종말」, 『한겨레』, 2017.10.27, 22면.

3 최근 헝가리, 체코, 폴란드가 난민 할당을 거부하는 등 유럽이 동서로 분열되고 있다는 뉴스가 대두되고 있다. 난민 문제와 함께 통합의 혜택이 주로 엘리트층에 돌아간다는 불만이 반유럽연합 정서에 불을 지피고 있다는 분석이다. 유럽연합은 동 유럽 국가들이 민주주의와 법치라는 기본 이념을 저버린다고 비판하고, 동 유럽 국가들은 내정 간섭이라고 맞서고 있다. 유럽에서 정치와 경제는 분리될 수 없다는 점이 부각되고 있는바, 내 생각에는 '중국-홍콩체제' 분석을 위한 중요한 개념이다. 「'프라하의 봄' 50돌에 갈라지는 동-서 유럽」, 『한겨레』, 2018.1.30, 13면 참조.

차츰 국경 안으로 옮겨지고 있다"[4]고 말했다. 이 말은 세계적으로 신자유주의적 흐름의 결과가 가시적으로 나타나고 있고, 국가나 지역이 그것의 영향을 부정적인 시선으로 바라보고 있다는 뜻이다.

이 글에서 나는 '스페인-카탈루냐' 사태를 보는 유럽 정치세력들의 눈으로 '중국-홍콩'을 바라보고 싶다. 유럽연합EU을 유지하려는 쪽이 테제라면, 그것을 반대하는 안티테제가 있을 것이고, 양쪽을 다 살펴본다면 진테제가 어렴풋이나마 노정될 것이다. 주지하다시피 홍콩의 주권 반환 이후 (물론 이전부터) '중국'은 '홍콩'을 수용하기 위한 모든 노력을 경주하고 있다. 그 노력에 대한 평가는 중국 또는 홍콩의 각 정치세력에 따라 판이하게 나타나고 있는 것이 사실이다.[5] 당연히 그 평가는 자신들의 정치경제적 득실에 근거한다. 정치경제적 이익이 미묘하게 노정 또는 충돌되고 있다는 점에서 유럽연합의 현재는 '중국-홍콩체제'의 미래라고 할 수 있다.

하지만 최근 세계 곳곳에서 나타나고 있는 상황을 보면 정치경제적 이해관계로만 풀 수 없는 복잡하고 난해한 방정식이 제시되고 있다. 최

---

4 하인리히 가이젤베르거, 「머리말」, 지그문트 바우만 외, 박지영 외역, 『거대한 후퇴』, 살림출판사, 2017, 6~7쪽. 이 책은 아르준 아파두라이, 슬라보예 지젝 등 석학 15인의 공동작업으로 15개국에서 동시 출간되었다. 전 세계로 확산되고 있는 테러리즘과 이주 그리고 중산층 붕괴와 불평등 확산 등의 문제를 '거대한 후퇴'로 명명하고, 그것의 근원을 진단하면서, 향후 우리가 놓이게 될 상황을 우려하는 학자들의 최신 성과이다. 15인은 장기적이고 구조적인 시각에서 현재의 쟁점을 인식해야 해결책이 보인다는 점을 시종일관 강조하고 있다. 전체적으로 신자유주의 세계화에 비판적인 시각이라는 점에서 15인의 관점은 신좌파적이라고 할 수 있다. 『라베라시옹』은 이 책에 대해 "거대한 후퇴를 살아가는 석학들이 새로운 네트워크를 구축하기 위한 노력의 결과물이다"라고 평가했다. 나는 그들의 시각을 빌려 주권 반환 이후의 '중국-홍콩체제'를 읽어보고 싶었다.

5 언제 어디서나 홍콩을 주제로 설전이 벌어지면 주권 반환 이후 홍콩의 경제가 좋아졌는지 나빠졌는지가 주요 초점이 되고 있다.

근 나타나고 있는 이른바 '세계적' 문화는 어디까지 중요할까. 국가나 지역의 정체성은 어디까지 보장되어야 할까. '우리'와 '그들'은 무엇으로 통합될 수 있을까. 이민족의 동화를 강요한 정책의 실패가 로마 쇠퇴의 씨앗이 되었다는 담론은 진리일까.[6] 정체성이 뚜렷한 양자 또는 다자 통합의 전제는 무엇이며, 그것의 지속은 무엇으로 가능할까 하는 것 등이 시종일관 나를 지배하고 있는 의문이다. 현시점 '중국-홍콩' 관계는 '우리'와 '그들'이 맞서는 단계로서 각각의 구성원은 통합과 분리를 어떻게 소환하고 있을까? 여전히 '다수' '중국'은 '소수' '홍콩'을 가능한 모든 방법을 강구하여 소환하고 있다. 모든 방법이라 함은 정치경제적 범위를 말한다.

'중국-홍콩체제'의 현재를 분석하기 위해서는 주권 반환과 함께 신자유주의 광풍이라는 배경을 반드시 살펴보아야 한다고 생각한다.

2. 정치경제학

이른바 포용의 나라 '멜팅팟melting pot'으로 상징되어온 미국사회가 소용돌이치고 있다(적어도 그렇게 보인다). '정체성의 정치'로 상징되는 트럼프의 당선은 의외로 우리에게 우리가 처한 현실을 직시하도록 만드는 계기가 되었다. 그의 당선은 그동안 우리 자신이 모든 문제가 해결되었

6 안희곤은 『로마제국 쇠망사』(에드워드 기번, 송은주 외역, 민음사, 2010)를 소개하는 글에서 "거대 제국을 위한 이민족 동화정책이 제국의 문화적 분열의 씨앗이 되고, 그리스도교의 현실 도피적 태도가 로마인의 건강한 실용주의를 해쳤다는 분석"이 획기적이라고 평가했다. 「궁금하다, 거대한 제국이 멸망한 이유」, 『한겨레』, 2017.9.29, S2면.

거나 거의 해결되었다는 착각 속에서 살아왔음을 일깨워 준 일대 사건이다. 거의 모든 문제가 해결되었거나 되고 있는 상황이라고 보았으나, 저 밑바닥에서는 갈등이 처음부터 다시 조립되고 있었다. 우리는 매우 현실적이고도 지엽적인 이해관계의 차원에서, 관계와 관계라는 의미망 속에서, 모든 갈등을 바라보는 것이 타당하지 않을까? 그렇다면 갈등은 언제나 수면 아래에 있을 뿐, 영원히 소멸되지는 않는다는 말로 표현될 수 있는데, 나는 평소 모든 갈등 발생의 근본 원인을 정체성의 문제로 본다. 왜냐하면 '나' 또는 '우리'라는 정체성의 생산과 확산은 타자와의 갈등으로부터 동력을 얻기 때문이다. 따라서 정체성은 이해관계의 소산이라는 원죄가 있다.

> 18~19세기 정치경제학은 이름에 걸맞게 국가의 부가 어떻게 형성되고, 그 부가 각 계급들 사이에 어떤 원리에 따라 분배되는가를 다뤘다. 성장을 추진할 동력을 갖는 계급과 이를 방해하는 계급을 구분하기도 했고, 계급 사이의 갈등과 조화를 다루기도 했다. 19세기 말~20세기 초에 이르자 경제학은 자신의 이름에서 '정치'라는 딱지를 제거했다. (…중략…) 칼라일이 말하고자 했던 사람과 사람 사이에서 나타날 수 있는 갈등과 권력 행사의 문제는 경제학의 시야에서 완전히 사라졌다.[7]

결국 '정치'와 '경제'는 불가분의 관계에 있다는 것이고, 그동안 전 세계의 사회적 흐름을 볼 때 이제 그것을 다시 챙겨보아야 한다는 말이

7 최정규, 「우울하지 않은 과학 13－민주주의와 공동체」, 『한겨레』, 2017.11.11, 22면.

다. 특히 '사람과 사람 사이'의 갈등은 문제의 핵심을 보는 데 더없이 중요한 키워드임에도 그동안 그것이 무시되어 왔다는 사실을 일깨워주는 언급이다. 즉 정치적인 갈등에 대해서 검토하지 않는 경제학에 대한 우려를 표시한 것이다. 최근 다시 각광받고 있는 정치경제학자 폴라니는 이와 같이 자본주의적 시장이 인간의 운명을 쥐고 있는 것처럼 사고하는 '경제결정론'의 속박을 풀고, 경제와 사회의 관계에서 또 하나의 길을 개척하는 일에 도전했다.[8] 이처럼 사회적 · 문화적 파국, 공동사회의 전체적인 이해, 사회적 보호라는 사고방식에 입각한 폴라니의 경제사상은 경제주의적 편견에 사로잡힌 경제적 자유주의와 마르크스주의의 한계를 뛰어 넘는다. 그의 사상은 시장사회에 대한 새로운 지식이며 시장사회에서의 대항적 자기보호운동과 사회적 보호를 온전하게 이해하도록 해준다.[9] 포르타가 보기에 "신자유주의경제 신조의 정치적 실천은 폴라니가 묘사한 '거대한 전환'과 유사한 점들을 드러냈다."[10] 따라서 폴라니를 부활시키자는 방법적 맥락이 힘을 얻고 있다.

악셀 호네트는 탤컷 파슨스의 힘을 빌려 사회가 정상적으로 기능하기 위해서는 ① 법체계, ② 경제, ③ 가족이 중요하다고 보았고, 사회를 구성하는 이들 하부 조직(법, 경제, 가족)은 오히려 사회를 분열시키는 역할을 해왔다고 주장했다.[11] 올리브 나흐트바이는 이것을 다시 아래와 같이 자세하게 풀고 있다.

---

8 와카모리 미도리, 김영주 역, 『지금 다시 칼 폴라니』, 생각의힘, 2017, 19쪽.

9 위의 책, 112쪽.

10 도나텔라 델라 포르타, 「후기 신자유주의에서 나타나는 진보 정치와 퇴행 정치」, 지그문트 바우만 외, 박지영 외역, 앞의 책, 65쪽.

11 올리브 나흐트바이, 「탈문명화-서양 사회의 역행에 대한 고찰」, 위의 책, 249쪽.

> ① 법률 영역에서 소수집단의 평등은 어느 정도 이루어진 면이 있다. '수평적 평등'의 관점에서 젠더 인종 성소수자 등의 평등권이 크게 향상된 반면, '국민의 사회권'은 상대적으로 불완전한 상태로 보장되고 있다. 가령 비정규직에 관한 법률은 여전히 미흡한 상태다. 이처럼 법체계가 불완전하게 기능하면서 ② 경제 영역에도 영향을 끼쳤다. 경제 분야에서 법체계가 안정적으로 갖춰지지 않음으로써 고용 관계와 노동조건은 더욱 악화되었다. 지난 30여 년 동안 이어진 (신)자유주의 논리는 경제적 자유뿐 아니라 사회적 · 문화적 자유 또한 내포하고 있다. 그동안 사회 구성원들은 자유주의를 기치로 자유와 평등을 향한 해방운동을 벌여왔다. 그런 점에서 경제 불안정과 불평등을 겪는 상황 아래 일어나는 해방운동은 사회적 문화적 평등을 주장하는 운동이자 규제 풀린 시장에 대한 저항운동이기도 하다.[12]

요약하면 비정규직 문제와 같은 '국민의 사회권'이 여전히 불완전하고, '고용 관계와 노동조건은 더욱 악화'되었다. 그래서 '규제 풀린 시장에 대한 저항운동'이자 '사회적 문화적 평등'을 주장하는 '해방운동'이 일어나고 있다는 것이다. 돌이켜보면 홍콩의 역사는 이런 분석 방법에 대하여 크게 반론을 제기할 수는 없을 듯하다. 왜냐하면 '사회권'의 측면에서 최근까지 최저임금 제도는 물론 고용보장 제도가 미비했던 것이 홍콩 시민의 현실이었기 때문이다. 나흐트바이의 생각을 홍콩에 적용시켜본다면 "사회적 문화적 평등"이 중요한데, 홍콩은 그동안 인종이나 남녀평등 문제 등의 '수평적 평등'에만 치중하고 자랑스러워해 온

12 위의 글, 250쪽.

공간일 뿐, 비정규직 문제 등 '국민의 사회권'은 전혀 또는 거의 누리지 못한 사회였다. 게다가 신자유주의의 도래와 함께 주권 반환이라는 전대미문의 충격이 이중으로 가해졌다는 점이 특별하다 할 것이다.

발터 벤야민은 "사회를 밑에서 받치는 경제적 조건은 상부구조를 통해 표현된다. 잠자는 사람의 과식한 위장이 꿈 내용을 통해 표현되는 것과 마찬가지이다. 전자를 후자의 '원인'으로 보는 것도 가능하겠지만, 어쨌든 후자는 전자의 거울상Abspiegelung이 아니라 표현Ausdruck이다"[13]라고 했다. 이 말은 벤야민의 평소 논지로 볼 때 경제라는 하부구조가 상부구조를 지배한다는 일방적인 해석을 거부하고, 경제가 상부구조의 원인도 될 수 있지만, 상부구조가 경제의 표현도 될 것이라는 타협적 해석 방안을 제기한 것으로 보아도 무리가 없을 것이다. 벤야민의 이런 관점은 오늘날 전 세계에서 발생하고 있는 갈등을 새롭게 바라볼 수 있는 중요한 키워드인 것이다. 정치와 경제는 일방적인 관계는 아니고 상호 작용하고 상호 표현하는 관계가 아닐까.

하와이 원주민들의 투쟁은 그 대표적인 실례 중의 하나가 된다. 현재 하와이 원주민들은 하와이 전체 인구의 20% 정도로 알려져 있는데, 그들은 지금 "미국 연방정부는 하와이 원주민의 자치정부 수립을 승인하라. 우리는 미국인이 아니라 하와이 원주민이다"[14]라고 외치고 있다. 그들은 군사기지에 들어가서 시위를 하고, 리조트 건설을 반대하고, 관광객 상대의 행사를 방해하는 활동을 한다. 행복은 연간 7백만 명씩 몰려드는 관광객이 던져주는 경제적인 이익에 의해 좌우되는 것이 아니라

13 하워드 아일런드 · 마이클 제닝스, 김정아 역, 『발터 벤야민 평전』, 글항아리, 2018, 810쪽.
14 「하와이 원주민, 우리의 적의는 정당하다」, 『한겨레』, 2017.6.9, B3면.

는 말이다. 하와이뿐만 아니라 베네치아와 바르셀로나를 비롯한 유럽의 유명 관광도시들도 물가와 임대료 상승을 이유로 관광객을 거부하는 움직임이 이어지고 있다. 표면적으로 보면 생활불편이겠지만, 심층적으로 보면 현지 원주민인 시민의 '사회적 문화적 불평등'의 문제가 대두되고 있는 것이다. 완전한 평등사회의 시민으로 대접받지 못하는 현실을 간접적으로 보여주는 것이다. '우리' 모두가 평등한 것이 아니라 '그들'만 평등하다는 생각이 확대되고 있다고 볼 수 있다.

> 이해의 어려움을 신 또는 역사가 미리 규정한 도덕 명령과 의무의 등급으로 끌어올리는 것은, 결국 '우리'를 '그들'과 구분하는 경계선을 긋고 요새화하는 근본 원인이자 가장 중요한 자극제다. 둘 사이의 접점으로서 모순되고 모호한 회색 지대는 필연적으로 우리와 그들 사이에 무자비한 적대감이 발생하고 싸움이 이루어지는 주요한(그리고 너무 흔히 유일한) 영토를 구성한다.[15]

그렇다면 바우만이 보기에 현시점 '모순되고 모호한 회색지대'가 확대되고 있다는 말이고, 그것 때문에 '우리와 그들 사이에 무자비한 적대감'이 발생하고 있다는 말이다. 그 회색지대를 정치경제적인 회의지대라는 말로 구체화하고 싶다. 현실과 장래에 대한 회의가 갈수록 심각해지고 있다는 것이고, 이것은 정체성의 축소이니 자신의 정체성이라면 보호될 수 있을까 하는 위기감이 고조되고 있다는 뜻이다.

---

15 지그문트 바우만, 「목표와 이름 찾기의 증상들」, 지그문트 바우만 외, 박지영 외역, 앞의 책, 55쪽.

대체적으로 정치경제학의 목표는 회색지대 없애기가 아닐까. 정치경제학인 측면에서 유럽연합의 기원은 놓칠 수 없는 케이스다. 정치와 문화적으로 심각한 갈등을 겪던 유럽인들은 무역이 공통분모가 될 수 있음을 확인했고, 수많은 학자들이 경제가 유럽의 상처를 봉합할 수 있을 것이라고 생각했다는 점이다.[16] 유럽연합의 단일통화체제인 유로존은 경제통합이 유럽통합을 추동할 것이라는 기대에서 출발했다. 유로존은 위기에 매우 취약한데, 경제통합은 위기에 취약하다고는 것을 말해 주고 있다. 결과적으로 역내 강자는 더욱 강해지고, 약자는 더욱 약해지게 되었다.[17] 모호한 회색지대는 사회적 불평등지대일 텐데, 국가와 지역 간의 통합은 국가와 지역 사이는 물론 국가 또는 지역 내부의 회색지대 즉 불평등지대를 심화·확대시킬 수도 있다. '중국-홍콩체제'의 홍콩에서 모순되고 모호한 회색지대가 확대되고 있다. 주권 반환 이후 강자는 더욱 강해지고 약자는 더욱 약해지는 데 따른 불안감이 도리어 홍콩의 정체성을 강화하는 동력이 되고 있는 것이다.

우리는 최근 나타나고 있는 전혀 새로운 흐름에 주목해야만 한다. 경제 수치가 모든 것을 대변하고, 경제 발전이라는 환상으로 국민의 마음을 얻을 수 있는 시대는 지나갔다. 이반 크라스테브는 "폴란드 사람들은 10여 년에 걸쳐 놀라운 경제 성장, 번영 심지어 사회 불평등의 감소를 누렸지만, 2015년 선거에서는 단 몇 년 전에 투표로 몰아낸 반동 포퓰리즘 정당에 찬성표를" 던지는 상황에 대해 주목했다.[18] 낸시 프레이

16 세사르 렌두엘레스, 「세계 경제 위기에서 후기 자본주의 반대운동까지」, 위의 책, 280쪽.
17 「유로, 허약한 기초 위에 쌓은 화려한 성채」, 『한겨레』, 2017.12.8, B2면 참조.
18 이반 크라스테브, 「다수결주의의 미래」, 지그문트 바우만 외, 박지영 외역, 앞의 책, 88쪽.

저에 의하면, 버니 샌더스는 지난 30년 동안 대규모 부와 소득을 극소수 부유층에 편중되게 재분배해 온 '조작된 경제'에 반대하는 선거전을 펼쳤고, 그런 조작된 경제를 지원하고 보호해 온 '조작된 정치체제'를 비판의 표적으로 삼았다.[19] '조작된' 경제 발전이나 혜택에 대한 반발이라고 보는 것이 타당하다 할 것이다. 나는 '조작된'이라는 어휘에 단지 '조작된' 사실뿐만이 아닌 '사회문화적' 함의가 내포되어 있다고 본다. 최근 본토locality 홍콩이 추구하는 가치들이 사실 — 주권 반환과 신자유주의에 기인한 불평등에 대한 — '사회문화적' 평등으로 '조작된' 그 무엇에 대한 반발이 아닐까. 홍콩 또는 '중국-홍콩체제'가 나아가야 할 방향 즉 사회적 평등을 두고 벌어지는 갈등이라고 보는 것이다.

3. 신자유주의 이후

폴 메이슨은 "정치 · 경제에서 좌익의 가장 구체적인 도전 과제는 신자유주의 이후 서사를 구성하는 것이다"라고 했다.[20] 이 말은 신자유주의가 전 세계적으로 정치와 경제에 얼마나 큰 충격으로 작용했는가에 대한 문제를 우선 제기하는 것으로 특히 사회적 균형의 붕괴를 간접적으로 지적하는 말이다. 아울러 좌파에게 있어 신자유주의의 결과에 대항하는 새로운 담론체계 개발이 지상과제임을 확인시켜 주는 것이다. 바꾸어 말하면 신자유주의가 홍콩은 물론 전 세계 모든 국가에 충격을

19 낸시 프레이저, 「진보 신자유주의 대 반동 포퓰리즘 – 홉슨의 선택」, 위의 책, 88쪽.
20 폴 메이슨, 「자유에 대한 두려움 극복하기」, 위의 책, 183쪽.

주었고, 이제 그것을 극복할 대안 마련이 시급하다는 뜻이다. 심지어 그는 "신자유주의 이후 서사를 구성하는" "과정에 방해되는 모든 정당, 모든 정치인, 모든 구조, 모든 이론이 폐기되어야 한다"고 강조했다.[21] 즉 원점에서 재인식되어야 한다는 주장이다. 아니 유럽연합의 경우를 보더라도 근본적인 의문을 제기하는 흐름이 갈수록 커지고 있다. 지금까지 물론 단계적이라고 해야 하는데, 우선 유럽연합의 출범 이후 지금까지 추진해 온 방향이 진리가 아닐 수 있음을 알아야 한다.

조효제 역시 신자유주의가 정치와 경제의 구조판을 완전히 바꿔 놓았다고 했다.[22] 오늘날 시장 근본주의와 신자유주의는 지배 이데올로기로 정착된 영국에서는 19% 정도가 우파, 29%가 중도, 37%가 '유럽연합에 호의적인 국제주의 진보좌파'로 분류된다.[23] 로베르트 미직은 "현재 유럽연합의 정치 · 경제 구조는 암묵적으로 신자유주의체제에 토대를 두고 있기 때문에, 진보적 가치관이 현실 정치에서 구현되기란 사실상 굉장히 어렵다"고 말했다.[24] 그래서 우파는 물론 극우파의 득세가 충분히 예상되고 있고 실제로도 그렇게 나타나고 있는 것이다. 홍콩에서도 보수와 진보 그리고 중도는 '중국-홍콩' 관계에서 정치경제적으로 매우 복잡한 반응을 보이고 있는 것이 사실이다.

로베르트 미직은 "신자유주의의 위기에 관한 담론은 정치 · 경제 영역에서 제일 먼저 불거졌다"고 보았다.[25] "경제력만이 유일한 생존 덕목"이

21 위의 글, 183쪽.
22 조효제, 「인권 오디세이 – 신자유주의가 인권에 남긴 교훈」, 『한겨레』, 2017.9.20, 25면.
23 폴 메이슨, 박지영 외역, 앞의 글, 175쪽.
24 로베르트 미직, 「담대한 용기」, 지그문트 바우만 외, 박지영 외역, 앞의 책, 225쪽.
25 위의 글, 222쪽.

된 신자유주의는 결국 '바닥으로의 경쟁'을 강요한다.[26] 1997년 주권 반환과 맞물린 신자유주의 광풍 앞에 홍콩이 바닥으로 또 경쟁으로 내몰린, 더 나빠졌다고 생각되는 근거는 무엇인가. 홍콩은 주권 반환 이전부터 '바닥으로의 경쟁'사회가 아니었던가. 첨단자본주의로 상징되는 홍콩은 최저임금이나 고용 안정을 보장받지 못하던 사회였다. 게다가 신자유주의 공습 이후, 홍콩사회가 은행자본과 산업자본이 결합된 독점적인 기업이 지배적인 힘을 행사하는, 심화된 독점자본주의monopoly capitalism로 인해 사회구조와 응집력이 파괴되고, 빈부격차가 심화되었다[27]고 보는 시각이 많이 있다.

세사르 렌두엘레스도 "신자유주의가 진정으로 승리한 점은 시민사회를 뒤흔들어 놓고 사회를 매우 불안정하게 만들었다"고 본다.[28] 그래서 세계정치 협력 메커니즘의 부재로 자본주의가 더욱 가속화되고 있다는 것이다.[29] 이 논리를 홍콩에 대입시켜 본다면, 신자유주의는 홍콩에서 건강한 사회 시스템의 형성을 방해했다고 할 수밖에 없다. 진야오지金耀基는 영국 식민지 홍콩의 체제에 대해서 "행정이 정치를 흡수했다"는 말로 정의하는데, 효율적으로 작동한 행정 시스템을 인정하는 발언이다. 하지만 그만큼 정치적 공간이 부재했고, 당연히 시민계급은 필요하지도 존재하지도 않았다. 최근 홍콩에서는 시민교육보다는 국민교육이 우선되고 있다. 주권 반환 이후 중국정부는 홍콩정부를 통하여 '다시 국민 만들기'에 총력을 기울이고 있다. 우산운동 이후 시민조직이 활성화

26 위의 글, 223쪽.

27 阿丙, 「新自由主義對香港的傷害」, 『獨立媒體』(http://www.inmediahk.net/node/8340).

28 세사르 렌두엘레스, 박지영 외역, 앞의 글, 277쪽.

29 위의 글, 279쪽.

되고 있지만, 민간 차원의 움직임일뿐 정부나 교육기관의 차원이 아니다. 세사르의 논리를 빌려 다시 말한다면, 주권 반환도 신자유주의도 홍콩 시민사회의 형성에는 관심이 없을 뿐더러 오히려 그것의 성장을 방해하는 요인으로 작용하고 있다고 보는 것이 타당하다.

판카지 미슈라는 신자유주의 이데올로기를 계몽식 합리주의와 공리주의를 구체화한 형태로 정의하고, 1989년 사회주의의 명예가 실추된 이후 신자유주의가 정치와 경제 영역을 "거의 완전히 지배하는 데 성공"했다고 본다.[30]

> 오늘날 국가가 보호하고 발전시키겠다고 주장할 수 있는 국가 경제가 없는 상황이라, 효율 위주 국가와 야심에 찬 많은 포퓰리즘운동에서 문화적 다수결주의, 민족국가주의, 내부의 지적 · 문화적 반대 의견에 대한 억압을 지향함으로써 국권을 행사하려는 경향이 세계적으로 나타나는 것은 놀라운 일이 아니다. 다시 말해 세계적인 경제주권 상실 때문에 문화주권을 강조하는 쪽으로 바뀌었다.[31]

세계적으로 신자유주의에 반대하는 흐름들이 속속 등장하고 있다. 독일의 반유로 · 반이슬람 정당인 '독일을 위한 대안'은 2013년 2월 창당한 이래 3년여 만에 전국 16개 주 의회 가운데 수도 베를린을 포함한 10개 주 입성에 성공했다. 프랑스에서도 이민자들이 프랑스인의 일자

30 판카지 미슈라, 「경멸시대의 정치학 – 계몽주의가 남긴 어두운 유산」, 지그문트 바우만 외, 박지영 외역, 앞의 책, 175쪽.

31 아르준 아파두라이, 「민주주의의 약화」, 위의 책, 23~24쪽.

리를 빼앗고 사회적 비용을 안긴다는 '국민전선FN' 주장이 유권자들에게 수용되기 시작하여, 2014년 5월의 유럽의회 선거에서 제1당에 올랐고, 이후 각종 선거에서도 선전하고 있다. 이탈리아에서도 포퓰리즘 정당 '5성운동Movimento 5 Stelle, M5S'이 로마와 토리노에서 돌풍을 일으켰고, 그리스의 '시리자(급진좌파연합)'는 재정 위기 속에서 집권당으로 등장했다. 프랑스의 극우정당 '국민전선'과 독일의 반난민 정당인 '독일을 위한 대안'은 이민 · 안보 · 세계화 문제에서 트럼프와 상당 부분 같은 입장이다. 그리스의 반이민 극우정당 '황금새벽당'은 "트럼프의 당선은 불법 이민자들에 대한 승리다. 유권자들은 인종적으로 깨끗한 나라를 선호했다"고 했다. 2016년 10월, 아이슬란드 조기 총선에서 포퓰리즘 정당 '해적당'은 원내 공동 제2당에 오름으로써 집권까지 꿈꾸게 됐다.

프랑스 대통령 에마뉘엘 마크롱은 대선 당시 친유럽연합, 친기업 성향을 표방하여 파리 근교 지역의 지지를 받았다. 경쟁자였던 마린 르펜은 반이민, 반세계화, 반유럽연합을 표방하였고, 산업공동화로 빈곤율과 실업률이 높은 지역에서 지지를 받았다. 대선 결선에서 르펜은 18~24살의 유권자 중 44%로부터, 65살 이상의 유권자 중 20%로부터 지지를 받았는데, 반이민, 반세계화, 반유럽엽합 전략은 반대파들로부터 대중영합주의라고 비판받았음에도, 이런 선거 전략은 향후 주목되는 점이다.[32]

32 『한겨레』, 2017.4.27, 20면에서 재인용.

4. 주권 반환 이후

최근 '스페인-카탈루냐'가 다시 주목을 받고 있다. 스페인이라는 큰 정체성 안에서 카탈루냐라는 작은 정체성을 유지하고 있는 상황은 전 세계 비슷한 경우에 크고 작은 가르침을 주고 있다. 2017년 10월 27일, 카탈루냐가 스페인으로부터 독립을 선언하자, 스페인 중앙정부는 카탈루냐의 자치권을 박탈하는 동시에, 지방정부 지도부에 대한 체포영장을 발부하는 것으로 대응했다. 1979년에 제정된 카탈루냐 자치법은 자치정부의 권리에 대해 "헌법과 자치법 그리고 (카탈루냐-인용자) 주민으로부터 나온다"[33]고 규정하고 있다. 김원중은 카탈루냐 주민들은 스페인의 모든 시민들로 구성되는 국민의 한 '하위 집단'으로 간주되고 있음을 지적하고 있다.[34] 중화인민공화국의 '국민'이 아닌 특별행정구의 '차국민次國民'으로서 홍콩 시민의 자격이 언급되고 있는 상황과 유사 아니 완전히 일치하고 있다고 해도 과언이 아닐 것이다. 홍콩 역시 중국이라는 큰 정체성 안에서 작은 정체성을 유지하고 있기 때문이다.

신자유주의와 더불어 거의 동시에 홍콩에 들이닥친 주권 반환이라는 충격은 홍콩을 재편시키기에 충분한 것이었다. 주권 반환 이후 불안한 마음이 '우리'라는 더욱 강한 연대감을 형성시켰다는 관측도 타당하다. 경제 수치로 본다면 주권 반환 20주년을 기준으로 1997년 중국 국내 총생산에서 홍콩이 차지하는 비중은 18%였는데 비해 20년 후인 지금은 3%에 불과하다. 경제적인 지분 내지 역할의 중요성이 그만큼 약해

33 「'카탈루냐' 문제의 배경과 전망」, 『한겨레』, 2017.11.11, 12면에서 재인용.

34 위의 글, 12면.

진 것으로 볼 수도 있다. 또한 내부적으로 주권 반환 20년이 지났지만, 빈부격차가 갈수록 심해지고 있다는 것과 경제 성과가 사회 각 계급에게 골고루 나누어지지 않고 있다는 점, 부동산 가격 상승, 주택 부족 등의 비판으로부터 자유롭지 못하다.[35] 주권 반환 20주년을 앞둔 2016년에 캐나다로 이민을 간 홍콩인의 숫자가 1,210명을 기록하여 1997년 이후 최고치를 나타냈다. 이 수치는 세 달 동안 우산운동이 이어졌던 2014년의 두 배에 달하는 것으로 의미하는 바가 크다. 이제 과거의 '적극적인 불간섭정책'이 시기적으로 적합하지 않다는 의견이 지배적으로 등장하고 있다.[36]

주권 반환이라는 정치가 홍콩의 경제에 큰 충격으로 작용한 것이다. 즉 정치라는 상부구조가 경제라는 하부구조를 추동한 것이다. 따라서 주권 반환 이후 홍콩경제가 악화되었다면, 그것은 신자유주의와 주권 반환이라는 전대미문의 사건 때문이다. 하지만 홍콩은 여전히 중국이나 세계에서 매우 중요한 지위를 점유하고 있는데, 중국이 거국적으로 추구하는 '일대일로一帶一路' 정책에서 홍콩은 '수퍼 연계인超級聯繫人'의 역할을 담당할 수 있다[37]는 언급처럼 약해지지 않고 있는 것이 사실이다. 최근 홍콩의 실업률은 3% 수준을 유지하고 있기에 기본적으로 '전민全民 취업' 상태로 인정받고 있다.

또한 스위스 로잔 국제경영발전대학이 발표한 2017년 세계 경쟁력 연보에서 홍콩은 연속 2년 세계 최고의 경쟁력을 갖춘 경제체제로 평

35 藍鴻震, 「香港回歸祖國二十周年所感」, 『明報月刊』, 2017.7, 25쪽 참조.

36 曾淵滄, 「看習近平對香港經濟的意見」, 『明報月刊』, 2017.8, 28쪽.

37 藍鴻震, 앞의 글, 26쪽.

가되었고, 미국 전통 기금회는 연속 23년 동안 홍콩을 세계 최고의 자유 경제체제로 꼽고 있다.[38] 기금회는 "홍콩의 사법 제도가 양호하여, 법치 및 재산권 보장에 강력한 지지를 제공하는 것이 홍콩의 중요한 기초"[39]라고 했다. 그동안 홍콩의 지정학적 입지나 중국 대외 창구로서 홍콩의 역할을 볼 때, 이 정책은 주효하여 오늘날 이른바 성공적인 자본주의 모델이 될 수 있었다. 영국이나 중국정부의 정치경제적 이해관계가 정확하게 맞물려 만들어낸 성과라고 할 수 있다.

유럽의 모든 민족을 한 개의 민족으로 통일하고 싶었던 나폴레옹은 크게 실망하겠지만,[40] 유럽 내에 광범위한 노동자 계층은 "세계화와 유럽 통합으로 인해 자신들이 얻는 것보다 잃는 것이 더 많다고 생각"[41]하는데, 중국과 홍콩의 통합으로 중국과 홍콩 모두가 잃는 것보다 얻는 것이 더 많을 수는 없을까? 주권 반환 이후 계급 분화에 대한 분석이 제대로 이루어졌는가? 미직이 지적하고 있는 것처럼 "우리는 계층 분열로 인해 새롭게 등장한 사회계층을 명확히 파악한 적이 한 번도 없다. 더불어 계층 간 균열과 그로 인해 발생하는 사회불화를 전혀 제대로 진단하지 못했다"[42]는 지적에 동의할 수밖에 없다. 미직의 의견을 홍콩에 적용하여 본다면 좀 더 분명하게 상황을 파악할 수 있다고 생각한다. 완전고용상태 등으로 볼 때는 경제적으로 문제가 없어 보이지만, 그것이 안

38 위의 글, 24쪽.

39 위의 글, 24쪽에서 재인용.

40 나폴레옹은 유배지 세인트헬레나에서 과거 자신이 유럽의 단일 규범, 단일한 유럽 파기원, 단일 화폐, 단일 도량형, 단일한 법을 꿈꾸었다고 회상했다. 알렉상드르 뒤발 스탈라, 문신원 역, 『나폴레옹과 샤토브리앙』, 연암서가, 2018, 197쪽.

41 로베르트 미직, 박지영 외역, 앞의 글, 215쪽.

42 위의 글 216쪽.

정적인 고용상태인지에 대한 분석이 필요해 보이며, 주택 문제를 포함한 사회적 불평등 문제는 갈수록 간극이 벌어지고 있기 때문이다.

1997년 홍콩의 주권이 영국에서 중국으로 반환된 이후, 홍콩에서 발생하고 있는 일련의 저항운동과 별반 다르지 않는 흐름은 시간이 흐른다고 해서 해결되는 것만은 아니라는 사실을 보여준다. 홍콩의 중국군 주둔지에 침입해서 '홍콩독립기'를 흔들고, 본토 홍콩의 역사를 상징하는 건축물을 보호하기 위해 집단으로 의사 표명을 하고, '홍콩 독립을 추구하는 정당' 소속의 의원 5명이 당선된 사실은 시사하는 바가 매우 크다. 본토 홍콩 즉 홍콩이라는 '우리'를 소환한 주체는 누구일까? 역으로 홍콩에 대한 중국 최고 지도자의 인식을 보면 분명해진다.

2017년 7월 1일, 주권 반환 20주년 기념식장에서 시진핑習近平은 홍콩의 현재를 이렇게 평가하고 있다.

> 홍콩에서 일국양제의 실천에 새로운 상황 새로운 문제에 봉착했다. 홍콩이 국가 주권, 안전, 이익 발전이라는 제도를 수호하는데, 국가역사와 민족문화 교육에 대해 선전을 강화해야 한다. 사회적으로 중대한 정치 법률 문제에 공식이 결핍되어 있다. 경제 발전에도 적지 않은 도전에 직면하고 있어 전통적인 우세가 상대적으로 감소되어, 새로운 경제 성장점이 아직 형성되지 않았으며, 주택 문제 등 민생 문제가 비교적 두드러져[43]

정치 · 법률 문제에 시민들이 다른 생각을 하고 있다는 것이고, 주택

43 曾淵滄, 앞의 글, 26쪽에서 재인용.

문제 등 민생 문제가 대두되고 있다는 것이다. 그래서 선전을 강화해야 하고, 경제 성장점을 만들어야 한다는 말이다. 마오쩌둥毛澤東 이후 최고 권력이라는 시진핑도 덩샤오핑鄧小平처럼 모든 문제를 경제 발전이 해결해 줄 것이라는 믿음을 견지하여, 홍콩이 현재 직면하고 있는 여러 가지 문제들의 원인이 경제 발전 낙후에 있다고 본다.[44] 그는 연설에서 "시종 발전이라는 이 제일 중요한 일에 집중해야" 하며, 심지어 그것이야말로 "홍콩 각종 문제를 해결하는 황금열쇠"라고 했다. 그는 "홍콩이 범정치화의 소용돌이 속으로 빠져서 인위적으로 대립, 대항한다면 아무 도움이 안 될 뿐더러, 경제사회 발전에 중대한 장애를 초래하게" 될 것이라고 경고했다.[45] 주권 반환 이후에도 경제가 정치를 흡수하고 있는데, 시민의 정치화를 우려하는 정치라는 점에서 영국 통치시기와 다름이 없다고 하겠다.

5. 다시 정체성

이제 정체성과 사회적 평등에 대하여 다시 생각해보아야 할 시점이다. 위에서 살펴본 바와 같이 '중국-홍콩체제'가 성공적으로 정착하기 위해서는 정치적 해결이 필요하다. 이즈음 정체성의 충돌로 집약할 수 있는 유럽연합의 움직임 하나하나에 촉각을 곤두세워야 하는 이유다. '자아'라고 불리는 정체성에 대한 정의를 다시 한번 살펴보는 것이 좋겠다.

---

44 위의 글, 27쪽.

45 위의 글, 27~28쪽에서 재인용.

지그문트 바우만은 인류의 스토리를 개관할 수 있는 "타당한 방법들"이 많이 있다고 전제하고 아래와 같은 탁견을 제시했다.

> 그중 하나가 때로는 단편적이고 때로는 갑작스러운 '우리'의 확대 이야기다. 이는 수렵·채집인 무리(고생물학자들에 따르면 약 150명을 넘지 않았다)에서 시작하여, 부족과 제국을 거쳐, 현대의 국민국가 또는 연방이나 연립 형태의 '초국가(super-state/supra-state)'에까지 이른다. 그렇지만 현존하는 어떤 정치 형태도 진정한 '세계적' 기준에 부합하지 않는다. 모든 정치 형태가 '우리'와 '그들'을 맞서게 한다. 서로 대립하는 양쪽의 각 구성원은 연합 또는 통합 기능을 구분·분리 기능과 결합시킨다.[46]

판카지 미슈라는 "우리가 '자아'라고 부르는 것은 역동적인 독립체로서, 프로이트가 말한 정신 기제와 역사적으로 발달한 사회·문화조건 사이의 상호 작용 속에서 끊임없이 형성되고 재형성된다"고 했다.[47] 신자유주의와 주권 반환이라는 충격은 지속적으로 홍콩의 정체성과 중국의 정체성의 상호 변화를 추동하고 있다. 결국 '중국-홍콩체제'는 중국과 홍콩이 '상호 작용'하면서 '형성'과 '재형성'을 거듭하는 생물이다. 문제는 그것을 어떻게 정의하느냐에 달려있다. 결국 정체성의 문제로서 '중국-홍콩체제'는 상호 간 '우리'와 '그들'은 무엇에 의해서 '맞서고' '연합', '통합', '구분', '분리'될 것인가에 있다. 하지만 중국은 전통적인 중원 중심주의 차원에서 그것을 정치경제적인 주도권 장악의 문제로만

46 지그문트 바우만, 박지영 외역, 앞의 글, 49~50쪽.
47 판카지 미슈라, 박지영 외역, 앞의 글, 195쪽.

인식하여 작은 반발조차도 인정하지 않는 것 같다.

전통은 여러 세대의 지혜를 축적한 것이기도 하지만 여성에 대한 태도 등에서 보듯이 여러 세대의 편견을 축적한 것이기도 하다.[48] 그래서 전통과 함께 인습의 축적이라는 의미에서 이른바 '정체성'을 바라보면 현재의 정체성은 바람직한 정답은 아니라는 것을 알게 되는데, 해법은 바로 여기에 있다. 토마 피케티는 미국 대선에서 트럼프가 승리한 원인을 "주로 미국의 경제적·지리적 불평등의 폭발 때문"으로 보았다.[49] 정치경제학자인 앨버트 허시먼Albert O. Hirschman은 그의 명저 『떠날 것인가, 남을 것인가*Exit, Voice and Loyalty*』에서 이런 개념을 선보였다. 생산과 조직과 국가의 퇴보에 반응하는 인간의 양상을 설명하고 있는데, 인간은 반대나 저항이나 불평이라는 형식으로 '퇴보'에 항의한다. 아파두라이는 허시먼의 독창적인 점이 "소비자 행동을 조직과 정치 행동에 연결시킨"[50] 것에 있다고 본다. 종합해서 다양한 형태의 갈등과 그것을 둘러싼 항형의 적당한 소산이라는 것이 정체성의 진면목이라고 생각한다.

2017년 9월 11일, 홍콩정부와 홍콩무역개발국이 공동으로 두 번째 '일대일로 국제합작 정상 포럼'을 개최했다. 닝지처寧吉喆 국가발전개혁위원회 부주임은 "홍콩은 국제공항과 컨테이너 항구를 보유하고 있는 화물유통의 거점도시이자 일대일로 무역의 중요한 인터체인지"라고 말했다. 그리고 "항구, 공항, 고속철도 건설에 박차를 가해 홍콩이 해상

48 Jonathan Wolff, *Ethics and Public Policy : A Philosophical Inquiry*, Oxford : Routledge, 2011, p.79; 조지프 히스, 김승진 역, 『계몽주의 2.0－감정의 정치를 어떻게 바꿀 것인가』, 이마, 2017, 143쪽에서 재인용.

49 판카지 미슈라, 박지영 외역, 앞의 글, 192쪽에서 재인용.

50 아르준 아파두라이, 박지영 외역, 앞의 글, 29～30쪽 앨버트 허시먼 등을 참조.

실크로드 교통무역의 허브가 되어야 한다"고 했다. 12일 자 중국 매체인 『제일재경第一財經』은 광저우廣州, 선전深圳, 주하이珠海, 둥관東莞, 후이저우惠州, 중산中山, 자오칭肇慶, 장먼江門 등 9개 도시와 홍콩·마카오의 총인구가 6천 6백만 명에 달하고, GDP가 1.3조 달러(전 세계 12위 경제 규모)에 달한다고 보도했다. 경제적으로 하나의 유대를 형성하고 있다는 점을 강조하는 것은 정치적인 의미의 또 다른 표현일 것이다.

아파두라이는 "모든 개별 국민국가가 어떤 형태로든 경제 주권을 유지하려는 노력에서 설자리를 잃었다"고 했다.[51] 나아가서 "경제 주권은 현재 세계화시대에서 회복하기가 불가능하다"고 주장했다.[52] 움베르토 에코는 일찌감치 이주와 이동에 대해 이렇게 예언한 적이 있다. "제3세계가 우리 문을 두드리고 있고, 우리가 동의하지 않더라도 제3세계는 들어올 것이다." "유럽은 다민족 대륙 또는 '유색인' 대륙이 될 것이다"라고 하면서 "좋든 싫든 그렇게 될 것이다"라고 단언하고 있다. 이 말에 지그문트 바우만은 "'그들' 모두가 좋아하든 또는 '우리' 모두가 분개하든 상관없이 그렇게 될 것이다"는 말을 덧붙이고 있다.[53] 나는 '중국-홍콩체제'에서 이주와 이동은 누가 좋아하든 누가 분개하든 상관없이 진행될 것이라는 점을 간과해서는 안 된다고 생각한다. 이에 대한 가라타니 고진의 생각도 분명하다.

정주 이전의 유동성을 고차원적으로 회복하는 것, 따라서 국가와 자본을

51 위의 글, 31쪽.

52 위의 글, 35쪽.

53 지그문트 바우만, 박지영 외역, 앞의 글, 44쪽.

넘어서는 것을 우리는 교환 양식 D라고 부릅니다. 그것은 단순히 이상주의가 아닙니다. 그것은 교환 양식 A(호수)가 그러한 것처럼 '억압된 것의 회귀'로서 강박적으로 도래합니다. (…중략…) 하지만 교환 양식 자체는 종교가 아닙니다. 그것은 어디까지나 경제적 교환의 형태입니다. 그렇다면 교환 양식 D에서 무엇이 회귀할까요. 정주로 인해 잃어버린 수렵 채집만의 유동성, 즉 거기에 존재하는 '자유의 상호성'입니다. 그리고 그것을 회복시키려는 충동은 역사적으로 언제나 존재하면서 움직이고 있다고 생각합니다.

'자유의 상호성'에 대한 회복은 자연스럽고, 유동성을 고차원적으로 회복하는 것이 원래 본능일 수도 있다는 것이다. 본능이라면 막을 수 있는 것은 아닐 것이다. 수렵 채집이라는 행위가 지니는 유동성 속에 '자유의 상호성'은 필연적이다. 지그문트 바우만은 이동의 결과로 빚어지고 있는 상황의 특징을, 일반 대중의 움직임과 영향에 훨씬 더 좌우되는 상황, 이주민 사이의 상호 작용이 문화 융합보다는 노동 분배에 더 많이 근거하는 상황으로 정리했다.[54] 결국 정체성의 충돌이라는 것이 단순하면서도 현실적이라는 점을 분명하게 언급한 것이다. 그는 "우리는 많고 다양한 정체성 사이에 상호 작용과 마찰이 혼재할 가능성이 있음을 받아들여야 한다"[55]고 했다. 에코를 인용하여 다시 한번 더 친절하게 설명하고 있다.

불관용(intolerance)은 어떤 원칙보다 우선한다. 이런 의미에서 불관용은

54 위의 글, 45쪽.
55 위의 글, 46쪽.

생물학적 뿌리가 있다. 그것은 동물들 사이에서 텃세로 드러나며, 대체로 피상적인 감정 반응을 바탕으로 한다. 우리는 자신과는 다른 사람들을 견디지 못한다. 그들의 피부가 다른 색이기 때문이다. 그들이 우리가 알아듣지 못하는 언어로 말하기 때문이다. 그들이 개구리, 개, 원숭이, 돼지나 마늘을 먹기 때문이다. 그들이 몸에 문신을 하기 때문이다.[56]

프로이트는 문화를 "권력과 강압 수단을 손에 넣은 소수가 망설이는 다수에게 강요하는 것"이라고 정의했다.[57] 홍콩이 중국을 또는 중국이 홍콩을 견디지 못하는 이유는 다른 언어를 사용하기 때문이고, 음식문화가 다르기 때문이다. 특히 '권력과 강압 수단을 손에 넣은' 중국이 '망설이는' 홍콩에게 자신의 문화를 강요하기 때문이다. 2018년 5월, 홍콩의회의 대정부 질문에서 캐리 람林鄭月娥 행정장관은 "우리는 매일 광둥어廣東語로 말한다. 광둥어가 바로 홍콩의 모국어"라고 답변했다. 중국공산당 국가 언어 문자 공작위원회가 제작한 중고교 중국어 교사를 위한 보조교재에서 "광둥어는 사투리이며 홍콩의 공식언어는 광둥어가 아닌 한족이 보편적으로 사용하는 푸퉁화普通話가 되어야 한다"고 한 내용의 관련 질의에 내놓은 답변이었다.[58]

이반 크라스테브는 조윗의 의견에 기대어 "실제로 세계화의 역설적인 점은 사람 · 자본 · 상품 · 아이디어의 자유로운 이동이 사람들을 서로

---

56 Umberto Eco, *Migration, Tolerance and the Intolerable, Five Moral Pieces*, London : Secker & Warburg, 2001, pp.99~100; 위의 글, 46~47쪽에서 재인용.

57 프로이트, *The Future of an Illusion*, London : Penguin, 2004, p.3, 1927; 판카지 미슈라, 박지영 외역, 앞의 글, 194쪽에서 재인용.

58 2015년 2월, 홍콩의 주요대학 중 하나인 침례대는 푸퉁화를 필수로 지정하고, 시험을 통과해야 졸업할 수 있는 기준을 만들어 학생들과의 충돌을 빚기도 했다.

가깝게 하는 반면에 국가가 이방인을 통합하는 능력을 감소시킨다"고 본다.[59] 중국과 홍콩은 가까워지고 있는가, 통합되고 있는가. 그런 측면에서 본다면 카탈루냐 독립 사태는 정체성 충돌을 연구하는 국내외 학자들에게 초미의 관심사가 되고 있다. 기베르노는 '스페인-카탈루냐' 관계 그 배경으로 아래 세 가지를 들고 있는데, '중국-홍콩체제'를 이해하는 데 큰 도움을 주는 독법이라고 생각한다.

> 첫째는 카탈루냐의 더 큰 자치 요구에 대해 중앙정부가 보인 부정적 태도이다. 둘째는 카탈루냐 주정부가 2003년부터 추진해 온 새 자치법이 복잡한 과정을 거치고 수정이 이루어졌음에도 불구하고 결국 2010년 그중 핵심적인 조항들이 스페인 헌법재판소에 의해 헌법에 위배된다는 판결을 받아 보류된 점이 카탈루냐인들의 분노를 불러일으켰다는 것이다. 셋째는 스페인 국가의 재정정책에 대한 카탈루냐인들의 불만인데, 현재 카탈루냐가 중앙행정부에 기여하는 비율(약 20%)과 카탈루냐가 국가로부터 돌려받는 비율(14%) 간에 차이가 크고, 그로 인해 카탈루냐의 경제 위기가 심화된 것에 대한 카탈루냐인들의 불만이 분리 독립에 대한 지지로 이어지고 있다는 것이다.[60]

결국 자아 즉 정체성에 대한 인정욕구 문제라고 생각한다. 표면적으로는 경제적 이해관계의 문제로 보이지만, 내면적으로 카탈루냐는 스페인과 '다름'을 인정받고 싶어 하는 것이다. '다름'과 관련하여 지그문

59 이반 크리스테브, 박지영 외역, 앞의 글, 128쪽.
60 「'카탈루냐' 문제의 배경과 전망」, 『한겨레』, 2017.11.11, 12면에서 재인용.

트 바우만은 다시 한번 더 탁견을 보여준다.

> 인간을 '우리'와 '그들'로 나누는 것(둘 사이의 대치와 적의)은 역사상 인간의 생존방식에서 불가분한 특징이었다. 우리와 그들은 머리와 꼬리처럼 연결되어 있다. 동전의 양면과 마찬가지이다. 그리고 한 면만 존재하는 동전이랑 어법상 모순된다. 대립하는 양쪽의 구성원들은 서로 간에 '부정적으로 정의'된다. '우리가 아닌 사람'은 그들이고 '그들이 아닌 사람'은 우리다.[61]

낸시 프레이저는 지난 선거에서 힐러리 클린턴이 '조작된 경제'와 '정치 혁명'의 필요성, 신자유주의 자유무역과 금융화로 발생하는 사회비용, 그런 비용의 극심한 불평등 배치와 관련한 모든 언급을 중단했음을 지적하고 있다.[62] 그렇다면 이제 홍콩이 외쳐야 할 구호는 분명하지 않은가. 2018년 5월 이탈리아에서 포퓰리즘 정권이 탄생했다. 5성운동 연합이 손잡고, 반유럽연합, 반엘리트주의, 감세, 사회보장 강화, 이민 억제 등에 합의했다. 정치경제적 문제와 혼재된 사회문화적 불평등에 대한 대중의 반발이 시작된 것이다. 토마 피케티는 『21세기 자본』에서 20여 개 나라의 3백 년 역사를 분석하여 자본주의 내부에 불평등을 확대하는 동력이 존재한다고 주장했다. 무한경쟁으로 상징되는 신자유주의 광풍이 초래한 악영향으로 볼 때, '중국-홍콩'의 정치경제는 방임형으로는 안 되고 정부가 최대한 개입해야 하며, 중국과 홍콩 사이 또는 중국이나 홍콩 내부에서 확대 · 생산되고 있는 자본주의의 부정적인 심

61 지그문트 바우만, 박지영 외역, 앞의 글, 50쪽.
62 낸시 프레이저, 박지영 외역, 앞의 글, 89쪽.

화를 걱정해야 해야 할 것이다. 중국과 홍콩 모두 양자 모두 정치경제적으로 '조작된' 또는 '포장된' 그 무엇을 찾아내야 하는 바, 경우에 따라서 '반反사회적'[63] 작용에 대한 연구가 필요하다.

판카지 미슈라는 19세기 후반 불만을 품은 대중이 정치와 경제의 긴 실험에 실망하여 급진적 대안에 빠진 상황에 주목하고 있는데,[64] 나는 1970년대 후반부터 홍콩을 둘러싸고 진행되어온 영국과 중국의 기나긴 실험에 대한 실망이 본토 홍콩의 생산과 확산을 자극하고 있다고 본다. 이것이야말로 최근 홍콩의 급진적인 독립 움직임의 원인이 아닌가 하고 말이다. 정체성 문제에 있어 시야와 인식의 확대와 심화만이 해결책이라는 점을 지적하고 있는 것이다. 다양한 욕구의 분출인데 사실은 '정체성 되찾기'에 나선 행동이라고 볼 수 있다.

6. 신자유주의와 주권 반환

신자유주의 공습 이후 최근 유럽에서 나타나고 있는 정치경제적 흐름은 '중국-홍콩체제'의 미래를 가늠해보는 데 매우 중요하다. 유럽연합을 비롯한 전 세계 곳곳에서 나타나고 있는 정치적인 갈등을 보면, 궁극적으로는 정체성을 위협하는 모든 시도에 대한 항형 차원의 응전이

63 올리브 나흐트바이는 개인은 협회나 조합같은 단체에 귀속됨으로써 사회적 압력에서 오는 부담감을 덜고자 했고, 자신과 사회경제적 상황이 비슷한 이들과 연대하면서 자기 효능감도 느끼고, 경우에 따라서는 반사회적인 집단을 조직하기도 했다는 것을 상기시키고 있다. 그런 의미에서 "공동체는 민주주의와 시민성의 발전 또는 후퇴 모두에 큰 책임이 있다고 할 수 있다고" 본다. 올리브 나흐트바이, 박지영 외역, 앞의 글, 245~246쪽.

64 판카지 미슈라, 박지영 외역, 앞의 글, 199쪽.

다. 실존 자체가 불안하다는 점을 이해하지 않는 한 해결은 요원하다 할 것이다. 바야흐로 하부구조와 상부구조의 상관 관계에 대한 재검토를 요구하는 사회적 현상이 연달아 나타나고 있다. 더욱 어려워진 하부구조와 상부구조의 방정식이라고 할 수 있는데, 하부구조와 상부구조의 복잡다단한 방정식 아니면 상부구조라는 범주에 대해 새로운 시각으로 접근해야 할 필요가 있다. 특히 정체성 간의 권력 관계나 '강요'로 발생하는 갈등은 문제의 핵심을 보는 데 더없이 중요한 키워드임에도 그동안 제대로 중시되지 못했다는 사실을 일깨워주고 있다. 즉 정치적인 갈등에 대해서 검토하지 않는 경제학에 대한 우려인 것이다. 결국 '정치'와 '경제'는 불가분의 관계에 있다는 것이고, 그동안 전 세계의 사회적 흐름을 볼 때 이제 그것을 다시 챙겨보아야 한다는 말이다.

주권 반환 이후 중국과 홍콩 양자 사이에 나타나고 있는 변화 역시 소홀히 취급되어서는 안 된다. 신자유주의와 주권 반환이라는 이중의 충격과 영향은 지속적으로 '중국-홍콩체제'의 변화를 추동하고 있다. 나는 신자유주의와 주권 반환이라는 두 개의 충격이 홍콩 자본주의의 심화 즉 무한경쟁을 강요하고 홍콩 내 빈부격차의 가속화를 추동하고 있는 것은 아닌지 하는 의구심을 가지고 있다. 결국 '중국-홍콩체제'는 중국과 홍콩이 '상호 작용'하면서 '형성'과 '재형성'을 거듭하는 생물이다. 문제는 정치와 경제가 무한대로 착종되어 있는 구조를 어떻게 정의하느냐에 달려있다.

'중국-홍콩체제'에 있어서 정치경제학은 문제를 해결하는 관건이다. 내가 주목하고자 하는 점은 '중국-홍콩체제'를 구성하는 틀에서 실제로 정치경제학이 시종일관 관건적 작용을 하여 왔음에도, 중국에 의해 단지 경제학으로 인식되어 왔다는 점이다. 홍콩 전체에 대한 경제적 혜택이 전가의 보도처럼 절대 진리로 인식되어 왔지만, 무한대의 사회경쟁에 내몰린 "사회적 문화적 평등"은 차후의 문제라는 식으로 무시되어 왔다. 하지만 잊지 말아야 할 것은 앞으로 '중국-홍콩체제' 정립에 있어 — 정체성을 형성하는 중요한 요소인 — 홍콩 내부의 사회문화적 평등에 대한 요구는 지속적인 영향력을 행사할 것이라는 점이다.

제4장

방법으로서 '중국-홍콩체제' 1

'중국-홍콩체제'라는 말을 만들고 싶다. 물론 중국과 홍콩의 상호관계에 공식적으로 일정한 룰이나 패턴을 가질 정도로 정확한 인과관계가 정립된 것은 아니지만, 그것의 중요성으로 볼 때 하나의 '체제system'로서 충분히 주목받을 가치가 있다고 생각하기 때문이다. 멀게는 식민지 생성부터 짧게는 주권 반환 이후 이른바 후식민 시기의 전개는 학술적으로 매우 신선한 텍스트가 분명하다. 영국 식민시기 홍콩은 중국으로부터 식민지로 인정받지 못하는 아이러니를 제공했고, 주권이 중국으로 반환된 이후에도 시시각각 전개되고 있는 중국과 홍콩 간의 항형관계 속의 작용과 반작용 모두가 역사적으로 처음 나타나는 공전의 것들이다. 뚜렷한 정체성으로서 양자 간의 대립과 갈등과 협력은 우리에게 무엇을 시사할 것인가, 나는 정치, 경제, 사회, 문화적으로 중국-홍콩 관계에서 야기되고 있는 갈등의 근원을 찾아내는 것이야말로, 내 공부가 지향하는 '동아시아 공동체'의 생성과 그 과정에서 발생하는 문제점을 해결하는데 매우 중요하다고 생각한다. 나는 그동안 홍콩이라는 정체성의 생성과 변이 그리고 중국과 홍콩이라는 양대 정체성의 충돌에 대해 지속적으로 관심을 가지고 작업을 해왔지만, 본서는 가라타니 고진柄谷行人의 힘을 빌려 양자 간의 관계를 정치경제적, 민족과 계급, 중심과 주변(내가 생각하기에 가라타니 사상의 핵심 주제 세 가지) 등의 개념으로 분석하는 — 하나의 '체제'로 설정하는 — 첫 번째 시도라고 할 수 있다. 가라타니의 모든 시도가 자본=네이션=국가를 넘어서기 위한 전망을 제시하는 것이라면, 나는 중국-홍콩 관계도 궁극적으로 자본=네이션=국가라는 패러다임을 극복할 때 지향점이 드러날 수 있다고 보고, 잡힐 듯 잡히지 않는 그것을 지속적으로 구체화해 보고 싶다.

1. 제국과 제국주의

> 수십 년 동안 인류학은 학문 탐구의 안정한 대상으로서의 '정체성'을 전반적으로 해체하는 데 관여해 왔다. 개인이 사회적 활동을 통해서 정체성을 다듬는다는 개념, 따라서 정체성이 고정된 본질이 아니라는 개념은 현재의 사회적 성과 생물학적 성 연구의 기본 추진력이다. 정치적 투쟁과 타협에서 나온 집단 정체성이라는 개념은 현재의 인종, 민족성, 국민성 연구의 토대를 이룬다.[1]

최근 인문학의 주된 동력이 정체성 연구일진대, 나는 일찌감치부터 정체성의 정체에 대해 관심을 가져왔다. 특히 홍콩이라는 지역의 정체성 생성과 변이를 추적하면서, 중국이라는 정체성과 홍콩이라는 정체성의 변증법적 관계 설정에 주목하고 있다. 나는 개인의 정체성이나 지역적 정체성이 분명히 실재한다는 것을 알고 있다. 또한 정체성이라고 표현되는 그것은 시시각각 새로운 단계로의 전환 즉 생성과 소멸을 반복하는 가치를 담아내는 용기容器일 뿐이라고 생각한다. 왜냐하면 정체성은 그것을 규정하는 즉시 이미 지나가버린 과거일 수 있기 때문이다. 중국과 영국이 홍콩의 주권 반환을 언급하면서부터 홍콩의 정체성이 참담함을 토대로 고스란히 노정되기 시작했다. 이후 중국과 홍콩의 갈등과 알력은 정체성의 충돌이라고밖에 볼 수 없는 것이었다. 특히 객체

---

1 Paul Brodwin, "Genetics, Identity and the Anthropology of Essentialism", *Anthropological Quarterly* 75-2, 2002, pp.323~330; 싯다르타 무케르지, 이한음 역, 『유전자의 내밀한 역사』, 까치, 2017, 440쪽에서 재인용.

홍콩이라는 정체성을 통해서 주체 중국을 바라볼 경우 중국의 정체성 또한 뚜렷하게 부각된다고 믿고 있다.

2016년 8월, 홍콩대학 학생회가 발행하는 회지 『학원學苑』의 표지 제목은, '제국와해帝國瓦解, 홍콩해식香港解殖'이었다. 제국은 중화인민공화국을 말하는 것이니 중국이 와해되어야 하며, 홍콩은 식민 상황으로부터 풀려나야 한다는 뜻이다. 현시점 홍콩 본토주의localism, 나아가서 홍콩 독립파의 주장을 한 마디로 개괄하는 구호인 것이다. 그러니까 가라타니의 논리대로라면 '중국-홍콩' 관계는 힘으로서 대일통을 꾀하는 제국주의가 배후에서 작동하고 있는 시스템이 되고 있다.

가라타니는 "오늘날 제국과 제국주의라는 문제가 디시 생겨나고 있다. 현재의 세계상황은 19세기 말의 제국주의적 상황을 반복하고 있다"[2]고 경고했다. 그에 의하면 제국은 정복된 상대를 "전면적으로 동화"시키지 않는다. 그만큼 유연한데, 그에 반해 제국주의는 "네이션=국가의 확대"로서 존재하는 바, 자유 민주주의를 장려하고 주로 관세권을 빼앗는다는 것이다.[3] 가라타니는 모범적인 제국의 실례로서 오스만제국, 청清제국, 로마제국을 들고 있는데, 오스만왕조는 주민을 이슬람화하지 않고, 고유한 민족성이나 종교, 언어, 경제활동까지도 독자성을 보장했다고 본다.[4] 가라타니에 의하면 마르크스주의는 일반적으로 제국을 제국주의와 똑같이 본다. 또한 비非마르크스주의에서도 마찬가지라고 하면서, 레닌 이후 마르크스주의자는 제국주의를 금융자본주의 단

2 가라타니 고진, 조영일 역, 「한국어판 서문」, 『제국의 구조—중심 주변 아주변』, 도서출판b, 2016.

3 위의 책, 113쪽.

4 위의 책, 114쪽.

계에서 생겨난 정치적 형태로 이해했음을 제기하면서, 가라타니는 그와 같은 관점을 비판하고 제국주의를 정치적 차원 즉 "국가 간의 관계"로 봐야 한다는 모겐소의 관점에 동의하고 있다.

가라타니는 그곳에서 한걸음 더 나아가 경제적인 관점도 중요시하는데, 제국주의 그것이 복수의 교환 양식인 바, 교환이 넓은 의미에서 경제적인 것이라고 한다면, 정치적인 차원도 교환 양식에 근거하는 이상 경제적이라는 것이다.[5] 이 글에서 주요한 잣대로 제국주의에 대한 가라타니의 개념을 응용하여, '중국-홍콩체제'를 살펴보고자 한다.[6] 더욱 정확하게 표현해야만 하는데, 홍콩이라는 정체성에 대한 중국의 작용과 홍콩의 대응이라고 해야 할 것이다. 이를 위해서 한족화漢族化, 정체성, 광둥어廣東語, 홍콩경제에 대한 독자의 관심을 유도해야만, 중국이 홍콩을 제국주의로 강제하고 있음을 증명할 수 있을 것이다.

교환 양식으로서의 국제 관계에 관심을 두고 있는 가라타니가 보기에 마르크스주의가 제국을 제국주의와 동일시하는 이유는 그것의 착취성에 있다. 그것이 어떤 형태를 보여주던 양자 공히 착취와 박탈의 주체가 된다는 의미인 것이다. 가라타니는 또 신자유주의가 신제국주의라고 단정함으로써, 신자유주주의에 대한 경계심을 늦추지 않고 있다. 그만큼 경쟁체제로서 약육강식체제로서 신자유주의에 대한 거부감을 가지고 있는 바, 나는 내식으로 바라보는 '중국-홍콩체제' 안에서 상호 교

5 위의 책, 108쪽.

6 하지만 가라타니의 사고틀에는 '중국-홍콩'이 등장하지 않고 있다. 나는 그가 자신의 사고를 시전해 준 담론을 이용하여 작금의 '중국-홍콩체제'를 분석할 것이지만, 동시에 그를 대신하여 '중국-홍콩체제'를 바라보고, '중국-홍콩'에 대한 그의 관심을 유도하고자 한다. 물론 가라타니의 사고체계 끝에 자리잡고 있는 신자유주의와 제국주의를 넘어서서 '세계공화국'에 다가가는 순서에 동의하면서 말이다.

환 방식에 주목하고자 한다.

현시점 중국을 대상으로 하는 모든 연구의 초점이 중국이 제국을 도모하느냐 아니면 제국주의를 획책하는가에 맞추어져 있다고 할 수 있다. 나는 가라타니의 틀을 빌어 작금의 상황이 어떤 '체제'로 정의될 수 있는지, 또 어떤 정의 내리기를 지향하고 있는 지에 주목하면서 양자 간의 관계를 조명해보고 싶다. 홍콩인과 중국인의 이해 충돌 그리고 현재 유럽 공동체의 상황과 비교해 보면 자연스럽게 도출될 것이다. 칸트나 가라타니 고진이 말하는 세계체제로서 '세계공화국'에 관심이 많은데, 그곳으로 가는 또는 통과해야 할 길목의 하나에 '중국-홍콩체제'가 자리 잡고 있다고 생각한다.

2. '중국-홍콩체제'

1) 정치경제학 연구 변천사

호지에 따르면, "라다크 사람들은 불교도와 이슬람교도들이 아무런 갈등 없이 사이좋게 지냈다. 하지만 새로운 경제가 도입되면서 실업률이 급격히 증가했고, 신제품을 둘러싼 경쟁은 치열해져, 10년 만에 불교도와 이슬람교도들이 길거리에서 서로를 죽이는 사태가 벌어지게"[7] 되었다. 중국과 홍콩의 근대화 정도를 동일선상에서 평가할 수 없다는 사실은, 홍콩인들이 자신의 정체성을 확인하는 가장 자랑스러운 동기였다.

7 헬레나 노르베리 호지, 김영욱 · 홍승아 역, 『행복의 경제학』, 중앙북스, 2012, 29쪽.

특히 경제적인 우위는 홍콩인의 마지막 자존심이었는데, 이제 석차의 전복을 논해야 할 시점이 도래하고야 말았다. 하물며 홍콩은 세계적으로 빈부의 가장 큰 격차를 보여주고 있는데, 2016년 기준 자산 상위 10%의 월 평균 소득이 11만 2,450홍콩달러(1,640만 원)로 하위 10%(2,560홍콩달러)의 44배라고 한다.[8]

1997년 홍콩의 주권이 중국으로 반환되었다. 정치적인 조치로서 주권이 반환되었지만, 이후 홍콩경제는 주권의 영구적인 반환을 가늠하는 가장 용이하고도 실질적인 증거가 되었다. 홍콩을 경제적인 측면에서 보면, 좀 이른 측면이 있지만, 이미 중국이라는 제국의 판도나 자장 내에 포섭당한 것처럼 보인다. 구체적으로 홍콩을 방문한 '유커遊客'와 교역 비중으로 보면, '유커'가 외국인 관광객에서 차지하는 비율이 1997년 주권 반환 그해 22.1%(약 229만 명)에서, 2016년 75.5%(약 4277만 명)에 달하고 있고, 대 중국 교역 비중 역시 36.3%(약 1조 1천 억홍콩달러)에서 50.8%(약 3조 8천 억)으로 증가했다.[9]

경제학자 아바 러너Abba Lerner는 "경제학이 사회과학의 꽃이라 불릴 수 있는 것은 이미 해결된 정치 문제를 주요 연구 분야로 삼은 덕분"이라고 했다. 그는 또 "전통적으로 경제학은 정치를 외면해 왔지만, 세계 불평등을 설명하려면 정치에 대한 이해는 필수적이다"라는 말을 했다.[10] 근래 "세계 불평등을 설명하려면 서로 다른 정책과 사회적 환경이 경제

8 「홍콩 반환 20년…시진핑 첫 방문 앞두고 최대규모 시위 예고」, 『한겨레』, 2017.6.26, 1면에서 재인용.

9 위의 글에서 재인용.

10 대런 애쓰모글루 · 제임스 A. 로빈슨, 최완규 역, 『국가는 왜 실패하는가』, 시공사, 2015, 110쪽에서 재인용.

적 인센티브와 행태에 어떤 영향을 주는지 이해해야 하므로 경제학이 필요하다. 하지만 정치적 설명도 반드시 필요하다는 사실을 잊지 말아야 한다"[11]라는 주장이 힘을 얻고 있다.

마르크스주의에서는 생산 양식이 경제적 토대로 하부구조를 이루고, 정치적인 것과 문화적인 것, 또 종교적인 것 등이 상부구조를 이루는데, 하부구조가 매우 강력한 영향력을 발휘해서 상부구조를 지배한다는 것이다. 그런데 과연 정치는 여전히 경제의 영향으로부터 자유로울 수 없는가 또는 상호 견제의 룰은 작동될 수 없는가에 대한 논의는 어제 오늘만의 일은 아니다. 가라타니에 의하면 마르크스주의자는 "상부구조인 국가나 네이션은 자본주의적 경제가 폐기되면 자동적으로 소멸될 것이라고 생각"했다. 하지만 실제로는 그렇게 되지 않았다는 것이다.[12]

2016년 한국의 사드 배치와 관련된 정치 문제로 중국이 한국에게 경제적으로 보복한다는 내용의 보도가 줄을 잇고 있다. 심지어는 재앙이 닥칠 것이라고 하는 뉴스도 있었다. 실제 중국에서 한국 상품의 통관거부 비율이 매우 높아졌다. 중국 국가여유총국國家旅遊總局이 해외 단체관광객 수를 20% 이상 줄이라고 했다는 뉴스가 한국 관련 업계의 주가를 폭락시켰다.[13] 중국정부가 취하고 있는 대만이나 한국에 대한 경제적인 압박이 이제는 중국이 목표로 하고 있는 국가의 모든 분야에 종사하는 경제활동 인구 한 사람, 한 사람의 피부에 감지되고 있는 것이 현실이다. 이제 대내적으로나 대외적으로나 경제가 정치에 우선한다는 입장

---

11 위의 책, 110쪽.

12 가라타니 고진, 조영일 역, 『세계사의 구조』, 도서출판b, 2017, 5쪽.

13 「중국 "단체 국외여행 20% 줄여라"…국내 화장품 · 면세점 관련주가 폭락」, 『한겨레』, 2016.10.26, 18면 참조.

이 각종 담론의 주류를 형성하게 된다.

당초 홍콩의 주요 산업인 관광업계의 경기 부양을 위한 '유커' 무제한 투입은, 그것의 반작용으로 물가 상승과 생필품 부족 등 사회질서의 혼란을 야기했다. 2015년 중국 관광객의 '사가기 광풍'은 급기야 분유파동까지 초래하였고, 중국-홍콩이라는 두 개의 정부는 '유커'의 홍콩 방문을 주 1회로 제한하는 초강수에 합의할 수밖에 없었다. 중국정부가 홍콩 경제를 생각하여 취한 '유커'라는 우호적 제스처가 본토 홍콩의 결집을 초래한 아이러니는, 경제적 이익은 만능인가라는 의문을 제시한 케이스로서 시사하는 바가 크다.

우리가 '동아시아 공동체'를 상상한다면, 정치경제적으로 '중국-홍콩'의 예는 매우 중요하다. 중국 측에서 볼 때 홍콩은 정치경제적으로 중요하다. 중국 내 소수민족 문제 처리의 미래가 56번째 소수민족으로 정의되고 있는 홍콩인의 현재를 통해서 유추될 수 있다. 마찬가지로 홍콩 측에서 볼 때 중국은 정치경제적으로 중요하다. 크게는 전 세계, 작게는 대만이나 한국의 경제가 중국의 정치로부터 더 이상 자유로울 수 없는 지경에 도달했음을 어떻게 부인할 수 있겠는가. 따라서 경제에 대한 국가의 개입은 폴라니를 동원하지 않더라도 그 필요성은 명백하다. 폴라니가 볼 때, 그리스는 코인을 발행했고, 가격을 국가가 통제하지 않고 시장(아고라)에 맡겼다. 또 중세유럽에서도 봉건국가로부터 상대적으로 자립한 도시에서 시장경제가 발전했다는 것이다. 즉 제국이 성립되지 않았기 때문에 세계=경제가 되었다는 것이다.[14] 하지만 자본이나

14 가라타니 고진, 조영일 역, 『제국의 구조—중심 주변 아주변』, 도서출판b, 2016, 109쪽.

민족국가의 정체성이 완성된 곳은 다르다.

> 헤겔이 생각하기에 자본=네이션=스테이트가 확립된 후 더 이상의 근본적인 혁명은 없습니다. 물론 그것이 확립되기까지는 그것에 이르기 위한 혁명이 각지에 존재할 것입니다. 하지만 이 삼위일체적 체제가 완성된 곳에 본질적인 변화는 부재합니다. 그러므로 거기서 역사는 끝난다는 말입니다. 헤겔의 '역사의 종언'이라는 사고는 이런 것을 의미합니다.[15]

홍콩은 정체성의 크기로 볼 때, 지방권력의 범주에 속하는데 역내 여론의 전파 속도가 매우 빠른 공동체라고 할 수 있다. 갈등 요소가 매우 강력하게 분출될 수 있는 공간이면서도 그 양상이 비교적 복잡하게 노정될 수 있는 공간이다. 또 중국정부가 홍콩 내부의 불만과 갈등을 외부적으로 쉽게 이용할 수 있다는 뜻이기도 하다. 그동안 홍콩인들은 자신의 정체성에 대한 질문을 받을 경우 평균 3(중국인) 대 3(중국홍콩인) 대 3(홍콩인) 정도의 비율로 대답해 왔다. 2012년의 조사에 따르면, 자신을 중국인으로 인식하는 비율이 3년 전의 절반 수준인 17%로 하락, 12년 만에 최저치를 기록[16]하기도 했다. 그렇다면 1997년 주권 반환 이후, 20년 동안 홍콩에는 그리고 중국-홍콩 사이에는 무슨 일이 일어나고 있을까?

영국 식민지당국이 양성해 온 엘리트계급으로 상징되는 홍콩사회의 뿌리 깊은 토착주의라는 전근대성은 무엇을 의미하는 것일까. 후식민

---

15 위의 책, 22쪽.

16 「중국인들을 "메뚜기떼"라 부르는 홍콩인들」, 『The Wall Street Journal』, 2012.2.2(http://realtime.wsj.com/korea/2012/02/02/감정의-골-깊어지는-홍콩인들과-중국인들).

의 주체인 중국정부에게 그 책임을 물어야 할 것인가. 2016년 10월, 홍콩 입법의원 선서에서 두 의원은 '홍콩은 중국이 아니다'라는 펼침막을 보여주었다고 해서 한 달 만에 의원직을 정지당했다. 중국 전인대가 홍콩「기본법」에 대한 해석권을 행사하여 의원 선서를 무효화한 것이다. 의원직을 빼앗긴 유후이정游蕙禎 의원은 현시점 가장 필요한 것은 정책연구인데, 홍콩 독립의 가능성보다는 필요성에 우선 주목해 달라고 요구하고 있다.[17]

홍콩 본토의 특수성은 경제보다는 정치에 더 관계된다고 본다. 천웨이신陳偉信이 보기에 홍콩경제는 중국경제와 일찌감치부터 일정한 정도의 관계가 있으며, 동시에 최근 '중국홍콩 갈등'과 '민주화'라는 양대 축으로 대표되는 본토 속성과 관계가 있다.[18] 2008년 홍콩-광저우 간 고속철도 건설을 위한 채원촌菜園村 토지 수용을 둘러싸고 전개된 거주민과 정부의 충돌은 전 세계가 공통으로 맞이하고 있는 갈등 양상임이 분명하다. 홍콩과 광둥성의 일체화라는 대전략 아래 지역 생활환경의 파괴는 당연히 수용되어야 하는가가 쟁점이다. 환경보호와 지역경제 활성화는 영원한 평행선인가. 내부적으로 이른바 '발전'이라는 미명으로 포장된 계획들 — 주권 반환 이후 이른바 '홍콩인'들은 자신의 역사와 직간접적으로 관계되는 여왕부두, 센트럴경찰서, 인쇄거리 등의 추억 보존운동을 벌인 바 있다 — 을 반대하는 시민들과 홍콩 전체의 이익을 우선시하는 것처럼 보이는 정부와의 충돌 이면에는 상호 불신이 작동하고 있다. 결국 경제와 정치가 별개의 것이 아니라는 사실을 알 수 있다.

17 「중국에 '회귀' 아닌 '주권 이양'…홍콩, 자결권 확보해야」, 『한겨레』, 2017.6.2, 4면에서 재인용.
18 陳偉信, 「暗合國際潛規則的香港選舉」, 『明報月刊』, 2016.10, 40쪽.

경제적 기초의 변화와 더불어 거대한 상부구조 전체가 서서히 혹은 급격히 뒤집힌다. 이러한 변혁들을 고찰할 때 사람들은 자연과학적으로 정확히 확인이 가능한 경제적 생산 조건들에서 일어난 물질적 변혁과 인간들이 이러한 충돌들을 의식하고 그것과 결전하는 장(場)인 법률, 정치, 종교, 예술 혹은 철학의 여러 형태, 간단히 말해 이데올로기의 여러 형태들을 항상 구별해야만 한다.[19]

가라타니는 위에 표명된 마르크스의 이론을 아래와 같이 비판하고 있다. 경제라는 하부구조의 변화에도 상부구조는 다양화될 수 있고, 나아가서 더욱 강화될 수 있다는 지적이다.

하나는 경제적인 구조가 바뀌면, 국가나 네이션은 자동적으로 소멸된다는 사고입니다. 또 하나는 국가나 네이션은 이데올로기, 공동 환상 또는 표상이기 때문에 계몽으로 해소할 수 있다는 사고입니다. 이와 같은 사고는 마르크스주의운동에 커다란 차질을 가져왔습니다. 마르크스는 프루동 등의 아나키스트처럼 공산주의를 '국가의 지양'과 분리할 수 없다고 생각했습니다. 그리고 자본주의를 폐기하면 국가는 자동적으로 소멸함으로, 일시적인 국가권력을 통한 자본주의 폐기를 긍정했습니다. 하지만 그로 인해 국가가 사라지기는커녕 역으로 강화되었습니다.[20]

---

19 칼 맑스·프리드리히 엥겔스, 최인호 역, 『칼 맑스 프리드리히 엥겔스 저작 선집』 2, 박종철출판사, 1992, 477~478쪽; 가라타니 고진, 조영일 역, 『제국의 구조—중심 주변 아주변』, 도서출판b, 2016, 24쪽에서 재인용.

20 위의 책, 26쪽.

> 그렇다면 '아시아적 생산 양식'은 어떨까요. 아시아 전제국가의 기구는 경제적 생산 양식상에 있는 정치적 상부구조라고 말할 수 없습니다. 왜냐하면 황제, 왕과 그것을 뒷받침하는 관료층과 피지배자의 정치적 관계가 그 자체로 경제적 관계이기 때문입니다. 그곳에서는 경제적인 차원과 정치적 차원의 구별 같은 것이 존재하지 않습니다.[21]

즉 경제와 정치의 상관관계가 아시아적 전제사회에서도 뚜렷하게 구별되지 않았다는 것이고, 정치적인 관계로 보이는 설정조차도 배경을 따지면 철저히 경제적이라는 말이다. 물론 개혁개방으로 상징되는 새로운 정치체제는 일견 경제라는 하부구조의 변화로 정치라는 상부구조의 변화를 도출해낸 것이라고 보이지만, 따져보면 상호 필요성에 의한 영향이라고 보는 것이 타당하다. 더불어 이른바 개혁개방의 견인차 노릇을 담당한 덩샤오핑鄧小平의 '남순강화南巡講話'는 강요된 정답으로서 그것의 탄생 과정과 유포 과정은 이미 정치 중심인 중국식 이데올로기의 특징을 잘 보여주고 있다.

그렇다면 현재 중국이라는 시스템은 30년 전의 상태와 완전히 다르게 작동하고 있다고 할 수 있을까. 현시점 중국을 바라보면 국가가 소멸되기는커녕 국력의 신장과 더불어 국가 또는 정치의 개입은 날이 갈수록 강화되고 있는 추세이다. 상부구조의 상대적 자립성을 인식하고, 자립성을 중시해야 한다는[22] 가라타니의 관점에서 보면, 중국체제는 상부구조가 하부구조를 완전하게 지배하고 있는 양상을 보여주고 있다.

21 위의 책, 31쪽.

22 가라타니 고진, 조영일 역, 『세계사의 구조』, 도서출판b, 2017, 33쪽.

대륙 '유커'의 대거 유입으로 인해 홍콩인들은 생활 불편을 견딜 수 없었고, 결국 홍콩정부와 중국당국은 대륙 관광객의 출입을 제한하는 장치를 만들어 낼 수밖에 없었다. 이는 경제적 이익을 받는 또는 간접적인 혜택을 받는 계급을 분석해 보아야 하는 새로운 과제를 제시하고 있다. 물론 이른바 홍콩인 그것도 경제적인 동물로 비유되어온 홍콩인들에 대한 정의가 시시각각 새롭게 요구된다고 할 것이다. 가라타니에 의하면 상대를 경제적으로 지배하고자 한다면, 제국이 아니고 제국주의다.[23] 그동안 경제로 홍콩을 지배하고자 하는 시도들이 간단없이 적용되었고 지금도 계속되고 있다.

중국-홍콩 간의 경제적 불평등 동시에 홍콩 내부의 경제적 불평등은 피할 수 없는 쟁점임이 분명하다. 이제 자본주의의 한계는 '모두를 위한 경제EoC : Economy of Communion' 또는 '시민경제'의 모델을 만들어내야 하는 지경인 것이다. 중국-홍콩 간의 '경제무역협정CEPA'[24] 체결 그리고 '후강통滬港通, Shanghai-Hong Kong Stock Connect', '선강통深港通, Shenzhen-Hong Kong Stock Connect', '채권통債券通, Bond Connect' 등의 주식 채권시장 단일화 노력은, 경제로 양자 간 운명 공동체 생성을 추동하겠다는 의지를 보여주는 증거이다.

중국은 경제적으로 정치적인 목적을 달성하고자 한다는 점에서 본다면 제국주의를 추구하고 있다. 인징팅尹靖廷은 중국 중앙과 특구 권력 기구가 종종 '국가', '국가안전', '국가통일' 등의 명분으로 공권력을 행사하여, 홍콩사회와 시민사회 공간을 탄압하고 말살하는 것이, 중국의 현

23 가라타니 고진, 조영일 역, 『제국의 구조—중심 주변 아주변』, 도서출판b, 2016, 114쪽.

24 2003년 6월, 중국-홍콩 양자 간 포괄적 경제 파트너십 협정 체결함. 수입관세 면제, 회계 법률 물류 등 48개 서비스 분야가 중국 진출 시 초기 자본금 기준 완화를 주요 내용으로 하고 있음. 2017년 6월, 추가 협정인 'CEPA 투자협정'과 'CEPA 경제기술협정'을 체결함.

대화와 중국정부가 매진하고 있는 이른바 '중국몽中國夢' 실현에 유리할 것인가 아니면 유해할 것인가라는 질문을 던지고 있다.[25]

2) 민족과 계급

가라타니 고진은 자본주의적 시장경제의 국가체제를 자본=네이션=스테이트라는 등식으로 설명하고 있는데, 자본주의 고유의 특성일 수밖에 없는 계급 격차나 빈부 격차를 국가에 의한 규제나 원조에 의해서 해결하려 한다는 것이다.[26] 가라타니는 궁극적으로 자본=네이션=스테이트라는 이 시스템을 넘어서야 '역사의 종언'을 극복할 수 있다고 본다. 나는 그것이 정확하게 구현되고 있는 공간이 바로 중국이라는 현장이고, 중국정부가 자신에게 적용하고 있는 조건을 똑같이 요구하는 대상이 바로 홍콩이라는 정체성이라고 생각한다.

주지하다시피 홍콩은 대륙화mainlandization와 홍콩 본토주의의 대립 즉 국가 지상주의와 지역 정체성이 충돌하는 생생한 현장이 된지 오래이다. 현재 국민국가 중국의 국가 최고 전략은 국가주의이고, 그것은 '애국지상'으로 표현되고 있음은 주지의 사실이다. 가라타니는 그의 저서 곳곳에서 "국가와 자본의 지양"[27]을 매우 중시하고 있다. 물론 민족이나 국가의 완전한 해방이라는 슬로건 뒤에는 많은 함의가 있다. 윌슨의 민족자결주의를 포함한 주권국가 강화 개념이 식민지 지배를 정당화하는 이데올로기로 장기간 사용되어 왔음도 잘 알려진 사실이다.

---

25 尹靖廷, 「從'建國'到建立'社會'的中國夢」, 『明報』, 2017.5.6, B7면.
26 가라타니 고진, 조영일 역, 『제국의 구조—중심 주변 아주변』, 도서출판b, 2016, 20쪽.
27 가라타니 고진, 조영일 역, 『세계사의 구조』, 도서출판b, 2017, 24쪽.

『대공보』와 더불어 홍콩에서 중국정부의 입장을 대변하고 있는 『문회보』의 논평 「홍콩특구에 국가를 분열시킬 언론자유가 있는가香港特區有分裂國家的言論自由嗎」는 최근 중국정부의 공식적인 입장을 고스란히 보여준다는 점에서 전체를 인용할 만하다. (이하 요약문)

① 2015년 1월 홍콩 행정장관 시정보고

2014년 2월, 홍콩대학 학생회의 기관지 『학원(學苑)』의 표지 제목이 '홍콩민족, 운명자결'이었다. 2013년 『학원』은 『홍콩민족론(香港民族論)』이라는 책을 펴내어 홍콩이 "자립자결의 출로를 찾자"고 주장했다. 『학원』과 기타 학생에 대하여, 그리고 센트럴 점령운동의 학생 지도자의 착오적 주장에 대해, 우리는 경계하지 않을 수 없다. 우리는 동시에 학생운동 지도자와 밀접한 관계가 있는 정계인사가 저지해 주기를 요구한다.

② 홍콩 「기본법」은 전국적인 법률인 바, 홍콩특구의 헌법적 법률이다. 23조에서 명확하게 홍콩 스스로 입법하는 것을 금지하고 있다. 이뿐만 아니라 1조에서 "홍콩특구는 중화인민공화국의 분리될 수 없는 부분"이라고 명시하고 있다. '홍콩 독립'을 고취하는 것은 의심할 여지없이 홍콩을 국가로부터 분리하자는 것으로, 국가를 분열시키는 것은 확실한 위법이다. 『학원』의 '홍콩 독립'을 지지하는 것은 실제로 위법행위를 지지하는 것으로 언론자유가 아니다.

③ 유엔 자료들, 1952년 『인민과 민족의 자결권에 관하여』, 1960년 『식민지 국가와 인민에게 주는 독립선언』, 1970년 『국제법 원칙 선언』.

하지만 민족자결은 적용 조건이 있다. 식민지 인민과 외국 군사침략을 받고 점령된 인민에게만 적용되는 것이다. 유엔은 일찍이 홍콩과 마카오를 유엔의 '비식민지화' 명단에 포함한 적이 있다. 하지만 중화인민공화국이 유엔에서 합법적인 지위를 회복한 후, 홍콩과 마카오를 이 명단에서 삭제해주기를 정식으로 요구했다. 유엔 전체회의에서 표결로 통과되었고, 영국과 포르투갈정부의 대표도 찬성표를 던졌다. 따라서 국제법 또는 유엔의 유관 자료에서 홍콩의 자결과 독립을 찾는 것은 근거가 되지 못한다.

④ 중화민족은 하나의 대가정인 바, 적지 않은 소수민족이 있고, 그들은 민족자치의 권리를 향유하지만, 민족자결권은 향유하지 않는다. 이것은 중국헌법과 기타 유관 법률이 명확하게 규정하고 있는 것이다.

⑤ 『학원』이 '홍콩 독립'을 고취하는 것은, 실제적으로 민족자결이라는 불법 방식으로 홍콩특구의 법률 지위를 바꾸고자 하는 것으로 이미 선동죄를 건드린 것이다.[28]

국가라는 틀 내에서 존재하는 민족이 문제라는 말이다. 중국정부는 주권 반환 이전부터 홍콩에서 독립적인 민족론이 대두될 위험성을 일찌감치 간파하고, 민족자결에 대한 문제점을 인식하고, 그 자격을 제거했다는 것이다. 바꾸어 말하면 간접적으로나마 홍콩에서 나름대로 정체성을 지닌 그 어떤 '민족'이 성립될 수 있는 조건의 실재를 인정했다는 것이다. 2017년 홍콩 행정장관의 시정보고에 '홍콩민족론'을 직접적으로 의식하는 발언이 등장했다. 또 2017년 7월 1일 주권 반환 20주년 기념식에서 국가주석 시진핑習近平은 '중앙과 홍콩 「기본법」에 도전하고

28 宋小莊, 「香港特區有分裂國家的言論自由嗎?」, 『文匯報』, 2015.2.2, A18면.

홍콩을 이용해 내지에 침투하거나 파괴하려는 활동을 절대로 용인하지 않겠다'는 경고를 했다.

중국의 입장에서 홍콩을 보면 두 개가 아닐까. 중국의 일부임을 인정하고 중화민족임을 자랑스러워하는 홍콩과 조국의 일부임을 한순간도 인정할 수 없는 대세 게다가 독립을 획책하는 '반동적' 흐름의 엄연한 현실 홍콩 등이 그것이다. 다시 홍콩을 주체로 중국을 바라보면 아버지로서 '민족국가'의 귀환이다. 홍콩의 정체성 선양이라는 화두를 책으로 시전하는 출판사인 '차문화당次文化堂'의 이름은 '차국민次國民'의 지위로서 국민이라는 개념에도 등급이 매김되는 현실을 비유하고 있다. 짯떼르지는 네루의 사상을 이렇게 풀고 있다.

> 지금 우리가 살고 있는 시대에는 역사적으로 주어진 하나의 방향만이 있는데, 경제가 움직이는 방향, 즉 급속한 산업화의 방향이다. 그러한 경제의 급속한 산업화 필요에 직면하는 각 사회집단이나 계급의 위치는 그 집단이나 계급의 '진정한 경제적 이익'을 결정하였다. 자신들의 진정한 경제적 이익이 그 필요와 맞아떨어지는 경우는 '진보적' 계급이고, 필요에 반하는 경우는 '보수 반동계급'이다. 그렇지만 자기들의 진정한 경제 이익과 관계없이 존재하는 것도 있다. 특정 집단과 계급으로 하여금 그들의 경제적 이익을 지각하고 그것에 맞추어 행위하지 못하도록 하는 사회 내부의 주관적 믿음과 이데올로기가 바로 그것이다. 그것들은 후진적인 이데올로기 — 원시적 충성심, 종파적 감정, 종교적 수구주의 등 — 이다. 그러한 진보의 변화를 반대하는 보수 반동계급은 자주 그러한 주관적인 사회적 믿음

을 작동시켜 이미 폐기 처분된 지배를 영속시키려 발버둥친다.[29]

모든 담론의 마지막에 등장하는 논리의 수위는 그야말로 "주관적인 사회적 믿음"이 아닐까. '보수반동'의 주체는 바로 중국 자신이 아닌가, 따라서 '나쁜' 홍콩을 유도한 주체가 중국이라는 의심은 피할 수 없는 것이다.

> 네루는 이렇게 말했다. 영국이 인도를 정복했을 때 영국은 둘이었다. 하나는 "셰익스피어와 밀턴의 영국으로 점잖은 연설과 글, 그리고 용기 있는 행위, 정치혁명과 자유를 향한 투쟁, 과학과 기술의 진보의 나라"였고, 다른 하나는 "야만적인 형법과 잔인한 행동의 영국, 봉건과 보수 반동으로 둘러싸인 나라"였다. 네루는 "이 두 영국 가운데 어느 것이 인도로 들어왔는가?" 하고 물었고, 결론적으로 "그때 나쁜 영국이 인도에서 그런 역할을 하였고 인도와 만나는 과정에서 나쁜 인도를 부추긴 것은 피할 수 없는 일이었다"고 했다.[30]

내가 말하고 싶은 것이 바로 '나쁜' 중국과 '나쁜' 홍콩의 만남이다. 예를 들면 모든 상황이 중국과 홍콩 재벌 간 거래의 결과라는 의심을 떨쳐

---

29 빠르타 짯떼르지, 이광수 역, 『민족주의 사상과 식민지세계』, 그린비, 2013, 294쪽. 네루는 "만약 역사가 보여주는 것이 하나 있다면, 그것은 바로 경제적 이익이 여러 집단과 계급에 대한 정치적 관점을 만들어낸다는 것이다. 이성적 고려든 도덕적 고려든 그 어떤 것도 경제적 이익을 우선할 수는 없다"고 말했다(위의 책, 292쪽에서 재인용). 짯떼르지에 의하면 네루처럼 경제 우선을 주장하는 민족주의자들은 마르크스주의의 합리주의적이고 평등주의적인 면에 그 이론적 근거를 대려고 한다는 것이다. 위의 책, 304쪽.

30 위의 책, 305쪽에서 재인용.

버릴 수 없다는 점이 그것이다. 결국 사회 구성원 중에서 양자의 최후 기득권이 조우할 수밖에 없는 것인가. 주권 반환 이후 과정을 보면 이른바 '국가'와 '민족'이라는 프레임 속에서 '중국식 자본주의'와 '홍콩식 자본주의'는 상호 이해관계를 돈독히 하는 과정이라는 것을 알 수 있다. 이 시점에서 우리는 '선진적인' 측면에서 유럽연합의 경우를 한번 살펴볼 필요가 있다. 이른바 '유럽 민주모델'은 평등한 선거권과 피선거권을 부여받은 이 외에, 자본가계급과 노동자계급이 정치 타협 방식으로 계급 갈등을 처리하고, 정당정치와 정기적인 선거로 국가정책 방향에 자신의 계급 속성을 반영하고 있다. 그래서 자본국가 제도capitalist-state system를 공고히 하고 있다.[31]

이러한 기초 위에서 유럽연합은 결성되었는데, 더욱 긴밀한 정치경제 통합으로 상호 협조와 상호 감시를 통해 전후 유럽의 탈정치화 성과를 다졌음에도 '탈영토화deterritorialization' 경제모델은 전통적인 일국 내의 계급 구조와 갈등을 지역 간 그리고 국가 간 계급 문제로 확장시켰다.[32] 최근 자본가와 노동자는 모두 '본토locality-구역(또는 세계)'이 당면한 계급 문제에 대응해야 할 시점이 도래했다. 전통적인 우파정당이나 좌파정당이 해결할 수 없기에, 유럽에 본토주의정당 바람이 불고 있는 정치경제적 배경이다.[33]

일국적 관점은 세계 시민적 관점에 자리를 양보해야 하고, 방법론적 일

31 陳偉信, 「暗合國際潛規則的香港選擧」, 『明報月刊』, 2016.10, 38쪽.
32 위의 글, 38쪽.
33 위의 글, 39쪽.

국주의는 방법론적 세계 시민주의로 대체되어야 한다. 그리고 구체적인 정치 영역은, 즉 주권과 자율성에 집착하는 국가정치는 '정치의 정치'로 변화되어야 한다. '정치의 정치'란 일국적 정치가 성공하기 위해 정치 영역이 스스로 환골탈태해서 세계 시민적 배치와 관련된 문제들을 자신의 문제로 전유되는 것을 의미한다.[34]

따라서 홍콩에 대한 중국의 정치적 영향력은 주권과 자율성이라는 측면에서 고찰되어야 하는데, 궁극적으로 고도의 자치를 규정한 「기본법」의 정신으로 돌아가야 하는 것이다. 자율성을 침해할 만한 그간의 여러 가지 압력 즉 정치적인 박해와 위협 — 홍콩의 중립지 『명보明報』 편집국장 등의 언론인에 대한 테러와 국가 지도자들의 전기를 전문으로 출판하는 서점인 코즈웨이베이서점銅鑼灣書店 관련 인사들을 중국으로 납치하는 등의 사태 등 — 은 중국에 대한 신뢰의 상실로 파급되어 일국적 정치 즉 국가주의를 표방하는 중국만을 위한 이기적인 행동으로 규정될 수밖에 없다.

오토 바우어는 제국을 부정하면서도 그것이 가져온 장점을 유지하려고 했다. 민족은 어떤 종교나 어떤 언어적, 문화적 관습을 선택해도 좋은데, 다만 정치적 활동으로는 간주되지 않는다는 것이다. 마찬가지로 로자 룩셈부르크는 러시아 제국령 폴란드에서 태어났고, 폴란드인의 문화적 자립성을 중시했지만, 민족자결에는 반대했다. 로자는 프롤레타리

34 Ulrich Beck · Elisabeth Beck-Gernsheim, *Individualization : Institutionalized Individualism and its Social and Political Consequences*, London : Thousand Oaks · New Delhi : Sage, 2002; 울리히 벡, 홍찬숙 역, 『자기만의 신』, 길, 2013, 109～110쪽에서 재인용.

아혁명을 민족 문제보다 우선했다는 것이다.[35] 로자뿐만 아니라 이른바 세계를 하나의 화두로 잡고 사고의 틀을 확장시킨 사상가는 한둘이 아니다. 그 말은 더 이상 국가나 지역이 완전하게 독립적인 삶을 영위한다는 것은 불가능하다는 인식을 공유하고 있었다는 말이다. 반면 레닌은 민족들의 억압-피압박 관계에 제국주의가 있고, 그것과 싸우지 않는 한 민족자결은 없다고 생각했다.[36] 민족자결을 주장한 것은 사실이지만, 레닌은 제국주의의 횡행에 대해 매우 적대적인 태도를 보여주었다.

> 정치가 두 영역으로 분열된 것 또한 마찬가지이다. 하나는 엘리트의 정치이고 또 하나는 서발턴 계급의 정치인데, 이 둘은 성숙한 민족주의 사상의 영역에서도 똑같이 복제되었으니, 합리성의 영역과 비이성의 영역으로, 과학의 영역과 신앙의 영역으로, 조직의 영역과 자발성의 영역으로 나뉜 것이다. 그러나 타자를 인정하는 바로 그 행위를 통해 타자를 지워 버리는 것은 이성적 이해에 의한 것이다.[37]

칸트는 "국가의 망상은 근절되어야 하고, 조국애와 세계시민주의가 그것을 대신해야 한다"[38]고 했다. 가라타니는 칸트가 말하는 조국애라는 것은, 근대국가의 내셔널리즘이 아니고 향토애라는 점을 분명하게 짚고 있다. 코스모폴리터니즘은 내셔널리즘과는 대립되는 것이지만, 향토애

35 가라타니 고진, 조영일 역, 『제국의 구조―중심 주변 아주변』, 도서출판b, 2016, 213쪽 참조.
36 위의 책, 214쪽.
37 빠르타 짯떼르지, 이광수 역, 앞의 책, 324쪽.
38 カント, 高橋克也 譯, 「人間學遺稿」, 『カント 全集』, 岩波書店, 2003, 410~411쪽; 가라타니 고진, 조영일 역, 『제국의 구조―중심 주변 아주변』, 249쪽에서 재인용.

와는 양립한다는 것이다. 나아가서 코스모폴리스는 수많은 향토가 존재하는 공간이라는 것이다. 그것이 가라타니 자신이 말하는 '제국'이고, 제국은 다수의 향토, 언어, 종교를 허용하는 것이라고 정리하고 있다.[39] 다시 말하면 중국과 홍콩의 '시민'이 조우할 수 있는 공간이 마련될 수 있을까. 백번 양보해서 홍콩에 자신의 이익을 대변하는 정당이 정착될 수 있을까하는 질문을 우리 모두에게 던져야 할 시점이다.

물론 동시에 고민해야 할 것은 토착주의이다. 정체성 안에 기생하고 있는 기득권인데, 노벨경제학상 수상자 조지프 스티글리츠는 경제적 불평등이 심해지면 그간 이루어놓은 정치적 민주주의의 후퇴를 대가로 치러야 함을 경고하기도 했다.[40] 사실 학술적으로 보면 지역적 정체성은 기득권자들을 위한 것일 수도 있다. 마녀재판이 가장 성행했던 곳은 중앙이 아니라 지방권력이 강했던 마을 공동체였다고 한다. "이웃이 이웃을 마녀로 몰아 죽이는 데 결정적인 역할을 했다"는 것이다. 이는 작은 공동체가 늘 따뜻하고 인간적이라는 고정관념과 배치된다. 소규모 지방 공동체는 여러 복합적인 갈등 요소들이 잠재해 있다가 때로 강력하게 분출할 수 있는 장소라는 것이다.[41]

3) 중심과 주변

분석 단위의 전 환을 주창한 세계체제론은 마르크스, 브로델, 종속 이론이라는 세 기둥 위에 세워진 역사적 사회과학 이론이다. 역사적이라는

39 위의 책, 249쪽.
40 「2016년 5월, 정운영의 '경제민주화'를 다시 읽다」, 『한겨레』, 2016.5.14, 15면.
41 「마녀재판, 계몽주의 시대 때 오히려 급증」, 『한겨레』, 2016.5.13.

말은 자본주의 세계경제가 탄생-확장-종말이라는 생애주기를 갖고 있다는 뜻이다. 월러스틴은 자본주의가 등장하고 발전하며 모순이 격화되어 결국 내부로부터 붕괴될 것이라고 주장했다. 『근대 세계체제』 1에서 가장 유명한 개념들은 영국, 네덜란드 등의 중심부, 스페인 이탈리아 등의 반주변부, 동유럽 히스패닉 아메리카 등의 주변부로 이루어져 있다.[42]

영국의 주변부인 동시에 중국의 주변부로서 홍콩의 위상이 '중국-홍콩'의 위상과는 어떤 관계를 가질까. 주권 반환 이후 매우 조급해하는 심정을 노정한 중국정부의 조치들로 볼 때, '중국-홍콩체제'를 그저 중국체제로 편입된 홍콩이라는 그림을 그리고 있다는 것을 알 수 있다. 또 국가주의와 애국주의 두 개의 이데올로기에 의존하고 있는 중국정부의 행태로 볼 때, 중국체제 편입 과정에서 '국가'와 '민족'이라는 거대 담론이 대대적으로 동원되었고 강요되고 있는 실정이다.

2015년 매킨지연구소가 프랑스 · 영국 · 미국의 시민 35만 명을 대상으로 설문조사한 후, 임금이 오르지 않고, 미래에 희망적이지 않은 사람들이 증가하는 것은 프랑스의 국민전선이나 영국의 독립당 같은 극우정당이 인기를 얻는 것과 궤를 같이 한다는 분석을 내놓았다.[43] 이른바 민주주의의 위기가 도래한 배경에는 신자유주의의 세계화가 근본적인 문제점으로 지적되고 있다.[44] 즉 신자유주의 세계화는 대안은 없다면서 전 지구를 하나로 묶었지만, 사실상 국가와 사회의 보호를 해체시켜버렸다[45]는 데 동의한다면, 나는 '중국-홍콩'의 관계에서 주권 반환이라는

42 「김호기의 세상을 뒤흔든 사상 70년」, 『경향신문』, 2016.7.6, 21면 참조.
43 「부모보다 빈곤할 청년세대 '나아질 희망도 없다'」, 『한겨레』, 2016.7.15, 16면 참조.
44 「민주주의 팽개친 세계여, 어디로 가시나이까」, 『한겨레』, 2017.7.7.
45 위의 글 참조.

이벤트가 신자유주의식 세계화 같은 역할을 담당했거나 담당하고 있다는 인식을 만들기 시작했다. 신자유주의 도래 이후 "극심해지는 불평등과 무한경쟁에 내몰린 사람들"[46]이라는 화두가 정립되고 있다. '중국-홍콩체제'를 1997년 이전과 이후로 나누어 신자유주의 도래와 같은 충격으로 적용하는 것은 불가능할까. 왜냐하면 주권 반환 이후 홍콩은 첨단자본주의라는 불리한 요소에 신자유주의라는 충격과 중국이라는 변수가 하나 더 강요되었기 때문이다, 무한경쟁도 모자라 이른바 G2로 상징되는 경제대국 앞에 자신을 고스란히 노출하게 되었기 때문이다.

경고음은 영국의 유럽연합EU 탈퇴(브렉시트)를 결정하는 국민투표부터 유럽 각국 선거 때 먼저 나왔다. 기존 체제에 불만을 품은 숨은 표가 투표소에서 대거 터져 나와 민심을 보여줬다는 점에서, 2016년 6월 영국 국민이 브렉시트의 손을 들어줬던 일이 2016년 트럼프의 승리와 겹친다. 국민투표 직전까지만 하더라도 브렉시트가 영국과 유럽, 전 세계에 가져올 혼란을 생각하면 잔류가 '합리적'이라는 시각이 우세했지만, 결과는 달랐다. 유럽연합에서 가장 부유한 국가 중 하나인 영국이 유럽연합에 남아 있으면 경제적으로 더 어려운 유럽연합 국가 출신 이민자를 계속 받아야 하고, 이들이 영국민이 누릴 사회복지 혜택을 계속 앗아갈 것이라는 대중의 두려움이 운명을 결정했다.

반反유럽연합·반反이민을 내건 극우 성향의 영국독립당UKIP뿐 아니라, 민심을 업고 당내 득세를 노린 집권 보수당 내부세력들이 끌어낸 국민투표 최종 결과는, 탈퇴 52%, 잔류 48%였다. 유럽 각국에서 포퓰리

46 위의 글 참조.

증정당과 극우당은 한창 인기를 누리고 있다. 세계화와 자유무역으로 대표되는 기존체제를 그대로 두면 글로벌 기업과 기득권층에게 혜택이 돌아갈 뿐이라는 인식이 힘을 얻고 있다. 보통 시민들의 살림살이는 나아지지 않은 채, 그나마 가지고 있던 약간의 권리와 혜택마저 이민자들에게 빼앗길 수 있다는 공포감이 확산되고 있는 것이다. 따라서 '제한적'이면서 '점진적'인 세계화에 대한 관심이 높아질 수밖에 없는데, 그런 조짐들이 유럽 공동체 속에서 선거와 정당으로 표현되고 있는 것이다.

트럼프가 당선된 미국의 대선 결과가 유권자와 교감하지 못한 정치 엘리트 계층에 보내는 메시지라며 이는 유럽에도 적용될 교훈이라는 자체 해석을 내놓는 지도자도 있었다. 이탈리아 제1야당 '5성운동'의 창시자 베페 그릴로는 "트럼프가 프리메이슨과 대형 은행들, 그리고 중국인에 펀치를 날렸다"며 "미국의 이야기와 5성운동 사이에는 비슷한 점이 있다"고 전했다. 그러니까 다수나 지배적인 흐름에 대한 반작용이라고 보아야 한다. 이제 세계는 반작용으로서 '반동'의 가치에 주목할 때가 온 것이다. 바야흐로 소수의 권익과 정체성이 등식을 만들어 가고 있는 중이다. 소수의 정체성은 어디까지 보호받아야 하는가. 예를 들면 티베트를 바라보는 시각은 크게 두 가지로 나누어진다. 해방과 침공이 그것이다.

> 국가는 공동체가 확대되고 거기서 계급대립이 발생했을 때에 생긴다고 이야기됩니다. (…중략…) 국가가 성립하기 위해서는 공동체가 다른 공동체를 지배하는 계기가 있어야 합니다. 거기서 '공포에 의한 강요된 계약'이

성립합니다.[47]

> 제국은 단순히 군사적 정복에 의해 형성되는 것이 아닙니다. 그리고 단지 '폭력적 강제'만으로 성립되지 않습니다. 그것을 위해서는 많은 국가가 적극적으로 복종할 요소가 있어야 합니다.[48]

> 또 제국이 형성되면, 각지에서 그때까지 위태롭고 장애가 많았던 공동체 간, 국가 간의 교역이 용이하게 됩니다. 그러므로 각 공동체나 소(小)국가는 정복당하고 종속되어도 제국의 형성을 환영했습니다. 그로인해 일단 평화와 교역의 안전이 확보되었습니다. 제국이 발행하는 화폐나 어음에 의해 교역이 용이하게 됩니다. 따라서 제국의 형성에 의해 교역이 비약적으로 발전하고 생산력이 향상되었던 것입니다.[49]

이 말은 유럽 공동체에 적용해 볼 때, 상당히 사실적이다. 하지만 그것의 구성을 본다면 이런 논리가 가능하겠지만 지금은 방정식의 난이도가 훨씬 높아져버렸다. 자본주의 대 사회주의 간의 경쟁이나 포폄으로 가늠되는 상황은 이미 지나갔다. 그러니까 나는 가라타니의 큰 틀의 시작과 끝은 세계사를 생산 양식이 아니라 교환 양식으로 보는 것이라고 생각한다. 크고 작은 정체성이 유지되어온 배경에는 자유로운 질서가 작동하고 있었기 때문이다. 그것은 가라타니에게 있어 대일통의 가

---

47 가라타니 고진, 조영일 역, 『제국의 구조—중심 주변 아주변』, 도서출판b, 2016, 96쪽.
48 위의 책, 97쪽.
49 위의 책, 98쪽.

장 중요한 전제 조건이기도 하다.

> 일반적으로 제국은 그 안에 있는 부족·국가의 내부에 간섭하지 않습니다. 그것이 제국 내 교역의 안전을 위협하는 것이 아니라면 말입니다. 세계사에서 세계제국이 대부분 하룻밤에 형성되거나 재건되는 것처럼 보이는 것은 새로운 정복자가 누구든 기존의 국제법적 질서·교역의 안전성이 보장되는 것을 국가들과 부족이 환영했기 때문입니다.[50]

중국이 홍콩과의 통합을 위해 제시한 가장 중요한 조건이 '50년 불변'을 보장하는 것이었다. 우선 상호 교환방식에 주목해야 한다. 상호 교환방식의 전제로 정체성에 대한 인정이 필요하다. 나는 정체성 그것을 가라타니가 세계종교로 표현하기도 한다고 본다. 그는 "제국의 두 번째 특징은 '세계종교'를 가지고 있다는 점입니다. 세계제국은 여러 부족국가를 통합함으로써 성립하는데, 그때 각각의 국가 공동체의 종교를 넘어서는 보편종교를 필요로 했습니다"[51]라고 말한다. 일정 부분에서 '중국-홍콩'은 따로 종교를 만들 필요도 없을 만큼 종교나 문화적인 동질성을 갖추었다는 점에서 제국의 형성에 한발 더 가까이 다가선 것처럼 보였다. 하지만 작금의 현실을 살펴보면 현시점 중화민족이라는 종교는 세계종교로서 통합의 역할보다는 통합을 강제하는 이데올로기로 작동하고 있다.

제국의 세 번째 특징으로 가라타니는 "세계언어lingua franca"를 들고 있

50 위의 책, 99쪽.

51 위의 책, 99쪽.

다. 그는 라틴어, 한자, 아라비아 문자처럼 다수의 부족이나 국가에 의해 사용되고 있는 문자언어를 예로 들었다. 그는 또 제국 안에서 사용되고 있는 "무수한 음성언어(속어)"의 존재를 인정하면서 특별히 "오늘날의 방언과 같은 위치"라는 설명을 하면서 그것들이 '언어'로 간주되지 않았다고 말한다.[52] 그 말은 '중국-홍콩' 간 푸퉁화普通話와 광둥어의 관계를 들여다보면서 서술한 것처럼 현재적이다. 오늘날 중국정부나 관변 학자들은 광둥어를 보호받아야 할 다른 '언어'로 인정하지 않는 행태를 수시로 보여주고 있는 것이 사실이기 때문이다. 뿐만 아니라 그들은 광둥어에 대한 부정적 시각을 지속적으로 유포하고 있다.

가라타니는 고대 그리스를 예를 들어 '아亞주변' 국가의 발전상을 말하고 있다. 도시국가 그리스에는 "집권적 국가에 대항하는 씨족사회"의 원리가 강하게 남아 있었다. 그것이 그리스의 '데모크라시'로 나타난 것이고, 또 그리스 문명은 아시아(메소포타미아와 이집트) 제국의 주변에 있었기에 그로부터 많은 것을 받아들였다는 것이다. 주변부는 중심에 종속될 수밖에 없었지만, 그리스처럼 이집트나 페르시아제국의 '아주변'(유럽은 로마제국의 아주변)은 선택적인 태도를 취할 수 있었다는 것이다.[53] 홍콩의 정체성을 일정 부분 인정하는 '중국-홍콩체제'가 그대로 유지되는 것이 '일대일로一帶一路'로 상징되는 '제국'(나는 일단 유사 제국으로 보고 싶다)으로 가동되고 있는 중국의 유지에 더 도움이 되는 것은 아닐까. — 다른 체제를 무너뜨리고 편입시키려는 시도의 목적은 자기 체제의 영구적인 안정을 추구하는 욕심인데 — 중심과 주변은 직접적

52 위의 책, 100쪽.
53 위의 책, 110쪽.

인 영향관계로서, 중심과 다르게 가고자 하는 것이 주변 특유의 현상이라고 가라타니는 보고 있다. 제국과 주변은 세계=경제에 적합하기 힘들었다는[54] 것은 능동적이고도 유연한 대처를 하기 힘든 체제라는 것을 말한다. 그는 '아주변'으로서 일본은 그것이 가능했기에 산업 자본주의적 발전이 신속하게 이루어졌다고 본다.

내가 보기에 홍콩도 중국과 영국의 '아주변'이었기에 이른바 자본주의적으로 번영할 수 있었다. 홍콩은 그동안 흔히 '제국의 변경'으로 통칭되어 왔는데, 이 개념을 가라타니이 주장하는 '아주변' 개념으로 재정리하고 싶다. 영국의 '아주변'이었고, 중국의 '아주변'이었기에 가능한 이름이다. 홍콩의 진정한 가치는 '좌'도 '우'도 아닌 '제3의 공간'이라고 불리는 것에 있는데, 이것은 주변보다 더욱 먼 '아주변'이었기 때문에 가능한 일이었다. 하지만 홍콩은 더 이상 제국의 (바다와 국경으로 격리된) 변경인 '아주변'으로 존속될 수 없는 운명이다. 홍콩은 제국의 변방으로서 제국에 의해 흡수되지 않는 '아주변', 국가와 문명으로부터 자유로운 공간 즉 '제3의 공간'으로 생존해 왔음에도, 중국정부는 홍콩의 '아주변적' 성향이나 토양의 완전한 제거를 위해 제국의 사활을 걸고 있는 것으로 보인다. 청제국과 마오쩌둥毛澤東의 공산당 정권은 티베트나 위구르를 번부에 넣고 우대하고 원조했기에 가능했다는[55] 가라타니의 지적은 시사하는 바가 크다.

다시 가라타니의 생각을 빌리면, 지배 공동체는 복종하는 피지배 공동체를 공공사업을 통해 육성한다. 중국이라는 지배 공동체는 홍콩이

54 위의 책, 332쪽.
55 위의 책, 219쪽.

라는 피지배 공동체를 향해 수많은 사업을 추진하고 있다.[56] 홍콩-주하이-마카오를 잇는 '강주아오港珠澳대교'나 '홍콩-광저우 간 고속철도' 건설이 그 대표적인 예다. 나는 중국 측에 의한 이러한 시도들이 홍콩이 나름대로 지닌 '아주변적' 위치를 축소하는 작업의 일환이라고 생각한다. 저명한 언론학자 윌리 람은 새 정부가 홍콩 독립, 선동, 기밀 누설 등을 규제하기 위하여 국가보안법 입법을 시도할 수 있다고 본다.[57] 홍콩이 '아주변'의 지위를 상실하고 있는 또 다른 증거가 된다고 할 것이다.

그런 점에서 본토 홍콩은 대만의 지정학적 의미를 부러워할 수밖에 없다. 홍콩인들에 의해 '자유 영혼'으로 지칭되는 대만은 대륙과 바다 하나 두고 있다는 점에서 축복을 받고 있는 셈이다. 대만해협은 '아주변'으로서 대만의 자유를 일정 정도 보장해 주는 보험이다. 지역 정체성을 약화 또는 소멸시키는 방법에 정치, 경제, 언론 장악 등이 있다. 홍콩특별행정구 「기본법」에 의해 보장받아야 할 지위가 송두리째 무시되는 서점 관계자들의 납치사건과 양제보다는 일국을 우선하는 압도적 흐름을 볼 때, 한 때 세계 최고 수준의 언론 자유도는 이제 과거의 스토리로 남게 되었다. 친중국 또는 중국 기업들의 홍콩 언론사 인수가 지속되고 있고, 더불어 홍콩 언론인들의 자기 검열 수준은 임계점에 도달하고 있다. 이런 측면에서 '제3의 공간'으로서 홍콩은 이미 역사 속으로 소멸된 것과 다름없다고 해야 할 것이다.

---

56 가라타니 고진, 조영일 역, 『세계사의 구조』, 도서출판b, 2017, 37쪽.
57 「친중 기업이 주요 매체 장악…언론 자유 악화」, 『한겨레』, 2016.6.28, 10면 참조.

3. 유럽연합과 '중국-홍콩체제'

어차피 꾸는 꿈이라면, 나는 '중국-홍콩체제'의 미래를 주장하고 싶다. 뤼다러呂大樂는 현시점 "중앙과 특별행정구 사이의 모순이 갈수록 뚜렷해지고" 있다고 정의하고, "쌍방은 당초 홍콩특별행정구에게 왜 고도의 자치권을 부여했는지, 또 새롭게 어떤 공간의 존재까지 허용해야 하는지 그런 분석에 대한 흥미나 계획이 없다. 현재 모두 너무나 팽팽하여 중간에 빈자리도 느슨한 공간도 없다"[58]고 했다. 중국정부에게 홍콩의 정체성을 어디까지 인정하고 포용할 것인가에 대한 청사진이 없다는 사실을 지적하는 것이다. 지난 20년 동안 '중국-홍콩' 양자 간 그야말로 '작용'에 대한 '반작용' 그리고 '선전propaganda'에 대한 '역선전counter-propaganda'이 만들어낸 결과인 것이다. 신자유주의가 국가나 지역의 보호시스템을 해체시켜 무한경쟁을 유도했다면, 다수인 중국은 소수인 홍콩의 보호체제를 해체시키고 있는 것은 아닐까. 그래서 1997년 주권 반환 이후 20년간 홍콩의 모든 분야가 퇴보했다는 논리가 힘을 얻고 있는 것은 아닐까.

한편 2017년 프랑스 대선에서 에마뉘엘 마크롱은 유럽연합과의 지속적인 관계 속에서 프랑스의 고성장과 자유무역, 문화 다원주의 등을 강조하였고, 르펜은 이민 제한, 유럽연합과 유로존 탈퇴, 외국인 고용기업에 별도 세금 부과, 공공장소에서 종교 상징물 착용 금지 등의 반이슬람, 반유럽연합 등 프랑스 우선주의를 주장했다. 급진좌파 멜랑숑과 극

58 呂大樂,「年輕人看一國兩制—追求另一種生活方式」,『明報』, 2017.5.5, 28면.

우인 르펜이 똑같이 반세계화와 반시장주의를 지향한다는 사실이 주목을 끌었는데, 일방적인 통합이나 세계화에 대한 분노의 표현일 것인바 그것에 동의하는 유권자가 많아지고 있다. 프랑스를 포함하여 유럽에서 진행되고 있는 유권자들이 지지하는 방향은 '중국-홍콩체제'를 분석하는데도 매우 중요하다. 무엇이 선행되고 보장되어야 하는가?

유럽연합에 대해 르펜은 탈퇴를 주장하고, 멜랑숑은 재협상을 주장하는 것으로 볼 때, 인위적인 통합에 대한 부정적인 여론이 형성되고 있다. 더불어 반反통합이 젊은층의 지지를 받고 있다는 것에 주목해야 한다. 멜랑숑과 르펜은 대선 1차 투표에서 18~24세로부터 각각 30%와 21%의 지지를 받았다. 마찬가지로 각종 여론조사 결과로 볼 때, 홍콩에서도 젊을수록 자신의 홍콩적 정체성을 강하게 주장하는 추세이다.

65년 전에 출범해서 유럽연합의 모태가 된 '유럽석탄철강공동체ECSC'은 프랑스와 독일의 화해로 시작되었다. 중국과 홍콩의 화해는 무엇으로 가능할까? 가라타니는 칸트를 이렇게 해석하고 있다. "칸트가 말하는 국가연방이라는 구상은 국가들의 자율성을 유지한 채로 서서히 국가 간의 자연상태를 해소하려는 것"이고, "그러므로 세계공화국으로서의 길은 '전쟁을 방지하고 지속되면서 끊임없이 확대되는 연합'에 지나지 않는"다는 것이다.[59] 다시 호지는 "이러한 단계를 밟을수록 세계화 모델은 지역화 모델로 바뀌는 동력을 얻는다. 경제와 환경은 건강을 되찾을 것이고, 도시화의 불건전한 조류를 막을 수 있으며, 문화적 다양성이 회복될 것이다. 종족 갈등이나 폭력도 줄일 수 있다. 무엇보다 지역화를 향해 나

59 가라타니 고진, 조영일 역, 『제국의 구조—중심 주변 아주변』, 도서출판b, 2016, 246쪽.

아가는 게 현재의 세계화를 지속하는 것보다 비용이 덜 들고 사회 · 환경적 손실도 적다"[60]고 강조했다. 무엇보다도 국가나 지역적 정체성이 유지되어야 하고 보장받아야 한다는 말이다.

150여 년이란 영국 식민지 기간 동안 중국정부의 대홍콩 정책의 기본은 '장기타산長期打算, 충분이용充分利用'이었다. 나는 향후 '중국-홍콩' 간 갈등의 해결이 이와 같은 방침 아래에서 해결될 수 있다고 본다. 양안 통일은 홍콩과의 갈등 해결 과정에서 배워야 하는데, 주권 반환 이후 중국의 대홍콩 정책을 보면, 통일실험장으로서 홍콩의 현재와 미래에 대한 대만인들의 우려는 당연한 것이 된다.

볼프강 슈트렉은 "그동안 지붕 위에 있는 비둘기(세계 공동체 민주주의)를 잡으려다가 손 안에 있는 참새(국가 민주주의)를 놓친 건 아닌지 진지하게 숙고해야 한다"[61]고 짚었다. 요즈음 홍콩 일각에서 "우리가 홍콩의 참 본토我們是香港眞本土"[62]라는 담론이 유행하고 있다. 지금까지 본토 홍콩을 지키자는 흐름이 비현실적인 정체성을 추구했다면, 이제부터는 현실적인 측면에서 이익을 추구하자는 반성이다. 실질적인 혜택을 목표로 한다는 점에서 유럽의 '데가지즘degagisme', 스페인의 '포데모스', 이탈리아의 '5성운동'[63] 등 풀뿌리 정치운동과 같은 성질의 것이다. 이런 현실

60 헬레나 노르베리 호지, 김영욱 · 홍승아 역, 『행복의 경제학』, 중앙북스, 2012, 35쪽.

61 「민주주의 팽개친 세계여, 어디로 가시나이까」, 『한겨레』, 2017.7.7에서 재인용.

62 2017년 5월 4일 홍콩컨벤션센터에서 개최된 동 제목의 포럼에 15명의 작가와 4백 명의 청중이 참석하여 '본토' 담론권에 대해 논의했다.

63 구체제 청산을 뜻하는 '데가지즘'과 '우리는 할 수 있다'는 표어를 내세우고 있는 스페인의 좌익정당인 '포데모스' 그리고 생태주의와 직접 민주주의를 표방하는 '5성운동' 등의 공통점은 거대담론 보다는 현실 중시와 지역 중심으로의 변화를 요구하는 것이라고 나는 생각한다.

적인 흐름은 향후 '중국-홍콩체제'의 가장 큰 변수로 작용할 것이다.

가라타니는 중국이 성공하는 길은 "국가연합체"로서 자신을 자각하는 것이라고 하면서, "국민국가라는 관념을 넘어 적극적인 의미에서 '제국'을 창출하는 방향을 지향"하라고 한다. 헤게모니를 지향하면 반드시 '제국주의'가 된다고 지적한다.[64] 나는 이 지점에서 다시 가라타니를 통해서 칸트를 인용하고자 한다. 즉 칸트가 「세계시민적 관점에서 본 보편사의 이념」에서 말하는 "세계공화국은 시민혁명에 의해서 실현 가능하지만, 진정한 시민혁명은 세계 동시혁명에 의해서만 가능하다는 것"[65]이다. 따라서 장기적으로 '중국-홍콩체제'의 관건은 중국과 홍콩 양자 시민계급의 성장에 달려있다고 보는 것이다.

64 가라타니 고진, 조영일 역, 『제국의 구조—중심 주변 아주변』, 도서출판b, 2016, 222~223쪽.
65 위의 책, 251쪽.

제5장

세계체제와 탈식민

본토 홍콩의 정치경제학

1. 지역과 국가

홍콩학이 세계적으로 집중 조명을 받기 시작한 것은 얼마 되지 않는다. 1990년대 초 후식민 담론이 광범위하게 유통되면서부터라고 할 수 있는데, 홍콩이 혼종과 변경이라는 후식민 표어의 상징처럼 보였기 때문이다. 동양과 서양의 혼종, 제국의 변경으로서 홍콩은 후식민 공식을 대입하기에 더할 나위 없이 좋은 공간이었다. 영국이라는 세계 일류 국가의 경영으로 영국식 근대화가 적용되어 세계적으로 성공한 듯 보이는 데다가, 인구 구성에 있어 98%라는 중국인이 만들어내는 문화적 조합은 매우 훌륭한 연구 공간이었던 것이다. 홍콩은 중국과 영국의 변경일 수밖에 없는데, 양국의 정치경제적 자장으로부터 어느 정도의 거리를 보장받은 듯이 보이는 '천혜'의 지역성은 단연 연구자들의 구미를 동하게 했던 것이다.

또 한번 홍콩이 크게 주목받기 시작한 때는 역시 1997년 주권 반환을 전후한 시점이었다. 이데올로기로부터의 자유로 상징되는 제3의 공간으로서 홍콩의 성격, 중국이라는 국가적 정체성 속에서 홍콩이라는 지역적 정체성의 의미는 다양한 연구 테마[1]로 활용되고 있다. 소수로서의 지역적 정체성은 다수로서 국가의 정체성에 대항할 장점으로서 허용되면 안 되는 것인가에 대한 의문의 가치로서 소중한 것이다. 우리에게는 한국이라는 국민국가적 정체성과 가끔 농담처럼 회자되는 '경상

1 홍콩학 분야에서 최근의 주도적 경향은 사회적으로나 정치적으로 홍콩의 급격한 변화(정체성 변화 포함)를 분석하는 것이다. 예를 들면 장젠(張健)은 홍콩의 사회나 정치 각성의 동인으로 계급 문제, 참정 요구, 족군 정체성을 들고 있다. 주야오웨이(朱耀偉)는 방법으로서의 홍콩 연구에 천착하지만, 주로 홍콩 연구의 역사에 집중하고 있다.

공화국'이나 '전라공화국'이라는 지역적 정체성과의 관계 나아가서 '노인공화국'이나 '청년공화국'이라는 세대별 갈등을 이해하는 데 도움을 준다. 국가와 지역은 상호 견제 차원의 항형 관계를 유지할 수는 없는가, 지역적 정체성의 통합자로서 또는 최소한의 권력으로 국민국가의 용도는 유효한 것이 아닐까? 하는 문제의식의 제기를 추동한다는 점에서도 중요하다.

아파두라이는 "지역성이 특별한 형태의 의도적인 행위에 의해 생산되고 특별한 종류의 물질적 결과들을 생산하는 감정의 구조이며, 사회생활의 한 현상학적 자질이라는 점에 초점을 맞추어 논의를"[2] 전개하고 있다. 나는 아파두라이의 관점에 상당 부분 찬동하면서 본토locality 홍콩에 대해 관심을 가지고 있다. 하지만 그의 말대로 "지역성은 원래부터 파괴되기 쉬운 속성이다. 심지어 가장 친밀하고 공간적으로 제한되어 있으며, 지리적으로 고립된 상황에서도 지역성은 여러 가지 종류의 이질성에 대립해서 조심스럽게 유지되어야만 했다"[3]는 점에서 지역성이 신성불가침의 영역이거나 영구불변의 철칙이 아니라는 점을 잘 알고 있다. 그렇다면 홍콩의 지역성은 중국에게 또는 동아시아 지역 통합에 나아가서 전 지구화의 종착점으로 인식되는 세계체제에 어떤 공헌을 할 수 있을 것인가라는 화두는 피해갈 수 없는 문제로서 내 관심사로 자리 잡은 지 오래이다.

왜냐하면 전 지구화가 새로운 차원의 자본주의적 세계체제 형성을

2 아르준 아파두라이, 차원현 · 채호석 · 배개화 역, 『고삐 풀린 현대성』, 현실문화연구, 2004, 318쪽.

3 위의 책, 313쪽.

의미하는 것이라고 볼 때, 홍콩식 자본주의의 실험은 매우 큰 의미를 지니고 있기 때문이다. 홍콩을 분석하는 데 있어 내적으로는 그것이 지닌 자본주의적 특성을 인식하고, 외적으로는 중심국가 즉 영국과 중국의 반半주변부나 주변부로서의 성격을 규정하고 난 후에야 진정한 분석이 가능하다고 생각하는 것이다. 영국 식민자 이후 현실적으로 이제 중국은 홍콩에게 새로운 식민자인 것이다. 이 글에서 전 지구화 시대 세계체제적 시각으로 홍콩식 첨단자본주의의 — 영국과 중국의 주변부로서 — 한계와 성과를 정리하면서, 세계체제의 하위 개념으로서 '중국-홍콩체제China-HongKong System'[4]라는 새로운 체제의 등장에 주목해 보고자 한다.

2. 본론

1) 홍콩식 자본주의와 세계체제World System

1930년대 말과 1940년대 초 3년간 홍콩에 거주한 유명 작가 장아이링張愛玲은 홍콩은 아름답고도 슬픈 도시라고 말했다. '슬프다'는 것은 그것의 식민지적이면서도 자본주의적인 신세를 가리키는 의미였다.

4 1997년 주권 반환 이후의 중국-홍콩 관계를 '중국-홍콩체제(China-HongKong System)'라고 부르고 싶은데, 이 글의 3절에서 조금 다룰 것이지만, 앞으로 기회를 만들어 '중국-홍콩체제'에 관해서 좀더 분명한 틀을 제시하고 싶다. 중국-홍콩 갈등의 해결은 동아시아 역내 파급 효과는 매우 클 것이며, 궁극적으로 동아시아 담론이 돌파구를 찾는 데 큰 도움을 줄 수 있다는 측면에서 매우 중요하기 때문이다. 주권 반환 이후 중국과 홍콩의 관계를 살펴보면 정치적으로 제한된 민주를 부여하면서 경제적인 혜택으로 위협하는 구도가 정착되고 있다. 세계체제의 하위 개념으로서 중국-홍콩 관계를 중심부와 반주변부(주변부)라는 틀에서 바라본다면, 양자의 정치경제적 맥락이 좀 더 분명하게 노출될 것이고, 그것과 더불어 문제 해결방안이 부각될 것이라고 본다.

1927년 홍콩에서 두 차례 특강을 한 루쉰魯迅은 홍콩이 중국 여러 도시의 현재이자 미래라고 규정한 바 있다. 매우 부정적인 차원에서의 지적이었는데, 그는 당시 홍콩사회를 서양 주인, 주구走狗 중국인, 노예 계급으로 구분하였다. 이것은 식민지라는 특수성 그리고 자본주의라는 특성을 지닌 홍콩의 방향성이 자본화, 상업화, 도시화로 갈 수밖에 없음을 경고한 것이라고 생각된다. 현재 중국을 포함한 아시아 여러 도시의 경우를 대입해 보더라도 루쉰의 지적은 크게 어긋남이 없어 보인다.

UN이 발표한 2016년의 세계 행복리포트World Happiness Report에서, 홍콩의 순위는 세계 156개국 가운데 75위로 역대 가장 낮은 순위를 기록했다. 2012년 처음으로 조사되었을 때 46위였고, 다음 해에는 64위로 떨어졌다. 보고서에 따르면 빈부 격차가 작은 나라일 수록 행복지수가 높으며, 불평등이 행복감을 저해하는 가장 큰 요소로 꼽힌다. 세계 행복리포트는 6개 요소를 기준으로 평가하는데, 1인당 국민소득, 기대수명, 사회복지, 부정부패 정도, 선택의 자유 등이 그것이다. 덴마크가 세계에서 가장 행복지수가 높은 나라로 꼽혔고, 스위스와 아이슬란드, 노르웨이, 핀란드가 그 뒤를 이었다. 홍콩의 순위는 전체 국가 중 딱 중간 정도인데, 소말리아를 앞선 정도이다. 소말리아는 이슬람 극단주의자들의 자살 폭탄 테러가 계속되는 곳으로, 그곳의 GDP는 홍콩의 극히 일부분에 불과하다.[5]

실례를 살펴보면 홍콩식 자본주의 결과는 더욱 참담하다. 인구 평균 소득이 3만 불을 초과하는 홍콩에서, 7백 만의 시민 중 1백 3십 만이 극

5 http://www.wednesdayjournal.net/news/view.html?section=1&category=3&no=26299 참조.

빈층으로 분류된다. 빈부 격차는 인도보다도 크고 중국보다도 크다. 홍콩의 빈부 격차 순위는 칠레, 멕시코, 코스타리카, 우라과이에 이어서 세계 5위를 기록하고 있다.[6] 2015년 10월, 정부(부빈위원회扶貧委員會) 기준으로 보면 월수입 3,500홍콩달러 이하의 빈곤층이 연속 2년 1백만 명으로 나타났다. 2010년에서야 처음으로 최저임금 제도(시간당 32.5홍콩달러)가 입법회의에서 통과되었다.

2008년 빌 게이츠는 세계경제포럼에서 자본주의가 부유한 사람들뿐만 아니라 가난한 사람들을 위해서도 기여하는 '창조적 자본주의creative capitalism'를 지향해야 한다고 말했다. 그는 "우리가 더욱 창조적인 자본주의를 개발할 수 있을 때 시장의 힘market force은 가난하고 힘없는 이들을 위해 더 좋은 일을 할 수 있을 것"이라고 했다.[7] 원용찬에 의하면 불평등을 줄이는 것이야말로 인간이 달성할 수 있는 가장 높은 가치라는 것이 빌 게이츠가 생각하는 21세기형 개혁의 실체이다.[8] 이번 유럽연합 브렉시트의 배후로는 대체적으로 "영국 중하류층들이 겪는 경제적 불평등과 직업 불안정성"이 지목되고 있다. 이것은 분명히 "1%만 살찌운 세계화에 대한 역풍"인 것이다.[9]

---

6 龍應台, 「我的香港, 我的台灣」, 『龍應台的香港筆記』(增訂版), 香港 : 天地圖書, 2015.7, 48쪽 참조

7 원용찬, 「옮긴이 해제 – 아마티아 센을 말하다」, 아마티아 센, 원용찬 역, 『센코노믹스 – 인간의 행복에 말을 거는 경제학』, 갈라파고스, 2014, 9쪽.

8 위의 글, 9쪽.

9 『한겨레』, 2016.6.27, 1면 참조. 2015년 노벨경제학상을 받은 앵거스 디턴을 '자본주의 발전이 불평등을 심화시킨다'는 피케티의 대척점에 둘러는 시도가 국내 부수 언론에 의해서 시도된 적이 있다. 하지만 알고 보면 사실 두 사람 모두 성장과 분배의 중요성을 잘 알고 있는 학자들이다. 다만 논문에서 방점을 어디에 두었느냐에 따라 그 사람이 성장론자도 되고 분배론자도 되는 것이 현실인데, 본인들의 관점 차이보다는 사실 언론에 의한 재단일 경우가 더 많다. 디턴이 주목한 점은 불평등인데 그것이 선진국과 후진

물론 세계체제론에도 우파적 그리고 좌파적 시각이 존재하여, 전 지구화적 추세를 나름대로 긍정적 또는 부정적으로 인식하고 있다. 미도 D. Medows는 『성장의 한계 *Limits to Growth*』(1972)에서 세계경제의 성장, 산업화, 자원의 사용, 도시화, 인구문제 등의 물리적 한계에 대한 관심을 시작으로, 자원고갈, 오염, 기후이상과 같은 환경적 제약을 우려한다. 또 선진국의 성장 지향적인 산업과 기술정책은 후진국의 산업과 기술 발전에 관심이 없다는 점에 주목한다. 나아가서 일개 국가에 의해 취해진 경제적 결과가 자신들의 영토 경계를 넘어서게 된다는 점을 강조한다. 미도는 전 지구적인 공동체의 이익, 계획, 정치에 관한 총체적인 인식의 필요성을 주장하는 것이다.

월러스틴 I. Wallerstein은 『근대 세계체제 *The Modern World System*』 1(1974)에서 세계경제의 문제는 물리적, 환경적인 것이 아니라 정치적, 인위적인 것이라고 주장한다. 자본주의는 역사적 과정의 총체적 결과로서 빈부격차를 만들 수밖에 없다는 것이다. 전 지구적인 자본주의체제는 태생적으로 착취 대상인 주변부와 자본을 축적하는 중심부가 연계된 지배와 종속이라는 위계질서를 가질 수밖에 없다는 것이다.[10] 따라서 그는 단위

국 사이에만 존재하는 것이 아니라 한 국가 안에서도 개인 간 생활 수준과 보건 여건 등에서 큰 격차가 나고 있는 현실이었다. 홍석재 기자, 「나는 피케티의 이론에 동의한다」, 『한겨레』, 2015.10.14, 17면 참조. 크레이그 캘훈 런던정경대학장은 「브렉시트는 코스모폴리탄 엘리트에 대한 반란」이라는 글에서 "브렉시트는 (유럽연합) 비용 대비 혜택으로 촉발된 논쟁이 아니라 (비주류의) 억울함 · 좌절 · 분노에 의해 비롯된" 것이라고 말했다. 『한겨레』, 2016.6.29, 16면에서 재인용.

10 세계체제(world system)(네이버 지식백과, 『사회학사전』, 사회문화연구소, 2000.10.30) 참조. 이매뉴얼 월러스틴(Immanuel Maurice Wallerstein)이나 가라타니 고진, 토마 피케티를 비롯한 많은 학자들이 세계체제를 말하고 세계공화국을 제시하고 있는데, 현실적으로 세계를 하나의 프레임으로 인식하지 않는 한 문제해결은 요원하다는 것이다. 세계체제론은 국가나 지역의 발전이 자율적인 것이 아니며, 세계경제의 일부로서 검토되어

국가 대신 세계체제를 분석 대상으로 삼아야 하며, 중심부 국가와 주변부 국가 사이의 비대칭적인 상호 관계의 분석이 단위국가 내부의 분석보다 선행되어야 한다고 강조한다.

과거 홍콩이라는 식민체제에서 식민자나 피식민자나 모두 욕망의 소비가 우선이 되는 사회를 구성하는 또는 적어도 그것을 추동하는 심리를 가진다고 보아야 한다. 따라서 항구적인 정책 보다는 일시적인 정책의 수립이 절실했을 때가 더욱 많았을 것이고, 그렇게 볼 때 하위 주체 전체의 각성을 요구하는 계몽이 시급하게 필요한 것은 아니었다. 당연히 엘리트 통치하의 엘리트 교육이 효율적이었으며, 중국인 엘리트 양성은 제2의 식민 주체를 양성하는 것으로 영국인이나 중국인에게 좋은 그림을 만들어 주었다. 빌려온 공간에서의 정치활동은 당연히 식민주체에게는 큰 부담을 줄 수밖에 없는 것으로 인식되었고, 그것은 이른바 근대적인 행정이 정치를 흡수해야만 가능한 것이었다. 따라서 식민자 영국은 완벽하게 보이는 법률제도를 창출했고, 강력한 반부패기구인 염정공서廉政公署, ICAC 같은 독특한 기구를 만들었는데, 그래서 홍콩식 첨단자본주의는 이른바 북진자본주의의 교두보로 자리 잡았다는 말까지 듣게 된 것이다. 하지만 빈부격차로 상징되는 내부 식민을 막지는 못했다.

이런 시각을 최근 대만이나 홍콩의 상황에 대입할 경우 답변은 더욱 분명해진다. 쉬진위徐進鈺에 따르면 "대륙자본을 끌어들이는 것은 독점을 초래하고, 대만의 경제와 정치적 자유를 손상시켜 중소기업의 파산과 자주산업의 파괴를 불러올 수 있다. 만약 토지에 투자한다면 집값 상

야 한다고 보는 시각이다. 그 시각은 전 지구화나 신자유주의의 등장을 당연시하면서도 동시에 그 문제점을 극복하고자 하는 노력의 일환이라고 나는 생각한다.

승을 가져와 신세대의 주거 안정을 담보할 수 없게 된다. 대략 생각나는 몇 가지만 들어도 모두 중국과의 왕래로부터 일어나는 불공평과 실업이고, 모두 구 생산 양식적 사유를 따르는"[11] 것이다. 중국정부가 홍콩을 접수한 이후 가장 크게 신경을 쓴 부분은 홍콩에 대한 경제적 혜택이었다. IMF 금융위기 당시 중국정부는 관광객의 홍콩 방문을 유도하여 한 해 수천 만 명이 다녀갔으며, 중국-홍콩 간 경제협력동반자협정 CEPA : Closer Economic Partnership Arrangement[12] 체결로 홍콩에게 시혜적 입장을 분명히 했다. 하지만 경제의 반대급부적 현상도 매우 심각하게 나타나 중국 자본의 무차별 공습으로 인해 주변부로서 홍콩의 집값은 폭등했고, 대륙인들과의 취업 경쟁으로 주권 반환 이후 홍콩 청년들의 진로는 더욱 불투명하게 되었다. 사실 2014년 홍콩의 도심에서 몇 달 동안 전개된 '우산운동'도 비주류의 좌절과 분노가 주요 원인이었음은 주지의 사실이다.

세계체제 이론은 현재의 세계 자본주의체제 내에서도 주변부가 반주변부, 나아가서는 중심부로 그 지위가 승격이 되는 이동 가능성을 시사해준다. 종속 이론에서는 이 세계체제 이론적 시각을 한 국가의 발전을 분석하기 위한 전제로서 수용하지만, 세계체제 이론은 세계체제의 수준 자체에 관심을 가지고 있으며, 한 국가의 상황을 분석하는 경우에도 세계체제의 수준으로부터 출발하는 것이 특징이다. '원래 사회주의체제는

11 쉬진위(徐進鈺), 「양안은 화해할 수 있을까? – '중국몽(中國夢)'과 대만 발전의 갈등과 대화」, 『역사비평』 114, 역사비평사, 2016.봄, 179~180쪽.

12 자유무역 협정의 한 형태로서 무역 및 투자의 간소화를 골자로 하고 있다. 홍콩에서 생산되는 모든 상품은 중국으로 수출될 경우 무관세 혜택을 받는다. 2004년 1월 1일부터 발효되었다.

없었다'고 할 만큼 사회주의체제를 자본주의체제의 일부로 보았던 세계체제론은 소련 붕괴 이후 다시 학계의 관심을 모으고 있다.[13] 김호기에 의하면 세계체제론은 마르크스, 브로델, 종속이론이라는 세 기둥 위에 세워진 역사적 사회과학 이론이다. 월러스틴은 주권국가나 민족사회가 아닌 세계체제가 사회과학의 분석 단위가 되어야 하며, 자본주의체제가 그것의 모순이 격화되어 결국 내부적으로 붕괴될 것이라고 주장했다.[14]

일찍이 마르크스는 공산주의가 민족공동체를 파괴하려 한다는 비난에 대해, 국가 간의 경계를 허물고 전 세계를 하나의 시장으로 만든 것은 자본주의이지 공산주의가 아니라고 반박했다.[15] 이것을 노벨 경제학상 수상자 아마티아 센의 접근 방식으로 풀어 보면, "최대 다수의 최대 행복을 기치로 내세운 공리주의는 사회 전체의 재화량이 늘어나기만 하면 재화 분배의 문제는 간단히 해결할 수 있다고 본다. 그러나 분배 기준은 재화량의 증가로만 해결할 수 있는 간단한 문제가 아니다."[16] 그래서 빈곤에 대한 센의 정의도 남다른데, "재화 소득의 가득성 부재를 빈곤으로 보는 것이 아니라 잠재능력을 키울 수 있는 기회를 박탈당하는 상태"이기에 "빈곤국가에 무조건 물자만 원조하지 말고, 그들의 잠재 능력을 키울 수 있는 기회, 교육, 건강, 영양 상태, 선택을 위한 자유를"[17] 제공해야 한다는 것이다. 그렇게 본다면 향후 본토 홍콩이 취해야 할 — 아니 중국이라는 식민자가 하사해야 가능한 — 방향성은 분명해

13 세계체제이론(world system theory, 世界體制理論), 네이버 지식백과 두산백과 참조.

14 「김호기의 세상을 뒤흔든 사상 70년」, 『경향신문』, 2016. 7. 6, 21면 참조.

15 이진우 역, 『공산당 선언』, 책세상, 2002, 150쪽.

16 원용찬, 앞의 글, 35~36쪽. 센은 롤스(John Rawls)의 사회정의론을 비판적으로 수용하면서 이렇게 정의했다.

17 위의 글, 41쪽.

보인다. 즉 기회의 균등한 제공에 따른 빈부격차의 축소인 것이다.

2010년 기준, 미국의 흑인 빈곤 비율은 35.7%로 백인의 3배, 실업률은 17%로 백인의 2배였다. 흑인 남성의 수감 비율은 백인에 비해 8배나 높다. 장기적으로 맬컴 엑스의 꿈은 이슬람을 종교적 정체성으로 하는 흑인 민족주의 국가였다.[18] 그는 흑인만의 본토locality를 구성하지 않는 한 백인에 의한 흑인의 식민은 영원할 것이라고 본 것이다. 홍콩인이 '홍콩중국인'이나 '중국홍콩인'으로 만족하면서 경제적 또는 문화적으로 침탈당하지 않는다면 본토를 지속적으로 주장할 수 있을까? 물론 본토 홍콩을 구성하는 정치경제적 스펙트럼은 매우 넓어서 홍콩의 완전 독립을 요구하는 흐름, 정치경제적으로 상당한 크기의 정체성을 인정해 달라는 흐름, 궁극적으로 중국-홍콩이 유럽 공동체를 지향하자는 흐름 등 매우 다양하게 나타나고 있다. 특히 홍콩 독립파의 경우 이제 '64 민주화운동'조차도 홍콩과 관련이 없는 '이웃나라鄰國'의 문제이기에 역사적 명예회복을 요구할 필요도 없으며, 매년 기념할 필요도 없다는 인식을 공유하기 시작했다.[19]

바꾸어 말하면 중국으로부터의 경제적 혜택이 늘어날수록 본토 홍콩을 외치는 목소리가 작아진다는 현실에서 보면, 본토 홍콩의 존재 이유와 공간은 불안하고 협소하다. 슈마허는 이 문제를 명쾌하게 정리한다. "정부나 국민이 모두 수익성에만 관심을 보이는 이유는 바로 경제학이라는 종교에 사로 잡혔기 때문이다."[20] 홍콩식 자본주의는 영국이 '빌려

18 『한겨레』, 2012.2.22, 31면, 박순빈 논설위원 「유레카」 참조.

19 陳婉容, 「六四, 本土, 學生組織」, 『明報月刊』, 2015.6, 62쪽 참조.

20 E.F. 슈마허, 이상호 역, 『작은 것이 아름답다 – 인간 중심의 경제를 위하여』, 2014.2, 173쪽.

온' 공간의 특징상 자본 지상 인식이 정립될 수밖에 없었다. 동시에 세계 최악의 빈부격차 현상이 예비되어 있었다고 해도 과언이 아니다. 피케티는 "정치민주화는 경제민주화, 조세 투명성과 금융 투명성에 없어서는 안 될 과정"[21]이라고 하여 정치와 경제 민주화의 동시성을 강조하고 있다. 피케티는 선진국의 양극화 심화, 노동소득 비중의 하락, 자본소득 비중의 상승 문제 등을 꾸준하게 지적하고 있는데, 나는 홍콩식 첨단자본주의에서도 이런 문제점들이 건전한 시민계급의 대두를 막는 가장 큰 요인이라고 본다. 주권 반환 과정에서나 그 이후에나 홍콩에서 시민계급의 부재는 본토 홍콩의 입장에서 가장 뼈아픈 문제이자 과제로 남았다.

아마티아 센은 최근 동아시아 내지 동남아시아의 경제위기에서 배운 교훈을 경제 발전에 내재한 취약성, 분열하는 사회, 인간의 안전보장과 공평성, 민주주의의 역할 등으로 정리하고 있다.[22] 바야흐로 국가주의와 민족주의가 강화되고 있는 흐름에 대항하여 시민 네트워크운동 즉 세계시민주의적 인식이 강조되고 있다. 서승은 동아시아의 평화를 위해 국경을 넘어 시민연대를 만들자고 주장하고 있다. "이런 상황에서 진정한 동아시아 평화를 찾기 위해서는 국가 주도가 아닌 시민 네트워크를 더욱 강화해야 한다"[23]는 것이다. 인식을 같이 하는 시민들의 연대가 세계체제와 탈식민에 있어 중요한 열쇠라는 것이다.

---

21 토마 피케티, 「홍콩의 자본」, 토마 피케티, 박상은 · 노민수 역, 『피케티의 신자본론』, 글항아리, 2015, 131쪽.

22 아마티아 센, 원용찬 역, 앞의 책, 73~86쪽.

23 김보근 한겨레평화연구소장, 「싱크탱크 광장」, 「동아시아 평화 위해…국경 넘어 시민연대 틀 만들자」, 『한겨레』, 2015.10.20, 24면에서 재인용.

2) 제3의 공간

세계적으로 중국 연구가 학계의 지상과제로 등장한 지 이미 오래이지만, 그것이 거대담론을 형성하여 횡적 종적으로 무지막지한 영향력을 지니게 되면서, 그 흐름에 저항하고 싶은 나의 마음은 점점 더 커져갔다. 공부하는 사람으로서 우리는 과연 중립적이면서 객관성을 유지하고 있는가에 대한 죄책감으로 말이다. 그런 죄책감을 덜 수 있다는 점에서 홍콩은 더 이상 좋을 수 없는 연구 대상이 된다. 우선 중국을 타자화할 수 있는 지점이 바로 홍콩이라는 점에서 매우 중요하다. 내가 세계의 중국 연구라고 한 말은 사실 한국·중국학계의 시각을 에둘러 표현한 것이다. 한국과 중국의 수교 시점으로 따진다면 중국 연구는 아직 30년도 안된 초보 단계라고 할 수 있다. 사실 시간적인 제약에도 불구하고 한국 학계의 중국 연구 스펙트럼은 일취월장하여 이제 넓이와 깊이를 가늠하기 어려울 정도로 확대·심화되었다.

하지만 조금 더 들여다보면, 한국 학계의 중국 연구는 일방적인 중국 사랑에 다름 아닌 시각들로 중무장되어 있음을 눈치 채게 된다. 그러니까 알게 모르게 부처님 손바닥 같은 중국 관방 논리라는 자장의 한계에서 유람하고 있는 것처럼 보인다. 요컨대 중국정부가 시종일관 강조하는 국가주의와 중화주의 또는 중원 중심주의라는 프레임 속에서 다시 그들을 바라보거나, 사회주의(사실은 중국 특색의 자본주의)에 대한 흠모만으로 중화인민공화국을 수용하는 흐름이 존재한다는 사실을 부정할 수 없다. 한국 학계의 중국 연구가 후식민적 사유의 테두리에서 벗어나지 못하고 있다는 말이다.

룽잉타이龍應台에 따르면 식민 사유는 몇 가지 특징이 있다. 본토 문화와 역사를 중시하지 않는다. 서민을 중시하지 않는다. 장기 발전을 중시하지 않는다는 것이다.[24] 반면에 식민 주체는 이미지 메이킹에는 주력하는데, 1830년에 창립된 영국의 왕립지리학회는 제국을 사진으로 기록하고 제작하고 보관하는 일을 주요 활동으로 삼았고, 그 결과물을 상업적으로 유통시키기도 했다. 그 면면을 보면 더 『넓어진 영국』(1895), 『영어를 사용하는 세계』(1896), 『여왕의 제국』(1897) 등이다.[25] 그야말로 제국의 영광을 만천하에 선전하면서 다른 모든 '세계'를 타자화하는 수단이었다. 후식민의 입장에서 보면 주권 반환 이후 홍콩에 대한 중국의 작용은 과거 영국의 행태와 똑같다. 최근 중국정부나 학계를 통해 확산 유포되고 있는 '넓어진 중국', '광둥어廣東語가 아닌 중국어를 사용하는 홍콩', '거대한 제국' 등의 담론은 시시각각 중국이 홍콩의 지배자임을 확인시켜 주고 있는 것이다.

주지하다시피 후식민 시대 홍콩에 가해지는 이데올로기는 민족과 국가이다. 따라서 19세기 또는 20세기 이념으로 그것을 치부하고 도외시할 때, 그 판단이 얼마나 잘못되었는지 중국-홍콩 관계에서 분명하게 볼 수 있다. 홍콩을 향해 가해지는 도구주의적 민족주의의 현재적 부활을 어떻게 보아야 할 것인가. 서구 주체에 의한 식민지 경영이 포기되거나 단절되었을 때, 우리는 그것이 식민의 종말인줄 알았지만, 본토 홍콩의 입장에서 보면 주인만이 전환된 상황임을 즉시 깨닫게 되는 것이다. 같은 민족이라는 것은 국가 통합에 분명 매우 유리한 조건이지만, 그것

24 龍應台,「我的香港, 我的台灣」,『龍應台的香港筆記』(增訂版), 香港 : 天地圖書, 2015.7, 61쪽.

25 강희철 기자,「'있는 그대로'를 기록한 사진이란 없다」,『한겨레』, 2015.10.23, 18면;『제국을 사진 찍다 – 대영제국의 사진과 시각화』 서평 참조.

이 식민 주체의 모든 고민을 해결해 줄 수는 없다는 것을 후식민을 연구하는 학자들의 견해에서 충분히 살펴볼 수 있다.

스피박이 인도 시골의 어느 우물가에서 빨래하고 있는 인도 아줌마들을 언급하면서 후식민의 문제를 제기한 바 있지만, 그들의 대화에서 영국인의 인도와 인도인의 인도는 크게 구별되어지는 존재는 아닌 것이다. 영국에서 중국으로 식민 주체가 전환되었다고 본다면—실제로 홍콩에서 광범위하게 자리 잡고 있는 보편적 시각—홍콩은 여전히 식민체제의 굴레를 벗어나지 못하고 있는 것이 사실이다. 홍콩인들이 자신들의 신세를 빗대어 자주 제기하는 예시 중 가장 재미난 것은 부모와 자식의 비유인데, 150년간 부모 없이 씩씩하게 살아온 아이들에게 어느 날 갑자기 부모가 나타났다면, 아니 자식을 한 번도 찾지 않은 부모(실제로 중국정부는 영국정부에게 홍콩의 반환을 요구한 적이 없다)가 부모로서 인정될 수는 있을까?

쉬청언徐承恩은 부모 중국과 자식 홍콩의 정체성을 "홍콩중국인 엘리트의 본토의식이 형성된 이후, 각종 드러난 제도와 숨겨진 습관을 통해 점차 홍콩사회로 묵화默化되었다. 사회 조건이 성숙되고 이런 엘리트 '소중小衆'의식이 광범위한 족군 본토의식으로 전화되었다. 중국이 적화된 이후, 홍콩과 중국의 경계가 과거와는 완전히 다르게 봉쇄되어, 본토의식의 개화와 결과에 이상적인 토양을 제공했다"[26]고 정리하고 있다. 즉 엘리트 의식이 홍콩사회의 근간으로 자리 잡은 이후, 그 다음으로 가장

26 徐承恩,「香港人千年史－本土意識前世今生」, 本土論述編輯委員會/新力量網絡,『本土論述 2013~2014 中國因素－本土意識與公民社會』, 台北 : 漫游者文化事業股分有限公司, 2015.2, 64쪽.

강력한 영향력을 행사한 것이 중국-홍콩의 경계인 것이다. 분명히 다른 의식의 경계가 존재한다는 것이다. 그런데 홍콩에서 중국을 바라보면 중국정부가 국가주의와 한족 중심의 중화주의에 얼마나 큰 노력을 경주하고 있는지 잘 알 수 있다. 양대주의가 중국의 대내적인 통합을 위해서는 물론 대외적인 모든 정책의 최우선에 위치해 있는 반면에 홍콩에는 그것과는 완전히 구별되는 그 어떤 정체성이 뚜렷하게 존재한다.

논의의 흐름상 이즈음 국가가 동일한 정체성의 대표인가에 대한 의문이 제기될 수밖에 없다. 나는 한국사회에 내재되어 있는 국가적 정체성에 대한 절대적 또는 광범위한 인정을 시시각각 의심해 오고 있다. 이른바 '우리'는 언제부터 한 국가 내의 국민으로 인식되어 왔던가, 또 국민적 정체성이 우리의 행복에 무슨 공헌을 해오고 있는가에 대한 대답을 본토 홍콩은 해 줄 수가 있다. 한걸음 더 나아가보면 국가 내 다양한 정체성을 인정할 경우, 그 변화는 어떠한 양상을 보여줄 것이며, 우리 인식의 확대에 얼마나 큰 도움을 줄 수 있을 것인가에 대한 탐구는 필수적이다. 그럼에도 불구하고 지역적 또는 계급적 정체성에 대해 일방적으로 매도하고 공격하는 것이 언론을 비롯한 체제의 반응이었다. 예를 들어 우리는 엄연히 실재하고 있는 경상도 또는 전라도 정체성에 대해 얼마나 진지하게 고민해 보았던가, 과연 그것이 그렇게 부정적인 것인가에 대한 검토를 해보기는 해보았는가 말이다. 한국사회는 국가 내 또 다른 정체성을 부정하는 것이 테제라면, 그것에 대한 안티테제에 대한 구성을 처음부터 불허한 사회라고 보아도 무방하다.

경상도 정체성과 전라도 정체성이라는 대표적인 정체성의 충돌이 과연 이른바 국가적인 또 통합적인 정체성의 구성을 방해한다는 논리는 진리인가 아니면 도그마인가? 이런 식의 검토가 용납되지 못하는 전통과 역사를 자랑하는 단위 속에서 성장해 온 우리가 정체성에 대한 반성이나 변용을 허락할 것인가? 나는 구성원 전체가 인정하고 요구하는 아주 작은 정체성, 그것이 종교적이든 경제적이든 언어적이든 비난받지 않고 존중받아야 할 가치가 있다고 생각한다. 궁극적으로 정체성은 개개인의 정치경제적인 이익과 맞닿아 있다. 물론 정치경제적인 것의 궁극적 함의는 경제적이다. 그렇다면 국가나 민족의 통합은 어떻게 가능할까에 대한 대답은 분명해진다. 지도자들의 연설에 항용 등장하는 통합의 대가는 언제나 경제적 이익이라는 점에 주목해야 한다. 경제적 혜택을 예고하지 않는 약속은 립서비스에 불과한 것이라고 볼 때, 이른바 통합을 위한 정치인의 정견 발표나 신년사에서 경제적 혜택이 누락된 적은 없다는 점이 그 증거가 된다.

루웨이롼盧瑋鑾에 의하면 홍콩은 서양인의 경우 동아시아적 특징을 찾고 싶고, 동양인의 경우 서양적 특징이 어색하게 느껴지는 곳이다.[27] 뚜렷한 정체성을 찾기 힘든 홍콩의 문화적 특징을 정확하게 집어낸 말인데, 이것은 동아시아 여러 도시의 총체적인 특징이라고 할 수 있다. 이제 본토적 특징으로 현지 도시를 구분해내기는 어려운 것이 사실이라는 측면에서, 홍콩의 이러한 특징은 동아시아는 물론 전 세계 대도시의 특징이라 할 것이다. 홍콩에 대한 루웨이롼의 정의는 전 지구화가 급속히 진행되고 있는 홍콩의 현실을 지적한 것이라고 보아야 한다.

예웨이롄葉維廉은 홍콩인들의 민족문화에 대한 기억 상실에 대해 "홍

27 盧瑋鑾,「香港故事」, 潘毅 · 余麗文 編,『書寫城市 – 香港的身分與文化』, Hong Kong : Oxford University Press, 2003, 500쪽.

콩 상품화의 생명정경은, 식민문화 공업의 조장 아래 홍콩인 인성의 변질을 초래했고, 문화적 내함과 민족적 의식에 대한 압제와 물신숭배 정경 중으로 빠뜨렸는데, 인성에 대한 이중적 왜곡이라고 할 수 있다"[28]고 비판했다. 당연히 사회의 상업화 정도는 구성원의 의식까지도 악의적으로 지배한다. 이렇게 홍콩의 상업화와 식민문화는 홍콩 사람들의 인성에까지 영향을 미쳤다는 지적은 우리의 주의를 다시 환기시킨다. 하지만 나는 도리어 이러한 민족문화에 대한 기억 상실이 제3공간의 특징을 건설하는 데 매우 큰 역할을 했다고 보는 것이다.

홍콩문화의 우수성으로 무엇보다도 먼저 제기되어야 할 것은 동과 서를 함께 보듬고 있는 포용과 자유의 문화라는 점이다. 리저허우李澤厚는 "홍콩의 지혜는, 작은 토지에 위에 (…중략…) 최대한 포용했다는 것"[29]이라고 한 바 있다. 위잉스余英時는 자신이 선택적 자유를 홍콩에서 향유한 적이 있다고 하였다. 위잉스는 탕쥔이唐君毅 선생 자신이 홍콩에서 "홍콩사회와 서로 상관하지 않는다"라고 했던 말을 기억하고 있다.[30] 이런 점에서 류짜이푸劉再復과 위잉스의 시각은 참고할 만하다. 「홍콩—적이 없는 문화」에서 류짜이푸는 홍콩의 문화는 어떤 사람 어떤 국가에 대해서도 적의가 없어 자연스럽게 다원 문화적 공동체를 이루었다고 하였다. 그것을 가능케 한 가장 강력한 홍콩의 장점으로 언론의 비판의식을 들고 있다.[31]

---

28 葉維廉, 「解讀現代 · 後現代生活空間與文化空間的思索」, 臺北 : 東大, 1992, 149~150쪽; 林凌瀚, 「文化工業與文化認同」, 陳清僑 編, 『文化想像與意識形態』, Hong Kong : Oxford University Press, 1997, 229쪽에서 재인용.

29 李澤厚, 『明報月刊』, 2005.1, 25쪽.

30 余英時, 「香港的自由與學術文化」, 『明報月刊』, 1998.3, 16쪽.

31 劉再復, 「香港－沒有敵人的文化」, 『明報月刊』, 1998.3, 13쪽.

또 오래전(1985) 홍콩에 근본적으로 '문화'라는 것이 존재하지 않는다는 비판을 하여 첫 번째로 황웨이량黃維樑의 반박을 받은 바 있는 위잉스는 홍콩의 아주 편안한 "무형적 분위기"가 존재하며, 그것을 '자유'라고밖에 부를 수 없다는 사실은 인정한다.[32] 이 경우 홍콩에는 "심후한 문화 기초가 없기 때문에, 홍콩영화가 오히려 모종의 우세와 특색을 받아들이기 쉬웠다"[33]는 쉬커徐克 감독의 언급은 의미심장하다. 이렇게 적이 없는 적을 만들지 않는 다원 문화적 공동체, 무형적 자유 분위기, 개인과 사회가 서로 상관하지 않는 분위기 등이 누구나 보편적으로 읽어낼 수 있는 홍콩의 문화이다. 문화의 다양성과 자유 그리고 도그마적 정체성의 부재 또는 약화라는 화두는 전 지구화의 한 성격으로 규정할 수 있으며, 세계체제적 시야에서 본다면 가장 중요한 선결조건이 되어야 한다는 점에서 홍콩학의 입지가 분명한 것이다.

타이베이의 초대 문화국장과 중화민국의 문화부장관을 지낸 룽잉타이는 홍콩에서 전후 9년을 거주하면서 홍콩의 가치를 매우 소중하게 생각하는 사람이 되었다. 홍콩에서의 그 시간이 중국에 대한, 화인華人 세계에 대한, 역사에 대한 인식을 "뒤집는推翻" 기회였다고 말했다. 대만에서 성장해 온 그가 지닌 중국과 중국문화에 대한 인식 대부분이 중국 중심의 대전통, 대서사 위주였는데, 홍콩에서의 거주 시간은 그것이 "타파"되는 "거대한" "교육과정"이었다는 것이다.[34] 장기간 지역적으로 구성되어온 본토 홍콩은 이런 특징을 가지고 있다.

---

32 余英時,「香港的自由與學術文化」,『明報月刊』, 1998.3, 15쪽.
33 李以莊,『明報月刊』, 2004.7, 94쪽에서 재인용.
34 龍應台,「我的香港, 我的台灣」,『龍應台的香港筆記』(增訂版), 香港 : 天地圖書, 2015.7, 13쪽.

홍콩은 한 마디로 빌려(할양과 조차)온 공간이라고 정의된다. 할양과 조차로 생성된 공간은 애초부터 거주민이나 장래 피난민에게 빌려 준 공간으로 인식되었다. 따라서 영구적인 거주지와는 다르게 잠시 피난하는 곳이라는 이미지를 형성하였고, 거주민들은 언제든지 다시 떠날 수 있다는 과객 심리를 보유하고 그에 맞는 강한 디아스포라가 자연스럽게 수반되었다. 게다가 동서 양대 제국의 변경, 동서문화가 만나는 회통 지점이라는 독특한 자장을 지닌 공간의 형성과 운용을 예비하고 있었다. 향후 전 지구화의 결과물로 등장하게 될 세계체제를 문화적으로 미리 경험한 셈으로, 특정 이데올로기나 국가주의로부터의 해방된 광범위한 제3공간이 예비되었다고 볼 수 있다. 역사적으로나 문화적으로나 가장 중요한 점은 바로 '자유'로 개괄되는 제3의 공간으로서의 홍콩이다.

아마르티아 센은 "시장의 목적 달성은 정치·사회체계와 깊이 맥락이 닿아"[35] 있다고 강조하는데, 센코노믹스의 주창자인 그는 궁극적으로 사회 구성원의 '자유 신장'에 매우 중요한 의미를 두고 있다. 그것을 받아서 강철규는 인간의 기본 가치인 자유, 생명, 신뢰, 재산권이 실현되어야 발전된 사회라고 보고, 그 조건으로 ①신분 이동, ②교환과 교역의 확대, ③견제와 균형, ④신뢰와 법치를 들었다. 나는 자유라는 가치가 사회 발전의 원동력이라는 것을 확신하고 있는데, 그것은 홍콩의 정체성과 홍콩식 발전 그리고 세계체제를 지향하는 사회의 구성 원칙을 설명할 수 있는 중요한 근거가 된다. 이후 광범위한 하위 주체는 홍콩사

35 아마티아 센, 원용찬 역, 앞의 책, 57쪽.

회의 가장 위협적인 존재로서 홍콩의 우량적인 전통을 위협하는 요인이 되었다. 나는 세계체제적 시각으로 볼 때, 민족과 국가, 빈부격차, 상호 타자화가 당면과제라고 생각한다. 홍콩의 '자유 신장'을 방해하고 있는 요인들이라고 본다.

3) '중국-홍콩체제China-HongKong System'

영국이 국민투표를 통해 브렉시트를 선택했다. 유럽연합이 결성된 지 이미 상당한 시간이 흘렀고, 이런저런 갈등과 충돌이 쉼 없이 반복되어 왔지만, 이번 결과에 세계가 놀라고 있다. 유럽연합이 그동안 공동체로서의 위상을 지켜내고, 그 위태로움이 극복되고 있는 이유는 무엇보다도 경제적 통합체로 인식되고 있었기 때문이다. 즉 정치 통합체로서의 의미보다는 경제적 공동체로서의 신뢰와 존재 가치가 그것의 이미지를 구축하는 데 힘을 발휘하고 있었다고 해야 할 것이다. 토마 피케티는 유로존 17개국의 공채 이자율 투기를 종식시키기 위해서는, 부채를 공평하게 나누어 공동채권(유로본드eurobond)을 발행하는 것이라고 했다. 유럽연합이 더욱 강력한 연방으로 재편성되어야 한다는 주장이다. 구체적인 제안은 유럽 예산 연방주의다. 예산 권한을 유럽의회에 위임하고, 통화뿐만이 아니라 정치 경제동맹의 유럽연방으로 발전해야 한다는 것이다.[36]

절대 진리처럼 보이는 공동체는 각 국가의 나아가서 각 계급의 경제적인 이익 앞에서는 바람 앞의 등불일 수밖에 없음을 이번 영국의 투표

36 허미경 선임기자, 『피케티의 신자본론』 서평, 『한겨레』, 2015.10.9, 16면 참조.

결과가 냉정하게 보여주고 있다. 생각해 보면 그렇게 나마 유럽 공동체가 수십 개 국가의 의미망으로 유지될 수 있는 가장 큰 이유는 회원국들이 상호 각국의 정체성을 인정하고 수용하고 있기 때문이다. 다시 말하면 역사와 문화가 다르기에 각각 뚜렷한 정체성을 지니고 있는 국가 간의 통합은 우선 지역적 문화적 정체성에 대한 상호 존중이 보장되지 않으면 불가능한 것이다.

다시 시야를 아시아로 돌려보자. 흡연율이 높지만 녹차로 인해 사망률이 떨어지는 것 같은 건강상의 특이성 등 여러 종류의 '아시안 패러독스'[37]가 존재하지만, 나는 이것을 '동아시안 패러독스'라고 명명하고 싶은데, 동아시아는 상호 경제 의존성이 매우 높은데도 불구하고, 상호 이해의 정도는 매우 낮아서 경제적 통합체까지는 요원한 것처럼 보인다. 나는 동아시아 각국이 상호 역사와 문화에 대한 이해와 존중을 신장시키지 않는 한 유럽연합 정도의 역내 통합조차 달성하기 어렵다고 생각한다. 그런 점에서 중국-홍콩 간의 갈등과 그 해결 과정은 내 관심의 대상이 될 수밖에 없는데, 같은 민족이라는 바탕 위 크게 보면 대중화권이라는 공통점을 어렵지 않게 도출할 수 있는 공간이기에 상호 정체성의 존중이라는 틀에서 문제 해결이 되기를 기대한다. 백낙청이 말하는 한반도의 분단체제가 세계체제의 하위 체제로서 동아시아에 존재하는 특이한 존재라면, 나는 세계체제와 중국-홍콩 사이에 현실적으로 특이한 갈등 구조가 실재한다는 측면에서 '중국-홍콩체제'라고 부르고 싶은 것이다.

---

37 김남국, 「'아시안 패러독스'와 동아시아 지역 통합」, 『한겨레』, 2015.5.17, A31면 참조.

자본주의의 탄생과 그에 따른 마르크스적 소외의 발생은 사회 과정의 고유한 현상으로서, 실로 역사의 정수라고 한 이사야 벌린의 평가는 매우 매력적이다. 첨단자본주의를 홍콩에 적용시키기에 무리가 없다면 소외는 홍콩사회의 절대적 이슈 중의 하나가 분명해진다. 탄궈건譚國根은 도회가 발전하고 소비주의가 대두되고 대중문화가 부상하는 과정 중에 자본주의와 식민주의가 각각 다른 형식으로 홍콩인을 착취하였다고 보았다.[38] 결국 홍콩인은 식민주의 또는 첨단자본주의라는 착취의 형식을 막론하고 장기적으로 착취되어온 그 어떤 존재인 것이다. 피케티는 중국 공산당이 홍콩에서 추진하고 있는 시스템을 자신이 만든 신조어 '플루토 코뮤니즘ploutocommunisme'[39]으로 홍콩의 후식민을 규정했다. 홍콩의 행정장관 선거가 형식적으로는 자유선거를 표방하지만, 후보자는 2~3명으로 제한하고, 친중국 성향의 소수 이익집단에 의해 지배되는 지명위원회의 동의를 얻어야 한다는 현실을 적시하고 있다.[40] 피케티는 이것을 단일 정당의 공산주의 논리와 영국식 식민 전통의 "절묘한 혼합체"[41]라고 했다.

최근 중국-홍콩 간 '다시 국민 만들기'라는 국민교육의 흐름을 볼 때, 중국 민족주의는 향후 홍콩 본토주의에 대한 가장 강력하고도 지속적인 위협인 동시에 대체 방안이 될 것이다. 그것에 대한 반작용으로 본토주의localism 역시 포기되지 않을 텐데, 특히 경제적 이익에 취약한 홍콩이라

---

38 譚國根,『主體建構政治與現代中國文學』, 香港 : 牛津大學出版社, 2000, 212쪽.

39 그리스어로 부를 뜻하는 'ploutos'와 권력을 뜻하는 'kratos'와 프랑스어로 공산주의를 뜻하는 'communisme'의 합성어. 토마 피케티, 「홍콩의 자본」, 토마 피케티, 박상은 · 노만수 역, 『피케티의 신자본론』, 글항아리, 2015, 129쪽 참조.

40 위의 책, 129쪽.

41 위의 책, 129쪽.

면, 홍콩 본토주의 문화는 지속성을 가지기 어렵다. 응구기에 의하면 "정치 · 경제 해방은 문화 해방 및 한 국민의 창조 정신과 상상력의 진정한 해방을 위해 필수적인 조건"이다.[42] 정치와 경제의 힘으로부터 자유로운 사회 구조를 만들어야 하는데, 브렉시트의 경우를 보더라도 정치경제의 자장이 직접적으로 미치는 사회와 문화는 제한적일 수밖에 없다. 지금도 중국의 정치경제적 작용에 본토 홍콩의 문화적 스펙트럼까지도 요동치는 것이 사실이다. 따라서 향후 홍콩이 갖추어야 할 새로운 조건은 세계체제론적 시각이다. 호미 바바는 "식민 지배가 정치적이고 경제적인 관계라는 것은 분명한 사실이나, 그 자체의 일관성과 정당성을 유지하고자 문화적 구조에 기대어 왔다는 점 또한 중요하다"[43]고 강조했다. 호미 바바의 일관된 논리는 식민 지배는 정치경제적이지만 문화적 역할의 중요성 때문에 그것에도 큰 관심을 가지고 있다는 것이다.

중국 민족주의 식민 담론은 민족의 원형에 고집하여 '홍콩다움'이 불합리한 논리로 가득찬 집단의식임을 지속적으로 강조하고 있다. 자본주의적 홍콩, 민족주의적 중국 양자 공히 정치경제의 직접적인 영향으로부터 자유로워야 한다는 점이 전제되어야 하는데, 그것은 현실적으로 불가능한 것처럼 보인다. 더욱 직접적으로 표현하면 민족주의나 본토주의가 도구적으로 사용될 때 폐쇄주의, 봉건주의, 토착주의, 전제주의 등과 똑같은 의미가 된다. 호미 바바는 "서사와 마찬가지로 민족

42 Ngũgi wa Thiong'o, *Homecoming: Essays on African and Caribbean Literature, Culture and Politics*, New York: Lawrence Hill, 1972, p.11. 박경화, 「탈식민주의와 페미니즘 – 제3세계 페미니즘을 중심으로」, 고부응 편, 『탈식민주의 – 이론과 쟁점』, 문학과지성사, 2003, 164쪽에서 재인용.

43 데이비드 허다트, 조만성 역, 『호미 바바의 탈식민적 정체성』, 앨피, 2011, 73쪽.

은 시간의 신화 속에서 제 기원을 잃어버리고 정신의 관점에서만 제 지평을 완전히 실현시킨다"[44]고 했다. 본토 홍콩의 생성이 중국 민족주의의 공습이라는 작용에 대한 반작용의 결과물이라고 본다면, 향후 본토주의의 전개는 중국 민족주의의 작용과 직접적인 관계가 있다. 문제는 현시점 중국 민족주의가 블랙홀처럼 '자유' 담론을 비롯한 모든 논의를 삼키고 있다는 점이다.

탈식민 담론에서 지배자는 영원히 가해자이고, 피지배자는 영원히 피해자인가? 또 지배를 벗어나는 방법이 지배자의 교체밖에 없다면 같은 민족이라는 이유만으로 다시 구속·통제된 상태는 용인될 수 있는가! 장빙량張炳良은 새로운 홍콩의 정체성을 구축하기 위해서 본토 자아, 국민 자아, 국제 자아라는 세 가지 자아의 중요성을 주장한다.[45] 아마도 적절한 황금 비율의 구성을 전제로 한 것이겠지만, 현시점 본토 홍콩이 자신의 정체성을 제대로 구축하(되)지 못하고 있다는 통찰이다. 우리가 주목해야 하는 것은 본토-국민-국제의 자연스런 의미망의 형성이 아닐까?

개혁개방 이후 중국 관방은 시종일관 미국이 세계 제일의 강대국으로서 중국의 '굴기'를 최대한 저지하고자 하는 것으로 본다. 중국의 굴기를 저지하기 위한 전통적인 방법으로는 여러 가지가 있는데, 우선 중국의 인권 문제, 티베트 등 소수민족 문제 그리고 대만과 홍콩 등 양안삼지兩岸三地의 통일 문제 — 최근에는 남중국해 영유권 문제[46] — 를 거

44 위의 책, 193쪽에서 재인용.

45 張炳良, 「香港身分 : 本土性, 國族性與全球性的交織」, 呂大樂 · 吳俊雄 · 馬傑偉 編, 『香港 生活 文化』, Hong Kong: Oxford, 2011, 18쪽.

46 2016년 7월 네덜란드 소재의 국제중재재판소가 중국의 남중국해 영유권 주장에 대해 법적근거가 전혀 없다고, 사실상 중국 패소 판정을 내리면서 미국은 또 다른 패 하나를 손에 쥐게 되었다.

론하는 것이다. 알다시피 미국 등 서방세계는 민주와 근대의 수호자임을 자처하면서 중국을 향해서 수시로 문제 제기를 하고 있는 것이 사실이다. 그렇다면 중국 관방의 입장에서 홍콩이나 대만의 독립 요구는 당연히 서구세력의 배후 조종이나 작용이라고 판단하는 것이 자연스럽다. 스스로의 정체성을 주장하는 일체의 행위를 바로 반국가적이고 반민족적인 행위로 연결시키는 것이다. '절대 진리'인 국가와 민족을 반대하는 행위는 서구열강의 획책일 수밖에 없으며, 그래서 '홍콩 독립'을 기도하는 세력의 배후에는 서구가 있다고 보는 것이다.

과거 홍콩을 읽는 중요한 기호 중의 하나가 피난민 정서의 '과객過客' 이었다면, 홍콩사회를 구성하는 주류의 성향은 사회주의를 싫어하는 부르주아 내지는 쁘띠 부르주아였다. 이들은 홍콩에서 고생하고 있지만 적어도 사회주의가 시행되고 있는 중국의 현실보다는 우위에 있다는 자부심을 가지고 홍콩사회 발전에 견인차 역할을 했다고 보아도 과언이 아니다. 하지만 1980년대부터 진행된 대륙으로부터의 정식 이민자들의 경우는 과거 유입의 양상과는 사뭇 다른 것이었다. 중국에서 매일 150명의 이민자가 먼저 온 가족과 함께 한다는 이유로 홍콩으로 이민을 온다. 이 사실은 본토 홍콩의 정체성 재편에 중국정부가 매우 큰 관심을 가지고 개입하고 있다는 반증이다. 1997년부터 2012년까지 도래한 대륙 이민자는 이제 홍콩 인구의 10분의 1을 차지하고 있다.[47] 과거 이민의 주류가 '나는 공산당이 싫어요' 하고 탈출한 사람이라면, 최근 20~30년간 유입된 이민자들은 적어도 중국당국의 '엄격한' 선발

---

47 孔誥烽, 「狂妄的天朝, 鄉愿的泛民, 躍動的城邦－從三本書看香港本土」, 『思想 26－香港 : 本土與左右』, 臺北 : 聯經, 2014.10, 236쪽.

과정을 통과한 '특별한' 사람들이라는 점이다. 시간이 갈수록 이른바 중국적 정체성이 강화되면서 그것에 맞서는 홍콩적 정체성 또한 부각될 것이다.

중국의 경우 티베트 문제나 신장新疆 문제가 지속적으로 국가 통합의 걸림돌이 되는 이유는, 그들의 역사적 문화적 정체성을 보장해 주지 못하기 때문인데, 적어도 그들은 자신의 정체성을 위협받는다는 생각에서 자유롭지 못하다. 홍콩의 본토주의는 중국정부의 정치경제적 강요나 프로파간다에 대한 저항으로 읽혀져야 할 것이다. 그렇게 본다면 답은 의외로 간단하다. 신장이나 티베트나 홍콩을 '국가적'으로 통합하고자 한다면, 그들의 문화나 역사적 정체성을 수용하고 인정하는 것이 선행되어야 하는 것이다. 하지만 작금의 상황을 보면, 정체성에 대한 존중보다는 그것을 하루빨리 와해시키려는 각종 조치가 시행되고 있는데, 국민교육과 역사 왜곡 등이 형이상학적 조치라면, 경제적 시혜를 수시로 언급하는 것을 포함하여 고속도로 연결이나 고속철도 개통은 형이하학적 측면의 조치인 것이다.

3. 세계체제와 '중국-홍콩체제'

그동안 홍콩이라는 공간을 사유하면서 그것의 정체성을 가치적인 측면에서 궁구해 왔다. 홍콩의 가치는 분명히 실재하는 그 무엇인데, 그것의 정체는 무엇이며 또 그것이 얼마나 중요한가에 대한 물음에 대답하는 과정이었다고 해야 할 것이다. 또한 그 가치는 내외부적으로 정당한가에 대한 질문도 포기할 수 없었다. 홍콩공항에 도착하면 제일 먼저 '아시아의 세계 도시Asia's World City'라는 문구가 눈에 들어오는데, 이 때 아시아라고 한 것은 홍콩의 지역적 위치를 규정하는 것이고, 세계도시라는 것은 세계화되고 개방된 도시를 말하는 것일 것이다. 전 지구화 시대를 선도한다는 자부심으로 읽을 수도 있다. 이른바 '아시아의 세계 도시'라는 타이틀을 내걸고 또 그것을 자랑스럽게 생각하는 홍콩은 여전히 극심한 빈부격차를 지닌 홍콩식 자본주의와 중국 식민자가 들고 온 민족주의의 이중적 위협에 직면해 있다. 자본주의와 식민주의라는 위협에서 도생해야 하는 것이 본토 홍콩의 현실이다.

이 글에서 홍콩이라는 자본주의적 공간을 세계체제적 시각에서 바라보면서 탈식민-탈민족-탈자본주의의 과정을 상상해 보았다. 전 지구화가 그것의 장단점을 노정하면서 급속히 진행되고 있는 것이 현실이고 또 궁극적으로는 세계공화국의 구성을 피할 수 없다는 인식을 수용한다면, 나는 홍콩이 그 길목에 위치하고 있다고 본다. 많은 학자들은 본토화와 전 지구화는 동시에 발전하는 것이고, 이 양자 간에 경쟁이 존재하는데, 일종의 장력이 충만한 이분dichotomize이라는 점을 지적한다. 그래서 우리는 전 지구화의 도래로 본토화 및 국가주의가 반탄력으로 대응할 수 있다는 것을 쉽게 짐작할 수 있다. 당연히 전 지구화와 본토화 사이의 장력은 다면적이며 복합적이다. 전 지구적 정체성과 본토적 정체성은 항상 상호 항형의 과정을 거치게 되어 있는 것이다. 세계체제적 시각에서 문제점과 과제를 미리 보여준다는 점에서 홍콩이 중요한 위치에 와있다. 구체적으로 중심국가의 식민과 자본이 야기한 하위 주체의 확산과 시민 계급의 부재라는 문제를 해결하는 것이 전 지구화로 가는 선결과제라는 점을 홍콩이 보여주고 있다. 그런 점에서 세계체제의 하부구조로서 '중국-홍콩체제'라고 특징 지을 수 있다는 것이다.

다시 식민 사유에 대한 롱잉타이의 고견을 빌려와서 현시점 중국-홍콩 관계를 정리하면, 중국정부는 영국정부와 마찬가지로 홍콩의 본토문화와 역사를 중시하지 않고, 서민을 중시하지 않고, 장기 발전을 중시하지 않는다는 점에서 공통점을 지닌다. 1997년 주권 반환 이후 중심부 중국-반半주변부 홍콩의 정체성 갈등은 본토 홍콩 자체를 아예 염두에 두지 않고 진행되고 있는 것으로 보이며, 게다가 자유로 상징되는 고유한 가치를 무력화시키고 소멸시키고자 하는 작업이 진행되고 있다. 그 대열의 선두에는 언제나 경제적으로 큰 혜택을 줄 것이라고 쓰여진 플래카드가 나부끼고 있다.

제6장

'소수'로서의 홍콩인

1. '-다움'의 가소성

최근 홍콩에서는 〈늑대狼〉와 〈무치無恥〉라는 대중가요가 당국의 심사를 통과하지 못했다.[1] 노래 제목에서 우리는 이미 눈치를 챌 수 있는데, 그것들은 분명히 정치적인 의미로 해석되었을 것이다. 대중가요의 심의 문제는 홍콩사회가 정치적으로 얼마나 민감한 상황에 놓여 있는지를 잘 보여준다. 이런 상황은 현재 본토locality 홍콩이 취한 타자 중국에 대한 정의이면서도, 중국-홍콩 양자 관계의 한 단면이다. 1997년 홍콩의 주권이 중국으로 반환된 직후, 런하이任海는 홍콩에 적용되고 있는 중국 민족주의의 현황을 다음과 같이 정리하면서 홍콩문화 공간의 미래를 우려한 적이 있다. 그는 정체성으로서 중국-홍콩 양자 관계를 "중국 측에서 보면, 홍콩은 중국의 지연地緣정치 범위 안에 있고, 홍콩인에게 중국 민족주의를 주입하는 것은 최고 임무가 된다. 중국정부는 홍콩 거주민의 생각과 중국 민족주의가 서로 어긋나지 않을 것이라고는 생각하지 않는다"고 전제하였다.

그래서 중국 "정부는 홍콩인에게 심지어 중국 국민을 향해서, 홍콩인은 민족이나 국가의식이 결핍되어 있으며, 그들은 애국주의가 무엇인지 모른다는 점을 지속적으로 제기하고 있다"고 지적했다. 그리고 "홍콩 의식 형태 공간을 재조정하는 것은 정부의 최고 임무가 된다. 앞으로 정식 언어는 푸퉁화普通話가 될 것이고, 현지 역사는 중국국가 역사의 맥락 속으로 들어갈 것이며, 중국공산당의 혁명사는 중국국가 역사의 초점이

1 林夕 演講, 李浩榮 記錄, 「我所愛的香港」, 『明報月刊』, 2014.7, 42쪽.

될 것이다. 마지막으로 홍콩의 문화 공간 역시 중국이라는 민족국가에 의해 재구성될 것이다"[2]라는 예언을 했다. 이후 민족주의와 국가주의가 홍콩을 압박하고, 공산당의 역사가 국가의 역사로 일반화되고, 홍콩의 역사가 중국의 역사로 편입되어온 것을 보면 실로 탁견이라 아니 할 수 없다.

홍콩의 주권이 중국으로 반환된 이후 정치적으로 독립성이 현저히 감소되었으나, 50년 불변을 보장받았고, 국제적으로 '홍콩특별행정구'라는 이름으로 일개 국가로 인정받고 있음 또한 사실이다. 하지만 조금만 더 자세하게 살펴보면 '다수' 중국-'소수' 홍콩으로 대비되는 처지가 분명하게 보인다. 2013년 5월 19일, '홍콩인의 진심香港人心聲'이라는 페이스북 계정에 "티베트의 오늘은 홍콩의 내일西藏的今天, 是香港的明天"이라는 문구가 떴다. 소수 티베트에 강요되고 있는 다수 중국의 각종 정치경제적 압박을 최근 홍콩 또는 홍콩인이 처한 신세에 비유적으로 표현한 것이다. 알다시피 2006년 7월 칭장青海-西藏철도가 개통된 이후 티베트사회는 한족漢族 중심으로 재편되고 있다. 이른바 한화漢化의 진행 속도가 더욱 빨라지고 있는데, 그것의 배후에 한족의 경제력이 있다. 한족의 경제력이 티베트를 지배하면서 티베트의 정체성은 현격하게 약화되고 있는바, 같은 상황이 재현될 것을 우려하는 홍콩인의 목소리가 커지고 있다.

어찌 이 한 마디뿐이겠는가. 페이스북을 비롯한 SNS를 통해 홍콩인의 위기의식이 각종 단체[3]의 명의로 증폭되어 전파되고 있다. 지상파

---

2 任海,「看的辯證－展覽櫥中的香港」, 劉青峰 · 關小春 編,『轉化中的香港－身分與秩序的再尋求』, 香港 : 中文大學出版社, 1998, 214쪽.

3 페이스북에만 '홍콩독립운동(香港獨立運動)', '나는 홍콩인이다(我係香港人)', '홍콩의 대륙화 거절(拒絶香港大陸化)', '홍콩독립매체망(香港獨立媒體網)' 등 수십 개의 계

언론에서 보도되지 못하는 뉴스와 정보를 공유하고 전파하는 것이 SNS의 중요한 기능 중 하나이다. 온라인이 활성화되고 있다는 것은 주류 언론이 소수의 목소리를 정확하게 전달해 주지 못하고 있다는 의미도 된다. 1997년 주권 반환 이후 홍콩의 언론매체들은 자기검열에 열심일 뿐만 아니라 지속적인 프로파간다propaganda 작업의 주체적 역할을 하고 있는바, 홍콩의 당면한 이슈는 '애국'이나 '국민'이라는 이데올로기 속에 묻혀버리고 있는 실정이다. 바야흐로 국가(중국)는 좌도 우도 아닌 제3의 공간, 광둥어廣東語로 대표되던 정체성, 법률과 제도를 자랑하던 본토(홍콩)를 애국주의, 푸퉁화, 공산당의 혁명사로 순화馴化, domestication시키고 있는 중이다. 절대 진리로서 국가라는 틀 속에 홍콩을 편입시켜야 한다는 이데올로기로 작동하고 있다. 순화 과정은 정치와 경제로 크게 양분할 수 있다. 국가 지도자·관방 언론·관변 학자 등에 의해 시시각각 제기되고 있는 언설들이 정치적이라면, 대륙에 의해 홍콩(인)에게 주어지는 각종 혜택은 경제적이다. 두뇌과학의 가소성可塑性, plasticity이라는 측면에서 보면, 정치적인 그리고 경제적인 수단은 인간의 순화에 매우 효과적이다.

최인철은 최근 각광받고 있는 문화신경과학의 차원에서 이렇게 소개하고 있다. "자기 개념과 뇌의 관계에 대한 문화신경과학 연구는 최근 들어 아주 활발하게 진행되고 있다. 앞으로도 매우 흥미로운 연구 결과들이 많이 쏟아질 것으로 예상할 수 있다"고 전제하고 "지금까지 소개

정이 활동하고 있는데, 한 번의 포스팅에 '좋아요' 수천 개를 받으면서 꾸준히 활동하고 있는 계정이 있는 반면에 단 한 번의 포스팅 이후 그냥 사라지는 계정도 다수이다. 최근 홍콩인 91%가 페이스북을 한다는 설문조사 결과가 나왔다.

한 문화신경과학의 연구들은 철저하게 뇌 가소성 원리에 기초하고 있다. 뇌는 고정되어 있지 않다. 반복되는 경험들이 뇌를 변화시킨다"고 했다. 그리고 "문화 역시 예외는 아닌 것 같다. 특정 문화에서 반복적으로 경험하는 생각과 행동들이 그 문화권 사람들의 뇌를 특정 방향으로 변화시킬 수 있다는 점은 이제 그리 놀라운 사실은 아니다"[4]라고 강조했다. 두뇌가 가소적이라면 문화 역시 가소적인데, 문화를 특정한 방향으로 변화시킬 수 있다는 것이다.

문화신경과학의 입장에서 보면 홍콩인은 중국-홍콩의 갈등을 거치며 새로운 정체성을 지니게 될 것이고 나아가 홍콩의 신문화를 창출할 것이 분명하다. 정체성을 '-다움ness'이라고 정의한다면 나는 '-다움'이 고정적 개념이 아니며 변화하고 있는 텍스트이듯, '홍콩다움hongkongness' 역시 고정적 개념이 아니며 변화하고 있는 그 무엇이라고 생각한다. 이른바 '-다움'이 누군가에 의해 교육되고 훈련되고 전승되고 획책된 그 무엇이라는 인식하에, 나아가서 '우리다움weness'이나 정체성 형성이 두뇌의 가소성과 직접적인 상관 관계가 있다고 보고, 작금의 중국-홍콩 관계를 살펴보고자 한다. 타자와의 관계가 중요하다는 말인데, 그렇다면 중국-홍콩, 중국인-홍콩인은 고정적 개념이 아니라 변화하고 있는 그 어떤 텍스트인 것이다.

---

4 최인철, 「동양인의 뇌 vs 서양인의 뇌」, 김성일 · 김채연 · 성영신 편, 『뇌로 통하다』, 21세기북스, 2013, 137쪽.

2. 정체성의 정체

한때 한국사회 일각에 유대인의 탈무드를 인용하고 그들의 교육방식을 높이 평가하는 흐름이 있었다. 남다른 교육이 '그들을' '그들답게' 만드는 장본인이라고 보았다. 역으로 보면 탈무드가 있기에 이른바 유대인이 전승되고 있는지도 모른다. 물론 '그들다움'에 대한 거부감보다는 부러움이나 긍정적인 인식하에 꺼내는 칭찬이었다. 일부 한국인들은 이국 땅에서 '중국인'이 '중국인다움'이라는 정체성을 잘 유지하는 것에 대해 존경심을 표시하기도 한다. '유대인다움'이나 '중국인다움'이 짙은 커뮤니티에서 성장하고 생활하면서 '-다움'을 자랑스러워하는 주체가 분명히 실재한다. 그 어떤 '-다움'은 이른바 '유대인', '중국인'이라는 민족적 정체성을 분석하는 데 필수불가결한 요소라 할 것이다.

그렇다면 과연 '-다움'은 무엇일까 하는 질문이 제기된다. 우선 알고 싶은 것은 이른바 보편적 '중국인'의 정체성이다. 사실상 전 세계에 나름대로 '중국다움'이라는 정체성을 유지하고 있는 종족이 광범위하게 존재하고 있다. 나아가서 '중국인'은 정체성 유지 차원에만 머물러 있는 것이 아니라, '중국다움'을 적극적으로 선양하는 전도자 역할을 하고 있는 것이 사실이다.

혈연을 제외하고 '중국인'은 무엇으로 '중국다움'을 인식하는가 하는 문제가 중요한데, 바로 '그들'은 무엇으로 '중국다움'을 상상하는가 이다. '-다움'은 때로는 정치적으로 실체화되기도 한다. 2008년 미국 대선 당시 매케인을 지지하는 중국인연맹 북가주 지회의 공동집행장인 장즈야오章誌堯는 매케인의 가치관 즉 신앙, 생명 중시, 낙태 반대 및 감세 정책 그리고 정부 지출 축소, 제조업 활성화 정책 등이 중국인의 가치관과 기대에 매우 부합된다고 했다.[5] 이 중 그가 중국인의 가치관과 직결된다고 보는 것은 신앙이나 생명 중시 등인데, 바로 문화의 정서적인 부분이다. 매케인과 중국인들 사이에 정서적으로 상호 공감할 수 있는 부분이 있다는 말이다. 그것은 인지 또는 의식이라는 말로 치환될 수 있을 것이다.

스티븐 핑커는 의식이란 "대체로 초기의 훈련 과정에서 뇌에 전해지는 문화적 발전의 한 산물"이며 "밈meme[6]들의 거대한 복합체"라고 생각한다.[7] 따지고 보면 밈이라는 문화적 유전자도 사실은 훈련 또는 학습되어서 전승되는 문화 요소이다. 그렇다면 요리, 고향, 사투리, 명절, 속담, 격언 등은 '감염성이 있는 문화적 특징'인 '밈'을 생성하는 중요한 통로가 된다. 그만큼 민족의 각인이 밈으로 규정된다고 한다면 중국은 모태로서 홍콩의 우위에 있다. 다수 중국은 밈의 본토일 것이고, 소수 홍콩은 밈을 흠모하는 디아스포라인 것이다. 따라서 중국의 대 홍콩 전략의 우선 원칙은 문화적 혈통을 강조하는 것일 테다.

사실 학계에서는 벌써부터 정체성에 대해 근본적인 논의가 있어 왔다. 과연 정체성이 무엇이며 그것이 그렇게 중요한가와 같은 문제는 종족 또는 비종족의 영역을 떠나서 시종일관 문화학자(모든 인문학자라고 할 수도 있겠다)들의 공통된 관심사항일 것이다. 호미 바바는 민족적 정체성을 '과거를 모으기', '기억들을 모으기' 그리고 '현재를 모으기'[8]라고 표현하는

5 『星島日報』(美國版), 2008.9.5 참조.

6 "밈은 인기 있는 광고 노래나 최신 유행처럼 감염성이 있는 문화적 특징을 가리키는 도킨스의 용어다." 스티븐 핑커, 김한영 역, 『마음은 어떻게 작동하는가』, 소소, 2007, 217쪽.

7 위의 책, 217쪽.

8 데이비드 허다트, 조만성 역, 『호미 바바의 탈식민적 정체성』, 앨피, 2011, 147쪽.

데, 살만 루슈디Salman Rushidie의 『상상 속의 고향*Imaginary Homelands*』이나 베네딕트 엔더슨의 『상상의 공동체*Imagined Communities*』 역시 그 맥락에서 읽을 필요가 있다. 바바의 의견을 정체성에 대입시키더라도 크게 무리가 없을진대, 과거를 또 기억을 그리고 현재를 모아야 정체성이 형성되는 것이다.

그러니까 문제는 어떤 '과거' 어떤 '기억' 어떤 '현재'를 잡고 모아야 하느냐 하는 것이다. 모으기의 주체나 주체의 의도에 따라 '과거'와 '기억'과 '현재'의 종류와 양태는 판이하게 다를 수 있기 때문이다. "어떤 국가나 민족에 속해 있으면서 같은 날 같은 시간에 같은 언어로 같은 이야기를 읽는 수백만 명의 사람이 있기 때문에",[9] 우리가 쉽게 정체성의 실재를 인정할 수밖에 없지만, 그것의 형성에 대한 의심은 정당하다. 문화적 정체성 형성에 가장 큰 영향력을 행사하는 기득권 세력은 시시각각 확증적 편향의 주입을 획책하고 있다.[10] 지금 이 순간에도 우리는 다양한 주체에 의해 유형무형으로 '우리다움'에 대한 동의를 강요받고, 직간접적으로 '우리다움'을 지속적으로 주입받고 있다. 그것은 '우리다움'이 구성되고 해체될 수 있다는 전제 위에서 가능한 일이다. 모든 학습은 두뇌의 가소성을 믿기 때문에 시도되는 것이다. 서유헌은 두뇌의 가소성에 대해 "뇌는 새롭고 창조적인 방법으로 계속 사용하면, 수상

---

9 위의 책, 194쪽.

10 최근 한국의 정치권이나 학계에서 전개되는 논쟁을 지켜보노라면, 정치나 경제 권력이야말로 한국인의 정체성 형성에 가장 직접적이고도 무지막지한 영향력을 행사하고 있는 사실을 여실히 볼 수 있다. 특히 정권은 근현대 역사교과서를 둘러싼 논쟁이나 5만 원 권 지폐의 배경인물을 둘러싼 논쟁에서 절대적 우위를 점할 수밖에 없다는 사실은 우리를 더욱 상심하게 만든다. 그리고 정치권력과 재벌에 의해 추진되고 있는 대학의 취업학원화는 이제 돌이킬 수 없는 대세로 굳어져서 대학의 문화적 정체성으로 확증을 더해가고 있는 실정이다.

돌기의 연결점들이 계속 활동하면서 정보가 지나갈 수 있도록 길을 터 줄 뿐만 아니라 새로운 가지를 만들어 흥분 전도를 보다 원활히" 해주는데, 자극에 의해 회로가 치밀해지고 넓어지나 자극이 없으면 회로가 엉성하고 좁아지게"[11] 된다고 말했다. 따라서 두뇌를 "플라스틱과 같이 크게도 작게도 만들 수 있다는 의미"라고 정의했다.[12]

에릭 켄델은 동물 두뇌의 가소성을 찾아내고 그 결과를 인간 두뇌에 적용하여 노벨상을 받았다. "우리를 가장 놀라게 한 것은 자극 패턴을 바꿈으로써 시냅스 세기를 아주 쉽게 변화시킬 수 있다는 점이었다." 따라서 이것은 "시냅스 가소성이 화학적 시냅스의 본성 자체에, 즉 시냅스의 분자적 구조 자체에 내재한다는 것을 시사했다. 더 넓게 보면, 뇌의 다양한 신경회로 속 정보 흐름은 학습을 통해 교정될 수 있다는 것을 시사했다"[13]고 했다.

에릭 켄델이 발견한 것의 핵심은 학습을 통해 두뇌는 교정이 가능하다는 것이다. 모든 학습이나 훈련에 대해 새롭게 정당성을 부여했음이 아닐 수 없다. 노먼 도이지 역시 조기교육이나 훈련이 왜 그렇게 중요한지를 친절하게 설명해 주고 있다. 도이지는 "경쟁적인 가소성은 우리가 나쁜 습관을 깨거나 '탈학습'하기가 어째서 그토록 힘든지도 설명한다. 우리들 대부분은 뇌를 하나의 그릇으로 생각하고, 학습은 그 안에 무언가를 넣는 것으로 생각한다"고 전제하면서 "따라서 어떤 나쁜 습관을 깨고자 할 때, 우리가 생각하는 해결책은 그 그릇 안에 무언가 새로운

11 서유헌, 『뇌의 비밀』, 살림출판사, 2013, 52~53쪽.
12 위의 책, 53쪽.
13 에릭 R. 캔델, 전대호 역, 『기억을 찾아서』, 랜덤하우스코리아, 2009, 197쪽.

것을 넣는 것이다"라고 했다.[14] 물론 두뇌의 가소성에 대한 믿음을 깔고 있기 때문에 가능한 주장이다.

스티븐 핑커에 의하면 민족이 다른 것은 그들의 문화가 다르기 때문이다. 실제로 민족을 지칭할 때에도 에스키모 민족, 유대 민족이 아니라 에스키모문화, 유대인문화라고 불러야 한다는 것이다.[15] 문화가 곧 정체성이라는 것인데, 이즈음 문화에 대한 정의가 궁금해질 수밖에 없다. 유네스코는 문화를 "정신과 물질적 지능 및 사회 또는 사회단체의 정서적 특징에 관한 것이다. 예술과 문학 외에 그것은 생활 형태와 공동생활의 방식 · 가치 계통 · 전통과 신앙을 포함한다"[16]고 정의한다. 19세기 말 에드워드 테일러는 그것을 "지식 · 신앙 · 예술 · 도덕 · 법률 · 풍속 등 사회 구성원으로서 마땅히 습득하는 모든 능력과 습관"[17]이라고 했다. 문화를 광범위하게 규정하고 있는데, 이 경우 문화를 커뮤니티의 정체성을 구성하는 하위 개념의 하나로 보기에는 부적절하다.

좀 더 적극적으로 해석한다면 문화야말로 '그들'의 정체성을 대표한다고 해도 무리가 없을 듯하다. 서동욱은 "사유의 훈련을 통한 새로운 법칙들과 가치들의 지속적인 창조 과정이 바로 문화"라고 정의하면서, 그래서 "문화는 사유가 겪는 폭력"이자 "사유의 수련"이라는 것이다.[18] 내가 보기에 문화는 그저 '우리' 또는 '그들' 사이에서 장기간 전승되어온 '습관적 의식'일 뿐이다. 그것도 권력 주체의 욕망과 의도에 의해 전승된

14 노먼 도이지, 김미선 역, 『기적을 부르는 뇌 – 뇌가소성 혁명이 일구어낸 인간 승리의 기록들』, 지호, 2008, 89쪽.

15 스티븐 핑커, 김한영 역, 『빈 서판 – 인간은 본성을 타고나는가』, 사이언스북스, 2006, 57쪽.

16 陳瀅巧, 方孝謙 審訂, 『圖解 文化研究』, 臺北 : 易博士文化, 2006, 14쪽에서 재인용.

17 위의 책, 13쪽에서 재인용.

18 서동욱, 『차이와 타자』, 문학과지성사, 2004, 89쪽.

의식 말이다. 웨슬리의 요점은? "우리가 보는 문화적 갈등의 많은 부분이 상대적인 가소성 감소의 산물이라는 것이다."[19] 문화적 가소성을 인정한다면 문화적 갈등의 상당 부분을 쉽게 해소할 수 있다는 말이다.

전승되는 문화의 의미는 문화센터를 통해서도 분명하게 볼 수 있다. 미국 서부의 중국인 거점이라고 할 수 있는 샌프란시스코 중화문화센터Chinese Culture Center of San Francisco는 설립 목적으로 서화 전람, 푸퉁화 과정, 중국 전통문화 학습, 문화교류 좌담회, 뿌리 찾기 활동, 영화 상영, 차이나타운 안내 등을 내세우고 있다.[20] 그렇다면 언어나 문화 그리고 뿌리 의식은 이른바 문화로 대변되는 '민족다움'의 간판이라고 할 수 있겠다. 문화센터의 설립 목적이나 교육과정이, 박물관의 기능과 매우 흡사하다는 것을 확인할 수 있는 바, '민족다움'은 교육되어야 하는 그리고 교육을 통해서 전승되어야만 한다는 것이다. 이 경우 정체성 전승교육은 두뇌의 가소성을 역설적으로 인정하는 근거가 된다. 우리가 '타자'의 박물관이나 문화센터라는 양자의 기능을 통해서 그곳의 문화적 정체성을 체험하고 이해한다고 볼 때, 두 개의 기관은 정체성을 정의하면서 선동

19 노먼 도이지, 김미선 역, 앞의 책, 386쪽.

20 센터는 계간으로 뉴스레터를 발행하고 있는데, 2007년 가을·겨울 호에 2008년도 '심근(尋根)' 활동에 대하여 다음과 같이 홍보하고 있다. "2008년 '뿌리 찾기' 활동의 대상은 17세부터 26세까지의 중국인 후예 미국 청소년으로 한다. 목적은 그들이 중국 조상의 전통문화를 더욱 잘 이해하도록 돕기 위함이다. 1년의 학습 기간을 통하여, 참가자들은 작문이나 발표에 있어 큰 발전을 할 뿐 아니라 각기 다른 지역에서 온 사람들과 교류하는 방법을 배우게 될 것이다. 이러한 고귀한 지식과 기능은 그들에게 작지 않은 도움을 줄뿐만 아니라 친지나 친구들과 쌓은 감정과 유대는 그들과 평생토록 함께 할 것이다. 학습활동이 끝난 후 참가자들은 느낀 점과 배운 점을 전람회나 발표 등의 방식으로 문화센터에서 대중과 나누게 될 것이다. 이런 활동에 대해 흥미가 있는 사람은 http://www.c-c-c.org/programs/roots를 방문하여 주기를 바란다. 접수는 2008년 1월 31일까지이다."

하는 가장 중요한 조직이다.

홍콩의 박물관을 대표하는 홍콩역사박물관의 상설전시인 '홍콩 스토리香港故事'를 둘러보더라도 이른바 후식민의 주체는 객체에게 민족의 정체성이라고 고착화된 형질을 지속적이고도 반복적으로 주입하는 것이야말로 문화 전승의 첫 번째 권리이자 의무라고 여기고 있다는 점을 쉽게 알 수 있다. 교육이나 교류를 통해서 전승되어야 하는 그 무엇의 존재라는 측면에서 결국 문화로 대표되는 정체성은 유동적인 것이며 변화를 예비하고 있다 하겠다. 이에 대해 호미 바바는 이렇게 말한 적이 있다. "문화는 친숙하다. 그 자신의 학문적 일반화가 있고, 모방적 내러티브가 있으며, 동질적인 텅 빈 시간이 있으며, 연속성, 진보, 관습, 그리고 일관성이 있다"는 것이다. 동시에 "그러나 문화의 권위는 친숙하지 않기도 하다. 왜냐하면 구분이 되려면, 의미를 지니려면, 영향력을 가지고 동일화를 할 수 있으려면, 문화는 번역되어야 하고, 산포散布되어야 하며, 구별이 되어야 하며, 학문 간, 텍스트 간, 민족 간, 인종 간의 상호 소통 가능성이 있어야 하기 때문이다"[21]라고 했다.

문화의 이중성에 대해 명쾌하게 정리한 것인데, 허다트는 호미 바바가 문화를 이중성으로 정의한 것은 그가 문화를 얼마나 '우습게' 보고 있는지를 증명하는 것이라고 했다. 허다트는 "문화는 이중적 정체성을 지니고 있어서 식민지배 담론과 비슷하다고 할 수 있다. 한편으로 문화는 친숙하고 사실적이라서 일관성과 안정성을 주장한다. 거기에 속한 사람들에 의해서 의미 있는 것으로 만들어진다"고 했다. 그 다음 말이

21 데이비드 허다트, 조만성 역, 앞의 책, 154쪽에서 재인용.

중요한데 바로 이어서 그는 "다른 한편으로 문화는 친숙하지 않다. 왜냐하면 문화는 항상 변하기 때문이다. 그것은 명백히 거기에 속하지 않는 사람들에 의해서 의미 있는 것으로 만들어진다. 이런 이중적 정체성으로 인해 문화는 결코 일관성도 없고 자기 충족적이지도 않다"[22]는 것이다. 결국 문화는 '우리'와 '그들'이 함께 만들어내는 공동의 작품이다. 또 에릭 켄델이나 노먼 도이지의 발견에 따르면 정체성을 '정보 흐름'이나 '습관'으로 볼 때, 그것은 당연히 가변의 영역에 있다.

3. 국민교육

주권 반환 이후 중국에 의해 '소수민족' 홍콩인의 머릿속에 새로운 그 무엇이 주입되기 시작했는데, 그것은 바로 '국민'이다. 중국정부와 홍콩 당국은 홍콩인에게 국민의식을 지속적으로 주입하고 있다. 두뇌의 가소성을 두뇌에 새로운 '-다움'이 주입되면 원래의 '-다움'이 변화된다는 것이라고 정의할 경우, 중국이라는 '국가'는 두뇌 가소성에 대한 신념의 주체가 된다. 아쉽게도 향후 '국민'의 주입이 완성된다면 제3지대로서의 '홍콩다움'은 소멸될 것이다. 과거 홍콩이 영국에게 할양되면서부터 홍콩인이 국민이었던 적은 없었다. 홍콩인은 일관되게 영국 국민이 아닌 차국민次國民으로서 해외공민의 지위였다. 이 지위는 주권 반환 이후에도 달라진 것이 없는데, 홍콩인은 현재 국민으로 복귀되는 것만

22 위의 책, 154~155쪽.

이 유일한 출로인 '특별행정구민'일 뿐이다.

헌팅턴에 의하면 1989년의 천안문 사태 이후 국제적으로 사면초가에 처해 있던 중화인민공화국은 새로운 합법성의 원천으로 민족주의를 적극적으로 포용하였다. 이후 국내적으로도 중화사상을 의식적으로 제고시켰으며, 해외중국인에 대해서도 민족의식 고양 작업을 꾸준히 진행해 오고 있다. 헌팅턴은 자신의 정체성을 찾고 민족성을 재창조하려는 민족에게는 적수가 반드시 필요하다고 했는바, 그런 측면에서 홍콩은 신장新疆이나 티베트에 이어서 또 다른 적수가 되고 있다. 돌이켜보면 과거 동아시아 권력의 주체였던 한족은 '우리다움'을 근거로 동이東夷·서융西戎·남만南蠻·북적北狄 등으로 불리는 주위 민족들을 타자화했다. 그것은 한족의 정체성을 강화하는 중요한 방법이었다.

공봉진에 의하면, 중국정부는 1950년대 이후 스탈린이 민족 특징으로 규정한 — 동일한 언어, 지역, 경제생활, 문화 소양 등 — 네 가지를 원칙으로 소수민족을 '식별'하여 그 정체성을 인정하였다.[23] 소수민족의 식별 기준을 언어, 지역, 경제생활, 문화 소양으로 볼 때, 홍콩인은 이 네 가지 원칙에 부합되는바 소수민족으로 타자화되기에 부족함이 없다. 스탈린의 네 가지 기준 즉 동일한 언어, 지역, 경제생활, 문화 소양으로 본다면, '홍콩인'은 '소수민족'이 틀림없다. 아울러 최근 중국의 공세에 따라 '소수민족'으로서의 정체성은 더욱 강해지고 있다. 국가의 '소환'에 대항하기 위한 가장 손쉬운 방식이 '우리'의 '-다움'에 대한 확인이기 때문이다.

23 공봉진, 「중국 '민족식별'과 소수민족의 정체성에 관한 연구」, 『국제정치연구』 7-1, 동아시아국제정치학회, 2004, 190쪽.

동시에 중국이 홍콩을 향하여 추진하고 있는 '국민'의 대량 이민이나 경제 통합 등 각종 전략으로 볼 때, 보호대상으로서 소수민족이라는 지위는 공전의 위기에 직면하고 있다. 1997년 이후 홍콩에는 매년 4만 명의 대륙 이민자가 도래하고 있다. 본토 홍콩의 지속을 위협하는 인해전술이다. 이런 노력은 실제 머릿수로 나타나고 있는데, 2017년 시행될 행정장관 선거의 완전한 직선을 요구하는 데 80여만 명이 서명한 것에 반해, 그것에 반대하는 서명에 146여만 명이 동참했다고 집계되었다.

사실 '중국다움'과의 정치적인 충돌 속에서 홍콩인의 '홍콩다움'에 대한 상상은 피할 수 없는 내재적 욕구이다. 천광싱陳光興은 기술 주체로서의 문화중국이라는 개념은 중심부에서 떨어진 주변부에 거주하고 또 자녀들에게 중국어 학습을 강요해야 하는 해외화교에게 상당히 억압적인 존재라고 보았다.[24] 이 언설에서 우리는 문화에 관한 중요한 몇 가지 포인트를 정확하게 알 수 있다. 우선 문화중국이라는 존재의 확인이며 그 위치가 중심부이며 해외 화교 커뮤니티에 고유문화를 강요하고 있다는 개연성이다.

즉 주변부에 위치하는 본토 홍콩에게 혈통이라는 '절대 진리' 외에도 문화중국 대 비문화 홍콩의 대립구도가 '성공적'으로 모델화되고 있는 상황이다. 호미 바바가 보기에 사회적 정체성이나 정치적 정체성 양자 모두가 만들어진 것이다. 그의 끈질긴 주장에 힘입어 본다면, 중국인의 정체성도 만들어진 것이고, 중화문화 역시 만들어져온 결과물이다. 그래서 니시카와 나가오는 '문화'나 '문화국가' 슬로건의 기만성을 누구도

24 천광싱, 백지운 외역, 『제국의 눈』, 창비, 2003, 66쪽.

알아차리지 못했고, 문화는 국가이데올로기의 역할을 훌륭하게 수행했다는 지적을[25] 하기에 이른 것이다. 이런 측면에서 니시카와 나가오는 "'문화'라는 용어 자체가 지닌 제국주의적 함의를 거의 깨닫지 못하고"[26] 있는 현실을 지적한다. 민족문화 또는 본토문화에 기생하는 전근대성을 지적하는 말이다.

과연 민족을 벗어나는 행동에 대한 제한은 뚜렷하게 상존한다. 실제로 민족주의자들은 그것을 민족의 유지에 대한 궤변이나 현학으로 연결한다. 따라서 권혁범은 전통은 각 시대의 요구와 필요에 의해 재구성되는 문화적 체계이며, 일정한 "역사의 왜곡은 민족 형성의 일부다"[27]라고 주장했다. 나는 지금 본토 홍콩을 향해 요구되고 있는 '중화'와 '민족', '국가' 그리고 '중국다움'이라는 것도 결국 주변을 타자화하기 위해 생성되고 전승된 그 무엇이라고 믿는다. 역사적으로 다수의 강세문화는 소수의 약세문화를 늘 타자화해 왔다. 타자와의 관계가 중요하다는 말인데, 홍콩에 대한 중국 민족주의의 간섭은 홍콩 본토주의의 생성을 추동해 준다. 홍콩인의 '홍콩다움' 상상은 그들의 이주 역사와 형태만큼이나 다양하게 나타나고 있다. 예인충葉蔭聰은 '홍콩다움'의 유동성에 주목하고 있는데, 한 때 중국 민족주의가 바로 홍콩 본토 신분의 온상이어서, 영국 식민자는 중국 민족주의의 도래를 두려워했다.[28]

아이러니하게도 지금 본토 홍콩은 중국 민족의 공습을 두려워하고

25 니시카와 나가오, 윤해동 · 방기헌 역, 『국민을 그만두는 방법 – 국가이데올로기로서의 민족과 문화』, 역사비평사, 2009, 113쪽.

26 위의 책, 125쪽.

27 권혁범, 『민족주의는 죄악인가』, 생각의나무, 2009, 62쪽.

28 葉蔭聰, 「'本地人'從哪裏來?」, 羅永生 編, 『誰的城市?』, Hong Kong : Oxford University Press, 1997, 14쪽.

있다. 홍콩 유학 초기 '중국'의 도래를 두려워하는 홍콩인들을 도무지 이해할 수 없었다. 지금 생각해보면, 당시 한국적 민족주의로부터 철저한 훈도를 받았던 나는 조국으로서 중국의 가치만을 신봉하고 있었다. '홍콩인'들이 그들의 체험에 바탕을 둔 전근대적 실체에 대해서 공포를 느끼고 있다는 점을 간과했던 것이다.

이른바 중국인에 대한 정의, 중국 민족주의, 그것의 관성과 범주, 나아가서 충돌지점과 공통지대는 어디인가? 이 질문에 대해 '홍콩인'은 중요한 자료를 제공해 줄 수 있다. 과거 영국 식민지 당시 '홍콩인'이라는 어휘는 '중국다움'으로 살고 있는 그 어떤 종족을 지칭했다. 그들은 정치적으로는 영국의 보호를 받는 신분이었음에도, '홍콩다움'보다는 '중국다움'에 경도되었고 그것을 자랑스러워했다. 하지만 주권 반환이 진행되는 동안에 그리고 반환된 이후에도 '중국다움'을 해체하고 '홍콩다움'을 재구성하고자 하는 의지를 표현하고 있다. 지역성의 입장에서 보면 '홍콩다움'을 상상한다는 것은 문화 편견에 대한 저항이면서, 홍콩인이 자아 형성을 통해 문화적 정체성을 확립하는 데 중요한 역할을 담당하고 있다. 위에서 서유헌이 두뇌의 가소성을 강조했는데, 이어서 그는 "너무 강한 자극이 오랫동안 가해지면 회로가 망가져 다시 엉성하고 좁아지게 된다"[29]고 풀었다. 학습에 대한 탈학습이라는 구도 즉 대항축이 자연스럽게 형성될 수밖에 없음을 지적하는 것이다. 학습이 너무 강하게 지속적으로 강요되면, 반발할 수밖에 없는 부작용이 나타난다는 의미이다.

---

29 서유헌, 앞의 책, 53쪽.

그러니까 '중국다움'에 대한 학습은 '홍콩다움'에 대한 탈학습이 선행되어야 가능한 범주일 것이다. 따라서 탈학습을 위한 학습이 강조될수록 그 강도에 비례하여 '-다움'에 대한 확인과 '-다움'의 재생산이라는 도식이 선명하게 부각되는 것이 아닐까. 하지만 룽잉타이龍應台가 제기한 식민사유 고유의 특징(본토문화와 역사를 중시하지 않는다. 서민을 중시하지 않는다. 영구 발전을 중시하지 않는다)[30]에 비추어 본다면, 후식민시대에도 식민 주체의 속성은 계속될 가능성이 크며, 현재 드러나는 상황을 보더라도 그렇다.

결론적으로 홍콩의 과거는 식민성에다가 근대성을 더한 것[31]으로 간주되는데, 무게중심을 어디에 두느냐에 따라 홍콩의 정체성은 양극화될 수밖에 없다. 무게중심을 식민성에 둘 경우 그것은 바로 극복되어야 할 그 무엇으로 전락하는 것이고, 근대성에 둘 경우 학습해야 하고 모방해야 하는 그 무엇으로 규정지어지는 것이다. 당연히 홍콩의 식민성은 민족주의의 당위성을 입증시켜 주는 주요한 특징인 바, 중국의 입장에서는 절대 놓칠 수 없는 절호의 표식인 셈이다. 중국이 후식민의 주체로 인식되고 있음에도 말이다.

중국 관방 언설의 일관된 목표는 영국 식민자에 대한 비판일 수밖에 없으며, 세부 목표는 홍콩인에게 국민을 인식시키는 것이 된다. 문제는 국민교육이라고 불리는 탈식민성 교육이 또 다른 식민성을 획책하고 있다는 의심을 피할 수 없다는 것이다. 2014년 8월 중국 전인대 상무위 부비서장 리페이李飛는 중국은 주권 반환 이래 17년이라는 짧은 시간 동

30 龍應台, 『龍應台的香港筆記』, 天地圖書, 2007, 32쪽.

31 羅永生, 『殖民無間道』, Hong Kong : Oxford University Press, 33쪽.

안 영국이 156년 동안 걸어온 길을 완주했다고 강조했다. 학습을 통한 탈학습의 길을 성공적으로 완수했다는 자신감의 표현이다.

4. 다수와 소수

최근 나는 '우리'가 '우리'를 인식하는 근거는 무엇일까. '우리'를 '우리'답게 하는 것은 무엇일까. 사람은 무엇으로 자신을 정의하는가 등의 문제를 생각하고 있다. 지금까지의 결론을 말하자면 나는 그것을 '확증 편향'의 영역으로 본다. 정체성을 구축하는 과정이 '확증 편향'의 과정이라는 말인데, 바로 '우리'가 부정하고 싶은 것은 거부하고, '우리'가 긍정하고 싶은 것만 수용하는 과정이다. 그것은 '우리'가 좋아하는 '-다움'은 무비판적으로 수용하는 반면, '우리'가 싫어하는 '-다움'은 수용을 거부하는 과정이다. 즉 '우리'가 '우리'를 인식하는 근거는 편향적 사고의 결과물이라는 말이다. 그렇다면 이 경우 '우리'를 조직하고 '우리'가 구성되기를 염원하는 그 어떤 존재를 의식해야만 한다. 그런 점에서 '우리다움'은 '우리'를 '우리'되게 인도하고 강요하는 주체가 생산한 결과물이라는 점을 인정할 수밖에 없다.

대학을 졸업하자마자 홍콩으로 유학을 갔는데 태어나서 처음으로 간 해외였다. 어학센터에서 각기 다른 국가에서 온 수많은 '타자'를 만났다. 교류를 통해서 그 '타자'들의 외모가 다르고 모국어도 다르지만, 생각하고 느끼는 방식이 '비슷하다'는 아니 '똑같다'는 사실을 발견하는

데 재미를 느끼곤 했다. '타자'를 나와 같은 '사람'으로 받아들인 획기적인 경험이었다. 스무 몇 해 동안 국가와 민족 또 성씨 커뮤니티로부터 양육되었던 내 정체성을 새롭게 발견하는 시간이기도 했다. 토론이나 교류를 통해, 다른 나라, 다른 피부색의 '사람'들도 나와 '똑같이' 살아가고 있다는 사실을 알게 되면서, 세상에서 가장 '무서운' 것이라고 교육받았던 국제결혼도 할 수 있겠다는 생각을 했다. 나는 문화로 대변되는 '정체성'이라는 것을 의심하기 시작했다. 나에게는 분명히 외국인을 두려워하고, 국제결혼을 터부시하는 정서가 있었다. 외국인은 '우리'와는 많이 다른 그 '무엇'이라고 생각하는 습관적 정서가 있었다.

뿐만 아니라 음식마저 조상 대대로 먹어오던 것만을 고집하는 습관이 있었는데, 이것이야말로 나의 문화적 정체성의 실체였다. 이런 정서가 언제부터 어떤 방식으로 나를 지배하고 있었는가 하는 점이 궁금했다. 장기간에 걸쳐 주체의 의식적 · 무의식적 작용이 가해졌을 것이고, 뇌리에서는 '이것'이야말로 '나'를 또 '우리'를 구성하는 '-다움'이라고 확증해 왔을 것이다. 이후 주위의 '우리'에 의해 그 '-다움'을 편향적으로 확증에 확증을 거듭하여 왔을 것이다. 미셸 세르는 '나'를 '우리'로 데려가는 과정을 경멸한다. 그것을 인종차별주의와 동일하게 평가하면서, 살해기도를 감추고 있다고까지 표현한다. 그는 오늘날 너무나 흔하게 쓰이는 문화적 정체성, 종교적 정체성, 민족적 정체성이라는 표현을 인종차별 주의적이라고 말하고 있다.[32] 그렇게 '우리'라는 다수는 '나'라는 소수를 '우리' 속에 가두어버린다.

---

32 미셸 세르, 「약간의 철학」, 미셸 세르 외, 이효숙 역, 『정체성 나는 누구인가』, 알마, 2013, 147쪽.

그러니까 내가 아는 '나'나 '우리'의 '-다움'은 장기간의 교육과 선전 선동에 의해 생산된 결과물일 뿐이어서, 완전히 신뢰하기는 어렵다. 즉 나의 '-다움'은 이른바 나를 대표할 수 없는바, 어떤 주체(권력 주체일 확률이 매우 높다)에 의해 왜곡되고 세뇌되어온 결과물일 뿐이다. 대개 국가박물관이나 지역박물관의 스토리텔링을 살펴보면 '민족다움'의 형성과 '지역다움'의 생산을 위한 '의지'만이 작동하고 있다. 이분법적인 사고를 하는 부모가 일방적으로 전해주는 가족 '-다움'이 진정한 '나'를 대표할 수 없듯이, 커뮤니티의 '-다움'이라는 것도 커뮤니티를 대표하기에는 매우 부족한 것이다. 그렇다면 '나'의 나 '-다움'은 지고지순한 불변의 진리가 아니라는 점은 분명해진다.

그동안 우리 '-다움'이나 그들 '-다움'의 형성에 국가나 커뮤니티의 박물관이 큰 역할을 해 왔듯이 나 '-다움'의 형성에는 주류 언론이나 부모는 가장 크게 영향력을 행사하고 있을 것이다. 이 문제는 비단 '나'라는 개인에게 국한된 것이 아닐진대, 따지고 보면 커뮤니티의 정체성이라는 것도 얼마나 편향적인가를 알 수 있다. 아파두라이는 인류학에서 다루는 '문화적임'에 대한 우려를 표명하고 있다. "인류학은 많은 실천 중에서도 문화적인 것이야말로 다른 것을 변별하는 핵심적인 기준이라고 특권을 부여하는 전문적인 경향(여타 분과의 관점에서 보면 이는 단순하게 인간적인 현상, 혹은 심지어 바보스럽거나 타산적인 것 혹은 애국심의 발로 등으로 간주될지도 모른다)이 있다."[33]

33 아르준 아파두라이, 차원현 · 채호석 · 배개화 역, 『고삐 풀린 현대성』, 현실문화연구, 2004, 26쪽. 이 말을 한 이유가 자신의 책이 어차피 지향하는 바가 문화적인 것이 될 수밖에 없음에 대한 자기점검의 한 수단임을 밝히고 있다.

문화는 다른 것을 변별하는 핵심적인 기준이 아닌 것이다. 왜냐하면 믿을 수 없기 때문이다. 고자카이는 "문화는 반드시 변천한다. 태고로부터 이어지는 전통이라는 것은 대개 나중에 각색된 허구에 불과하다"[34]고 한 것이다. 스튜어트 홀은 한걸음 더 나아가서 "문화의 문제는 단연코 정치적인 문제"[35]라고 선언했다. 그는 문화라는 정체성 속에서 시시각각 작동하는 권력 관계를 간파하고 있는 것이다. 대부분의 국가가 자랑하는 역사박물관의 스토리텔링은 정치 또는 경제적 권력 관계의 결과물일 뿐이다. 그렇게 본다면 지금 홍콩이라는 공간은 중국이라는 다수가 홍콩이라는 소수의 역사를 엄폐하고 은폐하고 있는 공간일 뿐이다. 다수의 가치는 소수의 가치보다 강하고 우선한다. 그런 점에서 소수의 '-다움'은 유동적이되, 다수의 획책에 지배당할 가능성이 매우 크다.

그래서 역사는 승자의 것이다. 하지만 뤄구이샹羅貴祥은 특별히 소수의 기능에 대해 주목하고 있다. 소수는 하나의 상태이자, 하나의 상황인데, 그것은 부단히 이른바 '다수', '주도', '전체' 등의 가치관념에 반항하고 반성을 요구한다고[36] 역설한다. 그는 들뢰즈와 가타리의 이론을 빌려 '소수'야말로 문학의 '상태常態'이자 '정태正態'로 보며, '대문학'은 지나

34 고자카이 도시아키, 방광석 역, 『민족은 없다』, 뿌리와이파리, 2003, 73쪽.

35 Stuart Hall, "Subjects in History : making diasporic identities", W. Lubiano, *The House that Race Built*, New York : Pantheon Books, 1997, pp.289~299; 제임스 프록터, 손유경 역, 『지금 스튜어트 홀』, 앨피, 2006, 23쪽에서 재인용한 것을 장희권, 「문화연구와 로컬리티-실천과 소통의 지역인문학 모색」, 부산대 한국민족문화연구소 편, 『로컬리티, 인문학의 새로운 지평』, 혜안, 2009, 172쪽에서 재인용. 허다트도 "식민지배가 정치적이고 경제적인 관계라는 것은 분명한 사실이나, 그 자체의 일관성과 정당성을 유지하고자 문화적 구조에 기대어 왔다는 점"에 주목한다. 데이비드 허다트, 조만성 역, 앞의 책, 73쪽.

36 羅貴祥, 「民族/族裔/少數文學與香港」, 『韓國中語中文學會 2010年度 聯合國際學術大會 發表論文集』, 25쪽.

치게 자만하여 스스로가 주도적 중심이라고 여겨 자신의 진면목을 보지 못한다고 주장했다. '다수'의 구성과 지속에 필수적으로 수반되는 비합리성이나 전근대성에 대한 지적이다. 그는 '소수'야말로 이른바 '다수', '주도', '전체' 등의 가치관념에 부단히 반항하면서 반성을 요구한다고 보았다.

글로컬리제이션Glocalization은 글로벌화와 로컬화의 동시 진행이다. 이때 글로벌은 다수이고, 로컬은 소수일진대 중국화 동시에 지역화는 중국과 홍콩 양자의 가능한 목표가 되지만 문제는 모두가 자기가 자리한 곳에서 바라 볼 때, 공정한 시각을 유지하기가 쉽지 않다. 이석구는 흑백논리를 지양한다는 인식을 전제로 세계화와 민족적 정체성의 문제에 관한 논의를 제기한 바 있다.[37] 우선 경계해야 할 것은 흑백논리인데, 글로벌과 로컬은 상대주의적 개념으로 보아야 한다. 전 지구화에 따라 본토는 정체성의 혼란을 겪게 되고 이를 극복하기 위해 '본토다움'이 강조되는 역설이 출현하고 있다는 점을 상호 인정하고 슬기롭게 극복해야 하는 것이다. 카스텔은 이러한 정체성을 방어적인 정체성이라고 했다. 즉 "미지의 통제 불가능한 것들에 대한 예측 불가능성에 대항하여 사람들이 방어벽을 쌓는 기지既知의 정체성이다"[38]라고 했다. 따라서 다수와 소수의 접점 찾기라는 차원에서 향후 '중국다움'과 '홍콩다움'을 동시에 추구해야 하는 홍콩의 위치는 주목의 대상이 될 수밖에 없다.

---

37 이석구, 「탈식민주의와 탈구조주의」, 고부응 편, 『탈식민주의 – 이론과 쟁점』, 문학과지성사, 2003.

38 Castells, M., *The Power of Identity*, Blackwell, Oxford, 1997, p.61; 이상봉, 「대안적 공공공간으로서의 로컬의 전망」, 부산대 한국민족문화연구소 편, 『탈근대 중심의 로컬리티』, 혜안, 2010, 124쪽에서 재인용.

서동욱은 타자의 현존과 부재에 대하여 다음과 같은 결론을 제시했다. 그는 존재론적 관점과 우주론적 관점 그리고 정신분석학적 관점의 세 가지 경우를 말하고 있다. 타자의 현존은 주체의 발생을 가능케 한다는 것, 타자의 현존은 주체의 상관자로서 대상 세계의 출현을 가능케 한다는 것, 타자의 현존은 성적 차이를 수립하고 그에 따라 성적 욕망의 대상을 구분해 준다는 것이 그것이다.[39] 중국-홍콩 양자 간에 대입하면, '소수' 홍콩의 실존은 '다수' 중국을 발생시키고, '다수' 중국은 '소수' 홍콩의 출현을 역설적으로 가능하게 한다. 요약하면 1997년 주권 반환과 함께 홍콩은 국민으로서 소환대상이 된 '소수민족' 신분으로 전환되었고, 홍콩인이라는 '소수민족'적 정체성은 '다수' 국가의 응집을 소환하고 있는 것이다.

조상이나 전통문화를 통한 교류나 소통의 목적은 바로 정신문화의 전승이다. 샌프란시스코 중화문화센터의 노력으로 볼 때, '민족다움'은 뿌리 확인이라는 작업에 의해 전승될 수 있다. 그것은 바로 동일성에 대한 반복 교육과 훈련이다. 그러니까 반복적인 학습이야말로 바로 '-다움' 생성의 가장 대표적인 필요조건이라고 할 수 있다. 이렇게 문화는 낭만적이면서도 현실적인 생물임을 분명하게 인식할 필요가 있다.

허다트는 바바를 정리하면서 "문화와 공동체가 교섭과 구성의 결과"[40]라고 했는데, 교섭과 구성의 배후는 정치경제일 수밖에 없다. 이제 '우리'의 '-다움'을 대표하는 문화가 반복 학습의 결과물임은 분명해졌다. 국가와 민족은 먹어야 할 것과 먹지 말아야 할 것조차도 공유하는 정서의 공동체라고 할 수 있는데, 반복 학습에 의한 관계 규정을 통해서

39 서동욱, 앞의 책, 158쪽 참조.
40 데이비드 허다트, 조만성 역, 앞의 책, 56쪽.

문화 유전자가 이른바 국가와 민족문화의 전승을 담보해 준다. 특히 다수 속의 소수로서 미국 내에서 중국문화의 전승은 더욱 큰 노력이 필요하다는 점에서 주목할 만하다. 미국 내 소수로서 중국인은 자신의 노력으로 정체성을 유지하고 있다고 볼 수 있다. 부단한 노력이야말로 문화 전승의 필수조건이라면, 반대로 문화기억을 지우기 위해서도 그만한 노력이 필요하다는 말이다.

5. '신홍콩인'

주권 반환 10년째인 2007년 행정장관 쩡인촨曾蔭權이 시정보고에서 "앞으로 5년 동안 홍콩인은 새로운 시대 정신을 보여주어야 하는데, 자신을 더욱더 단련해서, 신시대 발전을 추동하는, 신홍콩인이 되어야 한다"[41]고 했다. 행정장관 특별고문 예궈화葉國華는 '신홍콩인'에 대해 홍콩인, 중국인, 세계인의 3중 신분으로 규정했다.[42] '신홍콩인'은 '구홍콩인'의 상대적인 개념일진대 홍콩인이면서도 중국인임을 잊지 말고 세계인을 지향해야 한다는 의미이지만, 현시점 홍콩인이 처한 애매한 입장을 드러내는 것이기도 하다.

알다시피 사이드는 서양의 정체성이 동양을 타자로 규정하는 과정에서 정립된 것이라고 보았다. 왕경우王賡武는 중국계 미국인들은 대부분 '중국인다움'을 포기하지 않는다고 보았다. 재미중국인은 문화적으로

41 曾蔭權, 『二零零七至零八年施政報告－香港新方向』, 香港 : 香港特區政府, 2007.
42 葉國華, 『新香港人』, 中華書局 · 耀中出版社, 2008, 5쪽.

'중국'의 흔적을 지니면서 미국의 '낙인'이 찍혀 있다고 했다. '다수' 미국 속에서 '소수' 중국의 정체성이 만들어지는 순간이다. '다수' 미국 속에서 '소수' 중국인 커뮤니티는 '연속 의의의 부호'로서 그 역사 기억은 중국과 미국문화 DNA의 조합으로 분리될 수 없다. 즉 미국이라는 거대한 국가 속에서 소수로서 유지되는 중국인다움에 대한 확인이다. 다수 미국과 소수 중국인 커뮤니티는 그렇게 상호 출현하고 있다.

도이지는 영국과 중국에 의해 이중 변경의 위치에 처한 홍콩에 대해서도 문화적 가소성에 대한 관심을 놓치지 않고 있다. 그는 "두 문화가 공존하는 상황에서 자란 사람들은 실제로 동양적 지각과 서양적 지각 사이를 왔다 갔다 한다. 미키마우스나 미국 의회 건물과 같은 서양적 이미지, 또는 절이나 용과 같은 동양적 이미지를 보여주는 실험에서, 영국과 중국의 영향을 모두 받으며 자란 홍콩 사람들은 동양적 방식과 서양적 방식 둘 다로 자각할 '준비'가 되어 있다는 사실을 알 수 있다"[43]고 했다. 이 말은 홍콩이 영국과 중국이라는 이중적 정체성에 훈련되어 왔다는 것 그리고 심리적으로 이중 변경에 처해 있다는 사실을 입증하는 동시에 가치 중립을 지향하는 제3지대로서 홍콩인의 특수성을 설명하는 것이다. 에이미 탄Amy Tan, 譚恩美은 그의 대표작 『조이럭 클럽*Joy Luck Club*』에서 거울 앞에 모녀를 등장시킨다. 그리고 그들이 자신의 사람 됨됨이와 처세 규범을 생각해보게 만든다. 엄마는 정말 무엇이 중국식이고, 무엇이 미국식인지를 모르겠다고 했다. 양자 사이에서 배회하면서 취사선택을 고민하고 있다.[44]

---

43 노먼 도이지, 김미선 역, 앞의 책, 383쪽.

44 譚恩美, 程乃珊 · 嚴映薇 譯, 『喜福會』, 浙江文藝出版社, 1999, 261쪽.

미국에 사는 '중국인'들이 이중적인 변경에서 정체성을 고민한다면, 현재 홍콩인들도 마찬가지로 이중 변경에 처해 있다. 중국에서 보면 변경에 거주하고, 서구의 입장에서 볼 때도 변경에 거주하고 있기 때문이다. 해외 중국인이나 홍콩인이나 이중 변경이라는 심리적 갈등 속에 노출되어 있다는 차원에서 동일한 여건에 처해 있다. 전 지구화 시대에 적응하면서도 그들 '-다움'을 고집하면서 살고 있는 해외 중국인 커뮤니티는, 중국 민족주의의 거대한 공습 앞에 무방비 상태로 놓인 본토 홍콩의 운명을 보는 듯하다.

도이지는 앞에서 인용한대로 두뇌의 가소성을 충분히 인정하면서도 "그러나 우리가 나쁜 습관을 배울 때, 그 습관은 하나의 뇌 지도를 넘겨받으며 우리가 그 습관을 반복할 때마다 그 지도를 더 세게 움켜쥐게 돼서 '좋은' 습관이 그 공간을 사용하기가 점점 힘들어진다. 그것이 바로 '탈학습'이 종종 학습보다 훨씬 더 어려운 이유이고, 조기교육이 그토록 중요한 이유이다. 그러므로 '나쁜 습관'이 경쟁에서 이점을 얻기 전에 일찍 바로잡는 것이 최선이다"라고 하였다.[45] 학습을 위한 탈학습의 어려움을 강조하면서 조기교육의 중요성을 역설하고 있다. '구홍콩인'이 '신홍콩인'으로 재탄생하는 것이 가능하게 하기 위해서는 조기교육이 중요하다는 말이다. 중국정부의 입장에서 보면 국민교육은 조기에 실시해야 하는 것이다. 국민으로의 전환이 최대 목표라면 국민교육은 그것의 완성을 위한 필수불가결한 그리고 유일한 방법이 된다. 2012년 여름 국민교육 수업을 두고 겨루어진 한판의 승부는 '신홍콩

45 노먼 도이지, 김미선 역, 앞의 책, 89쪽.

인'으로 가는 과정이 결코 쉽지 않다는 것을 보여주고 있다. 수업을 개설하고자 한 교육당국의 계획은 연인원 수십만 명의 학생과 학부모의 반대로 무산되었다. 반대하는 사람들에 의해 '세뇌'로 명명된 국민교육 수업은 중국정부의 입장에서 보면 홍콩인에게 반드시 필요한 그리고 국가와 조국의 의미를 아는 '신홍콩인' 양성을 위한 가장 중요한 작업의 일환이다. 조국도 모르는 '매국노'를 '애국자'로 만드는 중요한 과정이기 때문이다. 티베트나 신장에 요구되는 국가 통합은 홍콩에 요구되는 첫 번째 정책 목표이다. 장희권은 본토성은 사회적으로 달성된 결과물이기에 그 속성상 쉽게 와해될 수 있다고 했다.[46] 2014년 8월 리페이李飛는 홍콩의 독립을 주장하는 사람들에게는 "절대로 정치적 미래가 없다"고 하면서 "하루라도 빨리 정치적인 견해를 바꾸는 것이 좋을 것"이라고 경고했다.

박명규는 일국양제一國兩制가 민족국가의 완성에 집착하는 성향이 농후하다고 보았다.[47] 중국정부가 양제보다는 일국에 방점을 두고 있다는 의지는 이미 공인된 사실이다. 여전히 그 작업의 선두에 민족을 내세우고 있다. 2012년 11월 최고지도자로서 시진핑은 첫 연설에서 중화민족의 위대한 부흥을 선언했다. 18차 당 대회 뒤 "우리는 역사상 어느 때보다 더 중화민족의 위대한 부흥이란 목표에 가까이 다가가 있다"고 하였다. 중화민족은 당연히 한족 중심을 말하는 것이고, 전국을 한족 중심으로 견인하고자 하는 의도가 역력하다. 소수민족의 입지가 줄어드는 만큼 '신홍콩인'의 탄생이 목전에 도래한 것처럼 보인다. 현시점 중국 내

46 장희권, 앞의 글, 166쪽.
47 박명규, 「타이완 마카오 홍콩 선전을 다녀와서」, 『창비』 113, 2001, 279쪽.

소수민족 지역에 가해지는 중원문화를 보면 알 수 있듯이, 정치경제의 주도권을 장악한 한족 중심의 강세문화가 약세 소수 홍콩문화를 정복하고 있다. 중국-홍콩 양자 간 포괄적 경제동반자 협정CEPA : comprehensive economic partnership agreement이 일찌감치 작동하고 있고, 내지에서 홍콩으로의 자유 관광이 허용된 지 오래고, 홍콩에서 그 혜택을 받고 있는 계층과 소외된 계층 간의 갈등이 벌써부터 수면 위로 부상하고 있다. CEPA와 관광객으로 홍콩의 계층은 분리되기 시작했다.

경제적 이익으로 국가를 인식시키는 방법은 중국정부가 소수민족의 정체성을 혼동시키는 가장 유일하거나 가장 강력한 무기인 것이다. 신장이나 티베트로 대거 이주한 한족들이 각종 이권을 장악하면서 야기된 경제적 불평등 내지 박탈감이 소수민족이 짊어지고 있는 현실이다. 알다시피 특정 계급에 대한 경제적 이익 몰아주기는 신자유주의의 동력이다. 관광업이나 부동산업, 금융업으로 대표되는 홍콩의 자본가들에게 중국의 국가적 역량은 막대한 부를 창출해 주었다. 홍콩인은 '조국'은 곧 돈이라는 새로운 신기루의 형성을 직접 체험하고 있는 중이다. 2014년 8월, 홍콩 인구 7백만 명 중 146만 명이 중국정부의 방침을 지지하는 서명을 했다. "과격함은 보통선거에 도움이 되지 않는다", "이성이 미래에 유리하다"는 구호를 내세우면서 '센트럴 점령운동'이 "홍콩 경제에 타격을 줄 것이다"라고 경고한다.

지금 '센트럴을 점령하라Occupy Central'로 대표되는 본토 홍콩세력은 민주로, '센트럴 점령'을 반대하는 친중국파는 경제로 상대방을 타자화하고 있다. 빌 클린턴을 미국 대통령으로 만들어 준 구호 "바보야, 문제는 경제야It's the economy, Stupid"는 중국 국가지도자들의 의식 깊숙이 자리 잡은 대 홍콩 통치철학이다. "홍콩은 이미 반국유화된 기업"[48]이라는 언설은 국가의 경영이 완성되고 있다는 측면에서 '신홍콩인'의 출현을 확언하는 것일 텐데, 그것에 대항하기에 홍콩인의 자부심은 너무나 미약해 보인다.

바야흐로 새로운 차원의 '신홍콩인'이 탄생되고 있다. 홍콩정부 수반이 말하는 '신홍콩인'의 성립은 국가와 분리될 수 없는 바, 국가의 도래는 역으로 국가를 배척하는 '신홍콩인'의 양성을 주도하기도 한다. 중국 민족주의야 말로 홍콩 본토 신분의 온상인 것이다. 레비나스는 타자의 가치에 주목했는데, 우리의 내재성 속에서는 어떠한 혁명의 씨앗도 생겨날 수 없는바, 우리는 오직 저편으로부터만 우리의 이기심을 부수어 줄 자의 도래를 기대할 수 있다고[49] 했다. 타자의 존재가 우리를 우리답게 만들어 준다는 것이다. 타자는 역설적으로 우리에게 그렇게 중요하다. 다수를 타자화하면서 소수는 생존하고 성장한다. 최근 홍콩 일각에서는 중국의 국정國情을 "부패貪腐, 가짜 제조造假, 난폭橫蠻, 무치無恥, 비문명不文明, 부자위세財大氣粗, 우물 안 개구리井底之蛙, 시비와 흑백이 전도됨顛倒是非黑白, 목적을 달성하기 위해서는 수단 방법을 안 가림爲達目的而無所不用其極"[50] 등으로 규정하고 있다.

같은 날 이런 글이 올라왔다. "우리가 할 수 있는 것은 바로 그들의 추악한 일을 부단히 선전하는 것이다. 홍콩이 독재정권에 의해 식민 통치

---

48 Dreyer, June Teufel, "Hong Kong Five Years After: Not with a Bang but with a Whimper" *Orbis* 47.1, 2003, p.186; 朱耀偉, 「前言」, 『繾綣香港－大國崛起與香港文化』, 匯智出版, 2012에서 재인용.

49 서동욱, 앞의 책, 395쪽 참조.

50 「香港獨立運動(HongKong Independence Movement)」, 2014.8.20. 이 내용은 당시 홍콩의 길거리에서 호외 형식으로 뿌려진 것을 습득하여 정리한 것이다.

— 전면적인 침투, 반민주, 패권, 무뢰, 매수, 우민愚民 등이 어떻게 체계적으로 진행되고 있는지 모두에게 알려야 한다"고 하면서 "우리 모두 주의해야 한다. 만약 중국공산당이 전면적으로 조종하는 가짜 보통선거 방안을 우리가 매수되어 통과시킨다면, 이런 식민통치는 더욱 심화될 것이며, (…중략…) 앞으로 더욱 많은 동향회同鄉會가 당신과 나의 생활에 침입할 것이다"[51]라고 경고했다. 실제로 홍콩의 반정부세력의 중심인 '센트럴 점령'운동의 대항축인 친중국계 '평화민주연합'은 1천 5백개 단체로 구성되어 있는데, 각 성省이나 각 시市의 동향회가 주축을 이루고 있다. 중국정부가 추진하는 전략·전술의 무게가 우선 혈연과 지연에 실려 있음을 알 수 있다.

중국 전인대는 2014년 8월 31일 홍콩 행정장관 입후보 자격을 친중국 인사로 구성된 선거인단(1,200명) 과반의 지지를 받는 2~3명으로 제한하는 선거법을 통과시켰다. 스인홍時殷弘은 "시진핑 정부는 대만, 티베트, 신장처럼 홍콩 역시 타협할 수 없는 '핵심 이익'으로 간주한다"[52]고 말했다. 『인민일보人民日報』는 9월 1일 자 사설에서 일부 인사들은 「기본법」의 틀 밖의 보통선거를 요구하고, 심지어 사심을 가지고 홍콩의 민의를 사칭하며 홍콩의 법치 전통과 사회질서를 훼손하고자 한다고 비난했다. 『환구시보環球時報』는 2일 자 사설에서 홍콩이 혼란에 휩싸인 우크라이나, 타이, 중동국가들의 선례를 따라서는 안 된다고 주장했다.

2017년 홍콩역사상 처음으로 실시되는 홍콩 수반 직접선거를 둘러싸고 양측의 대립이 격화되고 있다. 홍콩 행정장관 입후보 자격을 선거

51 庫斯克, 「反佔中轉運實錄」, 『香港獨立媒體網』, 2014.8.20(http://www.inmediahk.net).
52 「시진핑 '강성 이미지' 정치… "홍콩도 타협 없을듯"」, 『한겨레』, 2014.9.3, 13면에서 재인용.

인단 과반의 지지를 받는 '애국 인사'로 제한한 민주는 본토 홍콩의 현재를 상징하고 있다. 나는 모든 정체성 자체가 매우 유연한 것으로 보고자 한다. 그것이 정치경제적이라는 정의는 매우 타당하다. 다소 생소한 표현이지만 정체성은 정치경제적으로 가소적이다. '-다움'은 정치경제에 민감하고 더불어 가변적이라는 말이다. 향후 '홍콩인'은 정치경제적으로 부침의 정도가 커질 것이기에, '홍콩인'을 수호하고자 하는 쪽과 '신홍콩인'을 수립하고자 하는 쪽은 힘겨운 싸움을 앞두고 있다.

6. '중국다움'과 '홍콩다움'

홍콩학香港學은 1980년대 초반 중국-영국 간에 전개된 주권 반환 협상 테이블에서 홍콩이 배제되면서 싹트기 시작했다. 홍콩인들은 홍콩의 앞날조차 자신들 마음대로 하지 못하는 자괴감에 우선 홍콩의 역사를 자신들의 시각으로 정리했고, 1997년 주권 반환 전후부터 홍콩 학계가 총동원되어 정체성의 기원과 현황을 소개하는 홍콩학 시리즈를 내놓았다. 홍콩이라는 존재는 정치색을 강요받지 않는 제3의 공간, 변경과 혼종으로 대표되는 문화적 정체성, 문화에 있어 다수와 소수의 문제, 글로벌과 로컬리티의 접점 찾기, 중국 민족주의의 남진과 홍콩식 자본주의의 북진 등의 이슈를 선점하면서 학문적 경계를 넓혀 주고 있다.

하지만 주권 반환 이후 시간이 갈수록 '국가'와 '민족'은 '중국다움'과 '홍콩다움'의 평화적 항형을 용납하지 않고 있다. 이제 '중국다움'과 '홍콩다움' 사이 상호 타협의 가능성은 없는 것일까? 호미 바바는 단결과

응집을 강요한다는 점에서 민족주의적 이데올로기는 배타적일 뿐만 아니라 권위적이고 전제적인 성향을 갖는다고 했다. '신홍콩인'에 대비되는 '구홍콩인'은 법률과 제도에 자부심을 지니고 있지만 국가의식이 극히 희박한 존재인데, '신홍콩인'은 거기에 국가의식만 주입되면 되는 것이다. '구홍콩인'이 해체되어야만 '신홍콩인'이 생성된다는 의미에서 향후 이 과정은 주목의 대상이다.

언론인 테러도 불사하는 언론의 관제화가 진행되고 있는 바, 홍콩인의 자기검열은 갈수록 철저해지고, 보이지 않는 손에 의한 광고 차단은 언론사들의 목을 겨냥하고 있다. 중국당국의 입장에서 보면 중국 내 소수민족 정책의 큰 변화를 유발할 수 있다는 점에서 홍콩을 국가로 소환하는 작업은 매우 중요한 것이다.

우선 홍콩과 선전深圳의 일체화, 크게는 홍콩과 광저우廣州의 경제적 일체화가 진행되고 있다. 선전과 광저우로 출퇴근하는 홍콩인들, 그리고 홍콩으로 출퇴근하는 중국인들의 대규모 흐름을 보면 선전을 교두보로 내세운 개혁개방 정책의 원모를 엿볼 수 있고, 그들이 왜 양광도회養光韜晦라는 성어를 화두로 삼았는지 알 것 같다. 홍콩의 주요 쇼핑센터에서 홍콩인 주인에 의해 홍콩인이 무시되고 배척되고 있다는 소식은 더 이상 뉴스가 아니다. 중국인의 매력적인 구매력 앞에서 '홍콩인'은 더 이상 '왕'이 될 수 없는 것이다. 또 홍콩의 부동산 시장을 마음대로 주무르는 중국인 큰 손의 공습은 홍콩에서 계급 간 갈등을 야기하는 주범이다. 홍콩 하층민의 주택 소유는 갈수록 어려워지는 반면, 홍콩 상류층의 대 중국 의존도는 높아만 가고 있다. (세대별 계층별 정체성의 변화 양상은 추후 과제로 남겨두고자 한다.)

현시점 국가와 경제는 본토 홍콩을 위협하는 가장 중요한 요소이다. 결국 정체성 형성에 가장 큰 영향력을 행사하는 요인은 정치경제적 실리이지만, 그것으로부터의 독립은 정체성의 근대성과 직접적인 관계가 있다. 중국의 국가주의와 민족주의 공세 속에서 탄생되는 '신홍콩인'의 정체성은 과연 본토 정체성을 대표할 수 있을까. 자타가 공인하는 홍콩인의 정체성은 어디까지가 진실일까. 다수 '중국다움'의 정치경제적 강요에 의해 좌우되는 소수 '홍콩다움'은 진정한 '홍콩다움'인가.

홍콩을 둘러싸고 정치적 민족이 문화적 본토까지 접수하고 있는 실정이기에, 정치와 문화의 차이를 구분하기는 매우 어려운 실정이다. 즉 민족주의도 본토주의도 정치경제적 작동 아래 탄생된 문화로서, 문화와 민족은 어떤 면에서 대단히 복잡하게 얽혀 있어서 그것을 각각 분리해내기도 쉽지 않은 실정이다. 아울러 내가 보기에 문화는 정치경제 작동의 부산물이기에 — 시간이 지날수록 홍콩역사박물관의 상설전시인 '홍콩 스토리'가 진정한 '홍콩다움'으로 인식될 가능성이 농후하듯이 — 정치 경제의 흐름에 따라서 변화하기 마련이다. '누구다움'이나 '무엇다움'이 정체성을 구성하는 핵심 요소라면, '-다움'은 정체되어 있지 않고 변용과 수용을 통하여 부단히 변신하는 결과물일 뿐 절대불변의 개념이 아니다. 그렇다면 '중국다움'과 '홍콩다움'은 고정적 개념이 아니며 변화하고 있는 그 어떤 텍스트인 것이다. '중국다움'이나 '홍콩다움'은 우리가 믿고 싶은 그들이나 우리의 영역일 수 있지만, 그것이 곧 '그들다움'이나 '우리다움'과 등가치환되지는 못한다.

역사 속에서 전승되어온 우리가 믿고 있는 '그들다움'이나 '우리다움' 속에 얼마나 많은 허구와 왜곡이 있을지는 아무도 모른다. 국가박물관도 지역박물관도 온전한 '-다움'을 전시하지 못하듯이, 우리의 의식 속에서나 그들의 의식 속에 있는 '우리'의 '-다움'은 모두 실제 '-다움'과는 큰 차이가 있다. 또 그렇게 성립된 정체성은 전근대적인 특성을 지닐뿐더러 타자에게 '나'를 강요하는 속성을 지닌다. 하지만 다수인 타자는 소수의 생성을 견인할 수도 있다. 다수의 공습에 대항하는 소수가 새로운 문화를 창출하는 모습을 보게 될 것이라는 점이다. 국가의 '소환'에 대항하기 위한 가장 손쉬운 수단과 방식이 '우리'의 '-다움'에 대한 확인인 것이다. 2017년 행정장관 직선 방식을 두고 민족주의와 본토주의라는 기차는 마주보며 달리고 있다.

제7장

홍콩 사태를 바라보는 네 가지 시선

홍콩에서 도대체 무슨 일이 일어나고 있는 것일까? 2014년 9월 26일부터 학생들과 시민들에 의해 도심 점령 시위가 진행되고 있다. 정부청사가 폐쇄되고, 홍콩역사상 처음으로 홍콩사이드의 8차선 도로가 시위대에 점거되어 교통이 마비되기도 했다. 정부종합청사와 의회 그리고 세계 주요 금융기관들이 밀집되어 있는 도심의 기능이 중지된 것이다. 하루 최대 10만 명의 홍콩 시민이 시위에 참가하였으며, 시위대는 질서정연한 가운데, 곳곳에 '우리 홍콩, 우리가 구하자', '도심 점령, 끝까지 항쟁', '부끄러운 줄 알라', '우리는 진짜 직선을 원한다' 등의 플래카드와 대자보를 내걸었고, 또 크고 작은 도로를 '민주'나 '자유'라는 이름으로 바꾸기도 했다. 시위가 장기화되면서 조직폭력배가 시위대에 난입하기도 했고, 인민해방군의 장갑차가 이동하고 있는 사진이 급속하게 전파되기도 했다.

홍콩 도심 점령 시위를 보면서, 올 것이 왔다는 생각을 했다. 수년 전부터 중국과 홍콩의 갈등이 하루가 다르게 증폭되어 오고 있었기 때문이다. 공전의 시위를 유발한 직접적인 원인은 2017년 홍콩 행정장관 선출에 대한 전인대의 결정이었다. 2014년 8월 31일, 전국인민대표대회(전인대) 상무위원회는 '홍콩특별행정구 보통선거 문제 및 2016년 입법회 구성 방법에 관한 결정'을 통과시켰다. 중국정부가 평소 자주 언급해 온 것처럼 홍콩의 수장인 행정장관은 홍콩특구뿐만 아니라 중앙인민정부에 대해서도 책임을 져야 하며, '중국을 사랑하고 홍콩을 사랑하는' 인사여야 한다는 점을 다시 강조했다. 핵심은 행정장관의 신출방식인데, 광범위한 대표성을 가진 후보추천위원회를 구성하여, 추천위가 과반의 지지를 받는 2~3명의 행정장관 후보자를 선출하며, 최종적으로 홍콩 주민이 투표를 통해 후보자 중 1명을 선출한 후 중앙정부가 임명한다는 것이다. 바로 중국정부의 말을 잘 들을 인사를 선출하겠다는 뜻이다.

이것은 1997년 주권 반환 이후 중국정부가 공언해 온 직선 약속을 파기한 것이며, 홍콩의 학생들과 시민들은 이에 분노하여 궐기한 것이다. 시위 지도부의 일관된 요구사항은 첫째, 홍콩정부가 시민의 민주화 요구에 응해 정치개혁의 방식을 변경할 것, 둘째, 완전한 민주적 선거 시스템을 도입할 것, 셋째, '일국양제' 원칙을 고수할 것 등이다. 바야흐로 '일국양제'가 뿌리째 흔들리고 있는 양상이다. 세계 언론은 우산으로 최루탄을 방어하고 더위를 막는 장면을 들어 '우산운동'으로 명명하였고, 홍콩 사태는 초미의 관심사가 되었다. 사태의 해석에 주체들의 시선이 워낙 큰 편차를 보이고 있기에, 중국-홍콩-서구 등의 세 가지 입장을 먼저 정리하고, 마지막으로 홍콩 사태에서 우리가 배워야 할 점을 생각해본다.

1. 중국

2012년 1월 구정 즈음에 홍콩과 '위대한' '조국'인 중화인민공화국의 관계를 여실히 보여주는 사건이 발생했다. 지하철에서 홍콩인과 내지인 사이에 공중도덕을 두고 다툼이 발생하였고, 이것이 인터넷으로 전파되면서 바로 큰 이슈가 되었던 것이다. 이에 대한 중국의 생각은 쿵칭둥孔慶東으로 대표된다고 볼 수 있는데, 그는 텔레비전 대담 프로에서 홍콩인을 신랄하게 비판하고 나섰다. 비판의 요점은 홍콩인들이 여전히 우월감 속에서 내지인을 무시한다는 것, 홍콩 지식인들이 언제나 내지인을 교육시키려 한다는 것, 홍콩인은 '국가의식'이 부족하다는 것, 하루빨리 '중국의식'을 건립해야 한다는 것이다. 1997년 주권 반환 이후에도 홍콩은 중화인민공화국이라는 조국으로의 편입을 거부해 왔다는 것이다. '조국'으로부터 경제적으로 엄청난 혜택을 받고 있고, 또 그것 없이는 한시도 생존이 불가능한 환경임에도 말이다.

요컨대 IMF 당시 홍콩에 막대한 지원을 했고 중국-홍콩 간 경제 동반자 협정CEPA의 체결로 지속적인 혜택을 받고 있으며 전기나 물도 내지에서 수입하고 있는 처지인데도 말이다. 아편전쟁이라는 치욕적인 사건을 거쳐 외세에 내준 홍콩을 세계 강대국으로 성장한 '조국'이 지금 자랑스럽게 회수했는데, 자랑스럽게 생각하지는 못할망정 사사건건 시비 걸고 방해하는 것은 매국노가 아니고 할 수 없는 짓이라는 것이다. 게다가 홍콩인들이 민주 운운하는데, 영국 치하에서 민주가 있었던가? 홍콩은 원래 민주가 없는 곳이었다. 왜 지금 와서 민주 운운하는가? 등등을 추궁하고, 나아가서 미국이나 영국을 위시한 서구세계가 배후에서 조종하고 있다는 생각을 하고 있다.

주권 반환 이후 18년 동안 중국이 홍콩정부를 통해서 가장 큰 노력을 경주해 온 것은 그동안 '조국을 모르고, 국가를 모르는' 홍콩인을 위한 국민교육이었다. 중국 측에서 보면 홍콩은 역사적으로나 지연적으로나 중국의 정치 범위 안에 있기에 홍콩인에게 중국 민족주의를 주입하는 것은 최고 임무가 된다. 이렇게 볼 때, 홍콩인의 세계관을 전환하는 것이야말로 당면한 최고 목표인 것이다. 중국정부는 홍콩인과 중국 국민에게 수시로 홍콩인은 민족이나 국가의식이 결핍되어 있으며, 그들은 애국이 무엇인지 모른다는 점을 지속적으로 강조하고 있다. 국가 관념과 민족의식 배양은 특구정부의 중요한 업무 중의 하나인바, 그것을 추진하기 위해 '국민교육센터'가 활발하게 움직이고 있다. 그동안 중국은 홍콩정부를 통하여 큰 충돌 없이 다양한 국민교육 활동을 전개해 왔다. 중국의 입장에서는 당연히 '일국양제一國兩制' 중에서 '일국'이 우선이고, '애국애항愛國愛港' 중에서는 '애국'이 우선이기 때문이다.

최근 중국 관방 학자들과 언론은 '뿌리론'이나 '근원론'을 빌어, 홍콩의 지역성을 근본도 뿌리도 모르는 집단으로 매도하는 분위기가 이어지고 있다. 홍콩인은 영국 식민치하에서 서구식 민주주의에 물들어 그들의 '주구'로 살아왔으면서도, 한 치의 반성 없이 중국을 향해 홍콩식 자본주의의 확산을 획책하고 있다는 것이다. 홍콩의 시위가 최고조에 달했던 10월 4일, 『인민일보』는 시위를 자본주의로의 '색깔혁명'(정권교체)으로 규정했다. 극소수가 홍콩시위를 이용해 중국에 색깔혁명을 일으키려 한다는 내용은 홍콩시위에 대항하는 주요 논리 중 하나이다. 공산당이 싫어서 내지를 탈출한 이민자들로 구성된 홍콩사회가 공산당에 대한 반발로 시위를 이용하고 있다는 지적이다.

2. 홍콩

홍콩인들이 중국-홍콩 관계를 설명하면서 자주 드는 예가 있다. 150년간 아버지 없이 잘 살아온 가정에, 어느 날 괴한이 나타나서 자신이 네

아버지이니까 나를 잘 모시라고 한다는 이야기이다. 시위에 등장하는 표어나 깃발을 보면 '공산당 박멸'이나 '공산당이 왔다' 등 공산당에 대한 언급을 많이 볼 수 있다. '공산당이 싫어요!' 하고 도망나온 사람들에게 공산당 통치가 시작되었다는 긴장감을 엿볼 수 있다. 또한 국가와 민족의 소용돌이 속에서도 홍콩이 여전히 또 다른 본토locality라고 생각하는 홍콩인이 적지 않다. 앞서 지하철 사건에 대해 행정장관 후보가 "법치는 홍콩의 핵심가치인바, 홍콩인 절대 다수가 스스로 법을 준수하는 것은 존중받을 만한 것이고, 홍콩인의 소양을 반영하는 것"과 "홍콩은 향후 대륙인을 포함한 외지인을 향해 홍콩의 규범을 선전해야 한다"는 입장을 발표했다. 한마디로 홍콩은 법치와 제도로서 자아를 인식한다.

하지만 중국으로 반환된 이후 홍콩은 「기본법」에 대한 해석권까지 박탈당한 상황이다. 중화인민공화국에 편입시켜야 할 대상이라는 점에서 '홍콩인'은 더 이상 필요하지 않다는 것이다. 본토 홍콩을 상상할 수 있는 그 무엇은 폐기되고 무시되어야 하거나 적어도 은닉되거나 축소되어야 하는 것이다. 1980년대 초 중국-영국 간 진행된 반환 협상테이블에서 정작 자신은 철저하게 소외된 홍콩인들은 새로운 시선으로 자신을 인식하게 되었다. 당시 불안해하는 홍콩사회를 향해 중국은 '홍콩인이 홍콩을 통치한다', '50년 동안 기존 체제의 불변'을 공언했다. 물론 「기본법」에 홍콩특별행정구는 중국의 일부로서 '고도의' 자치권을 향유한다고 규정되어 있다. 하지만 진작부터 약속되었던 행정장관 직선조차 보장해 주지 않는 것을 보면, 중국정부의 약속들은 미사여구에 불과했던 것이다.

2003년에는 「보안법」 입법에 반대하는 시위에 50만 명이 참가하여 정부의 의도를 무력화시켰다. 2004년에는 전인대가 홍콩의 행정장관과 입법의원 직접선거 연기를 검토한다는 소문에 수천 명이 정부청사를 점거하기도 했다. 2004년 6월에 발표된 '홍콩 핵심가치 수호선언'은 국가와 민족의 공습에 대한 절규였다. 42개 직업군의 홍콩인들은 자유·민주·인권·법치 등은 홍콩을 구성하는 핵심가치이기에 지켜내야 한다고 선언하면서 홍콩이 "영혼을 잃어버린 육체"가 될 수 있음을 경고했다. 선언은 홍콩 본토주의 입장에서 더 이상 물러설 수 없는 지점에서 나온 항거였다. 2012년에는 고교생들이 주도하여 '국민교육' 수업 도입 반대를 관철시켰다. 올해 주권 반환일에는 민주화 약속의 이행을 요구하는 시위에 50만 명이 나섰다.

2011년부터 홍콩매체에 '메뚜기蝗蟲'라는 용어가 등장하기 시작했다. 이 단어는 쇼핑 또는 원정 출산(2011년 기준 4만 명의 내지 임산부가 홍콩에서 출산했음)을 위해서 오는 중국인을 가리키는 것으로 홍콩인의 심정을 대변하고 있다. 인구 7백만 명의 홍콩에 중국에서 오는 방문객이 매년 5천만 명을 넘어서고 있다. 2012년 음력설에는 홍콩에 쇼핑하러 온 '메뚜기'를 반대하는 시위가 벌어지기도 했다. 쇼핑 차별과 분유 싹쓸이에 정작 홍콩인들은 분유를 살 수 없고, 중국 임산부들 때문에 오히려 홍콩 임산부들은 소외받는 상황인데, 홍콩정부조차 홍콩인을 보호해 주지 않는, 아니 못하는 현실에 홍콩인들의 자아는 침몰되고 있다.

1980년대부터 진행된 내지로부터의 누적 이민자는 85만여 명이다. 매년 4만 명씩 불어나는 것만으로 홍콩인은 위축된다. 내가 보기에 이는 향후 혈통으로서 홍콩을 순화馴化, domestication시키고자 하는 인해전술의 새로운 양상이다. 중국 대기업에 취업하기 위해서 푸통화普通話를 따로 공부해야 하는바, 취업 서열에서도 홍콩인은 중국인 '국민'에게 밀리는 '차次국민'의 신세다. 아파트 가격은 최근 몇 년간 몇 배로 폭등하여, 내지인이 집주인인 집에서 월세로 살아가는데, 월급으로 임대료 내기에도 급급한 실정이다. 암울한 현재도 문제지만 더 암울한 미래가 기다리고 있는 것이다.

3. 서구

중국을 다루는 서구의 수단 세 가지가 있다. 대만 문제, 인권 문제, 티베트 등 소수민족 문제가 그것이다. 서구세계는 이것으로 중국을 견제하고 있다. 이번 홍콩 사태는 외교적으로 중국의 세 가지 문제와 직결되어 있다. '일국양제'는 원래 대만을 겨냥해 준비된 제도이기에 홍콩의 반응은 대만에게 초미의 관심사가 아닐 수 없다. 최근 사태에 대해 마잉주馬英九 총통은 중국이 먼저 홍콩에 민주주의 길을 열어줘야 한다고 했고, 대만 독립을 주장하는 민진당을 중심으로 중국정부를 맹비난하고 있다. 민주화를 요구하는, 사실상 상당한 수준의 독립을 요구하는 홍콩의 시위 사태는 신장新疆 등 중국 내 소수민족 문제와 직접적으로 관련된다는 점에서 중국정부의 해결책이 쉽지 않은 것이 현실이다.

중국 내 소수민족에 대한 서구의 관심은 어제 오늘의 일은 아니다. 홍콩의 「기본법」 해석권을 둘러싸고 중국과 홍콩의 민주파가 충돌할 때마다, 미국과 영국 등 서구는 중국정부를 비난하는 성명을 발표한다. 그때마다 중국 지도부는 홍콩 문제에 대한 외세 개입을 경고하고 나선다.

신화통신은 홍콩시위를 보도하는 서구매체에 반反중국적인 시각이 담겨있다고 했고, 『인민일보』는 홍콩 사태를 색깔혁명으로 규정하면서 서구를 그 배후로 지목하고 나섰다.

1970년대 말부터 영국정부는 홍콩의 주권 반환 협상을 염두에 두고 모든 가능성에 대해 연구했다. 국제법을 들어 영구 '할양'의 의미를 재확인시키는 한편 주권은 반환하더라도 홍콩에 대한 운영권을 가지는 방안, 다시 일정 기간을 임대하는 방안, 싱가포르 같은 도시국가로 독립시키는 방안 등을 제시하였으나 이 모든 것이 중국 측에 의해 거부되자 자국의 이익 보존을 위한 마지막 카드를 들고 나왔다. 1992년 부임한 마지막 총독 패튼Patten은 선거권자 연령 인하 등 홍콩의 민주화를 추진했다. 홍콩의 민주화만이 영국은 물론 홍콩인의 영구적인 이익에 부합한다고 판단했던 것이다. 최근 미국의 오바마 대통령은 홍콩 시민들의 민주화 요구 열망을 지지한다는 입장을 전했다.

최근 사태에 대해 캐머런 영국 총리도 홍콩의 주권을 중국에 반환한 당사국 총리로서 '홍콩 문제에 깊은 책임감을 느낀다'며 평화적 문제해결을 강조했다. 영국 외무부는 중국을 향해 건설적인 논의를 통한 문제 해결을 촉구하면서, 홍콩 주민의 시위 권리를 보장해야 한다는 성명을 발표하기도 했다. 영국의회는 한걸음 더 나아가 주권 반환 합의가 잘 이행되고 있는지를 확인하기 위해 조사단을 파견하기로 했다. 게다가 영국정부는 중국이 1949년 공산당 집권부터 1997년 홍콩 반환까지 50년 가까이 홍콩의 민주화에 반대해 왔다는 외교문서를 공개했다. 홍콩의 민주주의가 중국 인민들의 민주화 열망을 자극할 것이라는 중국정부의 우려를 여실히 보여주는 증거인 셈이다.

4. 우리

홍콩학이 중요한 이유는 국가와 지역의 갈등, 다수와 소수의 갈등, 동서 화합, 도시화 문제 등의 화두를 한발 앞서 우리에게 던지고 있기 때문이다. 후식민 담론이 유포되면서 홍콩은 잡종과 변경의 대명사가 되었다. 문화적으로 동서가 융합하거나 제국들의 가장자리라는 것이 배후원리이다. 홍콩은 이쪽도 저쪽도 아닌 제3의 선택을 지향할 수 있는 공간이었다. 그래서 더욱 소중했다. 요즘도 정체성을 조사하는 설문조사에서 응답자 자신은 홍콩중국인도 중국홍콩인도 아닌 그냥 홍콩인이라는 대답이 30% 이상을 점유하고 있다.

최근 홍콩 사태의 직접적인 원인은 2017년 행정장관 선거방식에 관한 것이지만, 민족과 국가라는 화두를 전면에 포진시켜야 하는 중화인민공화국과 중국공산당의 현재를 보여주는 것이기도 하다. 정치체제를 개혁하기보다는 그 후진성을 엄폐하고자 하는 대안으로서 민족과 국가는 최선의 방책일 수도 있겠다. 현시점 중국에서 민족주의는 모든 담론의 최상층에서 군림하고 있고, 그것을 내외부적으로 강요하고 있는 형국이다. 애국이나 민족 담론이 지배하는 사회에서는 다른 모든 가치가 그것에 의해 매몰될 수밖에 없다.

홍콩은 전 세계에서 빈부격차가 가장 크고, 2010년까지 최저임금제가 없는 사회였다. 노동시간 제약도 없었고, 단체 협약이나 협상도 몇몇 회사에만 존재해 왔다. 이제 홍콩에서 '시민과 재벌', '빈부', '민관' 갈등이 첨예화되고 있다. 과거 '행정이 정치를 흡수'할 수 있었다면, 지금은 '경제가 정치를 흡수'하고 있는 상황이다. 홍콩의 세대 간이나 계급 간의 내적 식민에 대한 성찰이 없다면, 제도와 법치의 우수성으로 대표되는 홍콩의 정체성은 급격하게 붕괴될 것이다. 그동안 제도와 법치의 우수성은 동반 성장 파트너인 시민의식의 신장을 일정 부분 방해해 왔다. 그 결과 여전히 광범위한 기득권 세력이 국가와 민족의 바람에 편승하여 그 세력을 확대하고 있다. 그것에 대한 항형 차원에서 '시민'이 응집하고 있는 것이다. 이번 시위 사태는 — 막 성립되기 시작한 — 시민계급이 전면에 등장한 것이라고 볼 수 있다.

제8장

후식민의 주체로서 국가와 본토

중국-홍콩의 경우

1. 중원과 변경

1997년 저우레이周蕾는 우리는 더 이상 냉전 시대에 살고 있지 않고, 전 지구적 자본가 · 신민족주의자 · 신본토주의자가 발동한 전쟁 중에 처해 있다고[1] 선언했다. 주권 반환을 맞이하여 중국 민족주의 앞에 선 홍콩의 위기를 강조하는 화법이었는데, 지금까지도 그의 선언은 유효하다. 현시점 홍콩을 중심으로 전 지구적 자본가의 파급력을 논하기에 앞서 중국 민족주의의 파장을 말해야 한다. 사실 지금 이 순간까지도 전 세계 곳곳에서 민족은 곳곳의 본토를 위협하고 있는데, 그런 각도에서 민족은 모든 불합리의 온상이 분명하다. 민족은 여전히 그것을 도구로 보는 주체에 의해 본토를 장악하기 위한 가장 효과적인 수단으로 인식되고 있다.

홍콩박물관이 목표를 "홍콩의 발전 및 그 독특한 문화유산에 대한 시민의 인식과 흥미를 제고시키는 것"[2]이라고 밝히고 있듯이 홍콩의 문화유산, 그 '독특함'이 '홍콩다움'을 구성하고, '홍콩다움HongKongness'은 본토 홍콩을 상징한다. 이에 근거한다면 홍콩에는 매우 뚜렷한 특징이나 자부심이 존재한다. 후식민이나 탈식민을 기획하는 방법론이 유포되면서 홍콩은 잡종과 변경의 대명사가 되었다. 문화적으로 동서가 융합하

1 周蕾, 「殖民者與殖民者之間 - 九十年代香港的後殖民自創」, 『今天』 8, 1995, 185~206쪽; 葉蔭聰, 「'本地人'從哪裏來?」, 羅永生 編, 『誰的城市?』, Hong Kong : Oxford University Press, 1997, 35쪽에서 재인용. 서구학계에서 홍콩을 가장 잘 아는 비평가 혹은 북미 대학에서의 홍콩문화 대변인으로 알려진 저우레이(周蕾)는 홍콩문화 '자창(自創)'의 주요 장애는 '중국다움'과 '홍콩다움'의 대립에 있다고 보았다. 즉 '중국다움'은 '홍콩다움'에 대해 식민 압박을 구성하는데, '중국다움'과 민족주의를 해체해야 홍콩 신분의 정체성을 건립할 수 있다는 것이다.

2 「臨時市政局博物館委員會 五年計劃 諮詢文件」, 1997.9, 21쪽.

거나 제국들의 가장자리라는 것이 배후원리이다. 그렇다고 해서 본토 홍콩이 중국 및 영국 담론 공간으로부터 완전히 탈피된 것도 아니다. 즉 제3의 공간을 지향한다고 볼 때, 홍콩은 가치 중립이라는 본토 홍콩의 자부심이 온전하게 시도되고 체현된 현장이 아니다. 중국 민족주의 자장에서 완전히 벗어난 것이 아니고, 영국 식민자의 시각을 배제하거나 그것으로부터 독립된 것도 아니기 때문이다.

최근 '제국의 변경' 홍콩을 둘러싸고 국가와 본토는 첨예하게 대립하고 있다. 국가를 매설한 중국 민족주의의 함성이 커질수록 본토 홍콩을 구성하는 '홍콩다움'은 위축될 수밖에 없다. 정홍타이鄭宏泰 · 예사오룬葉紹倫은 1997년 주권 반환 이후 홍콩 신분이 변경화의 위험에 처해 있고, 전통적인 민족주의 국가의식 형태에서 벗어나기 어려운 상태인 바, 입으로는 국제화와 도시화를 말하지만 행동은 점차 중국화되고 있다고 했다. 홍콩 자체의 특수한 색채가 점차 감소되고 있다는 것이다.[3] 그리고 그것은 홍콩의 장래를 예고하기도 한다. 절대 진리로서 중원이라는 틀 속에 '그동안 조국 없이 떠돌아다니던' 홍콩을 편입시켜야 한다는 강제력이 이데올로기로 작동하고 있다. 민족주의의 대대적인 공세에도 나름대로 위치를 확보해 온 본토 홍콩은 대항의 축을 형성하고 있는 것처럼 보인다. '홍콩다움'은 자신의 방식으로 민족을 견제하면서 항형의 틀을 구축하고 있는 실정이다.

하지만 그럼에도 불구하고 중국으로 주권이 반환된 이후 '홍콩다움'이라는 가치는 국민국가 앞에서 소실될 운명에 처해 있다고 보는 것이

3 鄭宏泰 · 黃紹倫, 『2004香港身分證透視』, 三聯書店, 2004; 陳家樂 · 朱立, 『無主之城—香港電影中的九七回歸與港人認同』, 香港 : 天地圖書, 2008, 204쪽에서 재인용.

정확한 진단일 것이다. 니시카와 나가오는 후세 사람들은 우리가 살아온 국민국가 시대를 문명 · 문화라 불리는 관념의 요괴가 배회하던 시대로 기억하고, 이 한 쌍의 개념으로 그 특색을 부여할 것[4]으로 내다보았다. 나는 그를 흉내 내어 후세 사람들이 최근 20년 중국과 홍콩 간의 관계를 국가주의와 본토주의라는 요괴가 배회하던 시대로 기억할 것이라고 예언하고 싶다. 홍콩을 중심으로 전개되고 있는 국가주의와 본토주의는 보편타당한가. 나아가서 국가의 권리와 본토의 권리는 충돌되는 것인가.

아파두라이는 새로운 민족지학의 과제로 "전 지구화되고 탈영토화된 세계에 살면서 경험들로서 지역성의 본실이란 무잇인가?"[5]를 들고 있다. 일찌감치 초국가적 시스템 속에서 경험한 본토 홍콩의 본질은 무엇일까? 나아가서 본토에 가한 민족주의의 충격 즉 탈본토화가 본토에 가한 충격의 결과는? 나는 중국-홍콩 관계를 궁구할 경우 거대 민족지학 연구에 일정 부분 공헌할 수 있다고 본다. 중국-홍콩 관계가 아파두라이가 말하는 새로운 "복합적인 문화적 재생산"[6]을 창출할 수 있는 매우 중요한 틀 중의 하나라고 생각한다.

4 니시카와 나가오, 윤해동 · 방기헌 역, 『국민을 그만두는 방법—국가이데올로기로서의 민족과 문화』, 역사비평사, 2009, 115쪽.

5 아르준 아파두라이, 차원현 · 채호석 · 배개화 역, 『고삐 풀린 현대성』, 현실문화연구, 2004, 96쪽.

6 위의 책, 104쪽.

2. 본론

1) 국가와 민족의 도래

1997년 주권 반환 이후, 그동안 '조국을 모르고, 국가를 모르는' 홍콩을 중심으로 전개되고 있는 국민교육의 현황에 대해, 2009년 홍콩에서 출판된 홍콩편람 '국민교육' 부분에서 이렇게 소개하고 있다. 현재 홍콩에서 추진되고 있는 '국민수립계획國族營造計劃, nation-building project'[7]을 조망할 수 있다.

> 홍콩이 조국으로 반환된 후부터 특구정부는 **홍콩인의 국가 관념과 민족의식을 증강하고** 국민신분 정체성을 배양하기 위해 **국민교육 보급에** 힘쓰고 있다.
>
> 홍콩의 국민교육 보급은 주로 학교 및 커뮤니티 양 방면으로부터 착수하여, 전자는 **교육국의 책임 하에** 유관 과정의 제정을 통하여 국민교육 활동에 학교가 많이 참여해 주기를 유도하고 있다. 후자는 **국민교육 전문 소조의 책임하에** 커뮤니티 국가 정세 교육활동 및 여러 가지 형식의 홍보를 통하여 홍콩인의 국가 인식을 강화하고 있다.
>
> **국민교육 전문 소조는** 시민교육 위원회 및 청년사무위원회로 구성되어 있는데, 여러 가지의 국가 정세 교육활동을 책임지고 있다. 예를 들면 텔레비전 방송국과 협조하여 〈마음은 조국과 하나(心繫家國)〉라는 국가(國歌) 홍보 단편을 내놓았다. 이 소조는 또 민정사무서 및 홍콩교육 종사자 협회

7 관련하여 香港青年社團聯盟(1998), 香港國民教育促進會(2006), 國民教育聯席會議(2007) 등의 조직이 출범했다.

> 와 더불어 '**국민교육센터**'를 설립하여 다원화된 **국민교육 활동을** 전개하고 있다.[8] (강조는 인용자)

이제 '국가 관념'과 '민족의식' 배양은 특구정부의 중요한 업무 중의 하나인 바, 그것을 추진하기 위해 '국민교육센터'가 활발하게 움직이고 있다. 그동안은 큰 충돌 없이 국민교육을 위해 국가 홍보 다큐멘터리 보급 등의 활동을 해왔다. 하지만 2012년 8월 말과 9월 초 큰 난관에 봉착했는 바, 신임 행정장관에 의해 야심차게 추진된 '국민교육 수업' 의무화 계획이 고교생이 주축이 되고 대학생이 지원한 시위에 굴복하여 철회되었다.[9] 주권 반환 이후 주기적으로 반복되어온 국가 이데올로기 공습에 대항하여 본토 홍콩이 강력하게 재구성되고 있는 것이다. 학생들이 전면에 나서게 되었다는 점으로 볼 때, 이전과는 사뭇 다른 양상이다.

벨러에 의하면 민족주의는 통치 질서와 공동체를 새로운 정통성의 토대 위에 올려놓는 것을 보장하고, 대중을 움직이고 통합시키는 능력을 지니고 있다. 이러한 점에서 민족주의는 근본적으로 통치와 그것의 정당화를 위한 투쟁 속에 생성되는 정치적 현상이다.[10] 그만큼 그것을 획책하고 싶은 유혹을 떨치기 어렵다는 말이다. 김상봉은 민족주의가 폐기되지 않는 이유는 그것 없이는 개인을 국가의 부름에 맹목적으로

---

8 徐振邦 · 陳志華 外, 『圖解 香港 手册』, 香港 : 中華書局, 2009, 352쪽.

9 9월 신학기부터 초중등 학교에 의무적으로 '국민교육 수업'을 실시할 것이라는 당국의 방침에 고교생들이 단식 릴레이를 하는 등 열흘 정도의 기간 만에 연인원 수십만 명이 참가하여 철회를 요구하는 시위를 벌였다. 학생들에게 국가의식을 주입하고 사회주의에 대해 선양할 것이라고 알려진 동 수업을 홍콩 민주세력은 홍콩 시민 세뇌 작업으로 규정하고 철회를 요구했다.

10 한스 울리히 벨러, 이용일 역, 『허구의 민족주의』, 푸른역사, 2007, 44쪽.

복종하는 인간으로 훈육할 수 없기 때문[11]이라고 했다.

현시점 대내외적으로 작용하는 중국의 최대 담론은 민족주의와 국가주의다. 민족과 국가라는 이념을 전면에 포진시켜야 하는 중화인민공화국과 중국공산당의 현재를 보여주는 것이다. 정치체제를 개혁하기보다는 그 후진성을 엄폐하고자 하는 대안으로서 민족과 국가는 최선의 방책일 수도 있겠다. 무엇보다도 홍콩에게 보장한 50년이라는 짧은 시간 — 그 시간이 이제 얼마 남지 않았고, 홍콩의 민주화 청사진이 제시되었다는 등의 강박관념이 배경이다 — 내에 홍콩인의 이른바 국가의식을 내지인 수준으로 성장시켜야 한다는 결론의 현실화이다.

벨러는 또 기교 있게 잘 조직된 민족주의는 새로운 해석을 통해 종족들의 서로 다른 과거를 하나의 민족적 과거로 바꾸는 데 그 본질이 있으며, 이 과정에서 적절하지 않은 전통들은 제외되거나 변조되어 걸맞은 과거가 생겨남을[12] 지적한다. 이 시간 홍콩에서 적절하지 않은 전통, 즉 중국이라는 국가나 민족의 구성을 방해하는 그 무엇들은 모두 제외 또는 변조되고 있다고 해도 과언이 아니다. 권혁범은 "역사의 왜곡은 민족 형성의 일부다"[13]는 언설로 민족이념의 전근대성을 비판하고 있는데, 그런 측면에서 중국을 기준으로 홍콩역사에 대한 수용과 변용의 기준 파악은 매우 중요하다.

탈식민을 표방하는 수많은 학자들은 두아라처럼 민족으로부터 역사를 구출하고자 할 것이지만, 딜릭처럼 냉정하게 시각을 유지하는 것도

---

11 「'핏줄의 민족' 넘어서 '주체적인' 우리 고민할 때」, 『한겨레』, 2007.2.21에서 재인용.

12 한스 울리히 벨러, 이용일 역, 앞의 책, 70쪽.

13 권혁범, 『민족주의는 죄악인가』, 생각의나무, 2009, 62쪽.

필요할 듯싶다. 우리가 싫어 한다고 해서 그 대상이 역사의 실제로부터 쉽게 사라지는 것이 아니다. 딜릭은 이렇게 정리하고 있다. "민족은 역사 속으로 들어가면서 자아 규정을 위한 하나의 이데올로기적 근거를 제공해 왔고, 창안되었건 아니건, 하나의 역사적 동력으로 작용해 왔으며 계속해서 그럴 것이다."[14] 아파두라이도 탈식민의 역사에서 민족주의가 도깨비 방망이처럼 사용되어 왔고 또 되고 있음을 "탈식민지 세계의 엘리트 집단에서 남자로 자라온 우리들에게 민족주의는 일종의 상식이며 우리의 야심과 전략, 윤리 감각이 정당함을 보증하는 원칙이었다"[15]는 말로 확인시켜 준다.

따라서 현재 홍콩을 바라보면 민족주의는 탈식민을 위한 비교적 유용한 도구였지만, '재再 국민화'를 위한 가장 유용한 도구인 셈이다. 아무튼 국가와 민족은 본토 홍콩 장악을 목적으로 하는 가장 강력한 수단으로 이용되고 있다.

2) 차국민次國民과 본토 홍콩

아파두라이는 국민국가와 본토 사이의 간극에 대해 이렇게 말하고 있다. 그는 "동네 — 상대적으로 안정된 교제와 잘 알려지고 공유 가능한 역사, 집단적으로 횡단될 수 있고 판독 가능한 공간과 장소들에 의해 구성되는 생활세계 — 를 생산해내는 작업은 종종 국민국가의 기획들

14 아리프 딜릭, 황동연 역, 『포스트모더니티의 역사들』, 창비, 2005, 41쪽. 포스트모더니즘이 역사를 말살했다고 보는 아리프 딜릭은 민족주의든 본토주의든 모더니티가 선행되어야 한다고 본다. 나는 이 관점으로부터 꽉 막혀 있는 방에서 출구를 찾은 듯한 느낌을 받았다.

15 아르준 아파두라이, 차원현 · 채호석 · 배개화 역, 앞의 책, 276쪽.

과 일치하지 않는다"[16]고 했다. 분명히 본토의 생성은 국민국가의 기획과 거리가 있다는 말이고, 그런 측면에서 국가-본토 간 갈등과 충돌은 피할 수 없는 것이다. 나아가서 국민교육이 목표라면 이른바 본토는 사라져야 마땅한 존재이다.

리잉밍李英明은 "식민 모국의 정치 결정 및 1997년 이후 베이징의 정책 등의 외재적 요인이 홍콩정치 발전을 결정하는 최종 요인"[17]이라고 했다. 홍콩의 경우 여전히 홍콩특별행정구라는 이름으로 국제행사에서 일개 국가로 인정받고 있다. 하지만 1997년 이후 주권이 중국으로 반환되고 이전과 마찬가지로 외교권과 국방권에 이어 법률 해석권까지 박탈당한 상황이다. 중화인민공화국에 편입시켜야 할 대상이라는 점에서 본토 홍콩이나 본토인은 더 이상 필요하지 않다. 따라서 본토 홍콩을 상상할 수 있는 그 무엇은 폐기되고 무시되어야 하거나 적어도 은닉되거나 축소되어야 하는 것이다. 역설적으로 그렇게 해서 국가와 본토는 서로 타자의 실존을 간단없이 확인해 오고 있다.

"우리는 탈식민적인 신-식민화된 세계에 살고 있다"[18]는 스피박의 언설은 현시점 본토 홍콩을 대변하고 있다.[19] 2012년 1월 구정 직전, 본토 홍콩과 위대한 '조국'인 중화인민공화국의 양자 관계를 극명하게 보여

---

16 위의 책, 332쪽.

17 李英明, 『香港學』, 臺北 : 揚智文化, 1997, 11쪽.

18 피터 차일즈 · 패트릭 윌리엄스, 김문환 역, 『탈식민주의 이론』, 문예출판사, 2004, 29쪽에서 재인용.

19 2003년 「기본법」 제23조 입법 예고로 70만 명이 반대 시위에 참가하였고, 2004년 4월, 전인대가 홍콩의 행정장관과 입법의원 직접선거를 연기하기 위해 검토한다는 소문에 수천 명이 정부청사를 기습 점거하는 사건이 있었다. 이런 상황에서 미국이 홍콩인들과 상의 없는 「기본법」 해석을 비난하는 성명을 발표하기도 했고, 2006년에는 6만여 명이 보통선거를 요구하는 시위를 벌였다.

주는 지하철 사건과 또 지하철에서 내지인을 훈계한 홍콩인에 대한 쿵칭둥孔慶東[20]의 비판이 큰 이슈가 되었다. 요점은 홍콩인들이 여전히 식민지적 우월감 속에서 내지인을 무시한다는 것과 홍콩 지식인들이 언제나 내지인을 교육시키려 한다는 것, 홍콩인은 '국가의식'이 부족하다는 것, 하루빨리 '중국의식'을 건립해야 한다는 것 등이다. 이에 대해 행정장관 후보였던 탕잉녠唐英年과 량전잉梁振英은 각각 "법치는 홍콩의 핵심가치인 바, 홍콩인 절대 다수가 스스로 법을 준수하는 것은 존중받을 만한 것이고, 홍콩인은 소양이 있음을 반영하는 것"과 "홍콩은 향후 대륙인을 포함한 외지인을 향해 홍콩의 규범을 선전해야 한다"는 입장을 발표했다. 표면적으로 행정장관 선거를 앞두고 정치 지도자가 취할 수밖에 없는 완곡한 입장 표명으로 보이지만, 본토 홍콩의 수호 의사를 명확하게 밝힌 것이라고 할 수 있다. 양쪽 입장을 한마디로 정리하면 중국은 국가와 '중국다움'으로 '홍콩다움'을 강제하고 싶고, '홍콩다움'은 법치와 제도로서 자아를 인식한다는 것이다.

지하철에서 홍콩인은 중국인에게 홍콩 법률의 지엄함을 알리고 싶었다. 홍콩에서는 '반문명'적인 행동이 용납되지 않는다는 사실을 알려주고 싶었다. 물론 그 이면에 중국인에 대한 홍콩인의 멸시가 깔려 있음을 완전히 부정할 수는 없다. 이에 대한 '위대한' 국민신분의 반응은 쿵칭둥으로 대표된다고 볼 수 있다. 그는 또 홍콩인은 "국가의식"이 부족

20 http://hk.news.yahoo.com/孔慶東回應-香港為什麼老虎屁股摸不得-211025155.html; http://hk.news.yahoo.com/北大惹火教授罵港人是狗-時事評論員-中港矛盾深化-促政策介入-211025026.html; http://hk.news.yahoo.com/東鐵罵戰主角籲勿分化-孔慶東堅稱-部分港人是狗-211508947.html; http://hk.news.yahoo.com/唐英年指港人不是狗北大教授要為自己言論負責-110800065.html.

하고, 또 홍콩인의 우월감이 "국가에 의해 양육되고 있다는 사실"조차 덮어버리고 있다고 했다. 그리고 홍콩인은 양심을 찾아서 "중국의식"을 건립해야 한다고 훈수했다.

이렇게 본토 홍콩은 중국 관방이나 애국주의로 무장된 대다수 중국인에 의해 제거되어야 할 타자로 인식되고 있다. "타자의 현존은 주체의 발생을 가능케 해준다"[21]는 서동욱의 언설은 이 논리에 힘을 실어준다. 과연 영국과 중국이라는 타자는 홍콩이라는 주체의 발생을 가능케 한 동력인가? 홍콩의 주권이 막 넘어간 1998년 런하이任海는 당시 홍콩에 적용되고 있는 중국 민족주의의 현황을 다음과 같이 정리했다. 그는 중화인민공화국으로 귀속됨에도 불구하고 국민신분에 미치지 못하는 차등민으로서 특별행정구SAR : Special Administrative Region 홍콩의 차국민次國民 신분에 주목하고 있다. 그것에 가해질 방향성을 아래와 같이 예언했는 바, 이후 전개된 역사를 볼 때 그는 혜안의 소유자이다.

> 중국 측에서 보면, 홍콩은 중국의 지연정치 범위 안에 있고, 홍콩인에게 중국 민족주의를 주입하는 것은 최고 임무가 된다. 중국정부는 홍콩 거주민의 생각과 중국 민족주의가 서로 어긋나지 않을 것이라고는 생각하지 않는다. 정부는 홍콩인 심지어 중국 국민에게도, 홍콩인은 민족이나 국가의식이 결핍되어 있으며, 그들은 애국주의가 무엇인지 모른다는 점을 지속적으로 제기하고 있다. 이렇게 볼 때, 홍콩의식 형태 공간을 재조정하는 것은 정부의 최고 임무가 된다. 앞으로 정식 언어는 푸퉁화가 될 것이고,

21 서동욱, 『차이와 타자』, 문학과지성사, 2004, 158쪽.

본지 역사는 중국국가 역사의 맥락 속으로 들어 갈 것이며, 중국공산당의 혁명사는 중국국가 역사의 초점이 될 것이다. 마지막으로 홍콩의 문화 공간 역시 중국이라는 민족국가에 의해 재구성될 것이다.[22]

저우바쥔周八駿은 「국가로 돌아갈 것인가 아니면 홍콩 본토로 돌아갈 것인가?」라는 글에서 이렇게 대답했다. 그는 주권 반환의 과정이 그렇게 순탄하지만은 않을 것이라는 전제하에, 그중에 심각한 문제 하나가 존재한다고 했다. 바로 전면적으로 국가로 돌아갈 것인가 아니면 홍콩 본토로 돌아갈 것인가 인데, 홍콩에 과소평가할 수 없는 본토의식이 존재하기 때문이라는 것이다.[23]

중국 정치협상회의 주석을 역임한 리루이환李瑞環은 부총리 재직 당시 홍콩의 가치를 찻주전자 안의 '차 때茶垢'에 비유, 독특한 차향을 유발하는 차 때를 제거하는 우를 범하지 말 것[24]을 언급한바 있다. 이를 인용하면서 뤄융성羅永生은 국민주의 승리는 찻주전자를 깨끗이 하는 것[25]이라고 경고했다. '차 때'라는 홍콩의 가치가 실재한다면, '차 때'야말로 홍콩으로 하여금 차국민 신분을 유지하게 하는 원인 제공자임이 분명하다. 우쥔슝吳俊雄은 「홍콩 본토의식을 찾는다」라는 논문에서 본토의식 — 범주나 정의 — 과 관련하여 이렇게 말하고 있다.

22 任海, 「看的辯證—展覽櫥中的香港」, 劉青峰 · 關小春 編, 『轉化中的香港—身分與秩序的再尋求』, 香港 : 中文大學出版社, 1998, 214쪽.

23 周八駿, 「回歸國家還是回歸本土?」, 『選擇香港 選擇自己』, 香港商報出版社, 2004, 15쪽.

24 羅永生, 『殖民無間道』, Hong Kong : Oxford University Press, 2007, 111쪽.

25 위의 책, 112쪽.

① 홍콩 본토의식은 최근 이십여 년의 신생 사물로서, 제2차 세계대전 이후 태어난 세대가 그것의 원동력이다. 같은 기간에 정지할 수 없었던 경제 기적은 그것의 비옥한 토양이었다.

② 이런 본토의식과 그것에 종속된 더욱 큰 홍콩문화 신분은 매우 복잡한 혼합체이다.

③ 1970년대부터 고도로 팽창한 대중매체 및 그것들을 둘러싼 프로그램·놀이와 생활 방식은, 본토의식을 제조하고 진일보해서 홍콩문화를 구축한 중요한 매개체이다.[26]

본토의식이나 본토를 구성하는 가장 중요한 요소로 문화를 들 수 있겠다. 홍콩의 '-다움'을 구성하는 그 문화를 조금 더 구체적으로 표현한다면, 민족으로 대표되는 중국의 문화와 충돌된다는 것이 전제된 것이다. 중국정부나 중국 관변 논리의 핵심은 이른바 '중국다움'이야말로 본토 홍콩의 주요 구성 부분이라는 것이다. 그와는 반대로 본토 홍콩의 지속은 중국과의 정치적인 충돌 속에서 피할 수 없는 내재적 욕구이다. 홍콩인의 '홍콩다움'에 대한 상상은 그들의 이주 역사와 형태만큼이나 다양하게 나타나고 있다. 역사적으로 정치 또는 경제 상황에 따라 본토 상상은 변화를 거듭해 왔다. 뤄융성은 '거듭나기'나 '결탁'이 홍콩의 가장 기본적인 정치 유희라고 보는 시각도 소개한다.[27] 본토 홍콩에 대한 상상은 문화 편견에 대한 저항이었는바, 자아와 문화 정체성을 확립하는

26 吳俊雄, 「尋找香港本土意識」, 吳俊雄 · 張志偉 編, 『閱讀香港 普及文化』, Hong Kong : Oxford University Press, 2002, 86쪽.

27 羅永生, 『殖民無間道』, Hong Kong : Oxford University Press, 2007, 27～28쪽.

데 중요한 역할을 담당했다. 정치경제적 원인으로 '거듭나기'나 '결탁'이 시도되었고, 그것이 본토를 만들었다면, 본토의 소실도 정치경제와 직결된다고 보아야 한다. 그렇다면 문화의 정치경제성은 이 글이 끝까지 짊어지고 가야 할 문제의식이다.

예인충葉蔭聰은 중국 민족주의가 홍콩의 본토 신분을 배양한 온상이라고 본다. 그는 민족주의가 고정적인 의식 형태가 아니며, 결코 세상과 유리된 외딴 섬이 아니고, 본토의 복잡한 의식 형태에 진입하고 있다고 본다.[28] 현시점 본토 홍콩을 향한 중국의 민족주의 요구는 삼엄하다. 홍콩과 홍콩인을 향한 중국정부의 언설은 사사건건 국가와 민족에서 시작해서 국가와 민족으로 끝난다고 해도 과언이 아니다. 한족 중심의 국민국가 중국이 국가와 민족을 앞세워 홍콩의 편입을 강요하고 있는 것이다. 하지만 대중화주의의 소용돌이 속에서도 홍콩이 여전히 또 다른 본토라고 생각하는 홍콩인이 적지 않다. 아파두라이는 이렇게 설명한다.

> 나는 지역성을 양(量)적이거나 공간적인 것이 아니라 근본적으로 상관적이고 문맥적인 것으로 간주하며, 또한 사회적인 현안에 대한 감각과 상호 작용의 기술, 문맥들 간의 상호 의존성들이 만들어내는 일련의 관계로 구성되는 복잡한 현상학적 성질로 간주한다. 행위자(agency)와 사회성, 재생산 가능성 같은 것으로 스스로를 표현하는 이와 같은 현상학적 성질은 내가 탐구하고자 하는 범주(혹은 주제)로서의 지역성을 표현하는 주요한

28 葉蔭聰, 「'本地人'從哪裏來?」, 羅永生 編, 『誰的城市?』, Hong Kong : Oxford University Press, 1997, 20쪽.

속성이다.[29]

지역성은 이렇게 복잡하다. 지역성의 생산이라는 제목의 장에서, 아파두라이는 문화의 전 지구적 흐름 속에서 "지역성locality은 어디에 위치하고 있는가?"라는 질문을 던지면서 그것을 생산하는 일은 "투쟁"이 되고 있다고[30] 했다. 그는 세 가지 차원의 투쟁에서 "충성과 결연의 국가적 형식이라는 기호 아래 모든 동네들을 규정하려는 국민국가의 노력이 점증하고 있다는 사실"을 세 가지 차원의 첫 번째로 꼽는다.[31] 그가 말하는 지역성은 "감정의 한 구조와 사회적 삶의 한 특성, 주어진 공동체의 한 이데올로기"[32]이다. 그렇게 본다면 국민국가와 지역성은 지난한 경쟁을 계속하고 있는 것이다.

2004년 6월에 발표된 「홍콩 핵심가치 수호선언維護香港核心價值宣言」은 민족의 공습에 대한 가장 직접적인 대응의 총괄이다. 42개 직업군의 3백여 명(전문직 · 학자 · 경제계 · 비정부조직 인사)은 자유 · 민주 · 인권 · 법치 등은 홍콩을 구성하는 핵심가치로서, 시민 모두 여론과 행동으로 지켜내야 한다고 선언했다. 그것을 제대로 수호하지 못할 경우, 홍콩은 "영혼을 잃어버린 육체失去靈魂的軀殼"가 될 수 있음을 경고한 것이다. 중국정부의 정치적 강공 드라이브에 위기의식을 느낀 홍콩 지식인들의 대응

29 아르준 아파두라이, 차원현 · 채호석 · 배개화 역, 앞의 책, 312쪽.

30 위의 책, 19쪽. 앞의 질문은 311쪽을, '투쟁' 관련은 329쪽을 참조할 것.

31 나머지 둘로 "영토성과 주체성, 집단적인 사회운동 사이의 분리가 점증하고 있다는 사실"과 주로 "전자 매체의 힘과 형식 때문에 가상적인 동네와 실제적인 동네 사이의 관계가 지속적으로 침식당하고 있다는 사실"을 들고 있다. 위의 책, 329쪽. 원문에는 "기상적인"이라고 되어 있는데, 문맥으로 볼 때 '가상적인'의 오타로 보인다.

32 위의 책, 329쪽.

이라는 점에서 의미 있다. 특히 친중 매체 『문회보文匯報』가 보도를 안 한 것을 보면 중국 국가주의의 구미에 맞는 것은 아니었다.

이 선언이 나온 시점은 주권 반환 7주년 즈음으로, 홍콩을 둘러싸고 국가주의와 본토주의가 건곤일척의 승부를 겨루고 있었다. 하물며 2004년 초반에는 중국의 관방 학자들이 '뿌리론'이나 '근원론'을 빌어, 본토 홍콩을 근본도 뿌리도 모르는 집단으로 매도하는 분위기까지 이어지고 있었다. 「홍콩 핵심가치 수호선언」은 본토주의 입장에서 더 이상 물러설 수 없는 지점에서 터져 나온 절규였다. 본토 홍콩 신분의 생성은 국가주의와의 결별이나 그것에 대한 반항이라는 측면에서 기인한다.

뤄구이샹羅貴祥은 본토성의 장악은 마땅히 보편universal/특정particular이라는 변증 관계에 기초해야 한다[33]고 했다. 보편성과 특수성의 항형을 언급한 것인데, 그의 인식은 어느 것이라도 우위를 점유하는 것에 대한 경계에서 출발한다. 뤄구이샹은 소수는 하나의 상태이자, 하나의 상황인데, 그것은 부단히 이른바 '다수', '주도', '전체' 등의 가치관념에 반항하고 반성을 요구한다[34]고 역설한다. 양자 모두를 등가치환하는 것은 아

33 羅貴祥, 「本土與他性的再想像」, 『他地在地—訪尋文學的評論』, 香港 : 天地圖書, 2008, 266쪽. 이것이 주디스 버틀러와 에르네스트 라클라우가 질문하는 보편주의 대 특수주의(particularism)와 동일선상에 있는 것이다.

34 羅貴祥, 「民族/族裔/少數文學與香港」, 『韓國中語中文學會2010年度聯合國際學術大會發表論文集』, 25쪽. 뤄구이샹(羅貴祥)은 본토 홍콩의 정체성을 가장 열심히 강조하는 학자 중의 하나이다. 나는 홍콩의 본토성에 관심을 기울여 오면서 특히 본토주의에 대한 나름대로의 구상을 가다듬는 과정에서 그의 이론으로부터 많은 도움을 받았다. 그는 2010년 11월 13일, 서울에서 개최된 세미나에서 평소 논지를 종합한 논문을 발표했는데, 들뢰즈와 가타리의 이론을 들어 '소수'야말로 문학의 상태(常態)이자 정태(正態)로 보며, '대문학'은 지나치게 자만하여 스스로가 주도적 중심이라고 여겨 자신의 진면목을 보지 못한다고 주장했다. 또 18세기 이래 서구 제국주의는 아시아인과 화인을 대충 황인종이라는 민족 형태로 구분하였는데, 우리 역시 이런 편견에 부화뇌동하여 아

니고, 사실 소수의 필요성을 역설하고 있는 것이다. 소수라는 말을 본토로 바꾸어 말하면 본토는 다수인 국가와 그것이 '주도'하는 '전체'적 가치관념에 반항하는 것이다.

3) 새로운 소수민족의 출현

2011년부터 홍콩매체에 '메뚜기蝗蟲'라는 용어가 등장하기 시작했는데, 이 단어는 중국에서 쇼핑이나 관광 또는 원정 출산[35]을 위해서 도래하는 중국인을 가리키는 것으로 그들을 향한 홍콩인의 심사를 대변하고 있다. 중국정부는 세금을 내지 않고 교육 등 홍콩의 각종 복지 혜택에 편승하려는 임산부들의 행위를 방관하고 있는데, 향후 혈통으로서 홍콩을 순화馴化, domestication시키고자 하는 인해전술의 새로운 양상이다. 이런 현상으로 홍콩인의 불만이 나날이 고조되고 있는 가운데, 2012년 음력설에는 홍콩에 쇼핑하러 온 '메뚜기'를 반대한다는 시위가 벌어지기도 했다. 이런 갈등을 증명하듯이 홍콩의 대표적인 중립지『명보明報』는 사설에서 "내지와 홍콩 사이의 모순이 심화되어, 두 곳의 문화 융합 효과는 아직 미미한데, 중앙 및 홍콩정부가 정책 측면에서 개입해서 충돌을 수습해야 한다"[36]는 해결책을 제시했다.

시아 종족의 기초를 마련했다고 본다. 결론적으로 전통을 표방하는 중국 현대의 민족관 역시 서구적 관점을 많이 내포하고 있다는 것이다. 그는 '소수'는 이른바 '다수', '주도', '전체' 등의 가치관념에 부단히 반항하면서 반성을 요구한다고 보았다. 나아가서 홍콩문학은 그동안 민족주의와 본토문화 정체성 사이에서 늘 발버둥쳐 왔지만, 민족주의로부터 홀대받은 것은 사실이라는 것이다. 하지만 홍콩문학 그 자체도 홍콩에 거주하는 '소수'인 아시아 종족에게까지 시야를 확대하지 못했다는 것이다.

35 2011년 기준 4만 명의 중국 임산부가 홍콩에서 출산했다.

36 『明報』, 2012.1.21.

아파두라이는 "식민주의의 모순들에 힘입어 인도인들이 갖게 된 각종의 주체성에는 모호하면서도 위험한 양면이 남아 있다"[37] 고 보았다. 그것이 체현되는 것을 추적해야 하는 것이다. 본토주의 자체는 식민주의가 남긴 모순 때문에 혼종적이며 위험한 것이다. 사실 홍콩 본토의식의 기초는 영국 즉 서양의식이라고도 할 수 있다. 따라서 구수메이谷淑美는 식민 담론이라는 측면에서 본다면 홍콩 본토주의가 식민주의의 열매라고 보는 것이다.[38]

파농에 의하면 흑인 어린이들은 서구에서 만들어진 모험 이야기를 읽을 때, 스스로 백인과 같은 편으로 인식한다는 것이다. 그러니까 백인들과 적대적인 관계에 있는 이민족 — 아프리카 흑인을 포함한 — 을 그들의 적으로 본다는 것이다. 본토 홍콩은 어느새 이기적이고 서구편향적인 것으로 우리 머릿속에 자리 잡았다. 중국 내 '소수민족'에 대한 서구의 관심은 어제 오늘의 일은 아닌데, 홍콩의 「기본법」 해석권을 둘러싸고 중국과 본토 홍콩이 충돌했을 때마다, 미국과 영국 등 서방은 홍콩인들과 상의 없는 「기본법」 해석을 비난하는 성명을 발표하기도 한다. 그때마다 중국 지도부는 홍콩 문제에 대한 외세 개입을 경고하고 나서는데 이런 바탕 위에서 이해되어야 한다.

앞서 쿵칭둥은 다소 흥분한 듯 보이지만, 사실 그동안 축적되어온 중

37 아르준 아파두라이, 차원현 · 채호석 · 배개화 역, 앞의 책, 238쪽. 적절한 비유일지는 모르겠지만, 장기간 폭력에 노출되어온 사람은 폭력에 대한 극도의 혐오감을 형성하면서 성장하지만 자신이 또다시 폭력을 행사하는 주체로 악순환의 고리로 노출된다는 연구 결과는 많이 있다. 그러니까 홍콩사회가 식민지적 이중성에 의해서 성장하여 왔다면, 그 속에서 살아온 홍콩인 또는 홍콩사회는 여전히 이중성의 보유자일 것이다.

38 谷淑美, 「文化 · 身分與政治」, 謝均才 編, 『我們的地方, 我們的時間 香港社會新編』, Hong Kong : Oxford University Press, 2002, 355쪽.

국 국가주의의 불만을 대변한 것이다. 홍콩인은 장기간 영국 식민지의 "주구"로 살아왔으면서도 한 치의 반성 없이 중국을 향해 홍콩식 자본주의의 확산을 기획하고, 중국사회의 전근대성과 비합리성을 비웃고 그래서 내지인을 업신여겨 왔다는 것이다. 나아가서 주권 반환 이후에도 중화인민공화국이라는 국민국가로의 동화를 거부해 왔다는 것이다. 위대한 '조국'으로부터 경제적으로 엄청난 혜택을 입고 있고, 또 그것 없이는 한시의 생존이 불가능한 환경임에도 말이다. 그의 발언은 역설적으로 본토 홍콩의 실존을 증명하고 있다. 이를 통해서 중국 민족주의와 국가주의라는 대세가 시시각각 본토 홍콩을 강요하고 있음을 알 수 있다.

버틀러는 내부적으로 아무리 그럴싸해 보인다고 해도 민족적 동질성을 내세우는 그 어떤 주장도 의심해야 한다고 주장했다. 왜냐하면 민족국가의 기반이 되는 민족을 발명하기 위해 민족 내부의 이질성은 제거되어야 한다[39]는 기제가 작동하기 때문이다. 또 버틀러는 주권이 개인이나 집단의 권리를 정지시키고 그들을 정치체제 밖으로 내쫓는 방식으로 작동한다는 점[40]을 상기시킨다. 그러니까 민족의 입장에서 보면 본토 홍콩은 민족의 발명과 유지에 장애가 되기에 제거되어야 하는 것이다.

스티븐 핑커가 보기에 민족이 다른 것은 그들의 문화가 다르기 때문이다. 따라서 실제로 민족을 지칭할 때에도 에스키모민족, 유대민족이 아니라 에스키모문화, 유대인문화라고 불러야 한다.[41] 진야오지金耀基도 원래 중국 민족주의의 착안점은 종족이 아니라 문화였다는 점을 상기

39 주디스 버틀러, 주해연 역, 『누가 민족국가를 노래하는가』, 산책자, 2008, 38쪽.
40 위의 책, 43쪽.
41 스티븐 핑커, 김한영 역, 『빈 서판 – 인간은 본성을 타고 나는가』, 사이언스북스, 2006, 57쪽.

시킨다. 하지만 20세기 초기에 변화가 발생하였고, 20세기 중국의 민족주의가 중시한 것은 문화가 아니라 국가였다.[42] 현시점 중국의 민족주의 역시 문화가 아니라 국가와 민족을 최전방에 내세우고 있다. 이른바 '중국다움'에 대한 보편적인 인식과 그것에 대한 동의로만 부족하기 때문이다. 중국의 입장에서 문화적으로 본토 홍콩은 다시 정형화해야 할 대상인 것이다.

요즘도 설문조사의 단골 질문은 응답자 자신이 홍콩인이냐 아니면 홍콩중국인이냐 또는 중국홍콩인이냐는 것이다. 사실 홍콩인은 하나의 정치적인 신분이지만, 이른바 '중국다움'이라는 문화적 속성과 깊은 관계가 있다. 연속 의의적인 부호로서 홍콩인은 이미 중국과 홍콩 두 곳의 문화기억으로부터 완전히 자유로울 수는 없다. 중화문화와 민족 혈연이라는 틀에서 대부분의 홍콩인은 자신이 홍콩인이자 중국인이라고 인식하고 있어 양자의 모순은 없다. 그런 시각에서 본토 홍콩이 중국 국가주의 장력에 버티는 구도이지만, 혈통상 국민 통합이 예비되어 있다고 볼 수 있다.

예를 들면 '6 · 4' 당시 독자적인 홍콩인으로 중국의 민주화를 지지하는 것보다는 '피는 물보다 진하다'는 혈연 관계로서 지지하지 않을 수 없다는 논리가 정서적으로 배후에서 강하게 지배했다는 것을 부인할 수 없다. 하지만 주권 반환 10년이 훨씬 지난 지금까지도 정체성 측면에서 '차국민' 홍콩인은 후식민이라는 지위에 걸맞게 중국이라는 국민국가의 틀 속에 수용되는 것을 두려워하고 있다. 아파두라이는 이런 갈등

42 金耀基, 「民族主義與現代中國」, 『中國社會與文化』, Hong Kong : Oxford University Press, 1992, 175~176쪽.

의 동기에 대하여 매우 명쾌하면서도 적절한 비유를 제시해 주고 있다.

> 이리안 자야(Irian Jaya, 인도네시아의 오지 — 인용자)의 국민들에게는 인도네시아화되는 것이 미국화보다 훨씬 걱정되는 일이라는 사실은 알아둘 필요가 있다. 그것은 한국인들에게는 일본화가 그러했고, 스리랑카 사람들에게는 인도화가, 캄보디아인들에게는 베트남화가, 소비에트 아르메니아 사람들과 발틱 공화국 사람들에게 러시아화가 그러했던 것과 동일한 성격을 갖는다.[43]

왜냐하면 "작은 규모의 정치체들은 항상 좀 더 큰 규모의 정치체들, 특히 이웃하고 있는 정치체들에 의해 문화적으로 흡수당하지 않을까 하는 두려움을 가지고 있기 때문이다."[44] 이 말을 곧이곧대로 홍콩에 적용시킨다면, 특구 홍콩인에게는 영국화보다는 중국화가 훨씬 걱정스러운 일이 되겠다. 그래서 중국정부는 일찌감치 홍콩인 자신에게 홍콩의 통치를 위임한다는 기준을 준비했는지도 모르겠다. '홍콩인이 홍콩을 통치한다港人治港'는 표어는 주권 반환에 관한 중국-영국 간 협상이 본격화되면서부터 중국 측이 홍콩을 향해 내놓은 비기였다. 불안해하는 홍콩인에게 주는 큰 선물인 것처럼 보이는 이 구호는 일찍이 1910년대 연성자치聯省自治운동 당시 광둥성장 천중밍陳炯明이 외친 '광둥 사람이 광둥을 통치한다粵人治粵'를 연상시킨다. 당시 중원 중심주의에 대한 견제 차원에서 제기된 배경을 오늘날에 비추어 본다면 1백 년이라는 시간은 동시대임이 틀림없다.

43 아르준 아파두라이, 차원현 · 채호석 · 배개화 역, 앞의 책, 59~60쪽.
44 위의 책, 60쪽.

하지만 홍콩인에 의한 통치는 현지 엘리트를 전면에 내세우는 식민지 정책의 전형을 연상시키며, 중국의 간접 통치로 보이지만 그간 작동된 정치 시스템으로 볼 때, 중앙정부의 영향력은 지대하다. 게다가 경제적으로 지배적인 구조는 '내적 식민' 담론을 의심하는 시각을 무색케 만든다. 요컨대 IMF 이후 홍콩에 대한 중국의 지원, 중국-홍콩 간 경제동반자 협정CEPA의 영향 그리고 대륙 자본의 공습 앞에 정치 경제 엘리트의 귀순은 완료되었다고 볼 수 있다. 따라서 영국 식민지 당시 '행정이 정치를 흡수'했다면, 지금은 '경제가 정치를 흡수'하고 있다.

민족보다는 인간을 생각하자는 르낭이 보기에, 어떤 민족은 다른 민족의 억압을 받을 때에만 자신에 대해서 자각하게 된다.[45] 하지만 '소수민족'에 대한 대통합을 상상하는 한족의 방법이 억압이라고 생각되어져야 한다는 전제가 우선이다. 정말 중국이라는 국가 내에서 '소수민족' 홍콩인은 탄생된 것인가? 정치 실체 중국에 대입해서 본다면 통합해야 할 뚜렷한 목표가 만들어진 셈이다.

그럼에도 불구하고 국민교육을 위해서 인정해야 할 본토의 마지노선이 있을 수밖에 없다. 그것을 인정하지 않는 한 국민교육 자체의 당위성마저도 사라지는 것이니까. 그 존재는 중국이라는 국가나 중국인이라는 국민의 교육을 방해하지 않는 선의 본토 홍콩 스토리라야 한다. 그것이 국민신분 회복이라는 원대한 청사진의 일부에 편입되더라도 크게 거슬리지 않는 정도라야 하는 것이다. 나는 오히려 이런 과정에 의해 한족의 앞에 홍콩인이라는 새로운 '소수민족'이 출현하고 있다고 본다. 언

45 에르네스트 르낭, 신행선 역, 『민족이란 무엇인가』, 책세상, 2008, 21쪽.

론 자유와 사상 자유가 종료되고, 개인의 자기검열은 물론 언론의 자기검열이 완성된 지 이미 오래이다.

4) 본토의 반동성

지속적인 국민교육의 효과인지는 모르겠지만 2008년 올림픽 성화 봉송 현장에서 홍콩 민주파가 준비한 인권 시위가 친중국계 시민들에 의해 제지당했다. 사실 홍콩인의 대다수가 이른바 '중국다움'의 정체성을 간직하고 있다고 해도 과언이 아니다. 개인은 여전히 민족/국가적 규정에서 자유롭지 못하며 그러한 구속성에 대한 저항은 문화적으로 금기시되는 경향이 있다. 민족으로부터 해방된 개인은 진보나 보수 양쪽 모두에게 지탄의 대상이다.[46] 이렇게 민족으로부터 해방된 본토 홍콩의 정립은 쉽지 않다. 룽잉타이龍應台가 말하는 중립적인 개방적인 그리고 자유적인 공간으로서 홍콩의 가치[47]를 지키기 위해서는, 우선 민족으로부터 해방된 홍콩이 무엇보다도 중요하다고 생각한다. 본토 홍콩의 가능성은 우선 민족으로부터 해방이 전제되어야 한다.

민족적 정체성은 과연 무엇을 위한 것이며 누구를 위한 것인가. 역사가 증명해 주듯이 민족은 다른 고귀한 가치를 전복시키고 파괴시킬 수 있다. 가라타니 고진은 민족주의는 비판한다고 해서 당장 해체될 수 있는 것이 아니며, 자본주의체제 자체를 극복하는 장기적인 실천을 통해서야 세계공화국 형태로 그것이 지양될 수 있다[48]고 지적했다. 월러스

46 권혁범, 『민족주의는 죄악인가』, 생각의나무, 2009, 74쪽.
47 龍應台, 「華文世界的窗口」, 『明報月刊』, 2006.4, 41쪽.
48 「네이션과 미학-가라타니 고진」, 『한겨레』, 2009.8.8.

틴의 세계체제론은 그런 측면에서 가라타니와 통한다. 전체로서 세계와 현상을 분석하는 것인데, 그는 모든 시스템은 유기체라는 인식하에 유럽 공동체가 와해보다는 연방주의 강화로 직면한 위기를 넘어갈 것이라고 예측한다.[49] 역으로 생각해보면 민족주의는 도구적인 측면에서 자본주의체제의 위기를 은닉하고 엄폐하는 가장 돋보이는 수단인 것이다. 실제로 시시각각 진행되고 있는 전 지구화의 대세 속에서, 민족주의는 그것에 대한 경계를 강화하는 수단으로 우선 사용되고 있다. 자국 내 자본주의의 구조적인 문제점을 찾아내기 보다는 쉽기 때문이다.

김준환은 슬래먼Stephen Slemon의 말을 인용하여 "탈식민주의는 신식민주의의 수사학을 해체적으로 읽음으로써 신식민주의에 저항해야 하며, 동시에 문화적 정체성과 생존의 원리로서의 탈식민적 사회 전통을 구축해야 하는 이중의 기능을 수행해야"[50] 한다고 했다. 나는 이것을 진정한 본토의 건립은, 토착에 있는 것이 아니면서도 이해관계에서 출발하는 것이 아니라고 해석한다. 본토 홍콩의 원래 목적은 영국의 식민 통치를 강화하기 위한 탈중국화에 있었다. 그러니까 탈중국화든 아니면 친영국화이든 본토주의에 대한 식민주의의 영향을 무시할 수 없다. 즉 본토주의 형성에 식민은 큰 영향을 주었다고 할 수 있다. 후식민의 홍콩에 식민성의 전형이라고 할 만한 요소는 상존한다. 경제 중심은 정치보다는 행정 중심의 시스템을 강화하게 했고, 결과적으로 정치 발전은 지체되어 시민계급의 대두를 방해했다.

49 「인터뷰 – 세계체제론 월러스틴 교수」, 『한겨레』, 2012.9.19, 8면 참조.

50 Slemon, Stephen, "Modernism's Last Post," *ARIEL* 20.4, 1989, p.7; 김준환, 「탈식민주의와 포스트모더니즘」, 고부응 편, 『탈식민주의 – 이론과 쟁점』, 문학과지성사, 2003, 105쪽에서 재인용.

홍콩의 제도와 법치의 우수성은 동반 성장 파트너로서 근대적인 시민의식의 신장을 일정 부분 방해해 왔다. 홍콩에는 광범위한 기득권 세력이 힘을 발휘하고 있는데, 그럼에도 불구하고 그것에 대한 항형 차원에서 필요한 시민 응집력은 단시일 내 성장하기 어려워 보인다. 더불어 시민계급과 유리된 지식인 그룹은 보편적인 천민자본주의 의식의 횡행을 막아주지도 못한다.

아파두라이는 지역성은 원래 파괴되기 쉬운 것[51]이라 했다. 그는 "지역성이 특별한 형태의 의도적인 행위에 의해 생산되고 특별한 종류의 물질적 결과들을 생산하는 감정의 구조이며, 사회생활의 한 현상학적 자질이라는 점에 초점을 맞추어 논의를"[52] 전개하고 있다. 그는 "정서의 공동체community of sentiment"라는 개념을 말한 바 있다. "함께 상상하고 사물을 감각할 수 있는 집단의 능력"이다.[53] 하지만 그 역시 가장 두려워하는 것은 지역성으로 포장된 전근대적 토착주의이다. 그는 이미 홍콩의 경우에도 주목하고 있는데, "극동 지역의 활동적인 도시국가들(대만과 싱가포르, 홍콩), 군정 종식 후 복잡한 정치 상황을 보이고 있는 라틴 아메리카, 사하라 이남 지역의 파산한 아프리카 국가들, 중동과 동남아시아에 위치한 위험천만한 근본주의 국가들은 모두 유사하게 지역 주체에 의해 동네를 생산하고자 하는 도전을 시도하고 있다"[54]고 경고했다.

천자러陳家樂 · 주리朱立에 의하면, 홍콩영화에서는 1989년 6 · 4사건 전 홍콩에 온 내지인은 불법이민자나 강도로 등장시켰다. 홍콩영화는 대

---

51 아르준 아파두라이, 차원현 · 채호석 · 배개화 역, 앞의 책, 313쪽.

52 위의 책, 318쪽.

53 위의 책, 19쪽.

54 위의 책, 331쪽.

륙인을 타자로 보거나 침입자로 보았다. 그것을 통해서 홍콩의 우월감이나 본토의식을 강조했던 것이다.[55] '나'와 타자를 가르는 기준은 말할 나위 없이 경제적인 차이였다. 논의를 좁힌다면 결국 본토 홍콩을 대표하는 기호는 경제일 수밖에 없다. 경제 우위와 더불어 본토 홍콩은 생성되고 성장하여 왔기 때문이다. 홍콩 신분의 탄생은 1960~1970년대 경제의 비약적인 성장과 함께였다. 따라서 향후 경제의 흐름에 따라 본토 홍콩이 부침을 거듭할 것이다.

홍콩은 영국도 중국도 아닌 제3세계를 꿈꾼 적이 있는가? 뤄구이샹은 위에서 밝힌 대로 '소수'는 이른바 '다수', '주도', '전체' 등의 가치관념에 부단히 반항하면서 반성을 요구한다고 보았다. 나아가서 홍콩문학은 그동안 민족주의와 본토문화 정체성 사이에서 늘 발버둥쳐 왔지만, 민족주의로부터 홀대받은 것은 사실이라는 것이다. 하지만 홍콩문학 그 자체도 홍콩에 거주하는 '소수'인 아시아 종족에게까지 시야를 확대하지 못했다고 했다.

전 지구인이 되기 위한 노력과 그에 반하는 정체성 보호 본능 속에서 우리는 상호 타자로 인식하는 현대사회의 갈등을 재조명해 볼 수 있다. 그렇다면 그 분석 과정에서 접점이 자연스럽게 도출된다. 즉 지켜야 할 전통과 사라져야 할 인습의 간극은 줄어들게 된다. 구수메이의 정의에 따르면, 본토주의란 우리와 다른 타자를 강조하는 담론에서 형태를 구축한 것으로, 그 속에는 우리가 중심이라는 사상 형태가 숨어 있다.[56] 그

55 陳家樂·朱立,『無主之城－香港電影中的九七回歸與港人認同』, 香港 : 天地圖書, 2008, 203쪽.

56 谷淑美,「文化 · 身分與政治」, 謝均才 編,『我們的地方, 我們的時間 香港社會新編』, Hong Kong : Oxford University Press, 2002, 355쪽.

렇다면 본토주의자는 식민자가 남긴 빈틈에 대한 점거를 갈망한다는 파농의 지적은 큰 부담감 없이 수용된다.[57] 호미 바바는 더욱 과감한데, 민족 또는 본토적 정체성의 주체는 영원히 순수하지 않고, 담론 영역 안에서 기타 원소와 연결/단열 그리고 다시 연결된다[58]는 것이다.

민족이나 본토 양자 모두 왜곡되고 변용될 위험성을 내포하고 있음을 지적한 것이다. 이 정의를 본토 생성에 적용시킨다면 타자와의 구분의식 속에서 본토는 성장한다. 민족주의와 민족성의 관계와 마찬가지로, 본토주의와 본토성은 서로를 부양한다. 민족주의에 대항해야 할 본토주의라면 본토성은 민족성의 강도에 비례하여 성장하는 것이 아닐까!

소웰은 문화는 호박琥珀 속의 나비처럼 보존된 상징체계가 아니라고 했다. 그것은 박물관의 진열대가 아니라 일상생활의 실제적 활동 속에 존재한다. 거기에서 문화는 경쟁하는 목표들, 그리고 다른 문화들의 압력을 받으며 진화한다. 문화는 찬양해야 할 단지 정적인 차이들로 존재하는 것이 아니라, 목표를 성취하는 좋고 나쁜 방법을 가리면서 서로 치열하게 경쟁한다. 이때 좋고 나쁨의 결정은 관찰자의 관점이 아니라 민족 자신들의 관점을 통해, 그들이 냉정한 생활 현실 가운데서 맞서고 열망하는 과정에서 이루어진다.[59] 문화 고유의 소통성을 강조하고 강제

57 葉蔭聰, 앞의 책, 32쪽에서 재인용.

58 Bhabha, Homi K., "DissemiNation : Time, Narrative, and the Margins of the Modern Nation", Homi K. Bhabha ed., *Nation and Narration*, London and New York : Routledge, 1990, pp.291～322; 葉蔭聰, 「'本地人'從哪裏來?」, 羅永生 編, 『誰的城市?』, Hong Kong : Oxford University Press, 1997, 34쪽에서 재인용.

59 Sowell, T. 1996. *Migrations and cultures : A World View*, New York: Basic Books, p.378; 스티븐 핑커, 김한영 역, 『빈 서판－인간은 본성을 타고 나는가』, 사이언스북스, 2006, 132쪽에서 재인용.

성을 부정하는 정의다. 그렇다면 문화는 자연발생적인 것이 아니어서 그것을 추동하는 그 무엇이나 과정에 의해 구성되는 것이다.

한편, 많은 학자들은 집단기억collective memory이야말로 커뮤니티를 구성하는 가장 중요한 요건이라고 본다. 알박스Halbwachs는 집단기억은 커뮤니티, 계급 또는 민족의 과거 공동 경험의 기억인 동시에, 집단기억이야말로 바로 커뮤니티 정체성의 연장이라고 보았다. 바바라 미스찰Barbara Misztal은 "집단기억은 커뮤니티의 과거를 재현한 것인 바, 집단공용과 기념은 커뮤니티의 정체성, 현상 및 청사진을 추동하며 또 커뮤니티에게 실질적 의미를 부여한다"[60] 고 했다. 각기 다른 공간은 각기 다른 집단기억을 소유하기 마련인데, 국가와 본토는 서로에게 자기 공간만의 기억을 강요한다.

사실 정치적 민족이 문화적 본토까지 접수하고 있는 상황일 경우, 정치-문화의 차이를 구분하기란 매우 어렵다. 이런 시각에서 본다면, 아리프 딜릭에 대한 두아라의 비판은 적절하다. 딜릭은 두아라를 비판하면서 중국 민족주의를 문화적인 현상뿐이 아니라, 경제적이고 정치적인 현상으로 궁구하려는 목적이 아니라고 했다.[61] 중국 민족주의를 문화적인 현상으로 보고 그것을 분석하고자 했던 두아라에 대한 지적인데, 그렇게 본다면 민족주의는 문화적인 동질성을 강조하는 것보다는 정치경제적인 관련성 또는 그것이 가져올 이해관계를 적시하는 데 더 큰 비중을 두는 일종의 실리적인 스토리이다.

60 Halbwachs, M., *On Collective Memory*, Chicago : University of Chicago Press, 1992; Misztal, B., *Theories of Social Remembering*, Maidenhead : Open University Press, 2003; 陳韜文 · 李立峯, 「香港不能望記六四之謎」, 呂大樂 · 吳俊雄 · 馬傑偉 編, 『香港 · 生活 · 文化』, Hong Kong : Oxford University Press, 2011, 157쪽에서 재인용.

61 아리프 딜릭, 황동연 역, 『포스트모더니티의 역사들』, 창비, 2005, 38쪽.

요컨대 '홍콩다움'을 발견한다는 것은 홍콩의 정체성을 찾아내는 것일진대, 그것은 문화로 대표될 수 있다는 것이 나의 관점이다. 우쥔슝은 본토의식의 내용을 규정하면서 생활환경 · 일상 지식 · 의식 형태 · 체계적인 담론 등 4개의 단계로 나눌 수 있다고 했다.[62] 이런 소담론은 거대담론인 민족이나 국가에 의해 쉽게 강요되는 것이다. 그런 측면에서 예인충의 언급은 자연스럽다. 그러니까 본토의식은 민족 및 식민 담론 자체 그리고 관련 틀 속에서 문화적 혼잡화 과정cultural hybridization을 형성한다는 것이다.[63]

중국 민족주의에 의한 후식민을 우려하는 예인충은 "문화를 고정적인 틀 속에 묶어두는 법 역시 식민자의 식민기량이다. 따라서 본토는 늘 식민문화 논리 속에 묶일 위험을 가지고 있다"[64]고 경계하고 있다. '홍콩다움'에 갇혀 있는 또 다른 '중국다움'은 '홍콩다움'을 생성시키는 또 다른 장애가 분명하다. 즉 '중국다움'과 '홍콩다움'이라는 변경선상의 홍콩이지만 민족문화의 틀을 의식하는 한 본토 홍콩의 생성은 요원하다. 무서운 것은 민족주의의 도래보다 본토 속에 깊게 뿌리 내리고 있는 친민족 성향이라 하겠다.

본토 홍콩 역시 '중국다움'을 상상하면서 '민족'을 수시로 초청하고 있는 것이다. 혈연에 근거하여 농후한 토착주의를 조장하는 풍조와 현실 경제를 우선시하고 논리를 확장하는 보수에 의해 중산계급이나 서벌턴은 비주류로 변경화되고 있다. 또 본토 홍콩은 법치와 제도로 혈연

62 吳俊雄 · 張志偉 編, 『閱讀香港普及文化』, Hong Kong : Oxford University Press, 2002, 8쪽.
63 葉蔭聰, 앞의 글, 14쪽.
64 위의 글, 36쪽.

을 엄폐하고 위장하고 있다. 본토 홍콩을 주장하는 많은 학자들은 이 점을 축소하거나 외면하고 있다는 것이 내 시각이다. 그렇다면 홍콩의 대응은 즉 본토 홍콩을 보호하기 위해서는 당연히 새로운 우위를 확보해야 하는데, 그것은 바로 근대성일 수밖에 없다.[65]

따라서 이른바 본토의식의 대문은 수시 개방이 필요하다. 그렇지 않으면 본토는 하나의 신분 구축 기지로서 자신을 봉쇄된 문화 틀 속에서 묶어 두게 되어 비판 능력을 잃어버린다.[66] 본토주의에 대한 딜릭의 궁구는 매우 다양하여 반동적 본토주의nativism의 확산을 염려하기도 한다. 그는 "과거의 부흥은 자유주의적인 정체성 정치identity politics를 조장한다"는 것이다.[67] 그가 우려하는 것은 "지역적local 또는 지역기반적place-based이라

65 즉 혈연, 지연, 학연으로부터 해방된 본토말이다. 시민계급이 등장하여야만 민족과 본토 홍콩은 균형 잡힐 수 있다. 2005년에는 세계무역기구(WTO) 각료회담을 반대하는 시위가 발생하여 사계의 주목을 받은 적이 있었다. 또 2007년 도시 재개발에 맞서서 전개된 퀸스피어(여왕의 부두), 인쇄거리, 블루하우스 등의 보존운동이 홍콩 시민사회를 각성시키는 계기가 되었다는 데 많은 학자가 공감하고 있는 것을 보면, 홍콩에서 시민의식의 대두가 시간적으로 얼마나 큰 문제점을 가지고 있는가를 알 수 있다. 한편, 2012년 3월 20일 『환구시보』의 보도에 따르면, 현재 홍콩 내부적으로 '시민과 재벌', '빈부', '민관' 갈등이 첨예화되고 있다.

66 Dirlik, Arif, "The Global in the Local", Rob Wilson · Wimal Dissanayake eds., *Global/Local*, Durham and London : Duke UP, 1996; 葉蔭聰, 앞의 글, 35쪽에서 재인용.

67 아리프 딜릭, 황동연 역, 앞의 책, 11쪽. 그는 토착주의에 대한 궁구를 지속하고 있는데, 2011년 발표된 논문("Guoxue/National Learning in the Age of Global Modernity", *China Perspectives* 2011-1, 2011, pp.4~13)에서 토착주의는 자신이 선택한 어휘이며, 일본 도쿠가와 시대의 '고쿠가쿠(國學)'에 대한 연구에서 빌려왔음을 밝히고 있다. 또 그것에 대해서 부언하기를 "과거를 현재에 맞게 바꾸려는 노력에 반대하는 입장을 포함하여 다양한 정치적, 문화적 입장을 두루 포괄하는 '민족주의'보다 제한적인 의미를 가진다는" 점에서 유용하다고 했다. 그는 또 "후기 사본주의의 결핍들과 그것이 야기하는 사회조화 및 생태적 복지에 대한 거침없는 '창조적 파괴'를 치유하기 위해 인간, 사회, 그리고 자연에 대한 전체론적 관점을 되살리려는" 목표를 가지고 있다는 점에서 토착주의의 긍정적인 측면을 언급하기도 했다. 아리프 딜릭, 박은석 역, 「전 지구적 근대성 시대의 국학」, 『중국현대문학』 61, 한국중국현대문학학회, 2012, 212 · 234쪽.

는 말"이 원초적으로 지니고 있는 저항이라는 내함, 즉 "자본의 침투에 저항하는 최후의 노력"이라는 외통수적인 분위기이다.[68] 그는 계속해서 토착주의indigenism[69]라는 단어를 등장시킨다. 그가 보기에 "요즘 유행하는 신시대적New Age 본토주의나 보수적 본토주의는 이런저런 종류의 토착적 전통을 옹호한다." 그 배경에 대해 이렇게 설명하고 있다.

> 지역들 역시 불평등과 억압을 물려받는 장소다. 그래서 단순히 국가와 자본에 의한 식민화를 극복하기 위해서만이 아니라 그러한 과거의 유산들을 지적하기 위해서, 지역들은 새로운 정치 속에서 형성될 필요가 있다. 따라서 지역들도 마찬가지로 프로젝트의 일환이다 — 이것이 내가 '공동체(community)'보다 '지역'이라는 용어를 선호하는 이유인데, '공동체'라는 용어는 호소력을 가지기는 하지만 과거의 방식을 유지하는 구실이 되기도 하며, 그러한 유지가 항상 바람직한 것만은 아니다.[70]

---

68 아리프 딜릭, 황동연 역, 앞의 책, 14쪽. 원문에는 '지역적인 것'과 '저항'이라는 형태의 방점으로 강조되어 있다.

69 네이버 영어사전에는 "원주민 보호주의; 토착문화 부흥"이라는 의미로 나타나고, 일본어 사전에는 "(배외를 목적으로 한) 보호주의/토착문화 보호"의 뜻으로 해석하고 있다. 백과사전에는 국수주의 항목에서 이질문화의 침입을 받을 경우 종족문화는 스스로 '문화 방위'의 자세를 취한다고 했다. 그리고 토착주의운동이 일어날 경우, 단순한 정신운동에 그치지 않고 전통적인 사회의 혁신을 불러일으킨다고 기술되어 있다. 일견 폄하의 의미보다는 긍정적인 그 무엇으로 보이지만, 전체적으로는 수구나 반동의 함의가 강하게 보이는 번역이고 해석이다. 토착적인 그리고 지역적인 그 무엇에 대한 딜릭의 의심을 견주어 알 수 있는 단어 선택이다.

70 아리프 딜릭, 황동연 역, 앞의 책, 15쪽. 용어 자체가 가지는 이미지조차도 의심하고자 하는 딜릭의 자세는 매우 당당해 보인다. 사실 우리는 낭만적인 용어 속에서 시시각각 이용되고 이용하는 삶의 범주로부터 자유를 허용받은 적이 한순간도 없다. 아름다운 어휘 하나로 모든 것을 엄폐하고 은폐하는 짓거리들 즉 전근대적이고 전제적인 행위와 그것에 편승하고 배후에 숨으려는 작태에 대해서 의심의 눈초리를 아무리 곧추세운다 하더라도 충분하지 못하다.

딜릭은 보수적 공동체와 토착주의를 경계하고 있다. 보수적 공동체와 토착주의로서 본토 홍콩의 구성을 경계해야 하는 것이다. 사실 본토 홍콩을 주장하는 대표적인 학자들은 지역성의 중요성을 옹호하는 데 치중할 뿐, 그것 고유의 반동성에 대한 고찰은 부족하다. 홍콩의 보수적 본토주의의 배후를 파헤쳐야 할 시점이다.

역설적으로 현시점 본토 홍콩을 추동하는 가장 강력한 힘은 국가주의와 민속주의이다. 민족문화의 대공습은 본토를 위협하는 주요인이 분명하다. 자본의 침투에 대한 저항은 본토주의를 용인하는 가장 큰 이유가 되겠지만, 국가와 민족의 거대한 공습에 대한 본토의 저항은 일관되는 것인가? 현실적인 측면에서 문화를 지배하는 힘은 정치와 경제가 될 수밖에 없다. 실질적인 이익을 두고 발생되는 충돌이나 갈등은 쉽게 해결될 성질의 것은 아니다. 주권 반환 이후 '소수민족' 홍콩인에게 강요되는 이중성이나 양가성은 더욱 확대 · 심화되었다.

아파두라이는 인도 봄베이의 거주자들이 아랍인에 대하여 양가적인 태도를 지니고 있음을 들어 설명하고 있다. '그들은' 봄베이의 망고 가격을 올려놓았고, 눈에 들어오는 생활환경을 변화시켜 불만스러운 측면이 있지만, 아랍인들이 가져다주는 이익은 자신들의 친구나 친척이 가져다주는 이익과 전혀 다를 바 없다고 생각한다는 것이다.[71]

2012년 9월, 세뇌교육으로 알려진 '국민교육 수업'을 두고 반중反中 정서가 들끓는 가운데 치러진 입법회 선거임에도 불구하고 범민주계는 과

71 아르준 아파두라이, 차원현 · 채호석 · 배개화 역, 『고삐 풀린 현대성』, 현실문화연구, 2004, 91~92쪽.

반수 확보에 실패했다.[72] 중국은 모든 수단을 총동원하여 홍콩을 국민국가의 범주 속으로 끌어들이기 위해 노력하고 있다. 위쉬兪旭는 가치 중립적인 홍콩을 말한다. 그는 "가치 중립은 이상적인 상태이다. 우리는 마땅히 쟁취 노력을 해야 하고, 최대한 그것에 접근해야 하는데, 현실에서 매우 하기 어렵다"[73]고 본다. 가치 중립은 개인의 사생활에만 몰두하는 '내적 망명internal emigration' 상태가 해결해 주는 것이 아니고, 도리어 그것에 얼마나 항거할 수 있느냐에 달려 있다. 현시점 정치경제적으로 매우 큰 부담을 지고 있는 홍콩에게 가치 중립은 무한한 책임감이 요구되는 것이다. 지금 홍콩 시민은 영국 식민지 시절에 던져진 "홍콩정부가 우리가 마땅히 가져야 할 기본 인권을 주었던가요?"라는 질문에 답해야 한다. 문제는 그에 대한 답변이 "홍콩 시민의 첫 번째 비협조운동은 정부의 비민주와 홍콩의 수많은 불평등하고 비합리적인 제도에 대한 항의입니다"[74]라고 일찌감치 나와 있는 데 있다.

72 민주계는 총 70석 가운데 27석을 얻었다. 민주계는 지역구 35석 중 18석을 얻어 과반을 확보하였으나, 간접선거인 직능직에서는 예상대로 35석 대부분을 친중국계가 차지했다. 그래도 민주계가 정책에 대해 거부권을 행사할 수 있는 3분의 1 이상의 의석을 확보하였다는 데 의미가 있다고 할 것이다.

73 明報編輯部,「嘉賓發言摘錄」,『明報月刊』, 2006.4, 42쪽.

74 盧思騁,「民族主義與殖民統治」, 羅永生 編,『誰的城市?』, Hong Kong : Oxford University Press, 1997, 48쪽.

3. 중국 국가주의와 홍콩 본토주의

현시점 국가와 민족은 강자이며 다수이고, 본토는 약자이며 소수이다. 지금이야말로 중국 국가주의와 홍콩 본토주의는 상호 관계의 새로운 틀을 구축할 수 있는 호기일 수 있다. 바람직한 양자 관계 설정을 위해 노력해야 하는데, 본토 홍콩을 구성하는 가치를 찾으면 바람직한 양자 관계의 모습은 자연스럽게 떠오르지 않을까? 국가와 본토의 관계 정립 그리고 우리가 지켜야 할 본토성과 버려야 할 본토성 — 다른 이름으로 불러야 하는 것이지만 — 은 무엇일까를 알 수 있기 때문이다. 왜냐하면 본토 홍콩은 자본주의와 식민주의가 각기 다른 형식으로 착취한 결과일 수 있기 때문이다.

중국 국가주의와 민족주의에 의해 본토 홍콩이 '소수민족'으로 인식되고 있다고 본다. 바야흐로 55개 '소수민족'에다가 홍콩인이라는 '소수민족'이 하나 더 생성되고 있다. 홍콩을 향한 재국민화와 한족 동화라는 목표를 정당화하는 일련의 작업으로 보면 이미 그것의 존재는 기정사실이다. 게다가 경제적 이익으로 본토 고유의 정치성을 삭감하는 작업으로 볼 때, 본토 홍콩의 갈 길은 험난하다. 왜냐하면 역사적으로 볼 때, 이른바 정체성은 정치경제의 직접적인 자장 범위 내에 위치하기 때문이다. 경제적 혜택과 실리에 지배받아온 결과물인 것이다. 나는 본토 홍콩의 생성이 정치경제적이라면, 그것의 해체 역시 정치-경제에 의해 가능하다고 본다. 과거 영국 지배 시기 행정이 정치를 대신했다면, 주권 반환 이후는 경제가 정치를 대신하고 있다.

중국의 경제적 접근이 홍콩의 분위기를 지배하고 있다는 말이다. 홍콩식 민주와 자유는 주권 반환 이전에 공고한 모델로 정착되지 못했고, 후식민 시기인 지금까지 영향을 주고 있다. 주요 요인 중 하나는 정치에 냉담한 홍콩인의 성향에 있다고 해야 할 것이다. 근대화의 주요 전제로 대중의 정치 참여를 든다면, 중산계급이 시민계급화하여 정치 전면에 출현하는 것을 기대할 수밖에 없다.

이제 이 글의 결론은 이미 부각되었다. 홍콩인들의 자부심 즉 본토 홍콩의 근거는 합리성에 있고, 본토 홍콩은 그것으로부터 출발이 가능하다. 제국의 변경에서 본토 홍콩은 '탈중국화'의 중대한 임무를 부여받고 있는데. 그것은 토착주의와는 다른 민주적 작동 기제가 선행되는 본토라야 한다. 인습에 대한 자부심은 아닐 테고, 전통에 대한 자부심인데, 개개인의 이익을 포기하면서 공공성을 지향하는 그 무엇일 테다. 그런데 가치 중립으로 가는 길목을 국가가 지키고 있다. 홍콩에 적용되고 있는 한족 중심의 민족주의 역시 쉽게 소멸되지는 않을 것이다.

이른바 '홍콩다움'이나 '본토 홍콩'은 홍콩의 정체성을 말한다. 나 자신의 정서가 '홍콩다움'이라는 그 무엇에 경도되어 있다는 인식은 무시될 수 없다. 국가와 민족 등 거대 담론과의 길항 관계 형성에 가장 현실적인 수단이기 때문이다. 정치경제 작동에 따라 문화는 결탁하고 재구성되는데, 그런 의미에서 혈연에 집착할 경우 새로운 문화의 발명과 유지는 요원하다 할 것이다. 본토 홍콩은 '당신들의 천국'이나 우리만의 커뮤니티를 지향하는 것이 아닐진대, '홍콩다움'에 선행되어야 할 조건은 근대성이다. 그런 측면에서 현시점 '홍콩다움'의 존속이나 재구성을 위해 제시되고 있는 화두는 혼종성과 변경성으로 정의되는 후식민 서사의 조기 결론으로도 볼 수 있으며, 나아가 '무엇다움' 담론의 해결책으로도 손색이 없다는 점에서 중요하다. 나는 '무엇다움'의 이중성에 대한 비판이 완성될 때, 진정한 '-다움'에 접근할 수 있다고 믿는다.

제9장

방법으로서의 홍콩

1. 중국다움-홍콩다움

홍콩은 1840년 중국과 영국 간에 발발한 제1차 아편전쟁의 결과로 역사 무대에 등장하기 시작했다. 중원 중심주의의 입장에서 보면 해적이 창궐하던 버림의 땅에서 서구제국주의 침략의 상징으로 신분이 전환되었던 것이다. 루쉰魯迅은 홍콩이 식민지적 정체성을 확보하기 시작하던 1927년에 이렇게 홍콩을 평가한 적이 있다. 그는 "홍콩은 하나의 섬에 불과하지만, 중국 여러 도시의 현재와 미래의 살아 있는 사진"이라고 하면서 홍콩사회를 '양놈 주인', '고등 중국인', '앞잡이' 노릇하는 동포들과 대부분의 '원주민'으로 구성되어 있다고 했다.[1] 사실 영국정부는 150여 년간의 통치 기간 동안 홍콩을 '자유는 있으나 민주는 없는 곳'으로 경영해 왔다. 하지만 홍콩은 150년간의 식민역사 속에서도 국제적인 현대도시로 성장했다. 동시에 '중국과 서양이 복잡하게 얽히는 곳이자, 동양과 서양이 회통華洋雜處, 中西匯流'하는 홍콩의식을 확보했다. 후식민 혼종설의 핵심은 문화발전사 자체가 잡종 흡수사라는 것이고, 그것은 독자적인 영역으로 인정받아야 한다는 것이다. 하지만 홍콩의 주권을 중국에 반환하기로 합의한 1984년 「중영연합성명」 발표 이후의 위기감은 홍콩인의 문화적 정체성인 혼종을 통째로 흔들었다. 홍콩 장래를 결정하면서 홍콩인들의 의사는 철저하게 배제되고 있었던 것이다.

'서구학계에서 홍콩을 가장 잘 아는 비평가', '북미대학에서의 홍콩문화 대변인'이라고 불리는 저우레이周蕾는 홍콩문화 '자아 장조'[2]의 주요

1 魯迅, 「再談香港」, 『而已集』, 『魯迅全集』 3, 人民文學出版社, 1991, 541쪽.

2 영어 원문에서 그는 'self writing'이라고 했고, 중국어로는 '自創'으로 번역되고 있다.

장애로 중국다움과 홍콩다움의 모순을 들고 있다. 중국다움은 홍콩다움에 대해 식민 압박을 구성하는데, 중국다움과 민족주의를 해체해야 자주적 홍콩이라는 신분 정체성을 건립할 수 있다는 것이다. 그리고 홍콩문화 신분의 자아 창조는 중국과 영국 틈새의 제3공간에 존재하는데, 그것은 주도문화에 도전하는 홍콩문화계 종사자의 문화상품에 의지해야 한다고 본다. 1995년에 예인충葉蔭聰은 유럽에 공산주의라는 유령이 떠돌고 있다는 마르크스의 말을 흉내 내어, 혼종성과 변경성이 홍콩문화계를 유령처럼 배회하고 있다고 했다. 홍콩의 역사에서 공전의 위기로 인식되고 있던 주권 회귀를 2년 앞두고 있던 시점이었다.

1997년에 홍콩은 영국으로부터 독립하는 것이 아니고 중국에 이양 또는 반환되는 것이었다. 그래서 저우레이는 '식민자와 식민자 사이'라고 했다. 그가 홍콩을 후식민 도시 담론으로 삼는 목적은, 식민자와 주도적 민족문화 사이에 제3의 공간이 존재하고 있음을 설명하기 위함이었다.[3] 이 제3의 공간에 대한 의지는 바로 이 글의 부제인 '1990년대 홍콩의 후식민 자아 창조'로 나타난다. 이 공간은 영국과 중국 사이에 존재하는데, 홍콩인이 홍콩의 자아를 발휘할 수 있고 창조할 수 있는 공간이 필요하다는 것이다. '조국'에 억지로 반환되는 후식민을 어떻게 설명해야 할 것인가가 저우레이의 고민이었다. 회귀 또는 반환이 강요되던 그 시점에서 '조국' 역시 제국주의자로 다가오고 있었던 것이다. 홍콩은 중국과 영국 이 2개의 침략자 사이에서, 자아적 공간을 찾아서 영국 식민주의 또는 중국 권위주의의 구구한 장난감 인형이 되어서는 안 된다

3 周蕾,「殖民者與殖民者之間—九十年代香港的後殖民自創」,『今天』, 1928~1995, 193쪽.

는 것이 그의 논지였다. 따라서 그는 '중국다움'을 후식민 서사에서 가장 시급하게 해체되어야 할 대상으로 인식하면서 시종일관 그것을 홍콩문화의 정체성이 반항해야 할 타자로 보고 있다.

대륙학자 특히 신좌파 계열의 학자들은 한동안 '중국어도 모르는' 또 '그녀는 홍콩인이다'라는 차원에서 저우레이를 비난하였다. 이에 대해 저우레이는 '고집스럽고 악성적인 중심주의', '문화 폭력'이라고 대응했다. 대륙의 학자 주리리朱立立의 비판은 신좌파 계열의 논리를 집약하고 있다. 첫째, 홍콩다움/중국다움, 홍콩 본토/중국 민족주의의 이원 대립 관계에서 저우레이는 중국다움의 '침범'에만 주목하고 있고, 홍콩사회의 식민성에 대한 반성이나 비판이 보이지 않는다는 것이다. 둘째, 저우레이는 중국과 영국을 동등한 식민자로 간주하여 의식 형태 주도하의 후식민 오독과 편견을 드러내고 있다는 것이다. 셋째, 저우레이의 시야에 중국/서방, 홍콩/서방식민자라는 이런 분야는 사각지대로 존재한다는 것이다. 아울러 중국다움을 오만한 패권적 '타자'와 '폭력'으로 서술하는 동시에 홍콩을 약소한 피해자로 꾸미고 있고, 중국다움과 대비시킨 '잡종'과 '고아'로 본다는 것이다.[4] 이런 관점에서 본다면 홍콩인에 대한 저우레이의 묘사가 왜 '자아 천민화self-subalternization'와 '전반적인 반좌', '역사에 대한 천진함'으로 비판받는가를 짐작할 수 있다.

요컨대 홍콩이라는 위치에서 중국과 서방을 동일시할 수 있느냐는 비판인데, 홍콩인의 구성이 '중국인' 위주라는 사실 때문이다. 이에 대해 저우레이는 홍콩 사람들은 중국을 사랑하기 위해서라면 자신이 가

4 http://www.xschina.org/show.php?id=5619. 당시 이 주소에서 주리리의 논문을 보았으나, 최근 검색 시 찾을 수 없는 주소로 나온다. 중국 학술사이트의 불안정성 때문인 것 같다.

진 모든 것을 희생할 용의가 있지만, 같은 공동체에 속한다는 이유로 개인이 져야 할 책임을 훨씬 뛰어넘는 것까지 요구해서는 안 된다는 것이다. 즉 '중국다움'은 폭력의 근원에 있다는 사실을 명심해야 하며, 이 폭력은 '유대'라고 하는 아주 깊은 곳에서 자라난 감정에 의해서 야기된 것이라고 외친다. 그러므로 디아스포라의 지식인이 사회적 소외를 감수하는 한이 있더라도 공동으로 저항해야 하는 것은 바로 이 피의 결속이라는 감정이다.[5]

주야오웨이朱耀偉는 홍콩을 대상으로 한 후식민 담론을 변경성marginality과 혼종성hybridity, 틈새성in-between-ness, 제3공간Third Space 등 네 가지로 요약한다.[6] 중국 중심의 입장에서 보면, 홍콩문화의 틈새성과 변경성은 식민주의의 산물인데, 사이드의 오리엔탈리즘 판정에 부합하는 것이다. 홍콩이라는 피식민자는 이런 문화 특색으로 자아를 구분한다. 동시에 탈식민화의 과정 중에서 홍콩은 반식민의 방법으로 그것의 민족적 가치를 확인한다. 1990년대 홍콩문화는 민족주의와 문화민족주의라는 외투를 걸치기 시작했는데, 이것은 영국으로부터 탈식민화의 대추세였다. 하지만 일국양제라는 모호한 정체 모델하에서 홍콩문화의 변경성과 틈새성이 지속될 것인지? 억압될 것인지? 남하하는 중원 민족주의로 대체될 것인지? 등이 관건일 것이다. 매년 진행되고 있는 6·4추모대회와 7·1 전면적인 직접선거 실시 요구 시위를 볼 때, 어느 쪽으로나 대답이 쉽지 않다. 하나 긍정적인 것은 홍콩이 문화적으로 동양과 서양

5 레이 초우, 장수현·김우영 역, 『디아스포라의 지식인』, 이산, 2005, 45~46쪽.

6 朱耀偉, 「香港故事 引言」, 張美君·朱耀偉 編, 『香港文學@文化研究』, Hong Kong : Oxford University Press, 2002, 4쪽.

의 틈새에서 타협하고 생존해 온 것과 마찬가지로, 중원 중심주의가 강조될수록 변경성이나 틈새성으로 대항할 것이라는 점이다.

홍콩다움과 중국다움 양자의 상호 관계에 대하여 저우레이는 스피박의 말을 인용하여 뿌리 찾기는 나무 심기보다 못하다고 했다. 마찬가지로 스피박의 견해에 따르면 정치경제의 위장은 이데올로기 안에 있으면서 이데올로기에 의한 것이다. 그런 작동에 쓰일 수 있는 것이 바로 국민국가 이데올로기, 민족주의, 민족해방, 종족성, 종교다.[7] 역사적으로 중국인 디아스포라는 자신들의 이익을 추구하면서, 전제적 정치체제와 자신들의 관행을 실천하며 중국다움이란 개념을 자신들의 이익 보호막으로 이용해 왔던 것이 사실이다.

량빙쥔梁秉鈞은 중국다움과 홍콩다움의 관계에 대해 이렇게 정의한 적이 있다. 홍콩의 신분은 다른 곳보다 훨씬 더 복잡한데, "홍콩인을 외국과 비교한다면 물론 중국인이다. 하지만 대륙이나 대만의 중국인과 비교한다면 외국 성향을 지니고 있다."[8] 량빙쥔은 그것을 혼종성이라고 하고 리어우판李歐梵은 잡종으로 표현한다. 리어우판은 영화에 나타난 홍콩문화의 특색은 '잡雜'다움에 있으며, 그것은 중심으로부터 통제받지 않는[9] 것임을 분명히 하고 있다. 이에 대해 예인충은 리어우판의 잡종설과 후식민 담론의 혼종성은 전혀 별개의 것이라고 비판한다. 후식민의 혼종성은 후식민자가 식민자의 문화를 수용할 때, 결코 완전하게 똑같이 수용하는 것이 아니고 전위displacement와 오독이 충만한 상태로

7　가야트리 스피박, 태혜숙 역, 『다른 세상에서』, 도서출판 여이연, 2004, 194쪽.

8　也斯, 「都市文化 香港文學 文化評論」, 潘毅 余麗文 編, 書寫城市－香港的身分與文化, Hong Kong : Oxford University Press, 2003, 519쪽.

9　李歐梵, 「香港文化的邊緣性初探」, 『今天』, 1928～1995, 80쪽.

혼종의 문화 과정을 형성한다[10]는 것이다. 량빙쥔의 홍콩본토주의, 저우레이의 후식민 자아 창조, 추징메이邱靜美의 '아我', '타他'를 초월한 혼성 성분, 리어우판이 지키려고 하는 중원 이외의 변경문화는 식민주의와 후식민 상황을 너무 간단하게 처리했다는 것이다. 결국 홍콩인은 자신과 타인에 대한 자신의 왜곡에 대해 원만하게 해석하지 못한다는 것이다.

2. 북진-남진

홍콩은 첨단자본주의를 구가해 왔다. 홍콩은 자본주의의 상징으로 자리매김당한지 오래이다. 그런 측면에서 홍콩 경제가 중국의 그것보다 발달했음을 들어 경제문화적으로 '북진'하고 있다는 것이다. 홍콩이 북진 자본주의의 교두보 내지는 당당한 중심이라는 것이다. 그래서 한 때 '홍콩 · 대만문화 제국주의'는 후식민 담론의 핫이슈였다. 천광싱陳光興은 대만의 남진을 이렇게 비판한 적이 있다. 대만의 정치경제 문화구조가 미국과 일본이라는 슈퍼 제국주의에 편승하여 있다. 이 구조 속에 존재하는 대만 국족-국가의 욕망은 더욱 강한 자본주의 국가가 아닌 더욱 약한 국가로 향한다. 그래서 그는 대만을 '차次'제국으로 정의한다.[11]

탄궈건譚國根은 도회가 발전하고 소비주의가 대두되고 대중문화가 부

10 葉蔭聰, 「邊緣與混雜的幽靈談文化評論中的'香港身分'」, 『香港文化硏究』, 1995.3, 16~26쪽.

11 陳光興, 「帝國之眼—'次'帝國與國族 : 國家的文化想像」, 『臺灣社會硏究季刊』 17, 1994, 159 · 700쪽.

상하는 과정 중에 자본주의와 식민주의가 각각 다른 형식으로 홍콩인을 착취하였다고 보았다.[12] 이런 관점의 연장선상에서 본다면 홍콩사회의 소비주의와 대중문화는 중국을 향한 '차'제국의 조건을 담보하고 있다. 홍콩을 기반으로 북진하는 정치경제 발전을 쿵가오펑孔誥烽은 심지어 '북진 식민주의'[13]라고까지 부른다. 이에 대해 궈사오탕郭少棠은 홍콩을 위해 이렇게 변명하고 있다. 1980년대 대륙이 개혁개방하고 세계 각국의 자본이 대륙으로 몰려들면서 새로운 반半제국주의식의 경제체제가 정착되었고, 홍콩이 각국 북진의 교두보로 이용되면서 홍콩의 북진상상과 북진 식민주의는 대륙 사회경제 거변巨變의 삽입곡이 되었다는 것이다.[14]

홍콩의 경제적 역할의 중요성에 근거하여 예인충은 저우레이의 우려를 일축하는데, 홍콩은 중국의 장난감 인형이 되지 않았을 뿐만 아니라, 자아 공간을 찾아서 북쪽으로 반격하고 있는 중이라고 본다. 즉 문화적으로나 경제적으로 시시각각 '북침' 중이라는 것이다. 이 논리는 21세기 자본주의 무대하에서 홍콩은 더 이상 남들이 마음대로 할 수 있는 작은 섬이 아니라는 인식에서 출발하는데, 사실 대륙 내 '홍콩식 경영', '홍콩 스타일' 등이 대공습 중이기도 하다. 예인충은 저우레이가 홍콩 내 각기 다른 집단 간의 문화 동력을 무시하여 영화, 가요 등의 문화가 북진하고 있음을 경시한다고 본다.[15] 사실 중국정부는 홍콩을 이용

12 譚國根,『主體建構政治與現代中國文學』, Hong Kong : Oxford University Press, 2000, 212쪽.
13 孔誥烽,「初探北進殖民主義—從梁鳳儀風暴看香港夾縫論」,『香港文化研究』3, 30～43쪽.
14 郭少棠,「無邊的論述—從文化中國到後殖民地反思」, 陳清僑 編,『文化想像與意識形態』, Hong Kong : Oxford University Press, 1997, 170쪽.
15 葉蔭聰, 앞의 글, 16～26쪽.

할 만하다고 보는 반면, 다른 측면에서는 홍콩의 자본은 중국을 이용하여 자기 확대를 거듭해 오고 있다. 홍콩자본과 중국정부 간에는 '혈맹' 관계가 성립되어 있다고 볼 수 있다.

예인충은 량빙쥔의 홍콩=변경 담론에 대해 문제 제기를 하고 있다. 혼종과 변경이라는 이름의 지도로 식민주의와 중원 민족주의를 반대한 량빙쥔의 구도 속에서는 판사오메이潘少梅가 시종일관 강조하는 정치경제문화 맥락[16]을 볼 수 없다는 점에서 비판했다. 홍콩이 국제적 그리고 지역적 자본주의 위치에 있는데, 이것이 바로 신식민 구도라는 것이다. 판사오메이는 마사오 미요시三好將夫, Masao Miyoshi를 인용했다. 다국적 자본이 국경을 초월하여 신식민문화를 만들고 있다는 것이다. 그 역시 전통적 좌파 관점에 완전히 동의할 수는 없지만, 량빙쥔의 홍콩=변경 담론이 각종 자본, 매체, 인구, 의식 형태의 착종 현상을 직시할 수 없음을 말한다.[17]

스수메이史書美는 북진 상상론의 가장 근본적인 모순은 그것의 목적이 모호하다는 데 있다고 했다. 북진 상상은 독특한 홍콩문화의 정체성을 인정하는 선에서 출발하는 것이고, 간접적으로 홍콩이 보유한 독특한 문화현상을 인정하는 것이다. 아울러 북진 상상의 제기가 혼종 담론이나 틈새 담론 중의 자아 변경화를 바로 잡았다면, 나아가서 북진 상상을 일종의 신식민주의로 귀납하여, 자아 비판적인 의식으로 홍콩의 첨단자본주의 문화를 보았다면 역시 그것의 공로라는 것이다.[18]

---

16 潘少梅, 「後殖民時期香港和女性寫作」, 『今天』, 1928~1995, 109~116쪽.

17 葉蔭聰, 앞의 글, 16~26쪽.

18 史書美, 「'北進想像'的問題」, 陳清僑 編, 『文化想像與意識形態』, Hong Kong : Oxford University Press, 1997, 153쪽.

중국정부의 정치경제적 실체는 주권 반환 이후 수렁에 빠진 홍콩경제를 회생시키는 데 큰 영향력을 발휘한 바 있다. 그것을 중국의 남진이라고 본다면, 이제 중국은 홍콩의 경제문화에 직접적으로 작용하고 있다. 내친 김에 중국 국가지도자들은 기회가 있을 때 마다 홍콩이 실기를 하지 말고 경제 발전해야 한다[19]는 '진리'를 수시로 확인시킨다. 대륙의 관변 학자들 역시 꾸준히 홍콩이 처한 정치경제적 딜레마에 대한 홍콩인의 각성을 촉구하고 있다. 즉 홍콩의 당면과제는 정치적 안정과 순차적 발전, 홍콩의 경제 발전과 사회 안녕 그리고 홍콩과 대륙 사이 '1국가 2체제' 틀 속에서 건설적 관계 구축인데, 이 3대 기본 가치를 손상시키는 어떠한 기도나 행동은 용납될 수 없다[20]는 것이다. 하지만 경제 위주의 사유와 비정치화의 책략은 연로하고 교육 정도가 비교적 낮은 하층민에게 유효하나, 중산계층에게는 흡인력이 떨어진다는 류자오자劉兆佳의 평가[21]는 주목할 만하다.

리샤오량李小良은 현재의 상황으로 대륙이 홍콩을 식민하는지 아니면 홍콩이 대륙을 식민하는지 정답이 없이 뒤엉켜 있으며 상호 착취하는 상태에 있다고 보았다.[22] 베이징을 중심으로 하는 중원문화와 홍콩을 중심으로 하는 시장주도의 소비문화 사이에 상호 영향, 상호 대항하는 과정으로 보는 것이 타당할 것이다.

---

19 明報編輯部, 「溫家寶希望香港抓住機遇發展經濟」, 『愛國論爭』, 明報出版社, 2004, 116쪽.

20 時殷弘, 『大公報』, 2003.7.15 참조.

21 馬嶽, 「民主化與香港的後殖民政治之路」, 『二十一世紀』, 2007.6, 19쪽.

22 李小良, 「'北進想像'斷想」, 『香港文化研究』, Hong Kong : Oxford University Press, 1994~1995, 73쪽.

3. 근대 자아-전근대 타자

홍콩에서 문화대혁명의 영향으로 1967년에 좌파 주도로 대규모 폭동이 발생한 이래 영국 식민정부는 유사한 애국운동의 발발을 방지하기 위해 일관된 탈중국화, 탈국족화, 본토화 정책 기조를 유지했다.[23] 이러한 시도는 전통적 개념으로 중국에 대한 탈국족화로 정의할 수 있다. 홍콩은 '조국'이 없다는 점이 유형무형으로 입력되기 시작했는데, 그것은 〈홍콩은 우리 집香港是我家〉이라는 공익광고로 구체화되기도 했다. 장기간에 걸친 이데올로기 교육의 결과 홍콩에 거주하는 사람들에게 홍콩인은 '진보, 부유, 문명'으로 대륙인은 '낙후, 빈궁, 반문명'[24]으로 기억되었다. 이런 관점에서 저우레이의 담론이 식민주의가 식민지 민족의식 해체에 미친 영향을 무시했고, 식민자가 식민문화를 식민지에 어떻게 내화했는지를 간과했고, 식민과 후식민 시기 사회구조 중의 불평등을 간과했고, 홍콩 하층민의 경우를 모두 간과했다는 예인충의 의견은 설득력이 있다.

주야오웨이는 중국다움에 대한 저우레이의 견해에 대해 저우레이의 홍콩 경험이 '이중 타자성'—중국이나 서방을 막론하고 홍콩 역시 타자임이 분명하니까—그것에 대한 미묘함을 더욱 절실하게 깨닫게 했다고 했다.[25] 홍콩사회 심리와 문화선택의 해석에 대한 저우레이와 그를 비판하는 사람들은 의식 형태 편향이라는 공통점을 가지고 있는데,

23 周佩霞 · 馬傑偉, 『愛國 政治審查』, 次文化堂, 2005, 13쪽.

24 위의 글, 21쪽.

25 朱耀偉, 『當代西方批評論述的中國圖像』, 駱駝, 1996, 143쪽.

다만 정치적 입장만 다를 뿐이다. 저우레이의 정치적 입장은 홍콩인의 반反좌적이면서 자본주의 지향적인 심리를 반영하고 있다. 따라서 반좌적인 저우레이를 비판하는 쪽을 신좌파라고 보아도 무방하다.

추징메이는 홍콩은 결코 자아와 타자를 절대적 대립원소로 삼지 않았다고 본다. 따라서 홍콩의 문화적 정체성은 혼종이라는 것이다. 비판하는 쪽에서는 그들이 홍콩과 중국을 도시/농촌, 선진/후진, 근대/전근대 등으로 이분화 또는 지나치게 도식화했다는 것이며, 자아와 타자가 상호 교섭하는 과정을 무시했다는 것이다. 그는 홍콩문화 신분 정체성을 조국으로의 회귀가 생산한 집체적 우려로 이해한다.[26] 그래서 각 텍스트에서 이런 경향을 중점적으로 찾는다.

추징메이의 담론은 목적론teleology으로 정의되는데, 원래의 각종 차이를 근대성 목적에서 녹여버린다. 그는 홍콩을 근대성의 전형으로 삼는다. 영화에서 홍콩생활에 여러 가지 불만을 묘사하고 있음에도 불구하고, 여전히 홍콩의 근대화라는 시각으로 타자 중국을 전근대로 이해하고 있다. 이에 대해 예인충은 전근대의 집은 바로 근대화 홍콩의 뿌리인 바, 일맥상통하는 것이며, 동시에 근대적 자아와 전근대적 타자 간의 관계라고 정의한다. 간단한 이원대립의 구조가 아니라는 것이다. 내면에 복잡한 권력 관계를 내포하고 있는데, 중국과 홍콩 그리고 농촌과 도시는 소실된 것이 아니라 근대라는 축선상에 관통되고 있다고 본다.

26 邱靜美, 「跨越邊界—香港電影中的大陸顯影」, 『今天』, 1928~1995, 133~152쪽.

4. 재再국족화-국제화-본토화

주권 반환 10년차를 기록하고 있는 홍콩은 1997년이라는 시기를 중심으로 역사적으로 큰 변화가 발생한 듯하다. 하지만 영국 대신에 중국이라는 새로운 빅브라더big brother의 등장이라는 점 외에 뚜렷한 변화는 없다고 할 수 있다. 다만 새로운 지배자가 '중국인'인 홍콩의 신분적 정체성의 주류라고 할 수 있는 중국이기에 또 홍콩에 대한 지배권의 확보 과정이 중국으로 대표되는 '중화인민공화국'적 국족 신분의 회복 과정이라는 점에서 다소 복잡한 의미를 지니고 있다는 것 외에는 말이다. 주권 반환과 더불어 매우 강력한 모습으로 '중국국족'은 재림하고 있다.

천타오원陳韜文과 리리펑李立峯은 1997년 주권 반환 이후 홍콩의 전반적 상황에 대하여 재국족화, 국제화, 홍콩본토화로 정리했다.[27] 10년 동안 홍콩인들은 '우리는 누구인가?'라는 정체성 찾기에 골몰해 왔다. 그 동안 중국은 중국대로 홍콩인들에게 중국적 정체성 부여라는 막중한 임무에 충실했으며, 홍콩인들은 홍콩인들대로 기존의 방식대로 자아 정체성을 침범받는 상황에 기민하게 대응해 왔다. 왕경우王賡武는 홍콩이 잠을 자고 있던 식민지에서 공산주의 면전의 영용한 국제자본주의의 상징이 되었다[28]고 했는데, 재편된 홍콩의 위상을 잘 말해주고 있다.

최근 중국-홍콩 관계를 보면 상호 인식의 문화기호가 애국과 민주로 편성되고 있음을 알 수 있다. 현시점 '중국국족'의 상징이라고 할 수 있

27 陳韜文 · 李立峯,「再國族化國際化與本土化的角力—香港的傳媒和政治」,『二十一世紀』, 2007.6, 43~53쪽.

28 王賡武,「走向新的現代性—香港回歸的歷史視覺」, 위의 책, 11쪽.

는 애국이라는 기호가 '홍콩국족'의 형성에 일정하고도 지속적인 영향을 미치고 있는데, 그 결과는 민주라는 기호로 구체화되고 있다. 줄곧 자유는 있으나 민주는 없는 공간으로 회자되어온 식민 공간이 중국국족이나 홍콩국족에 의해 민주라는 기호로 인식되고 있음이 흥미롭다.

국족화는 이익 공동체로 재탄생하는 것이라고 할 수 있는데, 중국은 애국으로 홍콩은 민주로 자신의 이익에 대한 확대를 도모한다는 점에서 각기 국족 신분으로서의 뚜렷한 정체성을 보여주고 있다. 그것은 중국이 '1국가'로 분명한 정체성을 가지기에, 홍콩은 '2체제'로 더욱 큰 정체성을 소유하게 되는 논리인 것이다. 정치적인 위협이 경제적으로 치명적인 분위기를 조성할 수 있는 상황은 잠복하고 있는데, 그래서 '홍콩공화국'을 상상할 수도 있는 것이다.

뤄융성羅永生은 국족주의의 건립과 확장은 문화항쟁의 공간을 찬탈한다고 본다. 그리고 문화조정, 민족주의 심지어 반反자본주의나 반反식민주의라는 거룩한 이름으로 서발턴의 반항을 무력화시키는 동시에 다른 문화 공간과 반체제적인 문화계획을 대체해버린다는 점에서 우려하는 것이다.[29] 홍콩문화는 1970년대부터 홍콩본토화라는 특색을 체현하면서도 시종 그것의 사회적 본질 — 틈새성, 변경성, 혼종성 — 에 맞서지는 못했다. 이것이 홍콩본토화의 가장 큰 장애이겠지만, 이런 특색은 장기간 '정치가 없는' 식민지 사유가 지속되었음에도, 영국식민자가 마음대로 조종하거나 제조할 수 없는 것이었다. 역사와 사회 변화야말로 그것의 가장 중요한 동력인 것이다. 그래서 리어우판은 홍콩의 정치문화

29 羅永生, 「後殖民評論與文化政治」, 『書寫城市－香港的身分與文化』, Hong Kong : Oxford University Press, 2003, 104쪽.

는 이미 하나의 '잡체雜體'로서, 이미 정치와 문화를 결합했다고 보았다.[30]

저우레이는 홍콩 후식민의 장래를 '이중 불가능double impossibilities'으로 정리하고 있는데, 영국 식민주의에 굴복하지 않았듯이 중국 국족주의의 재림에도 굴복하지 않을 것이라는 것이다. 바야흐로 대륙의 정치 식민은 직간접적으로 홍콩을 강요하고 있다. 탈식민화의 열정 중에서 홍콩은 반식민의 방법으로 그것의 민족적 가치를 확인한다. 최근 사회 변화가 홍콩문화의 변경성(각종 문화의 변경, 각종 가치의 변경)과 혼종성(각 유형과 각 층차의 문화)을 심화시키고 있는데, 홍콩의 사회와 문화는 이미 후공업이나 포스트모던 단계에 진입했다. 1993년에 악바르 압바스Ackbar Abbas는 홍콩사회는 벌써부터 식민정부 또는 식민자의 계획이나 예측을 벗어나 상대적으로 자주적인 자아문화를 가진 사회로 발전하고 있다고 했다. 그러니까 간과해서는 안 되는 것은 식민지 홍콩이 식민자인 중국보다 각 방면에 걸쳐 선진적이라는 것이며, 갈수록 전통문화나 민족의 개념에 연연하지 않는 문화의 보편화가 확대될 것이라는 점이다. 중원중심 문화의 변경으로서 또 서방문화의 변경으로서 홍콩문화의 자아창조는 얼마나 지난한 일인가!

30 李歐梵, 「批判空間—論現代中國的文化批判領域」, 廖炳惠 編, 『回顧現代文化想像』, 時報文化出版社, 1995, 23쪽.

제10장

중국과 홍콩

2개 국족 신분의 충돌

1. 탈국족 상상

> 정치경제의 위장은 이데올로기 안에 있으면서 이데올로기에 의한 것이다. 그런 작동에 쓰일 수 있는 것이 바로 국민국가 이데올로기, 민족주의, 민족해방, 종족성, 종교다.[1]

1970년대와 1980년대 또는 그 이전부터 우리나라를 강력히 지배하고 있던 이데올로기의 머리는 단연 '애국'과 '민족'이라고 할 수 있다. 정치적으로 좌우를 막론하고 또는 재조나 재야를 막론하고 나아가서 '남'과 '북'을 막론하고 더 나아가서 상업적으로 '애국'과 '민족'이라는 기호를 전가의 보도처럼 휘둘러 온 것이다. 특히 '애국'의 경우 최근의 '황우석 교수 사태'와 '월드컵 응원 광풍'만 보더라도 우리가 '애국'이라는 콤플렉스로부터 벗어난다는 것이 얼마나 지난한 일인지 알 수 있다. 소위 국위를 선양하고 국가에 충성하는 것이라면 그것이 기만이거나 광기일지라도 용서되어야 한다는 논리를 보면서 이제 '애국'역사와 그것의 해체를 생각해본다.

한국에서 '애국'이 다시 전열을 가다듬고 우리의 뇌리에서 그것의 가치를 재인식 또는 의미를 재편성당하는 동안 인근 중국에서도 그것의 선동적 효과로 인해 정부로부터 충분한 대접을 받고 있다. 최근 중국의 문화코드를 '애국'으로 집약할 수 있을 터인데, 아마도 '애국'만큼 국족[2]이라

---

1 가야트리 스피박, 태혜숙 역, 『다른 세상에서』, 도서출판 여이연, 2004, 194쪽.

2 한때 중국(홍콩, 대만 포함) 학술계에서 nation을 국족으로 nationalism을 국족주의라는 어휘로 번역하여 사용했다. 네이버 영어사전에 의하면 nation은 ① (한 정부 아래 공통의 문화, 언어 등을 가진) 국민(people) ② (국민으로 이루어진) 국가(country) ③ 민족, 종족

는 공동체의 신분 정체성을 확인시켜 주기에 가장 적합한 소재도 드물 것이다. 아니 적어도 국족은 '애국'이라는 기호로 표기될 수밖에 없는 물적 존재라는 점은 분명해 보인다. 중국정부에 의해서 국족 신분 인식의 가장 중요한 수단으로 사용되고 있는 '애국'은 주권을 반환받은 이후 홍콩에 대한 중국국족으로의 편입 유도를 위한 강력한 수단으로 사용되고 있다.

홍콩의 경우, 문화대혁명의 영향으로 1967년에 좌파주도로 대규모 폭동이 발생한 이래 홍콩정부는 유사한 '애국'운동의 발발을 방지하기 위해 일관된 '탈중국화', '탈국족화', '본토화'정책기조를 유지했다.[3] 이러한 시도를 전통적 개념으로 중국에 대한 '탈국족화'로 정의할 수 있다. 따라서 홍콩은 '조국'이 없다는 점이 유형무형으로 입력되기 시작했는데, 그것은 〈홍콩은 우리 집香港是我家〉이라는 공익광고로 구체화되기도 했다. 홍콩인 대부분이 대륙으로부터 이민을 왔고 대륙인과 친인척 관계를 유지하고 있기에 '대륙인'이라고 할 수 있는 홍콩 자신에 대한 국족 인식 훈련이 그즈음 시작되었다고 보아야 한다. 홍콩정부에 의한 노력의 결과 홍콩에 거주하는 사람들에게 홍콩인은 "진보, 부유, 문명"으로 대륙인은 "낙후, 빈궁, 반문명"[4]으로 기억되었다. "비서구세계가 야만과 혼돈과 악의 세계라면 문명과 질서와 선이라는 서구의 긍정적인 가치가 (…중략…) 여기에서 서구의 비서구세계에 대한 침략의 정당성이

---

④ 부족 그리고 방언의 의미까지 지니고 있다. 이 책에서는 대체로 이 모두를 포괄하는 입장에 동조하면서 특히 자기 이익을 지향하는 공동체라는 의미를 더하고자 한다. nation을 그대로 사용하는 것이 가장 정확하겠지만 당시 학계 분위기를 전한다는 뜻에서 국족이라는 용어를 그대로 둔다. 민족과 nation이라는 용어에 대한 역사적 함의는 方維規, 「論近代思想史的'民族', 'Nation'與'中國'」, 『二十一世紀』 3(網絡版), 2002을 참고 바람.

3 周佩霞 · 馬傑偉, 『愛國政治審查』, 次文化堂, 2005, 13쪽.

4 위의 책, 21쪽.

확보"[5]된다는 논리의 현실적 구현인 것이다. 최근 중국-홍콩 관계를 보면 상호 인식의 문화기호가 다시 '애국'과 '민주'로 재편되고 있음을 알 수 있다. 물론 그것의 이면에 작동하는 기제는 정치경제이다. 정치와 경제는 공히 국족의 이면에서 가장 강력한 힘을 발휘하는 전제조건인데 그것은 국족의 구성과 해체를 추동하는 중요한 일익을 담당하고 있다.

주권 반환 후 최근 홍콩의 변화에 대해 '중국국족'에 대한 탈피시도라는 점에는 동의하지만, 그것을 다시 '홍콩국족'의 탄생이라는 관점에서 조명해보고 싶다. 그것을 위해서는 1997년 주권 반환 이후 '1국가 2체제'라는 새로운 형태의 종속 관계적 틀 속에서 중국-홍콩의 양자 관계가 문화적으로 어떻게 재배치되고 있는지를 보아야 한다. '중국국족'에 의해 전방위적으로 선양되고 있는 '애국' 그리고 그것과 '민주'와의 대립구조는 새로운 문화현상으로 자리 잡고 있다. 우선 국가State와 국족Nation에 대한 개념 정립이 필요한 것 같다. 니코스 플란차스Poulantzas에 따르면,

> 국족은 커뮤니티(社群)가 상상하는 공동체이다. 국가는 통상적으로 국족인구를 통제하는 행정체계로 정의되고 있다. 동시에 국족을 농단하는 권력 실체이기도 하다. 국가는 왕왕 스스로를 국족의 화신으로 묘사하는데, 국가는 국족을 완전히 포용하지는 못할지라도 국가 공간은 늘 국족이 몸을 기탁하는 장소로 인식된다.[6]

5 고부응, 『초민족시대의 민족 정체성』, 문학과지성사, 2002, 45쪽.

6 Poulantzas, Nicos. 2003. "The Nation", Bob Jessop, Martin Jones, and Gordon MacLeod eds., *Neil Brenner*, State/Space: A Reader. Oxford : Blackwell, pp.65~83; 馬傑偉, 「市井國族主義-重劃大陸與香港的文化版圖」, 吳俊雄 · 馬傑偉 · 呂大樂 編, 『香港/文化/研究』, 香港大學出版社, 2006, 264쪽에서 재인용.

니코스 플란차스의 의견에서 국가는 왕왕 국족의 화신이 된다는 사실에 주목하고자 한다. 그러니까 정치 실체인 국가는 국족의 또 다른 신분 전환으로 보아야 한다는 것인데, 이 때 국족은 국가와 동일시된다. 따라서 국가는 왕왕 국족을 대변한다는 의미일 것이다. 나아가서 국가가 국족을 완전하게 포용할 수 없을지라도 국가는 국족이 의지하는 실제로 인식되는 것이다. 1997년 주권 반환 후 9년간의 결과로 볼 때, 중국-홍콩 간 2개 국족 신분의 첨예한 대립이 날로 격화되고 있다. 물론 이러한 설정은 정치적 실체의 움직임으로 보아 가능한 것이다.

즉 중국이라는 거대한 정치적 실체와 홍콩이라는 종속적 지위의 정치적 실체 간 상호 정치적 교량의 차원에서 노출되는 것이다. 바꾸어 말하면 중국이라는 국가는 그것이 보유하는 정치적 후진성답게 국족의 정서를 단일한 톤으로 대변하고 있고, 홍콩은 나름대로의 '민주'적이고도 다양한 방식으로 국족정서를 표출하고 있다. 이 과정에서 '중국국족'과 '홍콩국족'의 신분은 대립구도를 형성하고 있다. 현시점 '중국국족'의 상징이라고 할 수 있는 '애국'이라는 기호가 '홍콩국족'의 형성에 일정하고도 지속적인 영향을 미치고 있음은 '홍콩국족'의 방어기제가 작동하는 것으로 증명되는데, 그것은 '민주'라는 기호로 구체화되고 있다.

역사적으로 영국이라는 제3자의 출현이 없었다면, 홍콩인은 '조국'의 동포와 마찬가지로 '애국'하는 '중국' 사람으로 생존하고 있을 것이다. 하지만 170여 년 전부터 홍콩은 중국의 방향과는 반대로 대영제국이 의도하는 방향으로 발전해 왔다. 더불어 홍콩의 기억은 그렇게 단순하지 않아 중국에 대한 기억과 함께 영국에 대한 생생한 기억도 있다. 주권 반환과 더불어 매우 강력한 모습으로 '중국국족'은 재림하고 있다. 동시에 그것과 더불어 '홍콩국족'은 새로운 방향을 설정하고 있는 중이다.

2. '중국국족'의 재림

1) '1국가一國'

「기본법」은 중국 중앙정부와 홍콩특별행정구와의 관계를 '명확하게' 규정하고 있다. 홍콩특별행정구는 중국의 지방행정구로서 고도의 자치권을 향유(12조)한다. 하지만 중앙정부는 외교와 국방을 책임지며, 외교부는 홍콩에 사무소를 설치하고, 중국군은 홍콩에 주재(13 · 14조)한다고 했다. 아울러 중앙정부가 홍콩의 행정수반Chief Executive을 임명(15조)한다는 점도 분명히 하고 있다. 이것으로 볼 때 정치적으로 중국의 주도적 입장과 홍콩의 종속적 지위는 분명해 보인다. 따라서 이 관계의 확인과 주입에 대한 지속적 노력은 중국정부의 당연한 의무사항인지도 모른다. 중앙정부의 지도급 인사들에 의한 확인과 주입은 때로는 '정치적'으로 때로는 '경제적'으로 반복되고 있다.

> 민족해방과 국가 이데올로기의 유지 사이에 그어진 옅은 경계선은 깨어있는 비평가에 의해 선명하게 유지되어야 한다. 그렇지 않으면 애국주의에 대한 데이비의 승인은 경제적 다국적주의의 작동을 부인하는 정치 이데올로기의 조건이자 효과가 된다. (…중략…) 사본의 행진은 만개한 애

국주의 이데올로기를 유지하고 그 이데올로기에 의해 유지되는 네트워크로부터 데이지를 떼어놓아 왔다.[7]

중국 중앙정부의 원자바오溫家寶 총리는 2003년 6월 홍콩을 방문하여 주권 반환 6주년 행사에 참석하였다. 6주년이라는 시점과 총리의 방문은 주권 반환 후의 상황과 결과에 대한 자신감을 나타내고 있다. 원자바오총리 등 중국국가 지도자들은 기회가 있을 때마다 홍콩이 실기를 하지 말고 경제 발전해야 한다[8]는 당위를 수시로 확인시킨다. 하지만 최근 홍콩특별행정구를 중심으로 전개되고 있는 정치 정세는 홍콩에 대한 홍콩인들의 지대한 관심을 불러일으키고 있으며 동시에 대륙인들의 깊은 우려를 야기하고 있다고 한다. 대륙의 학자들 역시 다방면으로 꾸준히 홍콩이 처한 정치경제적 딜레마에 대한 각성을 촉구하고 있다.

홍콩의 정치적 안정과 순차적 발전, 홍콩의 경제 발전과 사회 안녕, 홍콩과 대륙 사이 '1국가 2체제' 틀 속에서 건설적 관계 구축인데, 이 3대 기본 가치를 손상시키는 어떠한 기도나 행동은 용납될 수 없다는 점[9]을 수시로 강조하고 있다. 이른바 "자본의 행진"에 대한 애국주의 이데올로기의 완벽한 작동인 것이다.

'1국가 2체제'의 구상은 덩샤오핑鄧小平이 한 것으로, 당초 대만 문제를 해결하기 위해 마련되었으나 결과적으로 홍콩과 마카오에 우선 적용되었다. 기본 내용은 중화인민공화국 내 국가의 주체(13억 인구의 대륙)

---

7 가야트리 스피박, 태혜숙 역, 『다른 세상에서』, 도서출판 여이연, 2004, 259쪽.

8 明報編輯部,「溫家寶希望香港抓住機遇發展經濟」,『愛國論爭』,明報出版社,2004,116쪽.

9 時殷弘, 『大公報』, 2003.7.15 참조.

에는 사회주의를 계속 시행하고, 홍콩-마카오-대만은 자본주의를 시행하는 것이다. 당시 '1국가 2체제'가 억지로라도 홍콩인과 영국정부에 받아들여진 이유는 이 제도의 중점이 '2체제'와 '고도의 자치'에 있었기 때문이다. 하지만 최근 중국정부는 '2체제'보다는 '1국가' 원칙을 최대한 강조하고 있다. 그래서 '애국자가 홍콩을 통치한다'는 덩샤오핑의 원칙[10]을 되풀이해서 발표하면서 홍콩의 친중국 매체를 총동원하여 애국자에 대한 해석을 꾸준히 내놓고 있다. 애국자에 대한 언론의 보편적 해석은 정치체제 개혁의 문제에 있어 중국정부의 의견을 지지하는 자는 애국자이기에 따라서 홍콩을 통치할 자격과 능력을 갖추었다는 것이고, 중국정부와 의견이 다른 사람은 비애국자로서 홍콩을 통치할 자격도 능력도 없는 사람이 된다. 심지어 '매국노'나 '간첩'이 되기도 한다.

2004년 2월 10일, 중국공산당 중앙의 유관부서 책임자는 '애국자'가 홍콩의 지도자가 되어야 한다고 했다. 더불어 '1국가'는 '2체제'의 전제이며, '홍콩인이 홍콩을 통치한다港人治港'에서 홍콩인은 애국자가 전제가 되는 홍콩인을 말하는 것이며, '고도의 자치高度自治'는 홍콩특구가 중앙이 부여하는 권한하에서 고도자치를 말하는 것[11]이라고 밝혔다. 물론 이 말은 어제 오늘 갑자기 대두된 것이 아니다. 홍콩정치체제 발전의 선상에서, 정치개혁을 요구하는 홍콩인들의 강력한 요구에 대하여 주권반환 이후 중국정부는 표면적으로 시종일관 불간섭 정책으로 일관해

---

10 1984년 6월 덩샤오핑은 홍콩의 경세계 내표단을 접견하면서 반드시 애국자가 홍콩을 통치해야 한다고 했다. 덩샤오핑은 애국자에 대한 정의를 자기 민족을 존중하고, 조국이 홍콩에 대한 주권을 회복하는 것을 성심성의껏 옹호해야 하며, 홍콩의 번영과 안정에 해를 끼치지 않는 자라고 한 바 있다.

11 明報編輯部,「中央－港人治港以愛國者爲主體」,『愛國論爭』, 明報出版社, 2004, 64쪽.

왔다. 하지만 2003년부터 '1국가'는 '2체제'보다 절대적으로 우선하며 중앙정부의 통치권은 홍콩인의 자치권에 우선한다는 점을 반복 강조하고 있는 실정이다.[12]

2) '애국'

2003년 9~10월, 중국정부는 중국의 최초 우주인 양리웨이楊利偉를 국가 영웅으로 부각시켜 홍콩을 방문하도록 했다. 그가 홍콩에 체류하는 동안 대대적인 환영 프로그램이 이어졌음은 물론이다. 이런 방식으로 중국정부는 매우 강력한 국가주의 분위기를 조성하기 시작했다. 이것은 2003년부터 이어진 '애국' 프로그램의 일환으로 홍콩 전체는 '애국'의 용광로로 거듭난 듯했다. 그즈음 중국정부에 의한 애국주의는 '애국애항愛國愛港'에 집중되고 있었다. '나라사랑愛國'과 '홍콩사랑愛港'을 동시에 제기하는 이런 방법은 "개념 바꿔치기"나 "시선 옮기기"[13] 수법으로 비유되기도 하는데, 정치체제에 관한 논쟁을 '애국' 논쟁으로 바꾸거나 모호한 애국주의 기치로 사실을 호도하는 수법일 수도 있다. 애국주의 기치 아래에서 '1국가'는 '2체제'의 절대적 전제가 되는 것이다.

2004년 1월 16일, 중국의 법률 전문가 샤오웨이윈蕭尉雲은 '1국가 2체제 연구센터'가 주최한 '정치체제 발전과 기본법 세미나'에서 홍콩특구정부의 권력은 중앙으로부터 나온다며, 홍콩이 '뿌리가 없는 나무無本之木, 근원이 없는 물無源之水'이 아님을 강조한 바 있다. 물론 이 때의 '뿌리'와 '근원'은 근본을 가리킬 텐데, 유교적 정서로 볼 때 '근본' 없는 인간

---

12 劉曉波, 『單刃毒劍－中國民族主義批判』, 博大出版社, 2006, 281～282쪽.

13 위의 책, 282쪽.

은 얼마나 욕된 존재인가! 이것은 홍콩에서의 '애국' 논쟁의 개시를 알리는 서막이었다. 2월부터 중앙정부는 덩샤오핑의 관련 담화를 인용하면서, '중앙정부는 홍콩입법회의의 해산을 명령할 권한이 있다'는 점을 되풀이 강조하기도 했다.

이어서 그해 10월 1일, 중국 국가國歌인 〈의용군행진곡〉과 단편영상물 〈마음은 조국과 하나〉가 홍콩의 텔레비전 방송사 세 곳(TVB, ATV, i-CABLE)에서 방영되었을 때 중국의 국가주의 선동은 절정에 달한 듯했다. 하지만 그것을 기점으로 홍콩사회에 오히려 강렬한 반 '애국' 정서가 출현하기 시작했다. 도도한 만리장성, 장려한 장강 삼협, 중국 최초의 우주인 양리웨이楊利偉를 배경으로 한 국가 단편영상물은 홍콩인의 심리적 반발을 초래하기에 충분했다. 하물며 중화인민공화국의 국가인 〈의용군행진곡〉의 가사는 서슬 시퍼런 애국주의의 상징임에 틀림없음에랴.

일어나라! 노예가 되고 싶지 않은 사람들아!
우리의 피와 살로 새로운 만리장성을 쌓자!
중화민족에게 가장 위험한 때가 도래했으니,
모든 사람은 최후의 함성을 질러야 한다.
일어나라! 일어나라! 일어나라!
우리 모두는 한마음으로,
적들의 포화를 무릅쓰고 전진한다!
적들의 포화를 무릅쓰고 전진한다!
앞으로! 앞으로! 가자!

2004년 10월 1일, 이 날은 홍콩의 텔레비전에서 처음으로 중화인민공화국의 국가인 〈의용군행진곡〉이 방송되기 시작한 날이다. 공중파를 통해서 국가가 방송되었다는 사실이나 2004년이라는 시점은 모두 중국-홍콩 간이라는 목표 분석에 매우 중요한 상징성을 띄고 있다. 항일전쟁이라는 비상 시기에 사용된 이 군가는 홍콩인을 긴장시키기에 충분했다. "노예"와 "중화민족" 그리고 "적"이라는 어휘가 등장하는 이 국가의 방영은 중국 국족으로의 귀환을 희망하는 중국정부의 의도와는 달리 역으로 홍콩 본토의식의 제고에 기여했다.

사실 중국은 1990년대부터 민족주의의 보수성을 인정하고 이의 극복을 위해 노력한 바 있는데, 그 노력의 일환으로 민족주의의 배타성을 인정하고 공리주의적 민족의 건설을 위한 국족 개념을 제시했다[14]고 한다. 황하나 장강 그리고 만리장성은 그것의 배경으로 사용된지 오래였다. 하지만 공리주의와 부합되는 새로운 개념 도출에 실패하여 민족으로 회귀할 수밖에 없었다[15]는 논지는 중국-홍콩 간 대립구도의 범주에서 본다면 아무래도 성급한 결론처럼 보인다.

2004년 9월경, 중국에서 국가國歌의 방영시간 변경을 두고 벌어진 네티즌 간의 논쟁을 보면, 국가가 왜 중국국족의 중요한 상징일 수밖에 없는지 알 수 있다. 네티즌들의 반응은 이상하리만치 격렬했다고 하는데,[16] 네티즌 중의 소수가 국가 방영이라는 이러한 형식주의적 수단이 필요 없다고 한 반면에 대다수는 국가 단편영상물은 생활과 분리될 수 없는 부

14 金慶國 外, 「大中華論과 當代 중국 민족주의 분석」, 『中國學論叢』, 韓國中國文化學會, 2006, 183쪽.

15 위의 글, 183쪽.

16 周佩霞 · 馬傑偉, 『愛國政治審査』, 次文化堂, 2005, 117~119쪽.

분이라는 것이었다. 그들의 반응은 대체로 국가國歌는 국가國家의 상징이기에, 황금시간대에 국기를 게양하는 장면과 함께 국가를 방송하는 것은 애국주의 교육에 매우 중요하다[17]는 것이다.

특히 어떤 네티즌은 자신의 네 살짜리 아이는 텔레비전에서 국가가 들려오기 시작하면 모든 행동을 중단하고 텔레비전 앞으로 달려가서 차렷 자세로 경례를 한다면서, 국가 방영이 조국의 실체에 대한 인식에 매우 중요하다고 하였다. 이것으로 짐작컨대, 중국에서 중국국족의 '애국'의식은 매우 뚜렷하다[18]고 할 수 있다. 나아가서 '애국'이라는 정서가 그것의 중요한 상징으로 자리 잡고 있음을 알 수 있다. 따라서 홍콩인들이 "중앙정부에 대한 감사의 말 한마디 없이, 온종일 그들의 민주를

---

17 위의 책, 117~119쪽.

18 2002년 8월 어느 날 내가 중국에서 경험했던 일이다. 방송국의 텔레비전 프로그램에 대학생들이 나와서 토론을 하고 있었다. 톈진(天津)에 있는 중국의 명문대학 난카이대학(南開大學) 학생들이 대학생의 의무인 3주간의 군사훈련을 끝내고 평가회의를 하고 있었다. 그들은 이구동성으로 군사훈련의 중요성에 대해 수차 강조하고 있었고, 훈련소 내 조교들이 보여준 헌신적인 노력에 대한 감사로 침이 마르고 있었다. 몇 명이 훈련소 내에서 있었던 감동적인 장면을 회상하자 중대장도 소대장도 대학생들도 모두 눈시울이 붉어졌다. 교관 역시 빠질세라 대학생들의 진지한 훈련 태도를 칭찬하면서, 3주간의 군사훈련 역시 수업의 일부임을 누누이 역설하고 있었다. 모두의 감정이 무제한 증폭되고 있었는데, 광신도의 광신적 언행만이 진리라고 인정받는 사이비 종교 집회의 바로 그것이었다. 출석한 교수 또한 질세라 국방의식이 가장 중요하다고, 국방의식이 있어야 봉사할 수 있다고 했다. 학생들도 총을 들면서 자신감이 생겼고, 조국이 필요로 한다면 언제든지 총을 잡겠다고 화답했다. 출연진 전원이 군가를 부르면서 광적인 집회는 간신히 마무리되었다. 하지만 프로그램 시작과 더불어 시작된 나의 섬뜩함은 사라질 줄 몰랐다. 집체 정신이 여전히 지배하는 곳이라는 것과 생각의 일치를 적극적으로 요구하는 행태가 지속되는 곳이라는 생각을 떨쳐버릴 수가 없었다. 다시 채널을 다른 곳으로 돌렸는데, 고등학생 군사지식 대회가 방영되고 있었다. 고교생들의 발언 역시 애국, 애국, 애국의 연속이었다. 애국에 관해서 표현 가능한 모든 모범 답안이 계속 나오고 있었다. 국방의식이 있어야 봉사할 수 있다면서, 총을 들면서 비로소 책임감이 생긴다는 말까지 발전하고 있었다. 모두가 격한 감정에 대한 자제를 못하고 있었다. 어차피 차분한 감정으로는 얘기가 안 되는 주제인지도 모른다. 아무튼 그 당시 충격은 매우 컸다.

파괴한다고 떠들고 있으니 정말 양심이 없다"[19]고 비난할 수 있는 것이다. 여기에서 4세 아이의 동작을 역으로 본다면 그리고 수많은 네티즌의 '긍정적' 사고를 보면 중국정부의 주도에 의한 애국주의 부양은 매우 성공적인 것처럼 보인다. 중국정부가 홍콩 문제를 애국주의 홍보선상에서 해결해보려는 시도의 교과서를 유추해 볼 수 있다.

만일 국가國歌 논쟁이 국가가 일개 국가의 권위를 상징하는 매우 중요한 매개임에 동의한다면 국가를 매일 방송하기 시작했다는 점은 중국이 홍콩에서 명실상부한 주권을 행사하기 시작했다는 신호라고 보아도 무방하다. 반면에 1997년 7월 1일이라는 주권 반환의 역사적 시점에 입각해서 문제제기가 가능한데, 명名과 실實이 상부된 주권 반환의 시점을 과연 2004년으로 볼 수 있느냐는 것이다. 7년의 시간은 중국이나 홍콩이나 관건의 시기가 분명했다는 점을 들어 이에 답할 수 있을 것이다. 주권 반환이라는 엄청난 문제의식 앞에 중국과 홍콩은 함부로 내둘릴 수 있다는 사실이 그것인데, 그것은 7년 정도의 비교적 평탄한 시간이 지나서야 일정 부분 해소되었다고 간주되었던 것이다. 10월 1일 중화인민공화국의 국경일이라는 초점 역시 우리의 상상력을 안정시켜 주는 동시에 문제의식의 근간이 될 수 있다.

한편, 중국이 홍콩을 '관리'하는데, 가장 큰 장애 중의 하나는 바로 홍콩의 언론이다. 그동안 홍콩의 언론은 세계에서 가장 자유로운 상태에서 나름대로의 사명을 다해 왔음은 주지의 사실이다. 물론 언론의 독립성에 대해서도 「기본법」에 분명하게 명시되어 있다. 하지만 언론 길들

---

19 위의 책, 19쪽.

이기 작업은 중국정부에 의하여 주권 반환 전부터 '교묘하게'지속적으로 추진되어 왔다. 가령 친중국계 신문인 『대공보大公報』 등을 통해 "사고방식이 편파적이거나, 정부당국에 적대적인 자들만이 불안감을 느낄 것"[20]이라고 하거나, 중국의 외교부 장관이 공개적으로 "'애국'적인 방송매체는 검열을 조금도 두려워할 필요가 없다"[21]고 언급하는 것이다. 이런 유화적 언설 역시 이미 매우 위협적이어서 상당한 효과를 거두고 있지만, 가끔 좀 더 강한 방법을 동원하여 주위를 환기시키기도 한다. 한번씩 터지는 스파이 사건인데, 기자를 스파이 혐의[22]로 구속시키는 방법이 바로 그것이다. 그 와중에도 '애국'은 가장 강력한 이유이자 목적으로 작용하고 있다.

3) 푸퉁화普通話

중국 교육부는 최근에 발표한 「국내 언어학습 보고서」에서 "홍콩인들은 표준어 구사 능력을 길러 (중국)사회 적응력을 높여야 한다"고 했다. 중국 교육부 언어정보 행정처 리위밍李宇明 국장은 "최근 홍콩인 중 푸퉁화 구사자가 꾸준히 늘고 있지만 아직은 외국과 다름없다면서 중국인으로서 경제나 문화 공감대 확산을 위해선 표준어 구사가 필수적이라는 걸 홍콩인들은 알아야 한다"고 했다.[23] 이처럼 중앙정부가 홍콩의 언어문제를 구체적으로 지적하고 나온 것은 주권 반환 이후 9년 만

20 드니 이요, 김주경 역, 『홍콩』, 시공사, 2006, 79쪽.

21 위의 책, 79~80쪽.

22 2005년 6월 청샹(程翔)사건 — 싱가포르 『해협시보(海峽時報)』의 중국특파원으로 대만에 중국 정보 제공 혐의로 중국 공안에 체포된 바 있다. 그 전에는 중립지 『명보(明報)』 베이징 특파원 시양(席羊)을 '국가 기밀 누설'이라는 죄목으로 12년간 징역형에 처했다.

23 「중국정부 "홍콩도 표준어(푸퉁화) 써라"」, 『중앙일보』, 2006.5.26에서 재인용.

에 처음 있는 일이다. 홍콩 행정청의 조사에 따르면 홍콩 인구 640만 명 중에서 89.2%가 광둥어廣東語를 사용하며 표준어 사용자는 0.9%에 불과하다. 중국정부는 홍콩사회에서 그동안 지속되어온 푸퉁화로 쓰기-광둥어로 말하기를 푸퉁화로 쓰고 말하기로 일치할 것을 요구하고 있는 것이다. 이 시점에서 1949년 국민당 당국이 대만으로 옮겨 오면서 대대적으로 추진했던 '국어운동國語運動'의 기억은 새삼스럽다. 국민당 당국이 대만에서 전개했던 '국어운동'이 "외성 족군의 정치적 지배를 강화시킨" 반면에 "또 무수한 본성 자제의 학습과 족군 신분 인식 문제를 야기했다"[24]는 지적은 현시점 시사하는 바가 매우 크다.

중국은 2010년까지 전 국민이 기초적인 표준어를 구사할 수 있게 하고, 이어 21세기 중반까지 각 지방은 물론 소수민족들까지도 표준어를 쓸 수 있도록 한다는 목표를 가지고 있다. 비록 중국이 마오쩌둥毛澤東 덕분에 표준어가 중국을 통일했다고 하더라도 여전히 40% 이상의 중국인은 푸퉁화를 제대로 구사하지 못한다.[25] 지금도 베이징과 상하이를 비롯한 대도시에서는 공무원의 경쟁력 제고를 위해 2004년 표준어 시험을 보아서 일정한 수준에 미달되는 자는 해임할 것임을 꾸준히 공언하고 있는 실정이다. 중국이 표준어의 사용과 확립에 이렇게 노력하는

---

24 楊聰榮, 『文化建構與國民認同－戰後台灣的中國化』, 台灣國立清華大學 碩士論文,, 1992; 王家英, 「土語政策與族群認同」, 王家英 編著, 『過渡期香港民意與政治』, 田園書屋, 1997, 89쪽에서 재인용.

25 2006년 9월 5일 자 『China Daily』는 교육부 당국자의 말을 인용해 현재 13억 인구 중 푸퉁화를 말할 수 있는 비율이 53%에 그쳤다고 전했다. 당국자는 "정부의 노력으로 상황이 개선되고는 있으나 아직도 40% 이상이 표준어를 말하지 못한다"고 밝혔다. 정부는 "공통의 언어를 제대로 보급하지 않을 경우 경제 성장에도 악영향을 미친다"고 강조하며 9월 세 번째 주를 푸퉁화 강조 주간으로 정했다.

이유는 분명하다. 국족 인식에 가장 중요한 전제조건 중의 하나가 언어 통합이기 때문이다.

푸통화는 '중화인민공화국'의 국어다. 주권 반환 이전의 홍콩사회에서 푸통화는 드물게 통용되었다. 당시 홍콩의 길거리에서 푸통화를 사용할 경우 대부분 대륙에서 막 건너온 시골뜨기로 취급받아 무시당하는 수모를 각오해야만 했다. 조금 더 좋게 대접받는다 해도 대만인이나 싱가포르인 등 '외계인外界人'일 뿐이었다. 1997년 주권 반환 이후 '중화인민공화국'의 '홍콩특별행정구'에서 푸통화를 구사하는 사람들이 매우 많아졌다. 특히 주목할 만한 사실은 푸통화를 알아듣는 사람이 매우 많아졌다는 것이다.

무엇보다도 홍콩의 저자거리에서 푸통화를 말하는 사람을 무시하는 태도가 개선되었다는 점을 시시각각 느낄 수 있다. 그뿐만이 아니라 어떤 홍콩인들은 푸통화 보급을 돈을 벌 수 있는 기회로 삼아 푸통화 보급을 위한 책이나 CD를 대량으로 출시하고 있다. 물론 방송국은 푸통화교육 프로그램에 많은 시간을 할당하고 있다. 이러한 변화의 가장 큰 이유는 홍콩을 방문하는 외국 관광객 중 70% 이상이 '중화인민공화국'에서 오는 중국인이라는 사실 등 푸통화가 홍콩인의 경제적 이익에 직접적인 영향을 주고 있기 때문이다.

1984년 체결된 '중영공동성명'에서 홍콩의 주권을 1997년에 반환한다는 데 합의한 후, 홍콩정부는 1986년 9월부터 초등학교 고학년(4~6학년)에서 푸통화교육(1주에 1개 교시)을 실시하기 시작했다. 이어서 1988년 9월부터는 중학교 저학년(1~3학년)에서도 푸통화교육(1주에 1개 교시)을 실시하여 연속성을 확보하였으며, 1994년 7월부터 중국의

CCTV가 홍콩에 방송되기 시작했다. 특히 공무원의 경우, 1997년 주권 반환 전부터 중국정부가 순차적으로 모든 공무원에 대하여 베이징 현지에서 푸퉁화교육을 실시했기에 대부분 유창하게 구사한다. 이제 홍콩인들에게 푸퉁화는 "중국 관광객을 유인하고, 중국에서 크게 장사를 하기 위한"[26] 수단으로 인식되기 시작했다는 점은 주목할 만하다. 나아가서 홍콩에서 "푸퉁화를 많이 말하고 많이 듣게 되면, 조국을 더욱 열애할 수 있고, 중화민족의 우수한 문화를 흡수할 수 있다"[27]는 데까지 발전한다. 그것은 매우 중요한데 왜냐하면 "문화가 없는 상인은 큰 사업을 할 수 없기"[28] 때문이다. 이렇게 본다면 홍콩에서 친중국계 인사에 의해 홍콩의 모어母語, mother tongue인 광둥어 해체 작업이 진행되고 있는 것처럼 보인다.

3. '홍콩국족'의 출현

1) '2체제兩制'

1982년부터 중국은 '1국가 2체제' 이론을 확립하면서 자신의 영토 안에 홍콩특별행정구의 설치를 적용하기로 한다. 동시에 외교적 압력과 경제적 협박을 가하여, 모든 협상은 독점적으로 베이징에서 이루어지되 2년 안에 모든 협상이 마무리되도록 했다. 영국과의 협상에서 무

---

26 吾英, 「普通話在香港的變遷」, 編輯委員會, 『選擇香港 選擇自己』, 香港商報出版社, 2004, 182쪽.

27 위의 글, 183쪽.

28 위의 글, 183쪽.

엇보다도 강조한 것은 '홍콩문제는 중국과 영국, 두 정부 간의 일'이라는 것인데, 사전에 당사자인 홍콩인의 개입을 철저히 차단한 것이다. 이는 마지막 총독으로 부임한 패튼Patten[29]의 대 중국 공세에 중요한 모티브를 제공하여 이후 영국은 대 중국 협상에서 '홍콩인'에 의한 홍콩 '관리'를 정책의 최우선 방향으로 선전한다. 그 당시의 구호인 '항인치항港人治港'으로 '홍콩국족'은 구체화되기 시작했다고 할 수 있다. 이로서 '홍콩국족'의 의식 속에 구체적으로 '1국가'보다는 '2체제'가 더욱 뚜렷하게 자리 잡게 된다.

「기본법」에 홍콩특별행정구The Hong Kong Special Administrative Region는 중국의 일부로서 '고도의' 자치권을 향유(1 · 2조)한다고 규정되어 있다. 아울러 홍콩의 현 자본주의 제도는 50년간 불변(5조)하며, 토지와 자원은 국가소유(7조)이며, 홍콩특별행정구 정부는 토지와 자원의 운영권을 보유하며, 홍콩특별행정구는 중국 국가의 국가 상징 이외의 '별도의' 지역 국가 및 지역 상징을 사용(10조)한다고 명시되었다. 당초 홍콩의 주권을 안정적으로 반환받기 위해 홍콩에게 보장해준 이 조항들은 중국은 달갑지 않겠지만 사회주의 중국과 자본주의 홍콩의 공존을 담보한다. '홍콩국족'이 탄생될 수 있는 충분한 공간을 제공하면서 '1국가'보다는 '2체제'로의 무게중심 이동을 준비시킨다.

1990년에 변호사 리주밍李柱銘의 지도하에 홍콩민주동맹UDHK이 탄생

---

29 영국 보수당 의장을 역임한 영국 정계 거물 출신의 패튼(Patten) 총독은 메이어(Major) 영국 수상의 두터운 신임을 배경으로 중국과의 사전 협의 없이 홍콩의 민주화 방안을 발표했다. 당시 홍콩학계와 언론계에는 영국의 강력한 정치적 배경을 가진 거물이 마지막 총독으로 부임하여 중국정부와 일전을 불사할 것이라는 소문과 분석이 광범위하게 유통되고 있었다.

하는 것은 정치 발전의 도로에서 매우 자연스런 과정일 것이다. 홍콩민주동맹은 1991년과 1995년에 치러진 입법의회 선거 때 홍콩인들의 상당한 지지를 확보했다. 이후 진보적인 홍콩인들로부터 홍콩민주화의 상징으로 공인된 리주밍은 그 여세를 몰아 중국정부와 사사건건 충돌한다. 이에 대해 중국정부는 그가 국가 전복의 술책을 꾸미고 있다고 비난한다. 홍콩특별행정구의 「기본법」에서 드러나는 '통탄할 만한 불확실성'에 대항에 줄기차게 투쟁하고 있는 그는 홍콩인들에게 부여한 '같은 나라 사람同國人'이라는 신분과 자율권의 약속이 결국 홍콩인 개개인의 자유를 침해하는 양상으로 드러날 것이라고 주장한다.[30]

1996년 설문조사에 따르면,[31] 홍콩주민 30%는 자신이 중국인, 28%는 홍콩의 중국인, 35%는 홍콩인, 5%는 영국인이라고 답변했다. 적어도 60% 이상은 중국인이 아니라는 인식을 가지고 있는 것으로 보아 이미 지난한 정체성 충돌이 예견된다. 이것 역시 '홍콩국족'의 탄생을 위한 담지자인 동시에 '홍콩국족'을 지탱하는 출발점이라고 본다. 1997년 주권 반환 직전의 한 조사에서도,[32] 홍콩에서 출생하고 교육 수준이 높을수록 자신이 홍콩인이라는 생각하는 비율이 현저히 높게 나왔다. 이 비율은 높은 수준의 자율성으로부터 이익을 담보 받는 공간으로서 '2체제'를 우선시하는 '홍콩국족'의 구성원이 곧 형성되리라는 것을 예고한 것이다.

30 드니 이요, 김주경 역, 앞의 책, 67쪽.
31 위의 책, 53쪽.
32 王家英, 앞의 글, 85쪽.

2) '민주'

> 그가 백인 지배자를 신이나 아버지, 어머니라고 부르는 것은 결코 아첨이나 순진함이 아니며 "불안에 대한 방어"로서 단지 백인과 의존 관계를 맺음으로써 안정감을 확보하려는 것이다. 식민 관계는 바로 이런 점에서 피지배자의 정신적 욕구를 만족시켜 준다.[33]

1992년 7월 마지막 총독의 자격으로 홍콩에 부임한 패튼Patten 총독은 부임과 동시에 홍콩의 민주화를 적극적으로 추진할 것임을 내외에 천명한다. 1992년 10월 7일 그는 중국 측과 충분한 상의 없이 홍콩입법위원회 연두 보고 시 1995년 홍콩입법회의 선거와 관련 구체적 민주화 방안(직선 의원 수 확대 등)[34]을 일방적으로 제시함으로써 중국 측의 강력한 반발을 초래했다. 그는 순교를 앞둔 전도사처럼 상황을 극적으로 만들고 있었다. 그를 보면 "전도사나 순교를 각오한 신부들이, 서구의 가치를 적극적으로 원주민사회에 전파했음을 염두에 둔다면 식민지배의 양상은 크게 보아 원주민에 대한 서구 이데올로기적 조작과 지배임을 알 수 있다"[35]는 말이 거짓이 아닌 것 같다.

영국의 식민지로서 홍콩은 그동안 '자유'는 있으나, '민주'는 없는 공

---

33 고부응, 앞의 책, 66쪽.

34 패튼 총독의 민주화 방안 요지 — 선거권자 연령인하(21세 → 18세), 직접선거구제 변경(2석 2표제 → 1석 1표제), 직능 단체 선거방법 변경(현행 21개 이 외에 9개 직능대표 선거구를 신설, 직능단체 재직 전종업원 270만 명에게 선거권 부여), 선거위원회 선거방법 변경(선거위원회 구성원 전원을 주민직접선거로 선출되는 구의회 의원으로 구성), 독립적인 선거구 분할/선거위원회 설치 등.

35 위의 책, 16쪽.

간으로 회자되어 왔다. 혹자는 홍콩의 '민주'를 '세심하게 관리되는 민주주의Managed Democracy'라고 정의하기도 한다. 최근 발행된 『장쩌민문선江澤民文選』을 보면 중국정부는 '홍콩의 민주는 홍콩인의 자발적인 것이 아닌 누군가에 의해 조종되고 있다'[36]고 일관되게 주장해 왔다. 따라서 패튼의 시도가 중국정부 논리의 근거가 되기도 했다. 실제로 주권 반환 전에 홍콩에서 중국정부의 공식기구 역할을 담당한 신화사 홍콩지사의 사장 저우난周南에 의해 영국의 '정치를 민중에게 돌려준다還政於民'와 '중국으로 중국을 제어한다以華制華'가 구체적으로 지명 비판[37]되기도 했다.

중국 측은 동 방안이 「중영공동성명」과 「기본법」 및 중영 외상 간 합의사항 등 3개 기본원칙을 위반한 것으로서 민주화 명분하에 1997년 이후 설립될 홍콩특별행정구의 권한을 약화시키려는 책동이라고 강하게 반발함으로써 중영 간 외교적 마찰[38]을 노정했다. 계속해서 1997년 7월 1일까지 중국-영국 상호 간 '야만野蠻'과 '악惡'이라는 화두의 치열한 언론전이 전개되었다. 이를 보면 영국당국은 "짐이 신음하는 동안에, 태양이 잠기는 서쪽에서 낯선 종족이 몰려와 초석 하나하나를 바로 세워 놓으니, 진리, 평화, 사랑, 정의가 도래하고 이곳에 자리 잡는구나!"[39]라

---

36 「江澤民不信港人自發爭民主」, 『蘋果日報』, 2006.8.16 참조.

37 明報編輯部, 「周南－'還政於民'一貫是英國'以華制華'的手段」, 『愛國論爭』, 明報出版社, 2004, 47~58쪽.

38 영국의 허드(Hurd) 외상(1992.10.11)과 메이어(Major) 수상(1992.11.15) 등 영국정부 고위층은 패튼 총독의 민주화 방안에 대한 강력한 지지를 표명하였다. 패튼 총독은 자신의 개혁안에 대해 미국, 일본, 캐나다, EC 등 강대국의 지지(1992년 11월에 캐나다가, 1993년 3월에 미국이 공식적인 지지를 표명)를 요청함으로써 중국 측의 격분을 야기했다. 이에 대해 중국 측은 사전에 충분한 협의 없이 일방적으로 발표한데 대해 패튼 총독을 맹렬히 비난하는 동시에 사전 동의 없는 국제적 협정이나 계약 및 국내조치는 1997년 주권 반환 이후 파기하겠다는 극단적인 선언으로 대응했다.

39 고부응, 앞의 책, 28쪽.

는 '자부심'의 연장선상에서 매우 '성스러운' 작업을 추진하는 것을 목적으로 하고 있는 듯했다.

그 작업을 진행시킬 역량 배양에도 매우 적극적이어서 '두뇌 유출Brain Drain' 현상을 방지하기 위한 조치라는 이유로 홍콩의 엘리트 계급에게 '민주'를 부식시키고자 했다. 이렇게 교육시킨 식민지 엘리트들에게 홍콩의 장기적 안정에 도움을 준다는 이유로 영국거주권을 부여했다. 영국은 거주권 신청자의 연령(30~40세), 경험(15년), 연봉, 교육 수준, 가정배경, 영국과의 연계 등을 종합적으로 고려하여 홍콩인 5만여 명에 대해 영국본토의 거주권을 부여한 것이다. 영국거주권 부여 문제는 홍콩 장래 문제 대두 이후 계속되어온 홍콩 인력의 해외 유출현상이 1989년 '6·4천안문 민주화운동' 이후 심화될 조짐[40]을 보이자 이들 유능 인력의 홍콩 내 장기 거주를 유도하기 위해 취해진 조치였다.

인도의 식민교육 정책 책임자였던 토마스 매컬리Thomas B. Macaulay는 "우리와 우리가 통치하는 수백만의 인도인을 이어줄 통역계급 — 혈통과 피부색은 인도인이지만 취향과 견해, 소양과 지성은 영국인인 집단"[41] 양성을 식민교육의 목적이라고 정의한 바 있다. 홍콩의 마지막 총독인 패튼은 사실 5만 명의 교두보를 확보한 셈인데, 이제 5만 명은 '홍콩국

40 홍콩의 해외 이민 추세는 1987년 3만 명, 1988년 4만 5천 명, 1989년 4만 2천 명, 1990년 6만 2천 명, 1991년 5만 8천 명, 1992년 6만 6천 명을 기록했다.(1997년 중국 반환에 따른 홍콩 장래문제의 현황과 전망–97협의회 회의 결과, 주홍콩총영사관/한국무역협회 홍콩지부, 1993.4 참조) 1984년부터 1994년까지 10년 동안 60만 명이 홍콩을 '탈출'했고, 100만 명의 주민들이 떠날 수 있는 방법 찾기에 골몰했다. 느니 이요, 심주경 역, 『홍콩』, 시공사, 2006, 70쪽 참조.

41 Thomas B. Macaulay, "Minute on Education", William Theodore de Bary ed., *Sources of Indian Tradition*, vol.2, New York : Columbia University Press, 1958, p.49; 고부응, 앞의 책, 51쪽에서 재인용.

족'을 상징하는 신분으로 대두했다. 물론 이 작업은 식민당국에 의해서 지속적으로 추진되어온 이미지메이킹의 일환으로 볼 수 있다. 영국은 홍콩을 '선진', '고귀', '문명'으로 포장해 왔는데,[42] 중국은 당연히 그 반대의 개념으로 정형화되어 왔다고 할 수 있다. 이것 역시 영국 식민지당국이 매설해 놓았다고 전해지는 수많은 '지뢰' 중 하나일 것이다.

2002년 9월, 홍콩정부 행정회의는 홍콩의 '국가보안법'이라고 할 수 있는 「기본법」 23조 입법을 건의하였다. 이에 대한 반발은 2003년 7월 1일에 50만 명이 시위 참가라는 결과로 나타났다. 이 결과는 특구정부 6년에 대한 평가이며, 「기본법」 23조 입법에 대한 거부감의 표현이라고 보아야 한다. 중국정부는 2003년 「기본법」 23조 문제로 야기된 긴장 관계와 그것에 대한 불만이 야기한 5만 명의 시위(7월 1일)를 '급진'세력이 '민중의 힘people's power'에 기대어 특구의 기본적 정치 제도를 신속하게 바꾸려는 시도로 규정했다. 이어서 7월 9일, 5만 명의 시민이 입법회의 건물을 포위하기도 했다. 7월 13일, '홍콩민주발전네트워크'의 주도로 센터럴에서 2만 명이 참가하여 2007년 특구행정장관 직선과 2008년 입법의원의 전면적 직선을 요구하였다. 마침내 9월 5일에 홍콩정부는 「기본법」 23조 입법 초안의 철회를 선포하였다. 그리고 11월 23일, 지역 선거 참여율이 44%에 달하여 정치에 대한 홍콩 시민의 관심을 반영하였으며, 친정부파가 대패하고 민주파가 80%의 지지를 얻으며 승리했다.[43]

2004년 1월 1일, 10만 명의 시민이 '정치를 민중에게 돌려다오還政於民, 민생을 개선하라改善民生'의 구호 아래 시위에 참가하였다. 2월 6일, 이

42 陳智遠 · 黃培烽 編, 『咖啡 沙龍 文化 香港 人』, 香港聯合書刊物流有限公司, 2006, 62쪽.

43 陳智遠, 『思索香港』, 明報出版社, 2004 부록 참조.

제 '민주'는 21세기의 '천명天命'[44]으로까지 부상한다. 3월 2일, 4명의 민주파 인사(리주밍, 투진선涂謹申, 리줘런李卓人, 뤄워치羅沃啓)가 미국의회의 홍콩 민주청문회에 출석하였다. 4월 1일, 「기본법」 45조에 대한 해석 권한이 최종적으로 중앙의 전인대에 있다는 사실에 반대하는 촛불집회가 시민 3천 명이 참가한 기운데 진행되었다. 4월 11일, 2만 명이 '기본법에 대한 최종 해석권을 중국 전인대가 가지는데 항의하고抗議釋法, 민주를 쟁취하자爭取民主'는 타이틀의 시위에 참가하였다. 6월 4일, 8만 2천 여 명이 '6·4' 15주년 촛불집회에 참석하였는데, 14년 이래 신기록이었다.[45]

주목할 만한 사실은 2004년 6월 7일, 학계, 경제계, 문화계 인사 등 전문직 종사자 294명이 '홍콩 핵심가치 선언'을 하였다는 점이다. 그들은 자유, 인권, 민주, 다원多元, 포용, 성실, 안정, 조화 등으로 대표되는 홍콩의 핵심적 가치가 나날이 침식되고 있다는 데 인식을 같이 하고, '홍콩적' 가치를 지켜 나가자는 결심을 밝혔다. 전문직 위주인 '선언' 참가자의 구성으로 볼 때, 홍콩에서 출생하고 교육 정도가 비교적 높을수록 스스로 홍콩인이라고 생각하는 경향[46]이 현저하게 높다는 설문조사 결과와의 연결이 자연스럽다.

2004년 7월 1일, 50만 명의 시민이 시위에 참가하여 민주와 보통선거에 대한 열망을 토로했다.[47] 2005년 12월 4일에는 25만 명의 시민이 조속한 민주화를 요구하는 시위에 참가했다. 2005년 12월 21일 홍콩 정부의 정치개혁안이 행정장관 직선제를 요구하는 민주화 세력의 반발

44 司徒華, 「愛國愛民主非對立」, 明報編輯部 編, 『愛國論爭』, 明報出版社, 2004, 176쪽.
45 陳智遠, 앞의 책, 부록 참조.
46 王家英, 앞의 글, 85쪽.
47 陳智遠, 앞의 책, 부록 참조.

때문에 입법회의에서 부결되었다. 홍콩 입법회의는 이날 표결에서 찬성 34, 반대 24표로 정치개혁안을 부결시켰다. 반대표는 민주파 의원 25명 가운데 24명이 던진 것이다. 개혁안은 미니헌법인 홍콩 『기본법』을 개정해야 하기에 전체 의석(60석) 중 3분의 2 이상의 찬성이 필요하다.

개혁안에 따르면 홍콩정부는 2007년부터 행정장관 선거인단을 1,600명(현재 800명)으로 늘리고, 입법회의 의석을 60석에서 70석으로 확대할 계획이었다. 이에 대해 민주파 의원들은 행정장관 직선제 도입 일정이 빠졌다는 이유로 반발했다. 이날 입법회의 건물 밖에서는 수백 명의 시민들이 직선제를 요구하는 촛불시위를 벌이고 있었다. 이날의 개혁안은 12월 4일 25만 명이 참가한 가두시위가 벌어진 뒤 쩡인촨曾蔭權 홍콩 행정장관의 주도로 준비되었던 것이다. 그는 입법회의 임명직(현재 30명) 의원의 수를 2008년 10명으로 줄이고 2012년에 완전히 없애겠다는 타협안을 제시했던 것이다. 이에 대해 민주파는 2012년에는 행정장관을 직선으로 뽑는다는 내용을 주문했다.

홍콩의 정치 개혁안에는 민주화에 대한 일정이 명시돼 있지 않다. 쩡인촨 홍콩 행정장관은 개혁안을 설명하면서 직접선거는 2007년 이후에 논의하자고 했다. 중국정부의 입장을 대변한 것이다. 홍콩특별행정구의 수반인 행정장관은 선거인단에 의한 간접선거 방식으로 선출된다. 임기는 5년이며, 중국정부가 임명한다. 그리고 총 60석인 입법의원 중 직선은 30명이고 나머지 30명은 직능별 간접선거로 선출한다. 이날 시위에는 '홍콩의 양심'으로 불리는 천팡안성陳方安生 전 정무사장政務司長(국무총리 격)까지도 가세하여 직접선거에 대한 구체적인 시간표 제시를 요구했다. 재야 민주세력들과 민주당은 2007년까지 민주화 실현을 위해 노력하기로 했고, 홍콩학생연맹도 앞으로 직접선거 쟁취를 위해 무기한 투쟁할 것이라고 했다.

이에 대해 중국의 입장은 단호하다. 차오샤오양喬曉陽 전국인민대표회의 상임위 부주석은 "홍콩정부는 민주화 일정을 제시할 권한이 없다. 따라서 2007년 이후의 정치 일정을 결정할 수 없다. 중국정부는 결코 시위에 굴복하지 않을 것"[48]이라고 말했다. 2006년 6월 4일, 홍콩의 빅토리아 공원에서는 중국민주화애국단체연합이 주최한 '6·4천안문 민주화운동'의 희생자를 위한 추도회에 4만 5천 명의 홍콩인이 참가했다. 이렇게 중국정부와 주고받는 형식으로 '민주'는 홍콩인들 사이에서 중국을 타자화는 수단으로 그리고 스스로의 정체성을 확립하는 이념으로 성장해 왔다.

3) 광둥어廣東語

> 하나의 '국가'로서 벵골에 대한 감각은 벵골어로 추정되는 정체성에 지배된다.[49]

여러 가지 내부 사회문화 요인 중, 베네딕트 앤더슨Benedict Anderson(1983)과 안소니 스미스Anthony Smith(1991)는 토어土語vernacular의 존재와 보급이 지

---

48 「홍콩 민주화 요구 25만 명 시위」, 『중앙일보』, 2005.12.5에서 재인용.

49 Dinesh Chandra Sen, "History of Bengali Language and Literature", *Calcutta*, 1911; 가야트리 스피박, 태혜숙 역, 앞의 책, 366쪽에서 재인용.

극히 중요한 전제라는 데 인식을 같이 한다.[50]

리징중李敬忠은 월어粵語(광둥어)가 한어족군漢語族群 중에서 독립된 언어라고 주장한다.[51] 블룸필드Bloomfield 역시 "중국어는 단일언어가 아니라 상호 의사소통이 되지 않는 다양한 언어로 구성된 어족語族이다"[52]라고 본다. 이것은 중국 방언 간의 심각한 차이를 방언의 범주를 넘어 각기 다른 언어로 본다는 뜻이다. 한어족군의 7대 방언권이나 10대 방언권 사이에서 서로 방언으로 대화할 경우 의사소통이 거의 불가능하다. 독일어, 이태리어, 불어 사이에 분명한 차이가 존재한다면, 한어족군의 방언 간에도 그와 비슷한 차이가 존재한다.

주지하다시피 언어 문제는 매우 중요한 신분문화의 상징이다. 특히 방언은 족군의 형성과 발전에 주도적 역할을 담당한다고 해도 과언이 아니다. 나아가서 족군의 신분적 정체성을 변화를 읽기 위한 중요한 근거가 된다. 왜냐하면 모어母語, mother tongue는 족군의 구성원이 서로를 인식하는 가장 기본적인 요소의 하나[53]이기 때문이다. '어문語文' 문제에 관하여「기본법」9조에 이렇게 명시되어 있다.

---

50 王家英, 앞의 글, 79쪽.

51 李敬忠,「粵語是漢語族群中的獨立言語」,『第二屆國際粵方言研討會討論集』, 暨南大學出版社, 1990, 28~29쪽; 이해우,「홍콩의 언어현상과 전망」,『중국어문학논집』7, 중국어문학연구회, 1995, 537쪽에서 재인용.

52 "Chinese is not a single language but a family of languages made up of a variety of mutually unintelligible languages", Bloomfield, *Language*, New York, 1933; 이해우,「홍콩의 언어현상과 전망」,『중국어문학논집』7, 중국어문학연구회, 1995, 536쪽에서 재인용.

53 Hobsbawm, E.J., *Nation and Nationalism Since 1780*, Cambridge: Cambridge University Press, 1990; Smith, Anthony, *National Identity*, Reno: University of Nevada Press, 1991; 王家英, 앞의 글, 88쪽에서 재인용.

> 홍콩특별행정구의 행정기관, 입법기관과 사법기관은 중국어(中文)를 사용하는 이 외에도 영어(英文)를 사용할 수 있다.

이 조항의 초점이 '중국어中文'가 아니라 '영어英文'라는 사실이 매우 흥미롭다. 이곳에서 나온 '중국어'가 도대체 무엇을 가리키는가에 대한 재미있는 결과가 있다. 왕자잉王家英의 조사에 따르면,[54] 여기에서 '중국어'는 광둥어를 가리킨다고 생각하는 사람이 36.6%, 푸퉁화를 지칭한다고 생각하는 사람이 38.2%, 양자라고 생각하는 사람이 12.4%, 모르겠다고 답한 사람이 12.9%를 나타내었다. 더욱 흥미로운 사실은 「기본법」 중의 '중국어'는 광둥어라고 생각하는 사람들의 분포가 비교적 젊고(30세 이하), 홍콩에서 출생하였고 또 교육 수준이 비교적 높다는 사실이다.[55] 1997년 이전 홍콩에서 푸퉁화를 사용할 경우 '대륙 촌놈'으로 무시되었다. 실제로 나는 1997년 주권 반환 전 홍콩에서 푸퉁화를 사용하였을 경우 홍콩 사람들이 어떤 반응을 보였는지 잘 알고 있다. 한국인이라는 사실을 알리지 않은 상태 즉 식당 등에서 푸퉁화를 사용하였을 경우 식당 종업원의 표정은 경멸에 가까울 정도였음을 여러 차례 경험한 적이 있다.

1997년 이후에도 홍콩에서 푸퉁화는 현실적으로 여전히 '제2 외국어'일 뿐이다. 장차 푸퉁화가 공식언어로 성장할 수 있겠지만, 가정에서 사용되는 언어는 여전히 광둥어가 지배적일 것이다. 과거 식민지 시절 장기간 동안 영어가 우세적 지위를 차지하고 선양되고 필요하였으나

54 위의 글, 80쪽.
55 위의 글, 81쪽.

홍콩인들이 광둥어로 정체성을 확보하였음은 중요한 기억인 것이다. 광둥어의 배후 역량 역시 만만치 않은 것이 동남아의 상권을 장악하고 있는 화교 대부분과 중남미에 진출한 화교권 역시 광둥성 출신이 복건성 출신과 양대 산맥을 이루고 있기 때문이다. 중국을 읽기에 방언은 대단히 중요하다. 따라서 '중국을 10개 방언권의 10개 국가로 보아야 한다'는 담론은 의미심장하다.

물론 홍콩의 경쟁력 제고를 위해 학교에서 영어와 푸퉁화만 쓰자는 제의가 공식적으로 제기되고, 대학에서는 중국인과 외국인 학생의 편의를 위해 광둥어 사용을 자제하라는 권고가 나오기도 하지만 광둥어는 홍콩의 중요한 상징으로 남을 것이다. 내륙 각 지방에서 이민 온 사람들 모두가 광둥어 학습[56]에 매우 적극적인 태도를 보이고 있는 것 또한 홍콩의 특수성을 잘 보여주고 있다.

56 푸퉁화를 먼저 배운 사람은 홍콩에 도착하는 즉시 주위로부터 들려오는 소음공해에 시달린다. 광둥어(廣東語), 아주 정확히 말하자면 홍콩 사람들이 사용하고 있는 광저우어(廣州語)는 푸퉁화를 먼저 배운 사람에게는 소음으로 다가온다. 아니 귀를 막고 싶은 지경이다. 대만의 대작가 보양(柏楊)이 왜 '시끄러움'과 '더러움'으로 중국문화를 특징지웠는지 금방 깨닫게 된다. 지하철이나 버스의 옆자리에서 그 '천박한' 억양에 매우 발달한 비음으로 그들이 대화하는 것을 듣다보면 괴롭다 못해 짜증이 난다. 푸퉁화의 성조는 네 개인 반면에 광둥어는 아홉 개다. 광둥어는 그래서 등락이 매우 심한 편이다. 따라서 말을 조금이라도 끌게 되면 노래하는 것이 되고, 조금이라도 따지는 말투는 그야말로 멱살 잡기 일보 직전의 상황인 것으로 오해될 수 있다. 홍콩에서의 짧은 거주 기간 동안 내가 했던 결심은 홍콩에 머무는 동안 광둥어는 절대 안 배운다는 것이었다. 광둥어를 조금이라도 배우게 되는 순간 그동안 갈고 닦아왔던 내 '아름다운' 푸퉁화는 즉시 오염될 것이라는 위기감에 온몸을 떨게 된다. 그래서 내 푸퉁화의 순결을 보존하기 위해서는 광둥어를 들어도 못 들은 척, 알고도 모르는 척 하자는 바보 같은 결심을 굳히게 되는 것이다. 광둥어에 비해서 푸퉁화는 상대적으로 매우 아름답게 들리기 때문이다. 광둥어의 정체성은 그만큼 뚜렷하다 할 것이며, 한걸음 더 나아가서 광둥어를 사용하는 사람들의 정체성은 그만큼 분명하다 할 것이다.

4. 신국족 상상

보편적으로 국족은 '상상'이자, '전통의 반복창조'이며, 나아가서 '혼잡한 후식민 쟁탈'로 인식되어 왔다.[57] 따라서 국족은 전통적으로 반복되는 문화적 상상이라고 할 수 있는데, 홍콩은 결국 과거와 현재의 (신)식민주의에 대한 지속적인 탈식민화운동의 연장에 있다고 보인다.

탈식민의 잣대를 들이댄다면 '민주'는 민족보다 중요하다. 그런 점에서 패튼의 민주화정책은 뚜렷한 결실을 맺고 있다. 그래서 혹자는 홍콩에서 영국-중국의 치열한 승부가 계속되고 있다고 보는 것이다. 중국은 '애국'으로 홍콩은 '민주'로 상호 간 세뇌가 진행 중이다. 앞으로도 점차 '애국'과 '민주'는 '일상국족주의' 이론의 자태로 '홍콩국족'의 머리에 각인될 것이다. 〈마음은 조국과 하나心繫家國〉식의 홍보나 '애국' 정서의 전파 등이 '일상국족주의'의 전파수단이라면, 그것의 대립구도인 '민주'또한 '일상국족주의'의 전파 수단이 되어 '홍콩국족' 스스로를 더욱 분명하게 부각시키고 인식시킨다는 점을 간과해서는 안 된다. 심지어 그들의 잠재의식 중 아직 홍콩을 내지 도시와 동일시할 수 없기에, 각종 문서 양식을 메울 때 여전히 국적 란에 '홍콩'이라고 쓴다.[58] 이런 사실은 대다수 홍콩인들이 대륙으로부터의 이민자고 동시에 대륙중국인과 가족 관계를 여전히 유지하고 있음에도, 대륙은 여전히 홍콩인의 상상 밖에 위치하고 있음을 의미한다.

---

57 馬傑偉, 「市井國族主義－重劃大陸與香港的文化版圖」, 吳俊雄 · 馬傑偉 · 呂大樂 編, 『香港/文化/研究』, 香港大學出版社, 2006, 280쪽에서 재인용.

58 戴萍, 「上世紀七十年代出生的港人訪談錄」, 『明報月刊』, 2005.7, 87쪽.

홍콩인들은 그동안 돈 버는 데만 몰두, 자식들에게 국가, 민족 같은 화제를 제기하지 않았다는 사실은 향후 국족 상상에 중요한 동기를 부여하고 있다. 줄곧 '자유'는 있으나, '민주'는 없는 공간으로 회자되어온 식민 공간이 중국국족이나 홍콩국족에 의해 '민주'의 성지처럼 인식되고 있음은 매우 흥미롭다. 그것의 배경은 정치경제적인데, 사실 조금 더 구체적으로 말한다면 경제적이다. 국족화는 이익 공동체로 재탄생하는 것이라고 할 수 있는데, 중국은 '애국'으로 홍콩은 '민주'로 자신의 이익에 대한 확대를 도모한다는 점에서 각기 국족 신분으로서의 뚜렷한 정체성을 보여주고 있다. 즉 홍콩국족 상상은 경제적 이익의 향배에 민감한 홍콩인의 상상일 것이라는 점이다. 결국 '대륙타자'와 더불어 '홍콩타자'는 '애국'과 '민주'로 형성되고 있다. '민주'를 네트워크로 한 토대 위에서 국족상상은 진행형이다.

이제 홍콩은 중국대륙이 정의한 '민족주의'와 홍콩의 자유 민주 사이에서 어떤 선택을 할 것인가?[59]라는 질문은 수시로 제기될 수 있다. 앞으로도 '민주'를 상징하는 5만 명과 홍콩인을 디아스포라 중국인으로 확신하고 있는 '애국'집단 중국인 등 양대 조직은 사사건건 충돌할 것이다. 이 중국인 디아스포라는 자신들의 이익을 추구하면서, 전제적 정치체제와 자신들의 관행을 실천하며 '중국다움Chineseness'이란 개념을 자신들의 이익의 보호막으로 이용해 왔다.

홍콩국족 정체성의 계기가 1949년 중화인민공화국의 건국과 더불어 단행된 국경의 폐쇄라고 본다면, "홍콩인들이 경험한 정치적 현실은 주

---

59 王宏志 · 李小良 · 陳清僑, 『否想香港』, 麥田出版, 1998, 241쪽.

로 영국식민통치"[60]라고 할 수 있다. 비록 중국대륙으로부터 홍콩으로의 이민이 부단히 지속되었지만 중국국족 경험을 보유하고 있는 이민자는 소수이자 비주류일 수밖에 없었다. 영국 식민정부는 식민의 대상을 비인간적이라거나 이교도 혹은 원시인이라고 규정한 덕분에 제국주의를 문명화 사명으로 정당화[61]할 수 있었다.

따라서 대륙의 이민자는 자기 정체성에 대한 의지를 영국정부에 의탁하는 것이 훨씬 현실적이라는 데 동의하고 있었을 것이다. 영국식민치하에서도 그들은 영국의 타자였고 주권 반환 후에도 중국의 타자로 남았다는 사실이다. 1997년 이전 중국은 홍콩의 지배자 영국에 대해 지속적으로 타자화했고, 영국 식민지당국 역시 중국을 타자화하는 작업을 지속적으로 추진해 왔다. 1997년 이후 양자 간 타자화는 심화 · 확대되어 왔는데, 중국의 '애국'과 '민족' 그리고 홍콩의 '민주'는 상호 타자화의 상징이라고 할 수 있다.

저우레이周蕾는 홍콩 '후식민'의 장래를 '이중 불가능double impossibilities'으로 정리하고 있는데, 영국 식민주의에 굴복하지 않았듯이 중국 국족주의의 재림에도 굴복하지 않을 것이라는 것이다.[62] 결론적으로 두 가지 점에 주목하고 싶었다. 하나는 그동안 중국-홍콩 상호 간 타자화되어온 상황이 주권 반환 이후에 더욱 심화되고 있다는 점이다. 홍콩의 '민주'코드가 점점 더 정형화되고 있고 그것이 홍콩을 상징하는 문화적 정치적 기호로 자리 잡고 있다. 그 같은 기류의 형성에 중국의 '애국'코드가 더욱

60 王家英,「土語政策與族群認同」, 王家英 編,『過渡期香港民意與政治』, 田園書屋, 1997, 78쪽.

61 스티븐 모튼, 이운경 역,『스피박 넘기』, 엘피, 2003, 225쪽.

62 陳智遠 · 黃培烽 編, 앞의 책, 25쪽에서 재인용.

큰 영향력을 발휘하고 있다. 영국 식민지당국이 자신의 공고한 통치를 위한 중국의 타자화 방식으로 '민주'를 도입했다면 이제는 홍콩문화적 기제 스스로가 '민주'를 작동시킬 만큼 성숙했다는 것인데, 그것은 중국의 '애국' 정서에 의해 자연스럽게 홍콩의 정체성을 부각시키고 있다.

다른 하나는 국족 신분의 정립이다. 지금까지의 관련 연구가 중국국족을 기정사실화하고 그것이 홍콩사회에 미치는 영향을 분석한 것이라면, 나는 홍콩국족의 탄생에 주목했다. 주위를 타자화하면서 강화하는 자신의 국족 신분은 타자를 긴장시켜 자신 또한 철저히 타자화된다고 할 것이다. 중국이 홍콩을 포함한 주변을 '애국'으로 타자화할 경우 그들의 타자 역시 새로운 개념으로 자신의 정체성 확립에 매진 할 수밖에 없다. 타자에 대한 강도에 따라 타자 역시 그 방법과 이념을 학습한다. 중국이 '애국'으로 홍콩을 타자화하는 동안 홍콩 역시 '민주'로 중국을 타자화하면서 서서히 국족을 형성하고 있다.

중국은 '애국'으로 홍콩은 '민주'로 상대를 타자화하는 동안 중국은 비'민주'로 홍콩은 비'애국'으로 규정화되면서 동상이몽의 공간은 확대되고 있다. 중국이 '1국가'로 분명한 정체성을 가지기에 홍콩은 '2체제'로 더욱 큰 정체성을 소유하게 된다. 상호 타자화하는 기제로 충분히 작동하고 있음과 정착하였음이 드러났다. 니코스 플란차스의 말대로 국가공간은 국족 신분이 몸을 의탁하는 공간으로 인식된다고 볼 때, '홍콩국족'에 의해 '홍콩공화국'은 상상된다. 그럼에도 불구하고, 홍콩사회를 구성하는 '홍콩적' 장치에 익숙해진 상당수의 홍콩인들은 사실 영국-중국간의 자리 이동에 대해서나 새로운 국족 이슈의 출현에 대한 사단事端들에 대해 애매한 입장을 취하고 자신의 경제적 이익에 대해서만 주목하고 있다. 즉 개인의 이해관계에 민감한 홍콩인들이 관성의 지배를 어떠한 방식으로 이겨낼지는 시간의 흐름을 지켜보아야 한다.

제11장

루쉰魯迅의 홍콩

1. '사람 세우기立人'

1957년 중국 전역에 대약진운동의 거센 바람이 불기 시작했을 때, 마오쩌둥毛澤東은 대화 중에 루쉰魯迅이 화제로 등장하자 이렇게 말했다. 현 시점 루쉰이 살아 있다면 감옥에서 글을 쓰고 있을 것이고 아니면, 침묵하고 있을 것이다.[1] 루쉰과 마오쩌둥이라는 20세기 중국에 있어 가장 위대한 인물이라고 할 수 있는 두 사람의 관계를 이처럼 극명하게 보여주는 사례는 없다. 루쉰 생전에 마오쩌둥과 루쉰은 양자 간 상호의 존재가치를 충분히 인정하고 있었다. 루쉰의 반국민당적이면서 친공산당적 언행에 대해 마오쩌둥은 루쉰을 완전한 우군으로 인식하고 있었다. 루쉰 역시 마오쩌둥과 안부를 주고받는 통로를 확보하고 있었을 정도로 양자 간 유대는 엄연히 실재했음이 학계의 정설이다. 이제 중국이 이른바 진정한 사회주의로 거듭나기 위한 시도로 대약진운동을 강력하게 추진하는 시점에서 루쉰에 대한 마오쩌둥의 언급은 많은 시사점을 내포하고 있다.

마오쩌둥이 인정한 루쉰은 어디까지일까? 일찍이 루쉰을 신문화의 기수로 중화민족의 방향이라고[2]까지 극찬했던 마오쩌둥의 진실은 무엇일까? 루쉰이 살아 있다면 감옥에 있거나 국가 상황에 대해 침묵하고 있을 것이라는 마오쩌둥의 언급은, 그 자신이 과거에 유지하고자 노력했던 루쉰과의 유대를 단절함을 선포한 것으로 보아야 한다. 왜냐하면 감옥은 반체제를 의미하고 그것은 바로 마오쩌둥이라는 체제에 대한

---

1 嚴家炎,「魯迅晚年與左翼文化界內部的鬪爭」,『明報月刊』, 2002.9, 60쪽에서 재인용.

2 毛澤東,「新民主主義論」,『毛澤東選集』2, 人民出版社, 1991, 698쪽.

반대이기 때문이다. 침묵 또한 그것이 편안하게 담보되지 못하는 사회주의체제 일진대 루쉰이 살아 있다면 당대 최고의 지식인으로서 원하지 않는 발언을 강요당하지 않을 수 없을 것이다.

하물며 일찍이 루쉰은 스스로 삶의 목표를 이렇게 선언한 적이 있음에랴. "내가 다른 사람들을 위해서 구상해온 말을 한다면 바로, 첫 번째는 생존해야 한다는 것이고, 두 번째는 의식이 풍족한 생활을 해야 한다는 것이고, 세 번째는 발전할 수 있어야 한다는 것이다. 누가 이 세 가지를 방해한다면 그가 누구인지를 막론하고 우리 모두는 그에게 반항하고 그를 제거해야 한다!"[3]

루쉰의 감옥행이나 침묵을 언급한 마오쩌둥은 중화인민공화국이라는 사회주의 국가는 이제 루쉰이라는 이미지와 결별을 할 수밖에 없는 단계에 이미 도달했음을 충분히 인식하고 있었다는 말이다. 평생 동안 정치사회적 문제의식을 온몸으로 장악하고 실천해 오던 루쉰이 살아 있을 경우, 그 자신의 고유한 문제의식의 칼날은 일순간의 중단도 없이 체제인 마오쩌둥을 향하고 있었을 터이다.

루쉰에 대한 당대 최고 권력자의 평가는 루쉰이라는 기호를 더욱 선명하게 부각시키고 있다. 루쉰의 의미는 일관된 비판의식에 있다. 더불어 언행이 일치하는 인격을 평생 견지했다. 20세기 중국이 근대화의 부호로서 '민주'와 '과학'을 지상과제로 삼았다면 루쉰은 그 부호의 상징적 지식인이라고 할 수 있다. 20세기 그것이 '민주'와 '과학'을 상징성으로 하는 현대화를 추진할진대 '민주'와 '과학'은 현실비판이라는 기제를

3 魯迅, 「北京通信」, 1925.5.8; 王得后, 「魯迅在二十一世紀」, 一土 編, 『21世紀－魯迅和我們』, 人民文學出版社, 2001, 71～72쪽에서 재인용.

자신의 숙명으로 인식하고 꾸준히 진화해 왔다. 아울러 20세기 지식인들은 '민주'와 '과학'의 사자로 자처했다. 계몽의 사자로서 일생 동안 외연을 수구나 보수로 하는 기득권과의 전투를 업으로 삼은 루쉰은 '중국인'이라는 보편적 인간의 진정한 해방이라는 거대 전략을 수정한 적이 없다. 루쉰의 고민은 중국인의 '영혼'에 있었던 것만이 아니라 세인들의 '정신'에까지 미치고 있었다. 옌자옌嚴家炎은 루쉰의 전체 사상과 정신을 '사람에 대한 무한한 관심對人的終極關懷'이라고 총괄한 적이 있다.[4] 첸리췬錢理群 역시 '사람人'을 루쉰 사상의 핵심으로 파악하고 있다.

> 이상 세 가지, 하나는 개체 구체적으로는 사람을 강조하는 것이다. 둘째, 사람의 자유 상태를 강조하는 것이다. 셋째, 사람의 정신을 강조하는 것이다. 개괄하면 '개체의 정신적 자유'인데, 이것은 루쉰의 가장 기본적 관념을 구성했다. 그는 '개체 정신자유'를 일체 문제를 측량하는 기준이자 척도로 삼고 있다.[5]

'사람'이라는 '개체'의 '정신적 자유'가 루쉰의 삶과 정신에 대한 첸리췬의 결론인바 사실 '사람'과 '개체'의 '정신적 자유'는 그 존재의 중요성으로 볼 때 삼자 등가교환할 수도 있다. 개체로서 '사람'이 '사람'다울 수 있음의 전제는 신체적 자유는 물론 정신적 자유를 포함하기 때문이다. 개체와 자유는 유교가 지배적 이데올로기로 장기간 존속되어온 중

---

4 嚴家炎, 「魯迅晩年與左翼文化界內部的鬪爭」, 『明報月刊』, 2002.9, 58쪽.

5 錢理群, 「以"立人"爲中心—魯迅思想與文學的邏輯起點」, 『與魯迅相遇』, 北京 : 三聯書店, 2004, 81쪽.

국의 사상 공간에서 다소 희소성을 지닌다. 그렇다면 중국 사상의 흐름으로 볼 때 루쉰이 '사람'을 들고 나설 때의 사상적 배경은 당연히 도교에 있다. 루쉰에게 있어 유교는 '사람'을 죽이는 도구에 지나지 않았다. 정재서에 의하면, 루쉰은 "중국의 뿌리는 죄다 도교에 있다"고 선언하면서, 도교와 상관된 민간의 습속이나 행사 등에 관심을 표명하고, 특히 장자의 반권위적 의식, 반언술적 표현 등에 주목하였다.[6] 하지만 아이러니하게도 평생을 자존과 기품을 지닌 비판 정신으로 일관한 그의 삶 자체는, 바로 자신의 이익보다는 대중과 정의를 위해 몸을 던져야 하는 완인完人으로서의 군자君子적 이미지가 생생하다.

루쉰 사상의 정수 '입인立人'은 '사람'이라는 개체의 무한한 자유를 '세워주자'는 말이 분명하다. '입인'을 다시 풀면 사람이 살아갈 수 있는 공간 즉 물질적으로나 정신적으로나 자유로운 공간 확보하기라는 말로 정의할 수 있다. 루쉰 의식 밑바닥에서 공간은 시종일관 가장 중요한 대들보 중의 하나였다. 그것은 바로 고향 사오싱紹興 즉 고도古都적 전통, 월越문화적 전통, '사람 사이人間'의 경험에서 자연스럽게 우러나온 것이다. 그가 유년기와 청년기에 경험한 공간 사오싱은 우리가 살아가는 21세기에서 전 지구화의 표본으로 인식되고 있는 홍콩에게 여전히 경험적 유대의 끈을 던져주고 있다고 할 수 있다. 그 끈은 정신 중시와 물질 경시라는 표어를 연상시키는 데 무리가 없는바, 21세기의 홍콩에도 여전히 루쉰이 살아 있어야 하는 이유가 된다.

사오싱이 정신을 중시하는 루쉰을 배출해낸 공간이라면 21세기의 홍

---

6 정재서, 「광인일기—해체인가, 재신화인가 : 신화로써 신화읽기」, 『한국중국현대문학학회 세미나 발표문』, 1999.12.21.

콩은 물질이 가장 첨예한 화두로 정착된 공간이라고 할 수 있기에 루쉰을 통한 양자 간 비교 의의는 자연스럽다. 따라서 홍콩에서 그의 '시간', '공간', '인간'은 지금도 유효하다.

2. 루쉰

1) '사람人'의 '사이間'

하지만, 나는 이렇게 말했다.

"가령 말일세. 쇠로 된 방이 있다고 하세. 창문은 하나도 없고 절대로 부술 수도 없는 거야. 안에는 깊이 잠들어 있는 사람이 많이 있어. 오래잖아 숨이 막혀 죽고 말거야. 그러나 혼수 상태에서 그대로 죽음으로 옮겨가고 있는 것이니까 죽음의 괴로움 따위는 느끼지 않아. 지금 자네가 큰 소리를 질러 다소 의식이 또렷한 몇 사람을 깨운다면 이 불행한 몇 사람에게 결국 살아날 가망도 없이 임종의 괴로움만 주게 되는데, 그래도 자네는 그들에게 미안하다고 생각지 않는가?"

"그러나 몇 사람이 깬다면 그 쇠로 된 방을 부술 희망이 전혀 없다고는 말할 수 없지 않은가?"[7]

리어우판李歐梵은 루쉰의 "쇠로 된 방" 이야기에서 "다소 의식이 또렷

7 魯迅, 「吶喊/自序」, 李家源 譯, 『世界文學全集』 44, 東西文化社, 1975, 10쪽.

한 몇 사람"은 바로 루쉰의 마음이며 그것은 바로 루쉰 본인의 경험과 감정에 있어 모종의 "기질"이라고 보았다.[8] 그것은 바로 사람에 대한 희망이자 사람을 포기할 수 없는 마음이면서 사람 노릇을 하고자 하는 마음이다. 루쉰의 '기질'은 루쉰을 적극적으로 상징한다. 그 상징은 바로 그가 인생을 준비하고 전투를 대비했던 고향 사오싱의 문화, 공간, 가족을 대표하고 있다. 즉 월문화의 복수 정신과 희생 정신, 전통적 건축 공간, 대가족제도 특유의 장단점은 루쉰을 이해하기 위한 필수조건이자 충분조건이 된다. 그의 인생 55년에서 미리 보낸 20년은 그가 사람들과 사람 노릇을 공부하면서 희망 속에서 그의 '기질'을 연마하던 시간이었다.

개천에서 용龍 났다고 할 때 우리는 그저 개천에 대비된 현재의 용을 연상할 때가 많다. 그것이 대단이 경하해야 할 일이고 본받아야 할 대상이라는 사실에 주목하는 것이다. 하지만 우리의 경험에 비추어 조금 더 생각해보면 개천과 용의 의미구조가 손쉽게 다가온다. 개천은 개천대로 용은 용대로 따져 보아야 한다는 계산이 대두하는 것이다. 그 용이 진정한 그러니까 사회적으로 도움이 되는 가치 있는 용이라고 하면 문제는 달라지겠지만 그 용이 자신의 현재적 위치로서 용의 지위를 강조하거나 자랑하는 용이라면 우리는 당장 그 개천을 비난하게 되는 것이다.

개천에서 용 난다거나 용 났다고 할 때, 현재 성공한 용보다는 그 성장배경이 매우 나쁘다는 의미의 비중이 큰 법이다. 진정한 용은 용의 지위에 오르더라도 지위를 고집하지 않는다. 우리가 바라는 용은 사리사

---

8 李歐梵, 「來自鐵屋子的聲音」, 『現代性的追求』, 北京 : 三聯書店, 2000, 40쪽.

욕에 눈 멀지 않고 권력에 기대어 호가호위하지 않고 죽음에 직면해서도 직언을 서슴지 않는 '된 용'인 것이다. '된 용'이 자라기 위해서는 터가 매우 중요한데, 그것이 바로 '사이間'인 것이다. '된 용'이 성장한 '사이'는 더 이상 개천이 아니다. 개천에서 용 난다거나 용이 났다는 말은 개천에서 '된 용'이 날 가능성이 매우 희박하다는 경고이기도 하다.

사람은 '사람 사이人間'에서 만들어진다. 이 때 사람과 사이는 독립적이면서도 상호 보완적 관계라고 보아야 한다. 사람과 사이는 매우 긴밀한 관계에 있다고 하는 것이 더욱 명백한 사실 관계를 적시해 주고 있다. 하물며 그 사람 스스로가 성장해 온, 자신이 지나온, 그 사이에 관해 자주 되새기고 있음에랴.

루쉰은 청 광서光緖 7년에 절강성浙江省 소흥부紹興府 회계현會稽縣 주가周家에서 태어났다. 조부가 진사로 지현知縣 등의 관직을 지냈으며, 부친은 향시에 수차 응시하였으나 뜻을 이루지 못했다. 루쉰이 13세에 조부가 과거 시험 부정사건에 연루되어 투옥되고, 부친이 병으로 쓰러지면서 가세는 급격히 기울기 시작했다. 루쉰은 이때의 상황을 자신의 작품에 직간접적으로 투영하고 있는데, "살만한 집안이 갑자기 곤란해질 때", "세상 사람들의 진면목을 알 수 있다"[9]는 그의 말은 여전히 천고의 명언처럼 회자되고 있다. 사람과 그 사이의 관계에 대한 냉엄한 현실을 깨달았다는 말이다.

그 당시 그는 복잡한 집안 상황으로부터 벗어날 기회를 가지게 되는데, 바로 어머니 루루이魯瑞의 고향인 외가에 잠시 머물게 된다. 이곳에

---

9 魯迅,「吶喊 自序」,『魯迅全集』1, 人民文學出版社, 1991, 415쪽.

서의 경험은 그의 문학 생애에 지대한 영향을 미치게 된다. "농민들과 가까이 할 수 있어 그들이 필생 동안 억압받고 많은 고통을 당하는 실정을 점차 알게" 되었다.[10] 그는 또 "배를 젓고, 소를 먹이고, 물고기를 잡는"[11] 등 일찍이 본가에서 못 본 대자연을 경험한다. 18세에 집을 떠나기 전까지 루쉰은 많은 것을 체험하였는 바 그것에 대해 또 그것이 루쉰의 문학 생애에 미친 영향에 대해 그동안 수많은 연구가 진행되었기에 이 자리에서 중언할 필요성은 느끼지 않는다.

나는 루쉰을 둘러싸고 전개된 인간관계에 주목하고자 한다. 아울러 그와 그의 가족이 사회적으로 공유했던 '사이'에 대한 분석은 매우 중요하다고 생각한다. 이미 몰락한 관료 집안이지만 마을에서 여전히 명망 있는 가문이었다. 생활 공간적 측면에서도 루쉰의 집은 3대가 거주하는 대가족이었다. '봉건사회 속에서의 도련님'[12] 경험은 그가 평생토록 정신을 중시하는 선비의 모습으로 살게 한 가장 큰 힘 중의 하나였다. "이 때, 나는 봉건사회의 도련님 노릇을 하고 있었다. 돈을 우습게 아는 것 역시 그 당시 '소위 선비집 자제'의 속성이었다."[13] 반가의 '도련님', 그것은 그가 그토록 분개하던 봉건사회라는 틀 속의 일부이지만 '도련님' 의식은 심리적 기둥으로서 자신이 원했던 그렇지 않던 자존과 책임의식으로 발전했다는 긍정적 측면을 절대로 간과할 수 없다. 인습에 대한 부정이나 전통에 대한 긍정이 심리적으로 갈등을 일으킨다고

10 魯迅, 「集外集拾遺」, 『魯迅全集』 7, 人民文學出版社, 1991, 389쪽.

11 林賢治, 『人間魯迅』, 安徽教育出版社, 2004, 9쪽.

12 魯迅, 「書信/致蕭軍」, 『魯迅全集』 13, 人民文學出版社, 1991, 196쪽.

13 王得后, 「魯迅在二十一世紀」, 一土 編, 『21世紀－魯迅和我們』, 人民文學出版社, 2001, 81쪽에서 재인용.

하더라도 한 개체 안에서 자연스럽게 고매한 인품으로 승화될 수 있는 것이다. 아울러 돈을 경시하는 것은 봉건사회 지식인의 보편적 기풍이었는바, 그것은 물질을 경시하고 정신을 중시하는 루쉰 정신 자체를 형성하는 데 큰 기여를 했다고 보아도 무방할 것이다.

루쉰 일생의 3분의 1 이상을 세월을 고향 사오싱에서 보냈다. 이곳에서 그는 생활하고 공부했다. 인생의 초기를 보낸 공간은 '사람'의 성격이나 인격 형성에 지대한 영향을 미친다는 것은 주지의 사실이다. 루쉰을 둘러싼 건축학적 공간 역시 루쉰의 세계관 저변의 공간에서 큰 비중을 차지하고 있다. 비록 전당포와 약방이 그의 의식 밑바닥에서 부정적 공간으로 자리 잡고 있더라도, 루쉰 고거魯迅故居-주가신대문周家新台門, 백초원百草園, 삼미서옥三味書屋, 함형주점咸亨酒店이라는 공간이 그를 둘러싼 첫 번째 외연을 이룬다면, 아름다운 수향水鄉 사오싱은 두 번째 외피를 구성하고 있다.

루쉰 고거-주가신대문은 크고 작은 방 80여 개의 공간을 지니고 있었다. 80여 개나 되는 건축 공간에서의 거주 경험은 정신의 폭을 넓히고 깊이를 더하는 데 더없이 큰 영향을 준다. 후원인 백초원 역시 루쉰에게 춘하추동 사계절의 변화를 만끽하게 해주었는데 "푸릇푸릇한 야채 이랑, 매끄러운 돌로 된 우물, 높이 솟은 쥐엄나무, 보라색의 오디"[14]가 있었다. 뿐만 아니라 "매미는 녹음 속에서 울고 살찐 황벌은 유채꽃에 앉아 있고 민첩한 종달새는 풀숲에서 푸른 하늘로 높이 날아"[15] 정서 순화의 세계로 고스란히 빠질 수 있는 기회를 제공하던 공간이었다.

14 魯迅, 「從百草園到三味書屋」(『朝花夕拾』), 『魯迅全集』 2, 人民文學出版社, 1991, 278쪽.
15 위의 글, 278쪽.

"집을 나서 동쪽으로 반리 못 미쳐"[16] 바로 그가 12세부터 5년간 공부를 했던 서당인 삼미서옥이 있었다. 그곳에서 루쉰은 "읍내에서 품행이 방정하고 소박하고 박학하기로 소문난"[17] 선생님 앞에서 책을 읽다가 지치면 서당 뒤의 뜰에 나가서 "매화를 꺾기도 하고 땅바닥이나 물푸레나무에서 죽은 매미를 찾기도" 했다. 또 "파리를 잡아서 개미에게 먹이는" "가장 재미있는"[18] 장난을 치기도 했다. 다시 삼미서옥 밖으로 발을 내미는 순간 온갖 고사와 전설을 간직한 수많은 공간을 대하게 되는데 수향 사오싱은 아름다운 인문 공원 그 자체였다.

린셴즈林賢治에 따르면, 어릴 때 루쉰이 가장 좋아했던 사람은 할머니와 어머니이다.[19] 할머니는 틈나는 대로 루쉰에게 옛날이야기를 생동감 있게 풀어 놓았고, 한여름 밤 손자들은 계수나무 아래 부들부채를 들고 있는 할머니를 졸랐다.[20] 어머니는 어머니대로 책에서 전해지는 옛날이야기를 할머니보다 더 많이 알고 있었다. 하지만 루쉰은 어머니가 옆에서 바느질하거나 책을 보면서 묵묵히 있기만 해도 좋았다.[21]

중국의 전통극 역시 루쉰과 어린 그를 둘러싼 인문 공간의 관계를 파악하기 위한 중요한 통로인데, 어릴 때 루쉰은 연극에 푹 빠진 적이 있다. 린셴즈는 루쉰에 있어 연극은 "자유 광활한 무대"였다고 표현하였다.[22] 탄궈건譚國根에 의하면 연극은 하버마스가 말하는 '공공 공간public

16 위의 글, 280쪽.
17 위의 글, 280쪽.
18 위의 글, 281쪽.
19 林賢治, 『人間魯迅』, 安徽教育出版社, 2004, 8쪽.
20 위의 책, 9쪽.
21 위의 책, 9쪽.
22 위의 책, 9쪽.

sphere'이다. 하버마스는 공공 공간이 사회 여론을 조성할 수 있다고 보았는데, 정부를 견제할 수 있을 뿐만 아니라 사회 구성원 한 사람, 한 사람에게 영향을 줄 수 있다고 여겼다.[23] 연극에의 탐닉은 역시 '입인立人'으로 대표되는 루쉰 철학의 연구에 있어 중대하게 다루어져야 할 부분임에 틀림이 없다. 왜냐하면 중국의 전통극 대부분이 권선징악이라는 일관된 주제를 반복 학습시키는 주요한 매체이기 때문이다. 연극은 '사람'과 '사이'를 공부하기에 더없이 좋은 학습도구이다. 연극 그 자체를 수시로 접촉할 수 있는 공간 역시 한 사람의 성장에 매우 중요하다.

2) '문文'의 '화化'

루쉰은 월문화 지역의 중심이라고 할 수 있는 사오싱에서 20여 년을 생활했다. 월문화는 청동기 시대의 지방문화이다. 월나라는 이미 6천 년 전에 사라진 나라이지만 그 문화의 독특함으로 인해 신화, 전설, 민속 등의 형태로 오늘날까지 사오싱 지방에 자랑스럽게 전해지고 있다. 루쉰의 정신과 그것의 형성 과정을 이해하기 위해서 고향 사오싱의 문화 성격에 대한 분석을 피해갈 수 없다. 어린 시절과 청소년 시기를 보내면서 고향 사오싱, 월문화 중심으로서 사오싱은 루쉰에게 지대한 영향을 미친다.

정쩌쿠이鄭擇魁에 의하면 월문화 전통 중에서 루쉰은 특히 대우大禹와 구천勾踐의 정신을 추앙했다.[24] 월문화 전통 중에서 우禹는 신화 속의 영웅인데, 바로 월 지방 출신이다. 6천 년 전 월나라 사람들이 거주하는

---

23 譚國根, 『主體建構政治與現代中國文學』, 香港 : 牛津大學出版社, 2000, 83쪽.

24 鄭擇魁, 「魯迅與越文化傳統」, 紹興市魯迅研究學會 編, 『紹興魯迅研究專刊』 14, 紹興文化印刷廠, 1993, 18쪽.

곳은 저지대였고 홍수 피해를 자주 보았다. 치수 전문가 우는 자연히 그들의 우상이 되었다. 양리핑楊禮平에 의하면 루쉰은 소설 『이수理水』에서 우의 희생 정신을 시대의 모델로 삼은 바 있다.[25]

정쩌쿠이는 복수를 향한 구천의 분투 정신 역시 평생 루쉰의 의식 속에 매우 분명하게 자리 잡고 있었다고 했다. 루쉰은 「군계통언軍界痛言」에서 군기가 문란한 왕진파王金發 부대를 향하여 와신상담 정신으로 일치단결하라고 꾸짖었다. 또 「너희 월인은 조상의 가르침을 잊지 말라爾越人毋忘先人之訓」에서 "선인들이 말하길, 회계는 원수를 갚고 원한을 푸는 고장인바, 아주 작은 더러움도 용납하지 않는 곳인데, 월나라 구천부터 시작되었다. 유풍은 아직 남아 있는데"라고 했다. 1936년 루쉰은 세 차례나 연속으로 명말明末 사오싱의 학자 왕사임王思任의 「회계는 원수를 갚고 원한을 푸는 고장會稽乃報仇雪耻之鄉」을 자랑스럽게 인용했다. 사망 한 달 전인 1936년 9월에 쓴 「여조女弔」에서도 "명말 왕사임의 말일게다. '회계는 원수를 갚고 원한을 푸는 고장인바, 아주 작은 더러움도 용납하지 않는 곳會稽乃報仇雪耻之鄉, 非藏垢納汚之地!' 우리 사오싱인들은 이 말에 자부심을 가지고 있으며 나도 듣기를 즐기고 인용하기도 한다"라고 하여, 복수 정신의 고향 사오싱에 대해 특별한 애착을 나타내고 있다.[26]

양리핑에 의하면 복수의 사자[27] 루쉰은 사회적으로 방관자가 많음을 증오하여 역사소설 『복구復仇』를 집필하였으며, 『주검鑄劍』은 복수에 대

25 楊禮平, 「吳越文化與魯迅精神」, 紹興市魯迅硏究學會 編, 『紹興魯迅硏究專刊』 12, 紹興文化印刷廠, 1991, 18쪽.

26 鄭擇魁, 앞의 글, 14쪽.

27 楊禮平, 앞의 글, 16쪽.

한 루쉰의 이해를 총괄하고 있다.[28] 복수의 미학을 이해해야만 "사람을 무는 개라면, 그 놈이 뭍에 있건 물 속에 있건 패라고"[29] 외친 루쉰에 대한 이해가 가능하다. 자기에게 고통을 준 사람에게 그와 같은 고통을 주어 갚는다는 것[30]이 복수의 사전적 의미이다. 이 행위는 피해를 입은 것에 대해 고스란히 되돌려 준다는 의미에서 매우 공평하다. 고대사회의 형벌로 자연스럽게 자리 잡았던 것이다. 사회가 복잡해지고 복수의 영향이나 결과가 점차 확대된다는 점에서 법률이 그것을 대신해 주기에 이르렀던 것이다. 하지만 피해자의 카타르시스라는 측면에서 볼 경우 내 자신이 고스란히 되돌려 준다는 차원과 법률이 그것을 대신해 준다는 차원이 일치하는 경우는 드문 법이다. 어떤 경우 재발 방지의 입장에서 볼 때 법률은 사치스런 장식일 수도 있다. 가해자가 '사람'을 무는 '개'일 경우, 루쉰의 분노를 달랠 길은 없다.

류짜이푸劉再復가 보기에 20세기 중국문학사상 진정으로 절망감을 소유하고 있던 작가는 단 두 사람인데, 하나는 루쉰이고 하나는 장아이링張愛玲이었다. 루쉰은 절망했지만 절망에 반항했는바, 따라서 분개할 수밖에 없었다고 보았다.[31] 분개는 복수의 전제다. 동시에 분개는 복수를 조련한다. 분개할 수 있어야만 복수할 수 있다. 루쉰이 평생 동안 복수의 일념으로 복수에 매진했던 이유의 끈 중 하나는 분명 월문화의 복수정신에 연결되어 있다고 보아야 한다.

리어우판李歐梵은 루쉰의 동년을 '소전통小傳統'과 '대전통大傳統' 등 두

28 위의 글, 16쪽.

29 魯迅, 「論費厄潑賴應該緩行」, 『吳中杰評點魯迅雜文』 上, 復旦大學出版社, 2002, 297쪽.

30 남영신, 『국어사전』, 성안당, 1999, 1005쪽.

31 劉再復, 「張愛玲的天才特點和她的悲劇」, 『明報月刊』, 2000.12, 42쪽.

개의 세계로 나누어 보고 있다. 백초원으로 상징되는 루쉰이 재미있게 느낀 세계와 삼미서옥으로 상징되는 재미없는 세계가 그것이다. 리어우판은 루쉰이 '소전통'을 편애하였다[32]고 보고 있는바, 두 세계 모두의 중요성에 대해 주목하고 있지는 않다. 루쉰이 '소전통'을 편애하였다고 보는 것은 루쉰 자신의 회상 속에서 좋은 장면으로 그려진 경우를 추측하여 얻어낸 결론이라고 볼 수 있다. 어느 쪽을 더 좋아했느냐 또는 좋아하느냐 하는 것은 비교우위일 뿐이다. 한 개인을 분석할 때, 그의 기억 속에서 긍정적으로 자리 잡고 있는 것은 물론 매우 중요한 분석 대상이다. 하지만 우리가 간과해서 안 되는 것은 뇌리 깊숙이 남아 있는 과거의 부정적 편린들은 오히려 그를 이해하기 위해 더욱 큰 힘을 발휘할 수도 있다는 점이다.

놀이 공간 백초원을 위시해서 할머니와 어머니의 옛날이야기 등 루쉰이 편애하였던 '소전통'이 인간 루쉰에게 '사람'에 대한 한없는 애정을 키워주었다고 말한다면, 그가 별로 달가워하지 않았던 '대전통'은 그것 나름대로 루쉰을 만들었다는 점을 시시각각 인식하지 않으면 안 된다. 삼미서옥에서 루쉰은 아침에는 소리 내서 외우고, 점심 때에는 서예 연습을 하고, 저녁에는 대구를 맞추어 넣는 교육을 받았다. 루쉰에게 "읽으라고 요구하는 책은 점점 많아졌고, 대구 맞추기도 글자 수가 점점 늘어나 삼언이 되고 오언이 되고 칠언까지"[33] 되었다. 중국적 '대전통' 역시 '정신계 전사' 루쉰을 배출한 중요한 배경 중의 하나인 것이다.

후일 루쉰이 중국적 전통에 대해 매우 강한 거부감을 여러 차례 표명

32 李歐梵, 尹慧珉 譯, 『鐵屋中的吶喊』, 香港 : 三聯書店, 1991, 4쪽.
33 魯迅, 「從百草園到三味書屋」(『朝花夕拾』), 앞의 책, 281쪽.

했다고 하더라도, 중국적 전통 학습의 장점을 놓쳐서는 안 된다. 한자는 글자 자체가 전통과 역사를 내포하고 있다. 한자 자체의 인문적 함의는 물론이거니와 한문은 그것을 통해 '화化'하게 만드는 엄청난 에너지를 가지고 있다. '화化'의 수단 그것이 유가의 것이 위주가 되던 도가의 것이 위주가 되던, 사리보다는 공익을 우선시하게 만드는 것이 학습 목표임을 우리는 기억해야 한다.

전설과 고사와 전통이 면면히 전해지면서 그것이 '사람' 속으로 '화化' 되는 자체가 사람을 만드는 충분한 근거가 된다고 할 것이다. 그는 '명문가 도련님' 신분에 있다가 몰락하는 과정에서 그리고 전설과 고사에서 복수와 희생을 배웠다. 사고할 수 있는 공간에서 충분히 사고하면서 성장한 결과 "이후 가장 중요한 것은 국민성을 개혁하는 것인데, 그렇지 않으면 전제든 공화든 모두가 헛것이다"[34]라는 말처럼 정신을 지극히 중요시하는 성격으로 나타나는 것이다. 사오싱 지방의 전설과 고사, 그리고 중국적 전통이라는 '문文'은 루쉰 속에서 '화化'되어 복수 정신과 희생 정신의 루쉰 즉 이른바 정신 제일의 루쉰으로 나타났다.

3. 루쉰의 홍콩

특정한 본질이 얼마나 순수하고 완벽하게 실현될 수 있는가 하는 것은 그 사물의 발전을 좌우하는 물질적 환경에 달려 있다.[35]

34 魯迅, 『兩地書』, 『魯迅全集』 11, 人民文學出版社, 1991, 31쪽.

35 조지 노백, 김진영 역, 『새롭게 보는 논리학』, 책벌레, 2000, 181쪽.

루쉰은 홍콩을 세 차례 방문했다. 정확하게 하자면 두 번은 경유한 것이니, 강연을 위해 2박 3일간 체류한 것이 정식 방문이라고 할 수 있을 것이다. 홍콩을 경유하거나 홍콩을 방문한 것 모두 1927년의 일이었다. 1927년 2월 18일부터 2박 3일간 홍콩에 체류하면서 '소리가 없는 중국無聲的中國'과 '옛 곡조는 이미 끝났다老調子已經唱完'를 제목으로 하는 강연을 성황리에 했다. 첫날 '소리가 없는 중국' 제하의 강연에서 중국에 왜 소리가 없는가?라는 화두를 던지면서 그는 사자후를 토했다. 한자가 어렵고 그것을 통해 전달되는 사상 또한 보수적이자 봉건적이라는 지적과 함께 중국에 소리가 없는 이유는, 중국인들이 장기적으로 모욕과 억압을 받았기 때문이라고 했다. 장기적 봉건통치의 폐해라는 것이다. 청년들을 향하여 "청년들은 먼저 중국을 소리가 있는 중국으로 만들어야 합니다. 대담하게 말하고, 용감하게 진행하고, 일체의 이해관계를 잊어버리고, 옛사람을 밀어젖히고, 자기의 진심을 발표하십시오"[36]라고 외쳤다. 그리고 "하나는 고문古文을 안고 죽는 것이고, 다른 하나는 고문을 버리고 생존하는 것"[37]이라는 두 가지 길을 제시하면서 첫 번째 강연을 맺었다.

당시 홍콩정부는 중국대륙의 정치적 변화를 예의주시하면서 그것이 식민지 홍콩에 미칠 영향 파악에 부심했다. 식민지체제 안정이라는 당면 최대의 목표를 위해서 '충효'를 중심으로 하는 '유교적' 정신의 선양에 최대의 노력을 경주하고 있었다. 고대부터 중국에서 체제나 정치질서의 구축과 안정이라는 측면에서 '충'과 '효'가 적극적으로 징발되었음은 주지의 사실이다. 5·4 당시부터 중국대륙에서도 반체제를 탄압하

36 吳中杰, 『吳中杰評點 魯迅雜文』 上, 復旦大學出版社, 2002, 387쪽.
37 위의 책, 388쪽.

기 위해서나 기득권 세력의 자기보호 차원에서 유가의 '충'과 '효'는 전가의 보도처럼 무분별하게 동원되기도 했다. 마침 홍콩의 영국 식민지 정부 역시 '충효' 정신의 선양을 필두로 복고풍조의 조성에 힘쓰고 있었다. 멍수훙蒙樹宏에 의하면 홍콩의 그런 풍조를 매우 못마땅하게 생각하고 있던 루쉰은 홍콩기독교청년회YMCA 강연 초청을 기꺼이 수락했던 것이고, 홍콩의 유관당국은 루쉰의 방문을 달가워하지 않았던 것이다.[38]

2월 19일 오후, '옛 곡조는 이미 끝났다' 제하의 강연에서도 루쉰은 '공맹지도孔孟之道'를 핵심으로 하는 봉건문화는 중국에서 수명을 다한 상투어라고 했다. 영국 침략자들이 중국의 봉건문화를 고취하는 목적에 대해서도 그들은 "우리의 부패문화를 이용해서, 우리 이 부패민족을 통치합니다. 그들은 중국인을 조금도 아끼지 않습니다"라고 다시 한번 더 지적했다. 루쉰은 "동서고금의 반동 통치계급이 구문화 보존을 제창"하는 이유는 "중국인들로 하여금 영원히 주인을 모시는 재료로 만들어 계속 고생시키기 위함"이라고 했다. 이것은 내부의 통치계급이던 제국주의적 통치계급이던 소수 지배적 구조의 고착화를 위한 기도에 대한 신랄한 비판이다. 크게 보면 역시 '입인'을 위한 정신 중시와 물질 경시라는 그의 일관된 사상적 주제를 벗어나지 않는다. 20세기 초 루쉰이 중국에 있어 불과 칼이 빠른 해결방법이라고 생각했던[39] 바와 마찬가지로 그는 불과 칼의 이미지로 홍콩에서의 연설에 임했다.

1927년 9월 27일 정오, 루쉰은 광둥성 광저우에서 홍콩을 거쳐 상하

38 魯迅博物館 · 魯迅研究室 編,『魯迅年譜』2, 人民文學出版社, 1983, 373쪽; 蒙樹宏 外,『魯迅年譜稿』, 廣西師範大學出版社, 1988, 206쪽.

39 劉再復 · 李澤厚,『告別革命』, 香港 : 天地圖書, 1995, 74쪽.

이로 가는 여객선 산둥호山東號를 탔다. "영국인의 낙원" 홍콩을 경유할 때 무례하게 수색을 당한 그는 분통한 마음에 배 위에서 바로 「다시 홍콩을 말한다再談香港」를 썼다. 영국경찰의 지휘를 받는 두 명의 "영국의 동포"를 서양의 노예洋奴라고 지칭한 그는 호가호위하는 '서양 노예'의 작태를 비난했다. 루쉰은 "홍콩은 하나의 섬에 불과하지만, 중국 여러 도시의 현재와 미래의 살아 있는 사진"[40]이라고 하면서 홍콩사회를 "양놈 주인", "고등 중국인", "앞잡이" 노릇하는 동포들과 대부분의 "원주민"으로 구성되어 있다고 비판하고 있다.

홍콩에 대한 루쉰의 강연과 글을 볼 때, 그는 제국주의를 강하게 의식하고 있고, 홍콩에 대한 강한 거부감이 보인다. 1920년대 말의 홍콩에 대한 전면적 부정으로 볼 수 있는 것이다. 홍콩에 대한 그의 분석을 종합하면 당시 홍콩은 봉건적이고 제국적인 사회 틀 속에서 소수의 특권계급이 다수를 지배하는 구조이다. 영국인과 그곳에 기생하는 고등중국인 그리고 또 그들의 주구가 뚜렷한 먹이사슬식의 계급구조를 이루고 있다. 이 분명한 계급기제를 유지하는 틀은 분명 권력과 금력인데 하물며 식민당국은 봉건적 '충효'로 전근대적 '반동'을 획책하고 있었다. 홍콩이 오늘날까지도 소수의 힘이 지배적 구조를 확립하고 다수를 철저히 지배하는 공간이라면 루쉰의 존재가치는 충분하다고 할 것이다.

위안량쥔袁良駿에 의해서 루쉰의 영향을 가장 뚜렷하게 받은 작가 중 한 명으로 인정받는[41] 홍콩의 쩡민즈曾敏之는 홍콩이라는 공간을 이렇게 정의한 적이 있다.

---

40 魯迅, 「再談香港」(『而已集』), 『魯迅全集』 3, 人民文學出版社, 1991, 541쪽.

41 袁良駿, 『香港小說史』 1, 深圳 : 海天出版社, 1999, 388쪽.

> 홍콩, 바다로부터 포위된, 섬에 기대어 건축된 국제 상업항구, 근 20년 만에 정말 석두성(石頭城)으로 변했다. 강철 콘크리트가 골격을 이룬 마천루는 높이 솟아올라 있고, 하늘 끝까지 솟아오른 서양식 건물은 마치 운남(雲南)의 석림(石林) 같아서 어디를 가던 석두성으로 들어가는 것 같다.[42]

'석두성石頭城' 홍콩의 일상에는 우물이 있는 집도 가을에는 귀뚜라미를 잡을 수 있는 백초원도 없다. 루쉰이 외가에서 보낸 것처럼 소를 먹이고 낚시를 하고 물고기를 잡던 공간도 없다. 20세기 초 서구 현대문명을 막 접촉한 루쉰은 소회를 "대개 유물의 경향은 현실을 권으로 삼는다. (…중략…) 고로 19세기는 사랑이 대조류가 되었던 것이고 (…중략…) 요즈음의 물질문명은 즉 현실생활의 대본"[43]이라고 정리한 바 있다. 돤커치殷克琪에 의하면, 니체와 마찬가지로 루쉰은 「문화편향론文化偏至論」에서 자본주의에 대해 물질이 통치적 지위를 점하는 '편향'을 비판했다.[44] 자본주의적 특징을 이미 보여주는 일본에서 유학생의 신분으로 물질 편향의 자본주의를 비판하는 논문을 발표했다는 사실 역시 흘려보내기가 쉽지 않다. 20년을 고향에서 보낸 후 대도시 난징南京을 경험하고 다시 일본이라는 이국의 경험을 청년 루쉰은 이렇게 풀어냈던 것이다.

홍콩은 첨단자본주의를 구가한다. 홍콩은 자본주의의 상징으로 자리매김당한지 오래이다. 자본주의를 규정할 수 있는 요소는 매우 다양하

---

42 曾敏之,「空间」, 柳泳夏 編,『百年中国散文选』, 汉城 : 新雅社, 2003, 205쪽.

43 魯迅,「文化偏至論」,『魯迅全集』1, 人民文學出版社, 1991, 53쪽.

44 殷克琪,『尼采與中國現代文學』, 南京大學出版社, 2000, 48쪽.

다. 이진우는 자본주의를 발전시킨 서양은 근본적으로 이기심을 인간의 기본 성정으로 이해한다고 보았다.[45] 하지만 이기심을 인정할 경우에도 문제는 그리 간단해 보이지 않는다. 그것이 자본주의를 걱정하는 수많은 학자가 고민에 고민을 거듭하고 있는 이유인 것이다. 그래서 조지 노백은 인류가 생존하고 진보하기 위해서는 자본주의는 폐지되거나 부정되어야 한다고 말했던 것이다.[46] 그들이 고민했던 그리고 해결해야 할 자본주의의 원죄는 '빈익빈 부익부'의 표어로 규정되는 빈부격차일 것이다. 자본주의의 심화는 시간적으로나 공간적으로나 '사람人'의 공간을 축소시키는 데 그것은 인간의 소외로 구체화된다. 마르크스의 소외의 개념은 사회 과정에 고유한 현상으로서 실로 역사의 정수[47]라고 한 이사야 벌린의 평가는 진리의 영역이라고 해도 무방하다.

첨단자본주의를 홍콩에 적용시키기에 무리가 없다면 소외는 홍콩사회에 있어 절대적 이슈 중의 하나가 분명하다. 자본이 소외를 상당 부분 해소시킨 공로에 비해서 자본은 또 다른 소외를 동반한다. 탄궈건은 도회가 발전하고 소비주의가 대두되고 대중문화가 부상하는 과정 중에 자본주의와 식민주의가 각각 다른 형식으로 홍콩인을 착취하였다고 보았다.[48] 착취는 소외에서 온양되고 발전하는 데 계급적 구조가 분명해지고 소통의 틀인 '공공 공간'의 붕괴에서 파생한다. 따라서 '정신계 전사'의 출현이 요구되어지는 것이다.

루쉰의 작품을 읽으면 인생을 더욱 진지하게 바라볼 수 있으며 힘을

45 이진우, 『지상으로 내려 온 철학』, 푸른숲, 2000, 137쪽.
46 조지 노백, 김진영 역, 앞의 책, 134쪽.
47 이사야 벌린, 신복룡 역, 『칼 마르크스』, 평민사, 1982, 161쪽.
48 譚國根, 『主體建構政治與現代中國文學』, 香港 : 牛津大學出版社, 2000, 212쪽.

얻을 수 있다[49]는 리쩌허우李澤厚의 말처럼 루쉰의 눈으로 홍콩을 볼 경우 그의 작품이 우리에게 주는 교훈처럼 홍콩을 더욱 진지하게 대할 수 있고 고난을 헤쳐나갈 수 있는 힘을 얻을 수 있다. 송두율은 루쉰이 "서구문물에만 매달리는 근대주의자를 니체의 차라투스트라의 입을 빌려 비판하고 있다"[50]고 보았다. 서구문물의 차원에서 홍콩의 외피를 볼 때, 루쉰이 홍콩에서 부활할 수 있는 충분한 근거가 되는 것이다.

첸리췬은 루쉰이 개체 정신의 자유를 그처럼 중요시한 이유로 전통중국과 서방의 두 가지 문화에 대한 탐색과 고찰의 결과라고 보고 있다. 동방의 '전제병專制病'과 서방의 '현대병現代病'에 대한 이중 우려의 결과[51]라고 지적한 것은 탁견이다. 다른 글에서도 첸리췬은 "루쉰과 그 같은 지식인들은, 전통적 전제주의와 서방 공업문명의 폐해에 대하여 시종 회의와 우려를 품고 있었는데, 이런 생각과 심리적 부담은 중국 현대문화 건설과 중국현대화 도로의 선택에 있어 그들에게 의심할 여지없는 영향을 주고 있었다"[52]라고 했다. 어느 종류의 질병이던지 그 질병이 만연하는 공간에서 개체로서의 인간은 긴장함으로써 생존의 최소조건을 확보하는데, 긴장의 공간으로서 홍콩은 '광인狂人'을 양산할 수 있다. 류짜이푸는 루쉰의 「광인일기狂人日記」 중 광인을 변태심리의 소유자로 보고 있는데, 광인은 항상 누군가가 자기를 먹을 거라고 느끼고 먹혀버릴 거라는 긴장 상태를 유지하고 있다고 보았다.[53] 루쉰의 '철창' 개념을 원용하여

49 劉再復 · 李澤厚, 『告別革命』, 香港 : 天地圖書, 1995, 214쪽.

50 송두율, 『현대와 사상』, 한길사, 1990, 205쪽.

51 錢理群, 「以"立人"爲中心—魯迅思想與文學的邏輯起點」, 『與魯迅相遇』, 北京 : 三聯書店, 2004, 84~85쪽.

52 錢理群, 「"立人"—魯迅思想的一個中心」, 『魯迅作品十五講』, 北京大學出版社, 2004, 147쪽.

53 劉再復 · 李澤厚, 앞의 책, 75쪽.

현대사회를 관료주의적 '철창'으로 본 송두율의 견해 또한 주목할 만하다. 그는 루쉰이 좋아했던 니체를 이렇게 연결하고 있다.

> 현대 관료주의의 '철창'으로부터 인간을 해방할 수 있는 가능성으로서의 카리스마적 지배 양식을 인정한 베버의 심정은 좀스럽게 된 '현대적'인 인간과는 반대로 기존의 도덕을 무시하며 경멸하고 '대지의 의미'를 전달하고 '초인'의 도래를 예고하는 니체의 '차라투스트라'의 그것과 같은 것이라고 할 수 있다.[54]

4. 루쉰의 '희망'

> 그렇다. 나는 물론 내 나름대로의 확신은 가지고 있었지만 그렇다고 희망을 내세울 때 그것을 말살할 수는 없었다. 왜냐하면 희망은 미래에 있는 것이므로 절대로 없다고 하는 내 부정을 가지고, 있을 수 있다는 그의 주장을 깨뜨릴 수는 없는 것이기 때문이다.[55]

루쉰은 자유롭고 합리적인 중국사회를 꿈꾸었다. 그는 현실에 대해 비관적이었지만 다가오는 미래에 대해서는 낙관적이었다[56]는 김용옥의

54 송두율, 앞의 책, 171쪽.

55 魯迅, 「吶喊/自序」, 이가원 역, 『세계문학전집』 44, 동서문화사, 1975, 10쪽.

56 김용옥, 「푸는 글—최근세사의 한 반성으로」, 라오서, 최영애 역, 김용옥 해설, 『루어투어시앙쯔』, 통나무, 1989, 109쪽.

평가는 홍콩에 대한 루쉰의 현재성을 담보해 주고 있다. 나는 20세기 중국의 '정신계 전사' 루쉰을 두 가지 측면에서 배우기를 시도했다. 그 하나는 루쉰이 '루쉰답게' 성장할 수 있었던 인문학적 배경을 유년기와 청소년기 중심으로 살펴보는 것이다. 다른 하나는 당시 루쉰이 직접 경험했던 홍콩을 80년 뒤인 오늘의 홍콩으로 되살려내는 일이었다. 성장기 루쉰을 둘러싼 환경은 정신 중시, 물질 경시라는 루쉰 철학을 탄생시킨 주요 동력이었다. 따라서 그의 성장기 환경은 물질이 중시되는 오늘날 홍콩과 연결된다. 루쉰의 직접 경험으로서 홍콩은 마찬가지로 오늘의 홍콩에게 시사하는 바 크다고 할 것이다. 결과적으로 루쉰의 눈으로 홍콩을 볼 경우 그의 작품이 우리에게 주는 교훈처럼 홍콩을 더욱 진지하게 바라볼 수 있다.

자유롭고 합리적인 사회를 위한 루쉰의 철학은 '입인'이다. '사람 세우기'가 그의 최종 목적이라면 물질 경시와 정신 중시는 가장 유력한 방법론이었다. 이 방법론을 확립한 배경을 분석해보면, 시간의 중심에는 소년기와 청년기가 있고, 공간의 중심에는 고향 사오싱이 존재한다. 사람은 '사람 사이'에서 만들어진다. 이 때 '사람'과 '사이'는 독립적이면서도 상호 보완적 관계라고 보아야 한다. 루쉰의 '사이'는 바로 고향 사오싱 즉 고도적 전통, 월문화적 전통, 사람 사이의 경험에서 자연스럽게 우러나온 것이다. 전설과 고사와 전통이 면면히 전해지면서 그것이 사람 속으로 '화化'되는 자체가 사람을 만드는 충분한 근거가 된다고 할 것이다.

그는 '도련님' 신분으로 그리고 몰락하는 과정으로 현실을 체득하고 스스로 진화한다. 사고할 수 있는 공간에서 충분히 사고하면서 성장한 결과 "이후 가장 중요한 것은 국민성을 개혁하는 것인데, 그렇지 않으면 전제든 공화든 모두가 헛것이다"라는 말처럼 정신을 지극히 중요시하는 성격으로 나타나는 것이다. 루쉰을 둘러싼 시간은 루쉰에게 '루쉰 다움'을 건설하기 위한 충분한 시간이 되었고, 공간 역시 사람 루쉰을 만들어내기에 족했다. 사오싱에서 그는 '전통적'으로 생활하고 '전통적'으로 공부했다. 인생의 초기를 보낸 공간이 성격이나 인격 형성에 지대한 영향을 미친다는 것은 주지의 사실이다. 소년 루쉰과 청년 루쉰을 둘러싼 사오싱의 건축학적 공간 역시 루쉰의 세계관 저변에서 큰 비중을 차지하고 있다. 루쉰 고거-주가 신대문, 백초원, 삼미서옥, 함형주점이라는 공간이 루쉰의 첫 번째 외연을 이룬다면, 아름다운 수향 사오싱은 두 번째 외피를 구성하고 있다.

공간과 개체를 분석할 때 공간의 '문文'이 개체로 '화化'하는 과정 역시 간과할 수 없다. 공간 내에서 '문'은 매우 다양한 형상으로 존재하겠지만, 이 글에서는 고대 월나라의 전통문화와 전통적 학습방법으로 한정했다. 루쉰은 월문화 지역의 중심이라고 할 수 있는 사오싱에서 20여 년을 생활했다. 월나라는 이미 6천 년 전에 사라진 나라이지만, 그 문화의 독특함으로 인해 신화, 전설, 민속 등의 형태로 오늘날까지 사오싱 지방에 자랑스럽게 전해지고 있다. 월문화 전통 중에서 루쉰은 특히 대우와 구천의 정신을 추앙했다. 전설과 고사에서 복수와 희생을 배웠다. 복수와 희생은 '사람'에 대한 강력한 애정을 전제조건으로 한다. 다시 말하면 '사람'에 대한 애정 그리고 그 '사이'에 대한 애착 없는 복수와 희생은 없는 법이다.

중국적 전통학습이라는 것, 그것이 유가의 것이 위주가 되던 도가의 것이 위주가 되던 사리보다는 공익을 우선시하도록 만드는 것이 학습

목적임을 우리는 기억해야 한다. 전통적 학습방법의 과정에서 그는 '사람'의 철학을 확립하는 것이다. 사오싱 지방의 전설과 고사, 그리고 중국적 전통이라는 '문'은 루쉰 속에서 '화'되어 복수 정신과 희생 정신의 루쉰으로 나타났다. 루쉰 사상의 정수 '입인'은 '사람'의 무한한 자유를 세워주자는 말이 분명하다. '입인'을 다시 풀면 사람이 살아갈 수 있는 공간 즉 물질적으로나 정신적으로나 자유로운 공간 확보하기라는 말로 정의할 수 있다. 루쉰 의식 밑바닥에서 공간은 시종일관 가장 중요한 대들보 중의 하나였다. 루쉰은 일생 동안 '사람'을 '세우는' 데 방해되는 부조리와 '반동'에 대항했다. 루쉰의 홍콩 방문 역시 홍콩인을 자유롭게 세우기 위한 시도의 일환이었다.

홍콩에 대한 루쉰의 강연과 글을 볼 때, 그는 제국주의를 강하게 의식하고 있고 그것에 강한 거부감은 보이고 있다. 오늘날까지도 소수의 힘이 지배적 구조를 확립하고 다수를 철저히 지배하는 공간이라면 루쉰이 부활해야 할 당위는 충분하다고 할 것이다.

21세기의 홍콩에서 루쉰처럼 자유로운 위치에서 사회를 비판할 수 있는 지식인의 존재는 가능한가? 루쉰이 생활인이자 전사일 수 있는 것은 그가 어스름의 '허망' 속에서 생명을 훔치고 있다는 것을 철저하게 자각하고 있기 때문일 것이다[57]라는 히야마 히사오의 평가는 루쉰 읽기가 매우 섬세한 작업이어야 함을 암시하고 있다.

"때는 바야흐로 20세기다. 인류의 눈앞에 서광이 비치고 있다"[58]라면서 20세기의 도래를 서광이라고 표현한 루쉰은 민주와 과학으로 상징

57 히야마 히사오, 정선태 역, 『동양적 근대의 창출』, 소명출판, 2000, 147쪽.

58 王得后, 앞의 글, 91쪽에서 재인용.

되는 사람이 사람답게 사는 세상을 갈망했다.

루쉰이 '루쉰답게' 끝까지 지식인다운 품위를 지킬 수 있었던 이유는 그가 월문화의 중심인 사오싱에서 문화적 훈도를 받았기 때문이다. 고향의 전설, 고사, 선현의 일화 등이 무시로 전승되고 교류되던 소년기는 '전 지구화' 시대 첨단자본주의를 구가하는 홍콩에서 이제 유토피아로 남는다. 루쉰은 일본에서 인생의 방향을 전환했다. 국민 정신을 계몽하기 위해 진로를 수정한다는 것은 물질이 중시되는 '전 지구화'의 시대에 어떤 의미가 있는 것일까? 20세기의 루쉰이 21세기의 홍콩에게 던지는 화두는 바로 이것이다.

참고문헌

가라타니 고진, 고아라시 구하치로 들음, 조영일 역, 『정치를 말하다』, 도서출판b, 2010.

가라타니 고진, 조영일 역, 『네이션과 미학』, 도서출판b, 2009.

__________, ______ 역, 『역사와 반복』(2쇄), 도서출판b, 2013.

__________, ______ 역, 『세계공화국으로』(4쇄), 도서출판b, 2014.

__________, ______ 역, 『제국의 구조 – 중심 주변 아주변』, 도서출판b, 2016.

__________, ______ 역, 『세계사의 구조』(6쇄), 도서출판b, 2017.

가라타니 고진, 최혜수 역, 『'세계사의 구조'를 읽는다』, 도서출판b, 2014.

가라타니 고진, 이신철 역, 『트랜스크리틱 – 칸트와 맑스』, 도서출판b, 2017.

가야트리 스피박, 태혜숙 역, 『다른 세상에서』, 도서출판 여이연, 2004.

__________, ______ 역, 『포스트식민 이성 비판』, 갈무리, 2005.

__________, ______ 역, 『교육기계 안의 바깥에서』, 갈무리, 2006.

강상중, 이경덕 · 임성모 역, 『오리엔탈리즘을 넘어서』(초판 6쇄), 이산, 2004.

고부응, 『초민족시대의 민족 정체성』, 문학과지성사, 2002.

______ 편, 『탈식민주의 – 이론과 쟁점』, 문학과지성사, 2003.

고자카이 도시아키, 방광석 역, 『민족은 없다』, 뿌리와이파리, 2003.

공봉진, 「중국 '민족식별'과 소수민족의 정체성에 관한 연구」, 『국제정치연구』 7-1, 동아시아국제정치학회, 2004.

권혁범, 『민족주의는 죄악인가』, 생각의나무, 2009.

김성일 · 김채연 · 성영신 편, 『뇌로 통하다』, 21세기북스, 2013.

김만권, 「'샌더스'와 '코빈' 신드롬 – 지구화시대의 불평등과 제도권을 통한 풀뿌리 저항」, 『역사비평』 114, 역사비평사, 2016.봄.

노먼 도이지, 김미선 역, 『기적을 부르는 뇌 – 뇌가소성 혁명이 일구어낸 인간 승리의 기록들』, 지호, 2008.

니시카와 나가오, 윤해동 · 방기헌 역, 『국민을 그만두는 방법 – 국가이데올로기로서의 민족과 문화』, 역사비평사, 2009.

대런 애쓰모글루 제임스 A. 로빈슨, 최온규 역, 『국가는 왜 실패하는가』, 시공사, 2015.

데이비드 허다트, 조만성 역, 『호미 바바의 탈식민적 정체성』, 앨피, 2011.

드니 이요, 김주경 역, 『홍콩』, 시공사, 2006.

라오서, 최영애 역, 김용옥 해설, 『루어투어시앙쯔』, 통나무, 1989.

류영하, 「중국과 홍콩 – 2개 국족 신분의 충돌」, 『중국현대문학』 39, 한국중국현대문학학회, 2006.

______, 『홍콩이라는 문화공간』(2쇄), 이름나무, 2008.

______, 『홍콩 – 천가지 표정의 도시』, 살림, 2008.

______, 「후식민의 주체로서 국가와 본토, 중국-홍콩의 경우」, 『중국현대문학』 63, 한국중국현대문학학회, 2012.

______, 『중국 민족주의와 홍콩 본토주의 – 홍콩역사박물관의 스토리텔링을 중심으로』, 산지니, 2014.

______, 『홍콩 산책』, 산지니, 2019.

릴라 간디, 이영욱 역, 『포스트식민주의란 무엇인가』, 현실문화연구, 2000.

미셸 세르 외, 이효숙 역, 『정체성 나는 누구인가』, 알마, 2013.

박경화, 「탈식민주의와 페미니즘 – 제3세계 페미니즘을 중심으로」, 고부응 편, 『탈식민주의 – 이론과 쟁점』, 문학과지성사, 2003.

박명규, 「타이완 마카오 홍콩 선전을 다녀와서」, 『창비』 113, 2001.

베네딕스 앤더슨, 윤형숙 역, 『상상의 공동체』, 나남출판, 2005.

부산대 한국민족문화연구소 편, 『탈근대 중심의 로컬리티』, 혜안, 2010.

빠르타 짯떼르지, 이광수 역, 『민족주의 사상과 식민지 세계』, 그린비, 2013.

서동욱, 『차이와 타자』, 문학과지성사, 2004.

서유헌, 『뇌의 비밀』, 살림지식총서, 2013.

송두율, 『현대와 사상』, 한길사, 1990.

스티븐 모튼, 이운경 역, 『스피박 넘기』, 엘피, 2003.

스티븐 핑커, 김한영 역, 『마음은 어떻게 작동하는가』, 소소, 2007.

__________, ______ 역, 『빈 서판 – 인간은 본성을 타고 나는가』, 사이언스북스, 2006.

싯다르타 무케르지, 이한음 역, 『유전자의 내밀한 역사』, 까치, 2017.
쉬진위(徐進鈺), 「양안은 화해할 수 있을까?－'중국몽(中國夢)'과 대만 발전의 갈등과 대화」, 『역사비평』 114, 역사비평사, 2016.봄.
아르준 아파두라이, 차원현 · 채호석 · 배개화 역, 『고삐 풀린 현대성』, 현실문화연구, 2004.
아리프 딜릭, 황동연 역, 『포스트모더니티의 역사들』, 창비, 2005.
알렉상드르 뒤발 스탈라, 문신원 역, 『나폴레옹과 샤토브리앙』, 연암서가, 2018.
에르네스트 르낭, 신행선 역, 『민족이란 무엇인가』, 책세상, 2008.
에릭 R. 캔델, 전대호 역, 『기억을 찾아서』, 랜덤하우스코리아, 2009.
와카모리 미도리, 김영주 역, 『지금 다시 칼 폴라니』, 생각의힘, 2017.
이가원 역, 『세계문학전집』 44, 동서문화사, 1975.
이매뉴얼 월러스틴 외, 『자본주의는 미래가 있는가』, 창비, 2014.
이매뉴얼 월러스틴, 『역사적 자본주의/자본주의 문명』, 창비, 2014.
______________, 김재오 역, 『유럽적 보편주의』, 창비, 2008.
______________, 『근대세계체제. 3 자본주의 세계경제의 거대한 팽창의 두 번째 시대 1730~1840년대』, 까치, 2013.
이사야 벌린, 신복룡 역, 『칼 마르크스』, 평민사, 1982.
이진우, 『지상으로 내려 온 철학』, 푸른숲, 2000.
E.F. 슈마허, 이상호 역, 『작은 것이 아름답다－인간 중심의 경제를 위하여』, 문예출판사, 2014.
임지현, 『민족주의는 반역이다』, 소나무, 2005.
임춘성, 「홍콩문학의 정체성과 탈식민주의」, 『중국현대문학』 31, 한국중국현대문학학회, 2004.
_____, 「문화중국의 타자, 중국 소수민족의 정체성」, 『중국현대문학』 54, 한국중국현대문학학회, 2010.
클로드 레비-스트로스, 류재화 역, 『레비-스트로스의 인류학 강의』, 문예출판사, 2018.
탕누어, 김영문 역, 『역사, 눈앞의 현실』, 흐름출판, 2018.
장정아, 「우리의 기억, 우리의 도시－집단기억과 홍콩의 정체성」, 『동북아문화연구』 17, 동북아시아문화학회, 2008.
조지 노백, 김진영 역, 『새롭게 보는 논리학』, 책벌레, 2000.

조지프 히스, 김승진 역, 『계몽주의 2.0－감정의 정치를 어떻게 바꿀 것인가』, 이마, 2017.
주디스 버틀러, 주해연 역, 『누가 민족국가를 노래하는가』, 산책자, 2008.
천꽝싱, 백지운 외역, 『제국의 눈』, 창비, 2003.
토마 피케티, 박상은 · 노만수 역, 『피케티의 신자본론』, 글항아리, 2015.
프라센지트 두아라, 문명기 · 손승희 역, 『민족으로부터 역사를 구출하기－근대 중국의 새로운 해석』, 삼인, 2006.
피터 차일즈 · 패트릭 윌리엄스, 김문환 역, 『탈식민주의 이론』, 문예출판사, 2004.
하인리히 가이젤베르거, 「머리말」, 지그문트 바우만 등, 박지영 외역, 『거대한 후퇴』, 살림출판사, 2017.
한스 울리히 벨러, 이용일 역, 『허구의 민족주의』, 푸른역사, 2007.
헬레나 노르베리 호지, 김영욱 · 홍승아 역, 『행복의 경제학』, 중앙북스, 2012.
홍석준 · 이헌종, 「홍콩 중국인의 문화적 정체성(Cultural Identity)의 지속과 변화－전통 사회조직의 기능과 의미를 중심으로」, 『중국현대문학』 23, 한국중국현대문학학회, 2002.
히야마 히사오, 정선태 역, 『동양적 근대의 창출』, 소명출판, 2000.
孔誥烽, 「狂妄的天朝, 鄉愿的泛民, 躍動的城邦－從三本書看香港本土」, 『思想 26－香港：本土與左右』, 臺北：聯經, 2014.10.
金耀基, 『中國社會與文化』, Hong Kong：Oxford University Press, 1992.
羅貴祥, 『他地在地－訪尋文學的評論』, 香港：天地圖書, 2008.
羅永生 編, 『誰的城市－戰後香港的公民文化與政治論述』, Hong Kong：Oxford University Press, 1997.
魯迅, 『魯迅全集』, 人民文學出版社, 1991.
魯迅博物館 · 魯迅硏究室 編, 『魯迅年譜』 2, 人民文學出版社, 1983.
譚國根, 『主體建構政治與現代中國文學』, Hong Kong：Oxford University Press, 2000.
譚恩美, 程乃珊 · 嚴映薇 譯, 『喜福會』, 杭州：浙江文藝出版社, 1999.
羅永生, 『殖民無間道』, Hong Kong：Oxford University Press, 2007.
梁恩榮 · 阮衛華, 『公民教育－香港再造』, 香港基督徒學會 · 印象文字 聯合出版, 2011.
柳泳夏, 『香港弱化－以香港歷史博物館的敘事為中心』, 圓桌文化, 2018.

明報編輯部,『愛國論爭』, 明報出版社, 2004.

蒙樹宏 外,『魯迅年譜稿』, 廣西師範大學出版社, 1988.

潘亞玲,「愛國主義證義」,『二十一世紀』, 網絡版, 2006.

潘毅 余麗文 編,『書寫城市 - 香港的身分與文化』, 香港 : 牛津大學出版社, 2003.

方維規,「論近代思想史的'民族', 'Nation'與'中國'」,『二十一世紀』, 網絡版, 2002.

謝均才 編,『我們的地方, 我們的時間 香港社會新編』, Hong Kong : Oxford University Press, 2002.

徐振邦 · 陳志華 外,『圖解 香港 手册』, 香港 : 中華書局, 2009.

徐承恩,「香港人千年史 : 本土意識前世今生」, 本土論述編輯委員會/新力量網絡,『本土論述 2013~2014 中國因素 - 本土意識與公民社會』, 台北 : 漫游者文化事業股分有限公司, 2015.2.

紹興市魯迅研究學會 編,『紹興魯迅研究專刊』12, 紹興文化印刷廠, 1991.

__________________ 編,『紹興魯迅研究專刊』14, 紹興文化印刷廠, 1993.

嚴飛,「香港的新貧階層及其制度性根源 評Leo F. Goodstadt, *Poverty in the Midst of Affluence: How Hong Kong Mismanaged Its Prosperity*,『二十一世紀』, 2015.2.

余諫之,「教育線眼」,『明報』, 2015.

呂大樂 · 吳俊雄 · 馬傑偉 編,『香港 生活 文化』, Hong Kong : Oxford University Press, 2011.

葉國華,『新香港人』, 香港 : 中華書局/耀中出版社, 2008.

葉蔭聰「'本地人'從哪里來?」, 羅永生 編,『誰的城市-戰後香港的公民文化與政治論述』, Hong Kong : Oxford University Press, 1997.

吳俊雄 · 張志偉 編,『閱讀香港普及文化』, 香港 : 牛津大學出版社, 2002.

吳俊雄 · 馬傑偉 · 呂大樂 編,『香港/文化/研究』, 香港大學出版社, 2006.

吳中杰,『吳中杰評點 魯迅雜文』上, 復旦大學出版社, 2002.

王家英 外,『過渡期香港民意與政治』, 田園書屋, 1997.

王宏志 · 李小良 · 陳清僑,『否想香港』, 麥田出版, 1998.

袁良駿,『香港小說史』1, 深圳 : 海天出版社, 1999.

龍應台,「我的香港, 我的台灣」,『龍應台的香港筆記』(增訂版), 香港 : 天地圖書, 2015.7.

劉銳紹,「'高度自治'失蹤的背後」,『明報月刊』, 2014.

______,「'香港白皮書'與近期政局」,『明報月刊』, 2014.7.

劉再復 · 李澤厚,『告別革命』, 香港 : 天地圖書, 1995.

劉兆佳,「'香港人'或'中國人'－香港華人的身分認同1985~1995」,『二十一世紀』(網絡版), 2002.

劉青峰 · 關小春 編,『轉化中的香港－身分與秩序的再尋求』, 香港 : 中文大學出版社, 1998.

劉曉波,『單刃毒劍－中國民族主義批判』, 博大出版社, 2006.

殷克琪,『尼采與中國現代文學』, 南京大學出版社, 2000.

李歐梵,『中國現代文學與現代性十講』, 復旦大學出版社, 2002.

______, 尹慧珉 譯,『鐵屋中的吶喊』, 香港 : 三聯書店, 1991.

李新宇,『魯迅的選擇』, 河南人民出版社, 2003.

李英明,『香港學』, 臺北 : 揚智文化, 1997.

一土 編,『21世紀－魯迅和我們』, 人民文學出版社, 2001.

任桂全 · 駱及鋼 外,『名城紹興』, 浙江攝影出版社, 2004.

林子揚,『一國沒兩制便沒有新香港』, 拾出版, 2004.

林賢治,『人間魯迅』, 安徽教育出版社, 2004.

張魯高,『先驅者的痛苦－魯迅精神論析』, 安徽教育出版社, 2004.

章立凡,「普選－歷史承諾與政黨信用」,『明報月刊』, 2014.8.

錢理群,『魯迅作品十五講』, 北京大學出版社, 2004.

______,『與魯迅相遇』, 北京 : 三聯書店, 2004.

鄭培凱 · 馬家輝 編,『文化超現代』, 香港 : 商務印書館, 2000.

張健,「香港社會政治覺醒的動因 : 階級關係' 參政需求' 族群認同」,『二十一世紀』, 2015.2.

張炳良,「香港身分－本土性, 國族性與全球性的交織」, 呂大樂/吳俊雄/馬傑偉 合編,『香港 生活 文化』, Hong Kong: Oxford, 2011.

丁偉,「香港人的卑微要求」,『明報月刊』, 2015.6.

朱耀偉,『繾綣香港－大國崛起與香港文化』, 香港 : 匯智出版, 2012.

______,「香港(研究)作為方法－關於「香港論述」的可能性」,『二十一世紀』, 2015.2.

周八駿,『選擇香港 選擇自己』, 香港商報出版社, 2004.

周佩霞·馬傑偉,『愛國政治審查』, 次文化堂, 2005.

陳家樂·朱立,『無主之城－香港電影中的九七回歸與港人認同』, 香港：天地圖書, 2008.

陳國球,『文學史書寫形態與文化政治』, 北京大學出版社, 2004.

陳婉容,「六四, 本土, 學生組織」,『明報月刊』, 2015.6.

陳方正,「香港往何處去?─個香港中國人看佔中」,『二十一世紀』, 2015.2.

陳智遠,『思索香港』, 明報出版社, 2004.

______·黃培烽 編,『咖啡 沙龍 文化 香港人』, 香港聯合書刊物流有限公司, 2006.

陳清僑 編,『文化想像與意識形態』, 香港：牛津大學出版社, 1997.

陳瀅巧, 方孝謙 審訂,『圖解 文化研究』, 臺北：易博士文化, 2006.

陳華忠 外編,『紹興文藝』, 文化藝術出版社, 2001.

戚本盛,『國民教育是甚麼－演變與爭議』, 進一步多媒體有限公司, 2012.

編輯委員會,『選擇香港 選擇自己』, 香港商報出版社, 2004.

項竹成,『紹興名勝風采』, 香港：天馬圖書有限公司, 2000.

香港民主發展網絡學者,『民主十問』, 民網, 2005.

許驥,「融入, 排斥, 抗拒－立體的身分認同」,『明報月刊』, 2014.4.

ROUNDTABLE & Friends, What if 108 個如果, CUP, 2005.

Harold R. Isaacs, 鄧伯宸 譯,『族群』, 立緒文化, 2004.

Jan Morris, 黃芳田 譯,『香港 1840～1997 大英帝國殖民時代的終結』, 馬可孛羅文化, 2006.

초출일람

미발표, 「방법으로서 '중국-홍콩체제' 3—레비 스트로스와 가라타니 고진과 탕누어의 시각으로」.

미발표, 「국민교육과 본토(locality) 홍콩」.

「방법으로서 '중국-홍콩체제' 2」, 『중국현대문학』 88, 한국중국현대문학학회, 2019.1.

「방법으로서 '중국-홍콩체제'」, 『중국현대문학』 83, 한국중국현대문학학회, 2017.10.

「세계체제와 탈식민—본토 홍콩의 정치경제학」, 『중국현대문학』 78, 한국중국현대문학학회, 2016.7.

「'소수'로서의 홍콩인」, 『중국현대문학』 71, 한국중국현대문학학회, 2014.12.

「홍콩 사태를 바라보는 네 가지 시선」, 『ASIA』 겨울호, 2014.12.

「후식민의 주체로서 국가와 본토—중국-홍콩의 경우」, 『중국현대문학』 63, 한국중국현대문학학회, 2012.12.

「방법으로서의 홍콩」, 『세계의 문학』 가을호, 2007.8.

「중국과 홍콩—2개 국족 신분의 충돌」, 『중국현대문학』 39 한국중국현대문학학회, 2006.12.

「魯迅의 홍콩」, 『중국현대문학』 83, 한국중국현대문학학회, 2005.6.

〈사진 1〉 2014년 우산운동 당시 홍콩학 전문 서점인 서언서실(序言書室)로 올라가는 엘리베이터 안에 붙여진 스티커 중 하나이다. 한자인 "공민제명(公民提名), 물망초충(勿忘初衷)" 은 "시민이 추천하자는, 초심을 잊지 말자" 는 뜻이다. 즉 시민들이 추천하기만 하면, 피선거권을 주는 제도를 쟁취하자는 의미이다.

〈사진 2〉 첫 번째 깃발에는 "본토(本土)·민주(民主)·반공(反共)"이라는 글귀가, 두 번째 깃발에는 "홍콩을 지켜내자(保住香港)"라는 글귀가 보인다. 우산운동 당시 시위대가 중심가에 내건 깃발인데, 두 개 모두에 공산당을 의미하는 글자인 '공(共)' 자에 빗금이 그어져 있다.

〈사진 3〉 우산운동 당시 홍콩영남대학 교정, "변화는 항쟁으로부터 시작된다(改變始於抗爭)"라는 의미이다

〈사진 4〉 우산운동 당시 홍콩 정부 청사 인근. "민주가 당신과 함께 갈 것이다(民主會跟你走)"라는 의미이다.

〈사진 5〉 2019년 송환법 반대 시위 당시 홍콩대학 학생회 부근에 붙어있던 스티커 중 하나. "광복 홍콩, 시대 혁명(光復香港 時代革命)".

〈사진 6〉 우산운동 즈음, 홍콩대학 학생회가 발행하는 회지 『학원(學苑)』. "홍콩(香港)·민주(民主)·독립(獨立)"이라는 글귀가 보인다.

〈사진 7〉 홍콩 도심에 내걸린 홍콩특별행정구기와 중화인민공화국기

림8〉 2019년 송환법 반대 시위 당시 홍콩대학 학생회 사무실 창문. "5대 요구 중 하나라도 빠져서는 안 된다(五大訴求 缺一不可)"는 구호가 붙어 있다.